Ohne Filter

Arbeit und Kultur in der
Tabakfabrik Linz

Waltraud Kannonier-Finster,
Meinrad Ziegler (Hg.)

HerausgeberInnen:
Waltraud Kannonier-Finster, Horst Schreiber, Meinrad Ziegler

Die Buchreihe *transblick* veröffentlicht Arbeiten, die der sozialwissenschaftlichen Aufklärung verpflichtet sind. Ein Blick richtet sich auf Phänomene und Verhältnisse, die wenig beachtet oder im Dunkeln gehalten werden. Ein anderer Blick bietet Beschreibungen und Analysen, die eine unkonventionelle Sichtweise auf das soziale Leben eröffnen.

transblick thematisiert gesellschaftliche Widerspruchserfahrungen und Dominanzverhältnisse und fragt, was wir als vernünftig, gerecht und der menschlichen Würde angemessen erachten.

transblick will Denkprozesse fördern und auf Handlungsperspektiven verweisen. Die Bücher sollen in Inhalt und Form aufregen und einem Transfer sozialwissenschaftlicher Sichtweisen in interessierte Öffentlichkeiten dienen.

transblick benutzt eine Sprache, die auch jenen Personen und Gruppen das Mitdenken und Mitreden ermöglicht, die außerhalb des akademischen Diskurses leben und handeln.

transblick soll Frauen und Männer ansprechen, die sowohl dem „Darüberhinaus"-Schauen als auch dem „Hindurch"- oder „Quer-durch"-Denken etwas abgewinnen können.

www.gaismair-gesellschaft.at

Ohne Filter

Arbeit und Kultur in der Tabakfabrik Linz

Waltraud Kannonier-Finster,
Meinrad Ziegler (Hg.)

StudienVerlag
Innsbruck
Wien
Bozen

Gedruckt mit Unterstützung von Arbeiterkammer Oberösterreich, Land Oberösterreich/Landeshauptmann-Stv. Josef Ackerl, Linzer Hochschulfonds, Stadt Linz/Stadtrat Josef Mayr, Stadt Linz/Stadträtin Eva Schobesberger, SPÖ Linz Stadt, Tabakfabrik Linz Entwicklungs- und Betriebsgesellschaft mbH.

© 2012 by Studienverlag Ges.m.b.H., Erlerstraße 10, A-6020 Innsbruck
E-Mail: order@studienverlag.at, Internet: www.studienverlag.at

Lektorat: Melitta Holler, Waltraud Kannonier-Finster, Marlene Weiterschan
Layout, Satz: Willi Winkler, www.neusehland.at
Cover und Coverfoto: Michael Holzer, www.michaelholzer.at
Gedruckt auf umweltfreundlichem, chlor- und säurefrei gebleichtem Papier.

Bibliografische Information Der Deutschen Bibliothek
Die Deutsche Bibliothek verzeichnet diese Publikation in der Deutschen Nationalbibliografie;
detaillierte bibliografische Daten sind im Internet über <http://dnb.ddb.de> abrufbar.

ISBN 978-3-7065-5213-4

Alle Rechte vorbehalten. Kein Teil des Werkes darf in irgendeiner Form (Druck, Fotokopie, Mikrofilm oder in einem anderen Verfahren) ohne schriftliche Genehmigung des Verlages reproduziert oder unter Verwendung elektronischer Systeme verarbeitet, vervielfältigt oder verbreitet werden.

Inhaltsverzeichnis

Einleitung   9

KAPITEL 1:
Sozialhistorische Einordnung der Tabakproduktion in Österreich   19
Meinrad Ziegler

KAPITEL 2:
Eintritt in die Fabrik – ein Arbeitsplatz auf Dauer …   37
Meinrad Ziegler

KAPITEL 3:
Die Tabakfabrik – ein „Familienbetrieb"?   49
Waltraud Kannonier-Finster, Meinrad Ziegler

KAPITEL 4:
Die Tabakfabrik nach 1945 im Spiegel von Lebensgeschichten   65
Carina Altreiter, Waltraud Kannonier-Finster, Meinrad Ziegler

    Wie eine Zigarette entsteht   70
    Leopold Steiner: Mechaniker aus Leidenschaft   79
    Angelika Weiss: Auf Umwegen in die Fabrik   93
    Entlohnung und Lohnsysteme in der Austria Tabak   102
    Eva Hutter: Einteilen. Koordinieren. Organisieren   111
    Anna Holzinger: Frau trifft Industriearbeit   125
    Zweier-Dreier-Vierer-Schicht-Arbeit   136
    Der Sportverein der Austria Tabak in Linz   146
    Helmut Lentz: Logistiker und Kommandant der Betriebsfeuerwehr   155
    Alexander Reiter: Der Sinn des Lebens und der Arbeit   167
    Fabrikhallen ohne Menschen?   178
    Johannes Berger: Die vielen Gesichter der Arbeit   185

KAPITEL 5:
Privatisierung – Verkauf – Schließung   197
Horst Schreiber

KAPITEL 6:
Ohne Filter   221
Horst Schreiber, Meinrad Ziegler

KAPITEL 7:
Spuren   231

KAPITEL 8:
Chronologie   249

Anhang   265

    Glossar   266
    Anmerkungen   270
    Quellen und Literatur   278
    Bildnachweise   285

Danksagung   289
Autorinnen und Autoren   291

Einleitung

Die Tabakfabrik Linz ist international bekannt, weil sie in einem der bedeutendsten Bauwerke der Industriearchitektur in Europa aus den 1930er Jahren untergebracht war. Zwischen 1929 und 1935 errichteten Peter Behrens und Alexander Popp ein modernes Fabrikgebäude, das Funktionalität und Ästhetik optimal vereint.[1] Eindrucksvoll ist vor allem der an der Südseite des Geländes gelegene Trakt für die Zigarettenfabrikation. Das Gebäude, eine der ersten größeren Stahlskelettkonstruktionen in Österreich, hat eine Länge von 227 Metern und fünf Stockwerke. Dennoch wirkt es eher filigran als mächtig. Der Bau ist nicht geradlinig aufgespannt, sondern in einem leichten Bogen angeordnet, sodass sich einem Betrachter am einen Ende des Baukörpers die gesamte Dimension der Konstruktion entzieht, weil das andere Ende elegant hinter der Krümmung verschwindet. Auch die durchgehenden Bänder von Doppelfenstern in jedem Stockwerk betonen die horizontale Gliederung und brechen den Eindruck von baulicher Masse. In Summe sind sie rund drei Kilometer lang. Die Sorgfalt und Raffinesse der Architektur an der Außensicht setzt sich bei der Innengestaltung fort. Klinkerplatten dienen zur Verkleidung der Stiegenhäuser und als Bodenbelag, der Sichtbeton erscheint wie von Steinmetzen bearbeitet, die Beschläge sind aus Bronze gefertigt. Ein blaugrüner Anstrich aller Fenster und Türen rundet das umfassend durchdachte Erscheinungsbild ab.

Bis zum Jahr 2009 wurden in diesem Gebäude mit modernsten Maschinen Zigaretten produziert. Dann traf der Eigentümer, der japanische Konzern Japan Tobacco International (JTI), die Entscheidung, die Fabrik zu schließen. Die Stadt Linz kaufte die Liegenschaft und machte damit die Erhaltung und Umwidmung des historischen Gebäudes zu einer Angelegenheit des öffentlichen Interesses. Diese Bedingungen erlauben, Areal und Gebäude im Sinn einer sozial und kulturell weitsichtigen Stadtplanung zu nutzen. Die Stadtöffentlichkeit nimmt regen Anteil an der Frage nach der Zukunft der Tabakfabrik.[2]

Diese Arbeit bietet eine andere Perspektive. Sie blickt nicht nach vorne auf die zukünftige Nutzung des Gebäudes, sondern zurück und nähert sich der Tabakfabrik unter einer kulturgeschichtlich-soziologischen Perspektive. Im Verhältnis zum Zeitgeist befindet es sich in einer ähnlichen Position wie der „Engel der Geschichte", den Walter Benjamin in seinen geschichtsphilosophischen Überlegungen beschreibt.[3] Der Vergangenheit zugewendet, sieht der Engel die Geschichte als Katastrophe, die ihm unablässig Trümmer vor die Füße schleudert. Der Engel möchte innehalten, um das Zerschlagene zusammenzufügen, aber ein mächtiger Sturm zerzaust ihm Haare und bläst ihm ins Gesicht, treibt ihn rücklings in Richtung Zukunft. Der Sturm, so Benjamin, hat einen Namen, wir nennen ihn Fortschritt.

Tatsächlich versucht dieses Buch, jene Trümmer, die Privatisierung und Verkauf der Austria Tabak in Linz hinterlassen haben, zu sichten, zu ordnen und in Form einer Geschichte zu erzählen, die der Tabakfabrik und ihrer Belegschaft Bedeutung zuschreibt und Würdigung zuteil werden lässt. Die Linzer Betriebsstätte bildete ab 1850 einen wichtigen Standort der österreichischen Produktion von Tabakwaren, damals organisiert im Rahmen eines staatlichen Regiebetriebs, ab

1939 in Form einer Aktiengesellschaft, der Austria Tabak, und ab 1949 mit dem österreichischen Staat als einzigem Aktionär. In der Linzer Fabrik konzentrierte sich die ab den 1920er Jahren verstärkt einsetzende Mechanisierung der Zigarettenproduktion. Ab 1957 kommen 50 Prozent der in Österreich hergestellten Zigaretten aus Linz und in den folgenden Jahrzehnten wird dieser Betrieb zum bedeutendsten innerhalb des Unternehmens. Mitte der 1990er Jahre setzt sich in Österreich – analog zu internationalen Strömungen – eine Politik durch, die gegenüber unternehmerischen Aktivitäten des Staates eine grundsätzlich ablehnende Haltung einnimmt. Die Austria Tabak wird schrittweise privatisiert und 2001 schließlich zur Gänze an die britische Gallaher Group verkauft. Sechs Jahre später gehört Gallaher dem japanischen Konzern JTI. Dieser hat wenig Interesse an den Produktionskapazitäten der österreichischen Betriebe und investiert in Polen und Rumänien. 2009 wird die Fabrik in Linz, 2011 jene in Hainburg als letzte österreichische Produktionsstätte geschlossen.

Kapital und Maschinen wanderten ins Ausland. So endete eine 160 Jahre andauernde traditionsreiche Industrieproduktion in Linz. Mitte der 1980er Jahre zählte die Tabakfabrik Linz noch zu den attraktivsten Arbeitgebern in der Region.[4] 320 Beschäftigte hatten einen sicheren Arbeitsplatz, waren in einem Betrieb tätig, der seinen Arbeitskräften Werkswohnungen, Kinderbetreuung und andere soziale Leistungen zur Verfügung stellte und Möglichkeiten für Freizeitgestaltung und sportliche Betätigung anbot.

Im September 2009 wurden in der Linzer Tabakfabrik die letzten Zigaretten produziert. Im dritten Stockwerk des Produktionsgebäudes liefen zwei Aggregate der Firma Hauni, Typ Protos 2. Nur noch zehn Personen waren in der 230 Meter langen Halle mit Bedienung der Maschinen und Störungsbehebung beschäftigt. Das Ergebnis dieser Tätigkeit waren 25.000 Zigaretten pro Minute, verpackt in den roten Schachteln einer bekannten amerikanischen Marke. Einige Monate später waren die Tore der Fabrik definitiv geschlossen und die Dienstverhältnisse von 223 ArbeiterInnen und 35 Angestellten, darunter 43 Frauen, sowie von 82 Leasingarbeitskräften endgültig aufgelöst.

Die zentrale Fragestellung dieser Arbeit ist, wie die Belegschaft eines namhaften und traditionsreichen Industriebetriebs den Prozess eines Aufschwungs und den eines Niedergangs erlebt und verarbeitet. Der soziologischen Zugangsweise entsprechend werden die Erfahrungen der MitarbeiterInnen sowie die sozialen und historischen Bedingungen thematisiert, die diese Erfahrungen formen und strukturieren. Aus zwei Momenten – einerseits den sozialen individuellen wie kollektiven Praktiken und den damit verbundenen Plänen, Erwartungen, Erfolgen und Niederlagen, andererseits den durch Kultur, Ökonomie und Politik hervorgebrachten Regeln und Handlungsressourcen – setzt sich soziale Wirklichkeit zusammen. Soziologische Analysen versuchen, beide Momente aufeinander zu beziehen und zu verknüpfen. Berichtet wird, wie die Tabakfabrik Linz als Teil des staatlichen Unternehmens Austria Tabak mit den auf Dauer angelegten Dienstverhältnissen und der betrieblichen Sozialpolitik nicht nur Arbeits- sondern auch

Lebensverhältnisse gestaltete. Die Sicherheit, die das Unternehmen den Beschäftigten bot, stand nicht im Widerspruch zu einer kontinuierlichen Modernisierung und Rationalisierung der Produktion. Gerade weil auf außerbetriebliche Bedürfnisse und Verpflichtungen der Mitarbeiterinnen und Mitarbeiter Rücksicht genommen wurde, entwickelte sich eine wechselseitige Loyalität, auf deren Grundlage die Linzer Fabrik zur produktivsten Betriebsstätte der Austria Tabak in Österreich wurde. Um die Geschichte der Tabakfabrik Linz und ihrer Belegschaft in den letzten 60 Jahren zu verstehen, braucht es Kenntnisse über die historischen und gesellschaftlichen Rahmenbedingungen, in denen sich die Entwicklung des Unternehmens vollzog, sowie das Wissen um die ökonomischen und politischen Umstände, die zur Privatisierung der Austria Tabak, zu ihrem Totalverkauf und schließlich zur Schließung führten.

Das Buch behandelt die Entwicklung der Tabakfabrik von 1945 bis 2009. Kapitel 1 skizziert die Vorgeschichte, die lange Tradition staatlich kontrollierter und verwalteter Tabakproduktion in Österreich und verweist damit auf die historischen Wurzeln der betrieblichen Sozialpolitik des Unternehmens. Kapitel 2 beschreibt die besondere Anziehungskraft, die die Tabakfabrik für ArbeiterInnen gehabt hat, und differenziert dabei nach Generation und Geschlecht. Von der Belegschaft wird die Fabrik häufig als „Familienbetrieb" bezeichnet. Das Kapitel 3 fasst die realen Erfahrungen zusammen, auf die sich diese Metapher gründet. Die Umstände, dass bei der Personalauswahl Familienangehörige bevorzugt wurden und es viele soziale Einrichtungen gab, die Kontakte außerhalb des Betriebs förderten, wie zum Beispiel die Wohnanlagen, Sportsektionen oder Ferienangebote, waren dafür bedeutsam. In Kapitel 4 wird die Entwicklung der Linzer Tabakfabrik nach 1945 aus dem Blickwinkel ausgewählter Lebensgeschichten von Mitarbeiterinnen und Mitarbeitern erzählt. Anhand dieser Porträts lassen sich Betriebsgeschichte und Zeitgeschichte sowie sozialer Wandel und persönliche Lebenserfahrung verknüpfen. Die Geschichte von Privatisierung und Verkauf der Austria Tabak ist das Thema von Kapitel 5. Analysiert werden die politischen Kontexte, die zur Zerschlagung der unternehmensinternen Pläne geführt haben, als nationaler Konzern auf dem internationalen Markt selbstständig und handlungsfähig zu bleiben. Wie der Prozess von Verkauf und Schließung von der Linzer Belegschaft erlebt wurde, beschreibt Kapitel 6. Die ab den 1980er Jahren in Linz erreichten Leistungskennziffern in der Produktion vermittelten vielen Beschäftigten eine Sicherheit im Hinblick auf den Bestand der Fabrik. Es war eine dramatische Erfahrung, lernen zu müssen, dass Anerkennung von Leistung und Würdigung von Loyalität in der Welt der international aktiven Konzerne keine Gültigkeit haben.

Gegenüber den traditionellen geschichtlichen Darstellungen bedeutet diese Erzählweise einen Wechsel der Perspektive. Geschichte wird oft aus der Sicht der Mächtigen geschrieben, weil sie als die bedeutenden Akteure des historischen Prozesses gelten. Hier werden Wahrnehmung, Erfahrungen und die Sichtweisen der Arbeiterinnen, Arbeiter und Angestellten rekonstruiert, also jener Personen, die in der Geschichte und in der kollektiven Erinnerung oftmals nicht oder zu wenig vorkommen. Zwei Dinge wollen wir durch das Hervorheben dieses Teils der sozialen

Welt betonen: Ein Unternehmen funktioniert nicht alleine auf der Grundlage von technischen Entwicklungen, Strategien des Managements oder ökonomischen Kenn- und Erfolgszahlen. Aus diesen Faktoren ergeben sich Anforderungen und Aufgaben an die Arbeitskräfte. Entscheidend ist jedoch, ob und wie eine Belegschaft auf diese reagiert und sie in die tägliche Praxis ihrer Arbeit umsetzt. Und: ökonomische und politische Institutionen existieren in einer Gesellschaft nicht als Selbstzweck, sondern haben gesellschaftliche Funktionen zu erfüllen. Nur dann, wenn sie mit ihrem Tun materielle, soziale und kulturelle Bedingungen für ein ausgeglichenes und würdevolles Zusammenleben herstellen, gebührt ihnen Anerkennung und Legitimation. Unter dieser Fragestellung sind wir an die Geschichte der Tabakfabrik herangegangen: Welche Arbeits- und Lebensbedingungen hat der Betrieb strukturell vorgegeben und durch welche Transformationen haben sich diese in den Jahren nach 1945 verändert?

Wie ist es nun aber zu diesem Buch gekommen? In welchem Kontext hat sich die Notwendigkeit dieser Arbeit aufgedrängt? Wir hatten im Jahr der Fabrikschließung den Eindruck, dass sich die öffentliche Wahrnehmung vor allem auf die Faszination konzentrierte, die von Gebäude und Areal ausgingen, sowie auf den erfreulichen Umstand, dass diese von der Stadt gekauft wurden. Daraus entstand die Idee, im Rahmen einer ethnographischen Studie den Mikrokosmos der Arbeits- und Lebenskultur der TabakarbeiterInnen nach 1945 zu rekonstruieren und die Daten im Zusammenhang mit allgemeinen Aspekten des Wandels und der Globalisierung industrieller Arbeitswelten zu interpretieren. Ein ethnographischer Zugang bedeutet, dass die Forschenden dabei aus der eigenen soziologischen Welt heraustreten. Gruppen, soziale Milieus oder soziale Beziehungen werden im jeweiligen alltagsweltlichen Zusammenhang untersucht. Daten werden in persönlichen Begegnungen, Beobachtungen und Gesprächen im Feld gewonnen. Mehr als zwei Jahre hindurch haben wir uns mit ehemaligen MitarbeiterInnen getroffen und konnten daran teilhaben, wie sie individuell und in gemeinschaftlichen Zusammenhängen über Arbeit und Leben in und mit der Tabakfabrik gesprochen haben. Die ersten Kontakte hatten wir bereits im Herbst 2009, also noch vor der Schließung aufgenommen. Wir waren beim Abbau der Maschinen und der Räumung der Fabrik dabei. In den Monaten danach haben sich viele ehemals Beschäftigte daran beteiligt, schriftliche und mündliche Dokumente zu sammeln und zu interpretieren. In gewisser Weise hat sich durch das Projekt ein Netzwerk des Erinnerns und wiederholten Durcharbeitens[5] herausgebildet. Dabei wurden immer wieder die Ereignisse, die zur Schließung des Betriebs geführt haben, zum Thema. In der Feldarbeit wächst die Fähigkeit, sich in die soziale Welt der Beschäftigten, ihre Erfahrungen und Erinnerungen einzudenken.[6] Der Prozess des Verstehens hat mit Empathie zu tun, unterscheidet sich von dieser jedoch dadurch, dass es weniger um ein Einfühlen geht. Es geht um das Erkennen von sozialen Bedingungen, die eine Biographie, eine Lebenserfahrung und soziale Praxis zu dem machen, was sie sind. Die „innere Notwendigkeit" für das Sein einer Person[7] ist eng verknüpft mit den spezifischen sozialen Orten, an denen die Person gewachsen ist und gelernt hat, sich in der sozialen Welt zu bewegen und zurecht zu finden. Es gibt eine Wechselbeziehung zwischen dem Verstehen einer Person und dem Verstehen der sozialen Milieus, die sie geformt haben.

Der skizzierte Zugang zum Thema „Tabakfabrik" ist parteilich. Das Verstehen selbst erfordert die Bereitschaft, die Probleme der anderen zu den eigenen zu machen, sich selbst zu vergessen und sich der Einzigartigkeit der besonderen Geschichte seiner GesprächspartnerInnen zu unterwerfen. Es handelt sich um eine Parteilichkeit, die im Dienst der Erkenntnisgewinnung steht. Im weiteren Prozess der Analyse wird das am individuellen Fall gewonnene Verstehen im Licht von Strukturdaten sowie anerkannten Theoriekonzepten reinterpretiert und damit objektiviert. Als Ergebnis entsteht eine „dichte Beschreibung" über die Entwicklung eines Industriebetriebs.[8]

Zudem haben wir es bei empirischen Untersuchungen in der Soziologie zumeist mit narrativen und interpretierenden Darstellungen der Realität zu tun.[9] Forschende erheben Daten darüber, wie Menschen oder Gruppen die soziale Welt wahrnehmen und erfahren, sie also von ihrem Standpunkt aus interpretieren. Diese Daten werden mit bewährten analytischen Verfahren bearbeitet. Das Ergebnis sind Interpretationen von Interpretationen. Keine wissenschaftliche Aussage kann sich völlig aus diesem Moment der Gebundenheit an einen bestimmten sozialen Ort befreien. Wir müssen deshalb davon ausgehen, dass Wissenschaft uns einen vielstimmigen Chor über die Wirklichkeit bietet und keinesfalls mit einer einzigen Stimme über diese sprechen kann. Die Grundlage dieses Buches bilden die Stimmen der ehemaligen Mitglieder der Belegschaft, Stimmen, die bisher wenig hör- und wahrnehmbar waren. Namen und personenbezogene Daten unserer GesprächspartnerInnen aus der ehemaligen Tabakfabrik sind anonymisiert. Der Anteil der AutorInnen war, die Geschichten aufzunehmen, sie zu ordnen und in den Zusammenhang von sozialen und kulturellen Ereignissen der Gesellschaftsgeschichte zu stellen. Daraus ist jene Version der Geschichte entstanden, die hier in sechs Kapiteln mit Anhang zusammengefasst ist.

LINZ Stadtporträt

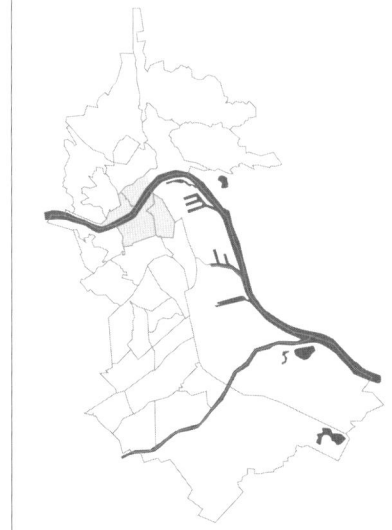

Staat:	Österreich
Bundesland:	Oberösterreich
EinwohnerInnen:	189.680
Fläche:	95,98 km²
	62 % Grünfläche und Wald 13 % Baufläche
	6 % Gewässer 19 % Sonstiges
Bürgermeister:	Franz Dobusch (SPÖ) seit 21. 1. 1988
Gemeinderat:	SPÖ (26 Sitze) Grüne (7 Sitze)
	ÖVP (17 Sitze) KPÖ (1 Sitz)
	FPÖ (9 Sitze) BZÖ (1 Sitz)
Kinderbetreuung:	40 Horte 28 Krabbelstuben
	73 Kindergärten
Bildung:	41.706 SchülerInnen 19.263 Studierende
	40 Volksschulen 12 Allgemein bildende höhere Schulen
	19 Hauptschulen 9 Berufsbildende höhere Schulen
	9 Berufsschulen 4 Universitäten
Arbeitsplätze:	205.271
Durchschnittliches Monats-	3.297 € Männer
bruttoeinkommen¹:	2.515 € Frauen
Einpendelnde²:	100.595
Auspendelnde²:	20.804
Wichtigste Arbeitgeber:	Voestalpine AG	10.000
(nach Beschäftigten)	Unternehmensgruppe Stadt Linz	9.000
	Siemens	3.600
	ÖBB	3.500
	Bilfinger Berger (ehem. MCE)	2.212
	Raiffeisenlandesbank	2.128
	Schachermayer	1.516
	Plasser & Theurer	1.397
	Borealis	1.200
	DSM	870

Quellen: Die Zahlen stammen, wenn nicht anders angegeben, aus: Linz in Zahlen 2010.
1 Quelle: Frauenmonitor 2012 Arbeiterkammer OÖ (Vollzeit, Jahres-14tel)
2 Quelle: Statistik Austria 2009

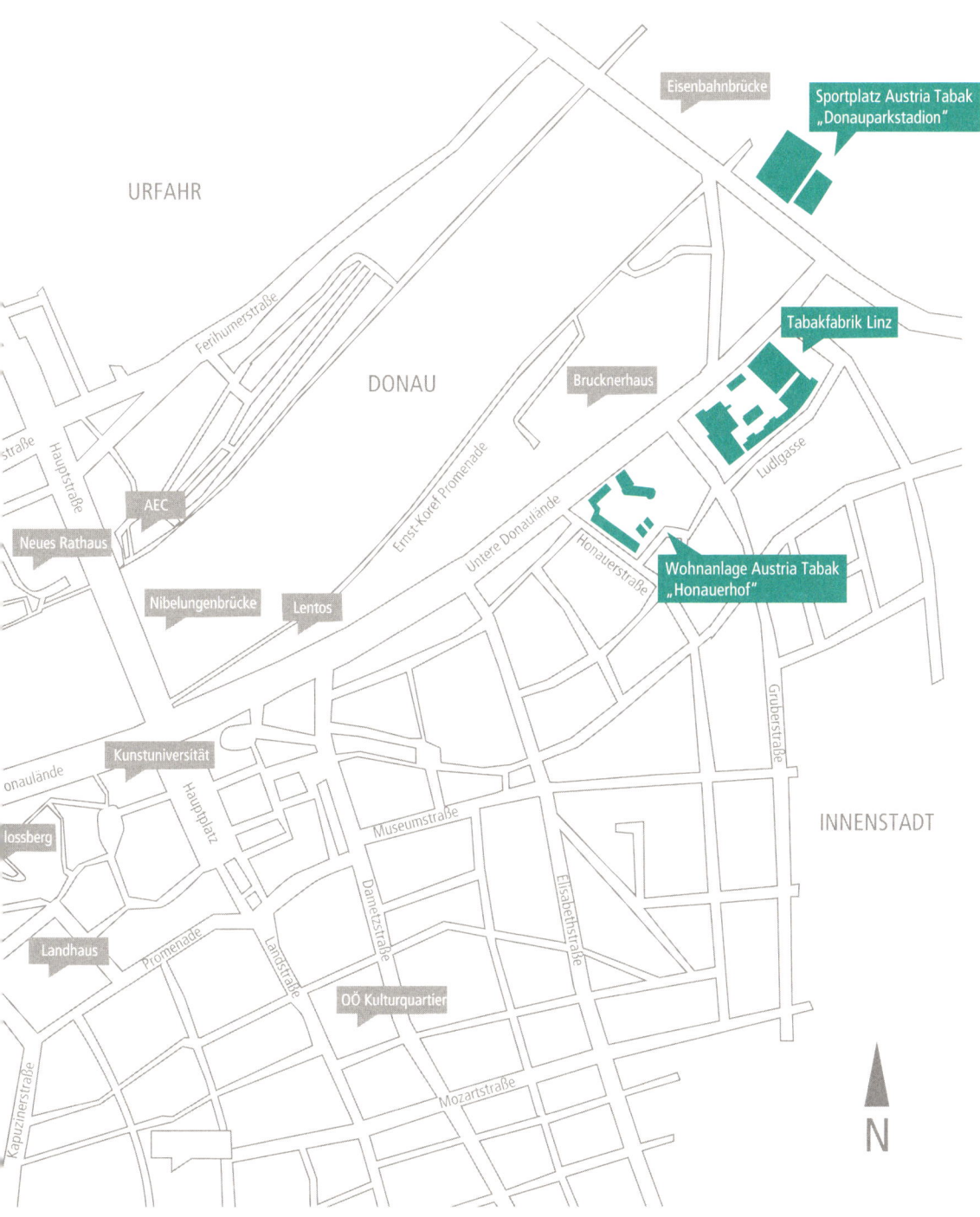

Kapitel 1
Sozialhistorische Einordnung der Tabakproduktion in Österreich

In Europa war der Genuss von Tabak, einer Pflanze, die Columbus aus der „Neuen Welt" mitgebracht hatte, von Beginn an umstritten.[1] Manche erhofften sich vom Tabak eine heilende Wirkung, aber schließlich setzte sich aber der Gebrauch von Tabak wegen seiner betäubenden Wirkung durch. Die Soldaten des Dreißigjährigen Krieges bezeichneten den Tabakgenuss als „Sauferei des Nebels".[2] Bei der Obrigkeit galt die Rauch- und Schnupflust der Bürger als Unsitte. Die ausgesprochenen Verbote und Strafandrohungen zeigten jedoch wenig Wirkung, im Gegenteil, es entwickelten sich umgehend ein gut organisierter Schmuggel und eine vielfältige Kultur der Übertretung der Verbote.

Das Tabakmonopol – der Beginn der Österreichischen Tabakregie

Ab dem 17. Jahrhundert begannen viele Landesherren angesichts der finanziellen Erfordernisse für die Staatshaushalte damit, den Tabakgenuss nicht mehr nur zu ächten, sondern ihn als Gegenstand von Steuerpolitik zu entdecken. Sie wollten von dem „Laster", das nicht vermieden werden konnte, zumindest auch profitieren. 1701 unterzeichnete Leopold I. das Tabakpatent für die österreichischen und böhmischen Länder. Die Hofkammer hatte nunmehr alleine das Recht auf Produktion und Verkauf von Tabak. Die Verpachtung dieses Rechts brachte ansehnliche Einnahmen. Kaiser Joseph II. setzte einen radikaleren Schritt. Im Mai 1784 stellte er mit einem Monopolerlass die gesamte Tabakproduktion, den Anbau, die Einfuhr und den Verkauf unter staatliche Regie. „Regie" bedeutet, dass das gesamte Tabakgeschäft unter staatlicher Verwaltung organisiert wurde. Das Staatsmonopol galt für Ober- und Niederösterreich, Steiermark und Kärnten sowie für die Gebiete Böhmen, Mähren, Schlesien und Ostgalizien. Einige der Fabriken der neu gegründeten Tabakregie entstanden in leerstehenden Gebäuden, die die Klosteraufhebung des Kaisers hinterlassen hatten, so etwa in Hainburg. Schon im ersten Jahr brachte das Tabakmonopol einen Gewinn von 3,1 Millionen Gulden bei einer Gesamtsumme der Staatsausgaben von 71 Millionen.[3] Um die Einnahmen durch den Tabak zu sichern, übte der josephinische Polizeistaat eine strenge Kontrolle über den inländischen Tabakanbau und die Rechte zur Pflanzung von Tabak aus. Auch der freie Tabakhandel wurde eingedämmt und die Strafen gegen Verstöße verschärft. Es gab spezielle „Tabakaufseher", die an den Grenzen und auch im Inland nach Schmuggelware suchten.[4]

Zu Zeiten der Errichtung des Monopols war Tabakgenuss keineswegs ein öffentlich anerkanntes und akzeptiertes Vergnügen. Er war verpönt und an öffentlichen Orten und Spazierwegen verboten. Der Erlass des Tabakmonopols verschaffte dem Gebrauch der Pflanze eine neue Legitimation. Es entstanden, wenn auch noch heftig beklagt, die ersten Raucherzimmer in vielen Wiener Kaffeehäusern. Die Kritik am Rauchen fand immer weniger Gehör und Akzeptanz. Ein deutliches Indiz dafür: Bis 1800 wandelte sich das Bild in den Kaffeehäusern. Es herrschte nun mächtiger Qualm an allen Tischen, nur in den Damenzimmern blieb ein strenges Rauchverbot aufrecht.[5]

Neben der Gründung des staatlichen Monopols 1784 markiert die Einführung der Zoll- und Staatsmonopol-Ordnung im Jahr 1836 unter Kaiser Ferdinand I. einen wichtigen Punkt in der Entwicklung des Tabakmonopols in Österreich.[6] Die Länder des Kaiserstaates hatten regional unterschiedliche Zollrichtlinien und Gesetze, die den damaligen wirtschaftlichen Verhältnissen nicht mehr angepasst waren. Die neue Zoll- und Staatsmonopol-Ordnung war der Versuch einheitliche Regeln für den gesamten „Kaiserstaate" zu schaffen. Neben Tabak waren auch Kochsalz, Salpeter und Schießpulver Gegenstand der Verordnung.

Standortpolitik der Tabakregie im 19. Jahrhundert und die Beschäftigung von Frauen

Das Revolutionsjahr von 1848 brachte die Aufhebung des Rauchverbots an den öffentlichen Plätzen. Für die Österreichische Tabakregie begann eine Phase der Expansion, zahlreiche neue Standorte wurden erschlossen, zwischen 1869 und 1874 wurden insgesamt zwölf neue Fabriken errichtet. Unter anderem in Wien, Klagenfurt, Stein an der Donau und in Linz. Bis 1913 konnte die Tabakregie die Zahl ihrer Produktionsstätten auf insgesamt 30 ausbauen, zusammengenommen waren hier über 36.000 Menschen beschäftigt.[7] Für viele der neuen Tabakfabriken, die im 19. Jahrhundert errichtet wurden, wählte die Tabakregie bewusst Provinzstädte als Standorte, die sich wegen Fabriksschließungen in einer wirtschaftlichen Notsituation befanden. In Linz bildete 1850 die Einstellung der Produktion der Wollzeugfabrik den Hintergrund für die Gründung der Tabakfabrik.

Dieser Strategie lag ein wirtschaftliches Kalkül zugrunde. Im 19. Jahrhundert konnte die Existenz von Arbeitskräften, die an die spezifische Disziplinierung und die neuen Zeitrhythmen der industriellen Fabrikarbeit gewöhnt waren, nicht vorausgesetzt werden.[8] Die Bevölkerung, die sich mit Lohnarbeit den Lebensunterhalt zu verdienen hatte, war noch an dezentralen und subsistenzwirtschaftlichen Arbeitsabläufen orientiert, wie sie im lokalen Handwerk oder in der bäuerlichen Arbeit praktiziert wurden. Die Regeln und Erfordernisse der industriellen Produktionsweise hatten sich noch nicht in den Alltag der Menschen eingeschrieben. In dieser Situation war es hilfreich, dass die vorher angesiedelte und nun geschlossene Fabrik Arbeitskräfte hinterließ, die bereits gelernt hatten, sich der Disziplin der Fabrikarbeit unterzuordnen. Ein weiterer wichtiger Faktor waren die geringen Lohnkosten in den ländlichen Regionen.[9] Die Tabakproduktion war im Vergleich zur Produktion anderer Industriewaren extrem lohnintensiv. Die Mechanisierung in der Tabakindustrie setzte erst mit der Zigarettenproduktion, also in den 1860er Jahren, ein. Die Herstellung von Pfeifen- und Schnupftabak sowie von Zigarren erfolgte weitgehend in Handarbeit. Handwerker mussten bei Eintritt in die Fabriken eine entsprechende Qualifikation für den vorgesehenen Arbeitsbereich vorweisen. Die Zigarrenproduktion galt in Österreich als angelernte Handarbeit, in Deutschland hingegen als qualifizierte Facharbeit. Vor diesem Hintergrund ist nachvollziehbar, warum in Österreich bis ins 20. Jahrhundert hinein vor allem Frauen in der Tabakindustrie gearbeitet haben, in Deutschland dagegen die Männer überwogen. Frauen verursachten die geringeren Lohnkosten. Um 1900 betrug der Frauenanteil der in der Tabakregie beschäftigten Arbeitskräfte rund 89 Prozent.[10] Außer den Frauen zählten auch die Kinder zu den billigen Arbeitskräften. Im 19. Jahrhundert war die Kinderarbeit in Tabakfabriken üblich und stark verbreitet. Beispielsweise beschäftigte die Fabrik in Schwaz 1840 mehr als 100 Kinder im Alter von neun bis vierzehn Jahren, der Großteil war noch schulpflichtig.[11] Das geringe Angebot an alternativen Arbeitsplätzen in wirtschaftlich schwachen Regionen war ein weiteres wirtschaftliches Argument für die skizzierte Standortstrategie der Tabakregie. Damit sollte gesichert werden, dass für die eigene Produktion ein williges, diszipliniertes und zu langfristiger Bindung bereites Personal zur Verfügung stand.

In diesen Zusammenhängen ist auch die Errichtung der Linzer Tabakfabrik zu sehen.[12] Das Gebiet um Linz war industriell wenig erschlossen, verfügte jedoch über ein Reservoir an weiblichen Arbeitskräften. Für die neue Fabrik war es zu Beginn dennoch nicht leicht, Frauen zu finden, die bereit waren, dort zu arbeiten. In Oberösterreich war das Kleingewerbe weit verbreitet. Für Frauen, die von ländlichen Strukturen und Lebensformen geprägt waren, bedeutete es einen gravierenden Einschnitt, in die Fabrik zu gehen. Die Entlohnung war niedrig und die Arbeitsbedingungen waren schlecht. Lange Anmarschwege vom Wohnort am Stadtrand zur Fabrik mussten in Kauf genommen werden. Die wenigen Wohnmöglichkeiten in der Stadt waren teuer. Viele Fabrikarbeiterinnen lebten in jener Zeit in Linz auf Dachböden, in Baracken oder teilten sich als Bettgeherinnen einen Schlafplatz.[13] Es war wenig attraktiv und sozial verpönt, einen Arbeitsplatz in der Fabrik zu haben, andererseits war es für viele die einzige Möglichkeit, einen Lebensunterhalt zu verdienen und den bedrückenden Verhältnissen ihres Herkunftsmilieus zu entkommen.

Der Linzer Klerus versuchte über die Sonntagsschulen vor allem junge Frau daran zu hindern, in der Fabrik zu arbeiten. In einem Protokoll der Amtskanzlei der Tabakfabrik aus dem Jahr 1855 werden Berichte der Arbeiterinnen zitiert. Demnach mahnte der Schuldirektor der Sonntagsschule die jungen Frauen, der Tabakfabrik fern zu bleiben, „weil es drunten nicht gut zugeht". Die Tabakfabrik sei eine Kränkung für den Bischof, „und er weiß gewiss, dass die Fabrik bald wegkommt, und dann werden die Fabrikarbeiterinnen lauter vacirende Weibsbilder sein, indem keine ordentliche Frau Euch dann als Dienstboten aufnehmen wird, daher Ihr Euch früher um einen Dienst umschauen müßt. In der Fabrik geht es zwar in bester Ordnung zu, alleine der Ein- und der Ausgang aus der Fabrik gefällt ihm nicht, und alle jene, welche in die Fabrik gehen, verlieren das weiße Kleid der Unschuld".[14]

Die leitenden Beamten und die „undisziplinierte" Arbeiterschaft

Mit der Übernahme des Tabakmonopols 1784 wurde die Leitung des Unternehmens in Wien installiert. Die Organisationsprinzipien des k.u.k. Staates prägten die Verwaltung der Tabakregie. Das bedeutete eine bürokratische Aufgabenteilung mit genauen Vorschriften über Tätigkeitsbereiche von Generaldirektion, Administration und Fabrikleitung sowie den hierarchischen Instanzenzug zwischen den Ebenen. Die Strukturelemente der Staatsbürokratie, nämlich Hierarchie, militärische Disziplin und Gehorsam, bildeten sich in der gesamten Organisation der Tabakregie ab. Bis zum Ersten Weltkrieg standen in den einzelnen Standorten Fabrikleiter und Fabrikkontrollor an der Spitze der Hierarchie. Sie leiteten die Fabrik und wurden dabei von zwei Kanzlisten und zwei Amtsschreibern unterstützt. Weiters gab es noch einen Fabriksekretär und verschiedene Hilfsbeamte, die für bestimmte Aufgabenbereiche wie Überwachung der Produktion, Verteilung des Rohtabaks oder Herstellung von Rezepturen verantwortlich waren. Nach den Beamten kamen in der Betriebsordnung die Staatsdiener. Dazu zählten Amtsdiener, Werksführer und Portiere. Letztere verkörperten in besonderer Weise die Fabrikdisziplin. Sie konnten Beschäftigten, die zu spät kamen, das Tor versperren und sie um den Verdienst dieses Tages bringen. Unterstützt wurden die Beamten von „Nachstehern". Sie waren keine Beamten und zuständig für die Beaufsichtigung von Arbeiterinnen und Arbeitern. Gegen 1870 wurde diese Position eingespart und von sogenannten „Arbeitsaufsehern" übernommen, die aus der Arbeiterschaft kamen.[15]

In den Anfängen der österreichischen Tabakregie bestand die zentrale Aufgabe der leitenden Beamten darin, die heterogenen Gruppen – Frauen, Kinder, unterschiedliche Kategorien von Personal – dazu zu bringen, sich der Zeit- und Arbeitsdisziplin einer Fabrik zu unterwerfen. Mittels Arbeitskontrolle und Formen des militärischen Drills gewährleisteten die Beamten den kontinuierlichen Arbeitsfluss und damit Produktivität. Der Fabrikalltag war geprägt von Reglementierung, Disziplinierung und Kontrolle. Die Beamten in der Generaldirektion und in den Leitungs- und Verwaltungsabteilungen der Tabakfabriken sahen sich selbst als Elite, die mit einem wichtigen und einträglichen Wirtschaftszweig der Monarchie betraut war. Die soziale Kluft zwischen diesem Beamtenstab und der Arbeiterschaft war groß. In einem Dokument über „Verhaltensregeln für Arbeitsleute" aus dem Jahr 1802 heißt es: Die ArbeiterInnen sollen, „wenn sie mit einem Beamten sprechen, jedesmal mit abgedecktem Haupt und mit gebührender Achtung sich finden lassen. Haben sich alle Arbeitsleute vorzüglich in Acht zu nehmen, besonders in öffentlichen Orten über einen Beamten etwas noch viel weniger über das Fabriksgeschäft etwas auszusagen. Hat sich jeder fleißig und willig, zu allen ihn aufbefohlener Arbeit gebrauchen zu lassen. Das Essen wird während der Arbeit nicht gestattet. Überdies sollen die Leute ordentlich und nicht wie die Schweine ungekämmt und ungewaschen in der Fabrik erscheinen. Ansonsten werden sie acht Tage aus der Fabrik entlassen. Hat sich jeder, was der Fabrik nicht viel Ehre macht, von Schulden zu hüten, sondern vielmehr seine Gläubiger, was immer er Kredit erhält, von Woche zu Woche fleißig zu bezahlen; wodurch der schlechte Name Fabriksgesindel aufhören wird. Bei Vorkommung solcher Klagen wird man solchen unordentlichen Menschen aus dem Brod ohne weiters entlassen."[16] Ähnliche Bestimmungen galten in allen Fabriken bis weit in das 19. Jahrhundert hinein.

Arbeiterinnen und Arbeiter waren in der Hierarchie die unterste Stufe. Das in der Produktion beschäftigte Personal hatte im Unterschied zu den Beamten und Staatsdienern weder Angelobung noch Diensteid zu leisten. Um 1880 wurde es in vier Kategorien geteilt: bestimmte (später als „ständige" bezeichnet), provisorische und unbestimmte (später „nicht-ständige") Arbeiter sowie Arbeiteraufseher.[17] Das „bestimmte" Personal gehörte zum zentralen Bestand der Fabrik. Die „unbestimmt" Beschäftigten wurden eingesetzt, um einen vorübergehenden Bedarf an Arbeitskräften zu decken. Wurden sie nicht mehr gebraucht, wurden sie entlassen. Das „provisorische" Personal hatte eine einjährige Probezeit und wurde – wenn es sich bewährte – in den ständigen Stand übernommen. Die Arbeitsaufseher unterstützten die Beamten und sorgten für die Aufrechterhaltung der Ordnung in der Fabrik. Sie mussten Lesen, Schreiben und Rechnen können. Um sich für eine Aufnahme in der Tabakfabrik als „bestimmte" Arbeitskraft zu bewerben, war in erster Linie ein guter Gesundheitszustand wichtig. Dieser wurde vom Fabriksarzt attestiert. Die Aufnahme musste vor dem 35. Lebensjahr erfolgen. Für die Bewerbung als „unbestimmte" Arbeiterin genügte es, „gesund, kräftig und zur Arbeit tüchtig" zu sein, und einen Nachweis über das Wohlverhalten vorzulegen.[18]

Die Beamten verfügten über ein breites Repertoire an Disziplinierungsmitteln.[19] Ein rechtlicher Rahmen für die Disziplinierung der Belegschaft war die Arbeitsordnung. Die „Organischen Bestimmungen" von 1877 stellten eine erste Form der Arbeitsordnung dar. In der Früh vor Arbeitsbeginn mussten die Arbeiterinnen und Arbeiter im Hof zum Appell antreten. Die Namen wurden laut vorgelesen. Für die Tagelöhner wurden Arbeitszeichen verteilt, die beim Verlassen der Fabrik wieder abzugeben waren. Nur jenen Arbeiterinnen, die ein Arbeitszeichen hatten, wurde ein Lohn ausbezahlt. Beim ständigen Personal wurden die Arbeitszeiten in ein Arbeitsbuch eingetragen. Sauberkeit war aufgrund der Zuordnung der Tabakerzeugung zur Nahrungs- und Genussmittelindustrie unerlässlich. Schmutzige ArbeiterInnen wurden nach Hause geschickt, vor Arbeitsbeginn mussten alle ihre Hände waschen und mit sauberer Kleidung antreten. Wer kein Taschentuch bei sich hatte, bekam einen Abzug vom Lohn. Beim Verlassen der Fabrik wurden die Arbeitskräfte einer Visitation unterzogen, wodurch man verhindern wollte, dass Tabak aus der Fabrik geschmuggelt wurde. Ein finanzielles Druck- und Disziplinierungsmittel war die Regelung zur Altersversorgung. Pensionen erhielten nur Beamte. Für die Arbeiterschaft gab es „Almosenbezüge" zur finanziellen Absicherung im Alter. Voraussetzung für die Auszahlung war tadelloses Verhalten und Einfügung in die betriebliche Ordnung. Bei Verstößen drohte der Verlust.

Es war im Allgemeinen für Frauen schwieriger, sich dem Regime der industriellen Arbeit zu unterwerfen. Sie waren stärker an familiäre und häusliche Versorgungsarbeiten gebunden, die nicht einer festen Zeitordnung folgten. Männer, die frei von diesen Verpflichtungen waren, konnten sich leichter auf die Erfordernisse der Fabrikarbeit einstellen.

Körperliche Züchtigung, Beschimpfungen und Diffamierungen gehörten zum Alltag der Arbeiterinnen. Schikanen und Respektlosigkeiten der Beamten gegenüber den Frauen wurden zwischen den Arbeiterinnen reproduziert und weitergegeben. Einer Denkschrift von Adelheid Popp können wir den folgenden Bericht einer Tabakarbeiterin aus Sternberg in Tschechien um 1890 entnehmen: „Als ich das 13. Lebensjahr erreicht hatte, nahm mich meine Mutter an der Hand, ging mit mir zum Direktor der Tabakfabrik und ersuchte für mich um Aufnahme. Der Direktor weigerte sich, mich zu nehmen, meine Mutter wußte ihn aber durch Bitten umzustimmen, mit dem Hinweis, daß mein Vater gestorben sei. Ich wurde aufgenommen. Als ich am nächsten Tag zur Arbeit ging, bekam ich von meiner Mutter die Lehre, daß ich zu allem zu schweigen und allen zu gehorchen hätte. Das war leichter gesagt als getan. Die Behandlung in dieser Fabrik war damals so brutal, daß eine junge Arbeiterin von den älteren Arbeitskolleginnen beschimpft und manchmal auch geschlagen wurde".[20]

Disziplinierung und betriebliche Sozialpolitik

Aufgrund der spezifischen Beschäftigungsstruktur setzte die Tabakregie früh eine Reihe von Maßnahmen zum Schutz der weiblichen Arbeitskräfte. Schon 1812 bekamen Mütter in Hainburg in den ersten sechs Wochen nach der Geburt eines Kindes den halben Tageslohn, wenn sie zuhause blieben.[21] 1908 wurden erste Säuglingsanstalten errichtet. Das Ziel dieser Einrichtungen war, dass die Arbeiterinnen ihre Säuglinge bis zum ersten Lebensjahr in der Früh in die Krippe bringen konnten. Diese wurden dort in eigenen Betten betreut und von den Müttern in der Arbeitszeit gestillt. Damit sollte den Frauen das Aufziehen der Kinder ohne Unterbrechung der Berufstätigkeit erleichtert werden. 1918 wurde im Werk Linz ein solches Tagesheim für Kleinkinder eröffnet.[22] Es war mit 26 Betten ausgestattet, zwei Pflegerinnen betreuten die Kinder. In den ersten Jahren war die Stillstube nur mit 12 bis 15 Kindern belegt.[23] Dieses Angebot wurde also von den Arbeiterinnen nicht im Rahmen des Möglichen genutzt, vermutlich deshalb, weil die Versorgung der Kleinkinder nur in engen Grenzen vorgesehen war. Wenn die Mütter nicht stillen konnten, musste das Essen mitgebracht werden und auch für Windeln war selbst Sorge zu tragen. 1928 wurde eine sogenannte Kinderbewahranstalt und 1939 ein Kinder- und Säuglingshaus am Standort der Tabakfabrik Linz eingerichtet, in der eine Kindergärtnerin und Helferinnen die Kinder – in den Wintermonaten auch nachts – betreuten.[24]

Um 1850 wurden in den Fabriken Wärmküchen errichtet, in denen ArbeiterInnen ihr mitgebrachtes Essen abgeben konnten. Mittags wurde es für sie aufgewärmt.[25] Später kamen Suppenküchen hinzu, in denen zu einem günstigen Preis Suppe und Kaffee verkauft wurden. 1887 wurden in den Fabriken der Regie Bademöglichkeiten geschaffen. Viele Arbeiterinnen und Arbeiter hatten aufgrund der schlechten Wohnverhältnisse nur spärliche Waschgelegenheiten. Zweimal im Monat konnten die Mitglieder der Belegschaft ein kostenloses Bad während der Arbeitszeit nehmen.

Gegen Ende des 19. Jahrhunderts begann die Tabakregie mit dem Bau von Wohnungen für die eigene Arbeiterschaft. 1896 wurde das erste Arbeiter-Wohnhaus in Hainburg errichtet. In den Jahren 1895 und 1899 ließ die Generaldirektion die Wohnverhältnisse der Arbeiterinnen und Arbeiter in allen Kronländern erheben.[26] Die Ergebnisse zeigten auf, unter welch elenden Wohnbedingungen die Arbeiterschaft lebte. Rund 50 Prozent bewohnten sogenannte Kleinstwohnungen, die aus nur einem Wohnraum bestanden und keine Küche hatten. Im Durchschnitt verfügten diese Wohnungen über eine Fläche von 17 m². Diese „Kleinstwohnungen" wurden von mehreren Personen bewohnt. Weitere 40 Prozent der Arbeitskräfte wohnten in „Kleinwohnungen" auf durchschnittlich 26 m² mit einem Wohnraum und einer Küche. Die Untersuchung der Wohnverhältnisse an allen Standorten der Monarchie aus dem Jahr 1899 hatte ergeben, dass 62 Prozent der Arbeiterinnen und Arbeiter direkt am Ort der Fabrik wohnten und 29 Prozent der Beschäftigten in einer Wegentfernung von bis zu einer Stunde. 9 Prozent mussten mehr als eine Stunde zur Arbeit gehen.

Vor dem Hintergrund dieser Daten plante die Generaldirektion in Wien 1910, über 200 Wohnhäuser zu errichten. Mit dem Wohnungsbau sollte an den Standorten in jenen Gemeinden begonnen werden, die am meisten unter der Wohnungsnot litten. Der erste Weltkrieg verhinderte die Realisierung dieser Pläne. 1923 wurde die Idee wieder aufgegriffen und in den folgenden Jahren wurde an allen Standorten gebaut. Im Jahr 1928 standen für die Mitarbeiterinnen und Mitarbeiter der Tabakregie insgesamt 633 Wohnungen zur Verfügung. In Linz entstanden in diesem Zusammenhang, vor allem in der Gruberstraße, 95 Wohnungen für Arbeiterfamilien, 18 Wohnungen für Werkmeister und 6 Wohnungen für Beamte.[27]

Das Ausmaß und die Qualität dieser Sozialeinrichtungen waren bemerkenswert. In einigen Fabriken wurden auch Arbeiterbibliotheken eingerichtet.[28] Das Unternehmen beschränkte sich gegenüber den MitarbeiterInnen nicht nur darauf, Arbeit gegen Lohn zu tauschen wie es der klassischen liberalen Praxis entspricht. In den Tabakfabriken wurde die Entlohnung durch soziale Dienstleistungen für die Arbeiterschaft ergänzt, die Arbeiter und Arbeiterinnen wurden als Individuen wahrgenommen. Woher kam diese Wertschätzung der Beschäftigten, die von der historisch üblichen Praxis der Unternehmer deutlich abweicht? Wir möchten folgende Traditionsstränge erwähnen.

Erstens unterscheidet sich der Dienst für den Staat von einem Arbeitsverhältnis bei einem privaten Unternehmer. Dem Privaten wird die Nutzung der Arbeitskraft gegen Entlohnung überlassen. Das staatliche Dienstverhältnis, wie es sich ab dem 19. Jahrhundert in Form des modernen Beamtentums herausbildet, stellt nicht auf Leistung und Gegenleistung ab, sondern ist als öffentliches Dienst- und Gewaltverhältnis charakterisiert.[29] Das Amt wird nicht nur im Sinn eines Berufs, sondern als verbindliche und dauerhafte Lebensaufgabe übernommen. Dementsprechend erstreckt sich die disziplinarische Aufsicht des Dienstherrn sowohl über die Arbeit als auch auf das Leben außerhalb der Arbeitsstelle.

Das bedeutet neben der normalen Verpflichtung zur Arbeit auch die zu besonderer Treue und Ergebenheit des Arbeitnehmers dem Dienstherrn gegenüber wie auch umgekehrt die wohlwollende Fürsorge des Dienstgebers für den Dienstnehmer. Diese umfasst mehr als die Entlohnung. Der historischen Tradition nach schließt sie weitere Aspekte der Lebensverhältnisse wie das Wohnen mit ein.

Weiters sind im Rahmen des Dienstes für den Staat individuelle Freiheitsrechte für bestimmte Aspekte des persönlichen Lebens eingeschränkt, etwa im Hinblick auf wirtschaftliche und politische Betätigung.

Die Arbeiterinnen und Arbeiter in der Österreichischen Tabakregie standen nicht in einem Beamtenverhältnis. Die oben skizzierten Merkmale galten demnach nicht für sie. Nur die Leitungs- und Verwaltungspositionen waren mit Beamten besetzt. Dennoch schien es so zu sein, dass die sozialpolitischen Traditionen einer sozialen Fürsorge des Dienstgebers in abgeschwächter Form von oben nach unten sickerten, das heißt ausgehend von den obersten und mittleren Ebenen der Beamtenschaft auch die unterste Ebene der Arbeiterschaft erreichten.

Zweitens erinnert die Personalpolitik der Tabakregie ab dem zweiten Drittel des 19. Jahrhunderts an Formen betrieblicher Sozialpolitik aus der frühen Periode des Kapitalismus vor der Etablierung allgemeiner sozialer Schutzsysteme durch den Staat. Vor 1848 hatten sich Teile der herrschenden Klasse – in Abgrenzung zur dominanten Strömung der politischen Ökonomie – mit der Frage nach einer „sozialen Ökonomie" beschäftigt. Sie wollten „am Sozialen arbeiten"[30], also am Elend der neuen kapitalistischen Welt, ohne in die Produktionsweise einzugreifen. Die Fabriksiedlungen Robert Owens in England[31] und das Patronagesystem in einigen Industrieregionen Frankreichs[32] sind Modelle für betriebliche Sozialpolitik in der ersten Hälfte des 19. Jahrhunderts. Gemeinsam war ihnen, dass sie einerseits eine rationale Organisation der Arbeit und andererseits sozialen Frieden herstellen sollten. Soziale Ökonomie, so fasst es Robert Castel[33] zusammen, entwickelt eine andere Logik als die politische Ökonomie, ohne formal mit dieser zu brechen: Der Arbeitgeber zahlte den je nach regionalen Normen der Gerechtigkeit angemessenen Lohn, erwies dem Arbeitnehmer jedoch Dienste, die nicht der strikten Marktlogik unterlagen, obwohl sie durchaus in seinem Interesse waren. So konnte soziales Engagement eine konkrete Form annehmen und zugleich den wirtschaftlichen Erfordernissen genügen. Die geleisteten Dienste bestanden aus Beiträgen für die Wiederherstellung von Gesundheit, für die Verbesserung der Wohnverhältnisse und für die Unterstützung in Notsituationen. Zugleich löste dieses System Probleme, mit denen der frühe Kapitalismus lange Zeit zu kämpfen hatte. Es begrenzte die unerwünschte Mobilität der ArbeiterInnen und erzog gleichzeitig zu Disziplin zur und bei der Arbeit.

Es ist naheliegend, dass Elemente dieser Philosophie – nicht in der umfassenden und modellhaften Ausprägung und erst einige Jahrzehnte später – in die Grundsätze der Betriebsführung der Österreichischen Tabakregie eingeflossen sind. Viele der Beamten der k.u.k. Tabakregie kamen aus dem Bürgertum und ihre Grundsätze bezüglich einer angemessenen Strategie der Leitung und Entwicklung des Unternehmens unterschieden sich kaum von jenen des privaten Unternehmertums. Wichtige äußere Bedingungen für die Entwicklung und Etablierung einer sozialen Betriebsführung, die sich von der marktliberalen Tradition und Praxis deutlich abhob, waren die lange Tradition der Fürsorgepflicht des staatlichen Dienstgebers und das Fehlen von Konkurrenz und Zwang zur betrieblichen Gewinnmaximierung, weil die Tabakindustrie ein Monopolbetrieb war. Dennoch entwickelte sich die betriebliche Sozialpolitik der Tabakregie nicht in einem sozialen Raum außerhalb der historisch herrschenden Vernunft kapitalistischer Produktionsweise. Die betriebliche Sozialpolitik strebte danach, die Stammbelegschaft zu erhalten. Viele Sozialleistungen waren an eine langjährige Beschäftigung und an konformes Verhalten geknüpft.[34]

In vielen Fabriken der Tabakregie rekrutierte die Betriebsleitung neue Arbeitskräfte aus dem familiären Umfeld der bereits Beschäftigten. Das galt besonders für die Beschäftigung von Kindern, die gemeinsam mit ihren Müttern zur Arbeit gingen. Auch die erwachsenen Kinder von älteren und bewährten ArbeiterInnen wurden bevorzugt. So wurden nicht nur Arbeitskräfte, sondern ganze Familien an den Betrieb gebunden. Allerdings, so können wir einer Verordnung von 1893 entnehmen, gab es Einschränkungen bei verwandtschaftlichen Beziehungen zu Führungspersonen. Entsprechend dieser Richtlinie waren familiäre Bindungen zu Werkführern, Arbeitsaufsehern, Übernehmerinnen und Auswägerinnen untersagt. Begründet wurde dies damit, dass „derartige persönliche Verhältnisse (…) zu Unzukömmlichkeiten im Dienste führen" können, „die unbedingt erforderliche Unbefangenheit im Dienste beirren" und auch auf die „Disziplin der Arbeiter abträglich einwirken".[35]

Eine Reihe von strategischen Entscheidungen der Tabakregie zielte darauf ab, durch Bindung an den Betrieb sowohl Loyalität als auch Abhängigkeit in der Belegschaft herzustellen. Die Ansiedlung von Fabriken in wirtschaftlichen Notstandsgebieten, Begünstigungen und Privilegien, die bei unerwünschtem Verhalten wieder entzogen wurden und die angesprochenen Sozial- und Wohlfahrtseinrichtungen verbanden die Arbeiterschaft mit dem Betrieb. Das langfristige Interesse des Unternehmens stimmte mit den unmittelbaren Lebensbedürfnissen der Lohnabhängigen überein: gut eingearbeitete und billige Beschäftigte für den Betrieb auf der einen Seite und sichere Arbeitsverhältnisse und partielle Unterstützung bei der Familienarbeit und bei Arbeitsunfähigkeit auf der anderen Seite. Die Arbeiterschaft schätzte das „ständige" Arbeitsverhältnis oder die Aussicht auf ein solches und den Umstand, in einem staatlichen Unternehmen zu arbeiten. Die Beschäftigten der Tabakregie fühlten sich in einer bevorzugten Situation gegenüber den Arbeitern und Arbeiterinnen in der Privatwirtschaft.[36]

Gewerkschaftliche Organisation

Trotz straffer Organisation und den betrieblichen Sozialleistungen kam es in den verschiedenen Betrieben der Tabakregie schon vor der Etablierung einer organisierten Arbeitervertretung immer wieder zu lokalen Aufständen. Die gewerkschaftliche Organisierung der Arbeiterschaft der Tabakindustrie begann in den 1890er Jahren. Die schlechten Arbeitsbedingungen in den Tabakfabriken, vor allem in Südmähren, Tschechien und Kärnten, motivierten Gruppen von Arbeiterinnen und Arbeitern, sich zusammenzuschließen und eine Petition in Wien einzureichen.[37] Diese frühen Versuche der Organisierung wurden sofort vom Dienstgeber unterbunden. Erst ab 1901 gelang es in den meisten Fabriken, Arbeitervereine zu gründen. Die Tabakarbeiterinnen in Hallein bemühten sich frühzeitig um eine Organisation. Gegen Ende des 19. Jahrhunderts organisierten sie sich in den sozialdemokratischen Arbeiter-, Bildungs- und Gewerkschaftsvereinen. 1903 schlossen sich die Zigarrenarbeiterinnen zum Fachverband für Tabakarbeiterinnen in Hallein zusammen.[38] Im gleichen Jahr wurde auch am Standort Linz der „Verein der Linzer Tabakarbeiterinnen und -arbeiter" gegründet. Bereits zwei Monate später war mehr als die Hälfte der Linzer Belegschaft organisiert.[39]

Geht man von den Berichten der Arbeiterinnen-Zeitung[40] um die Jahrhundertwende und den Untersuchungen von Ingrid Bauer[41] aus, so liegt die Vermutung nahe, dass sich vor allem in Hainburg und Sternberg, im heutigen Tschechien, die Zentren der gewerkschaftlichen Bewegung befanden, die sich gegen die unerträglichen Arbeitsbedingungen auflehnte. Im Jahr 1913 waren in Stein, Klagenfurt und Wien-Rennweg über 70 Prozent der Beschäftigten gewerkschaftlich organisiert; in Hainburg, Hallein und Schwaz betrug der Anteil über 60 Prozent, in Linz und Wien-Ottakring etwas über 50 Prozent und in Fürstenfeld 44 Prozent.[42]

Dieser Organisierungsgrad ist für Betriebe mit einem außerordentlich hohen Frauenanteil erstaunlich hoch.[43] Der gewerkschaftliche Zusammenschluss der Tabakarbeiterinnen und -arbeiter ermöglichte es, wesentlich mehr Druck auf den Arbeitergeber, den Staat, auszuüben. Die organisierte Vertretung der Interessen veränderte die Formen der Auseinandersetzung zwischen Arbeiterschaft und Tabakregie. Lokale Kundgebungen und Protestversammlungen zur Durchsetzung von vereinzelten Forderungen verloren an Bedeutung. Anliegen und Forderungen wurden nun zentral von den Gewerkschaften in Form von Memoranden der Generaldirektion überbracht und in Verhandlungen durchzusetzen versucht.[44] Einbezogen wurde die Gewerkschaft auch in die Verwaltung der betrieblichen Sozialleistungen – etwa in die Wohnungsvergabe oder in die Personalpolitik. Funktionäre wurden zu Repräsentanten von Macht, und die Art und Weise, wie transparent und rational sie diese Macht gebrauchten, entschied darüber, wie sie von der Belegschaft wahrgenommen und allenfalls kritisch beurteilt wurden.

In vielen Auseinandersetzungen um bessere Arbeitsbedingungen argumentierte die sozialdemokratische Gewerkschaft, dass dem Staat als Arbeitgeber eine besondere soziale Verantwortung zukomme. Exemplarisch zitieren wir aus einem Bericht der Arbeiterinnen-Zeitung über die Einführung einer neuen Arbeitsordnung in der Tabakregie: „Der Staat als Arbeitgeber hat denn doch die Pflicht, mit gutem Beispiel voranzugehen und der Menschlichkeit und Humanität weitgehendst Rechnung zu tragen".[45]

Der Aufstieg der Zigarette und die Reorganisation nach dem Ende der Monarchie

In den 1880er Jahren war die Zigarette auf dem Weg zum Massenartikel. Sie war erheblich billiger als die Zigarre, und ihr Konsum war im Vergleich zu Pfeife und Zigarre einfach und wenig zeitaufwändig. Diese Eigenschaften machten das Rauchen für breite Kreise der arbeitenden Bevölkerung zugänglich. Mit dem Ersten Weltkrieg bekam die Zigarette einen zusätzlichen Stellenwert. Die Soldaten an der Front wurden mit Essen, Trinken und Zigaretten beliefert. Angst, Nervosität und Langeweile sollten dadurch bekämpft werden.[46] Viele Soldaten wurden in diesem Krieg zu Zigaretten-Rauchern. Die Zigarettenproduktion diente ebenso wie die Produktion von Munition dem „Wehrpotential". In diesen Jahren unterlagen alle Angelegenheiten der Tabakregie der Geheimhaltung. Bis 1913 gab es ausführliche Statistiken über Produktion und Verkaufszahlen. Mit Kriegsbeginn endeten diese Aufzeichnungen. Daten zur Produktion oder zu den Lieferungen an die Front lagen nicht vor. Mit der Dauer des Krieges wurde der Tabak knapp, und man musste Zusatzprodukte beimischen. Die sogenannte Kriegsmischung bestand schließlich nur aus Buchenlaub und Hopfen. Ab 1918 gab es in allen Kronländern Raucherkarten.[47]

Mit dem Ende der Habsburgermonarchie und der damit verbundenen Schrumpfung des österreichischen Staatsgebietes verlor die Tabakregie eine Reihe von Fabriken, Tabakverschleißmagazinen und Annahmestellen für Rohtabak. Von den mehr als 30 Standorten verblieben neben der Generaldirektion in Wien neun Standorte: Wien-Ottakring, Wien-Landstraße, Hainburg, Stein, Linz, Hallein, Schwaz, Klagenfurt und Fürstenfeld. Die Rohstoffknappheit dauerte nach dem Krieg an, der Bedarf der Bevölkerung konnte kaum bedient werden. Die Maschinen waren alt, die Arbeiterinnen unterernährt.

Die Leitung der Tabakregie begann mit einer umfassenden Reorganisation der Unternehmensstruktur. Betroffen davon waren vor allem Produktion und Vertrieb. Die einzelnen Betriebe stiegen auf Sortenerzeugung um. Linz, Hainburg und Wien wurden zu Zigarettenfabriken, Ottakring, Fürstenfeld, Klagenfurt, Hallein und Schwaz zu Zigarrenbetrieben.[48] Wie generell in der industriellen Produktion wurden auch in der Tabakindustrie systematisch technische, organisatorische und arbeitswissenschaftliche Mittel eingesetzt, um Arbeitsabläufe zu optimieren und die Produktivität zu steigern. Wirtschaftliche Krisen in der Nachkriegszeit, durch den Zusammenbruch der Monarchie notwendig gewordene Reorganisationsprozesse und die Umstellung auf vermehrte Zigarettenproduktion erzwangen in der Tabakregie 1923 einen Abbau von Personal. In der Tabakfabrik Linz wurden 560 der 1.454 ArbeiterInnen nach Hause geschickt.[49] Von der Entlassung betroffen waren alle nicht-ständigen Arbeitskräfte sowie jene, die erst ein bis zwei Jahre in der Tabakregie beschäftigt waren. Darüber hinaus jene, die durch die Familie versorgt waren; das traf insbesondere auf Frauen zu. In den folgenden Jahren stieg der Personalstand wieder leicht an, ungleich stärker wurde die Produktionsleistung erhöht. Im Werk Linz hat sich der Personalstand zwischen 1923 und 1928 von 873 auf 1.095 erhöht, die Zahl der produzierten Zigaretten im selben Zeitraum von 750 Millionen auf 1.610 Millionen mehr als verdoppelt.[50]

Der neuerliche wirtschaftliche Einbruch und die Arbeitslosigkeit ab dem Jahr 1929 bewirkten in den Tabakfabriken vergleichsweise geringe Rückgänge beim Personal.[51] Eine Ausnahme bildete die Fabrik in Schwaz, wo die Zahl der Arbeiterinnen und Arbeiter deutlich zurückging. Das Verhalten der Austria Tabak war sozialpolitisch motiviert und entsprach der gesamtwirtschaftlichen Vernunft. Die Regierung war darauf bedacht, Arbeitsplätze zu halten. Die Tabakfabriken kürzten die Arbeitszeit ohne Lohnausgleich, führten Zwangsurlaub ohne Entlohnung und in vielen Bereichen wieder Handarbeit ein. Die Generaldirektion verzichtete in Teilbereichen der Produktion auf eine weitere Mechanisierung, obwohl die technischen Voraussetzungen dafür bereits da waren.[52]

Neueste Technik in einer Fabrik mit kultureller Bedeutung

Linz entwickelte sich in den 1920er Jahren zu einer bedeutenden Produktionsstätte innerhalb der Tabakregie. Mit der Neuplanung und Errichtung der Linzer Fabrik durch die Architekten Peter Behrens und Alexander Popp in den Jahren 1929 bis 1935 wurde der Standort Linz zu einem der modernsten Industriebetriebe in Europa. Behrens war sich der prägenden Rolle von Technik und analytischem Denken für die moderne Zeit bewusst und sah darin sowohl eine Gefahr wie auch eine Chance. Hoch entwickelte Technik müsste demnach als Ausdruck einer reifen Kultur gestaltet werden.[53] In der Festschrift zur Eröffnung der neuen Fabrik schreibt er: „Wenn hier von architektonischer Gestaltung bei Fabrikgebäuden gesprochen wird, so ist keineswegs damit gemeint, daß etwa durch Konstruktion noch durch Wahl des Baumaterials die geringste Verschwendung getrieben werden soll. Aber wenn wir heute auch Fabrikationsstätten kulturelle Bedeutung zuerkennen, so hindert doch nichts, die ihnen gebührende Sorgfalt und überlegene geistige Arbeit allerbesten architektonischen Könnens und konstruktiven Wissens zuzuwenden."[54] Der Neubau repräsentierte nicht nur architektonisch und technisch den Stil des *Neuen Bauens*, er entsprach auch dem arbeitsphysiologischen und sozialen Wissen der Zeit im Hinblick auf Arbeitsbedingungen und Arbeitsplatzgestaltung. Die Produktionsabteilungen waren mit den neuesten Maschinen ausgestattet. Es gab 21 Tabak-Schneidemaschinen, 31 Zigaretten-Strangmaschinen vom Typ Triumph II von United Cigarette Machine Company aus Dresden und 21 Verpackungsmaschinen der österreichischen Firma Hofherr-Schrantz-Glayton-Shuttleworth.[55] Diese Maschinen reduzierten den Bedarf an Arbeitskräften. So gingen bei der Einführung von Packmaschinen die Arbeitsplätze von zehn KartonmacherInnen und 20 VerpackerInnen verloren. Es waren nur mehr zwei Hilfskräfte zur Bedienung der Maschinen nötig. Folge der zunehmenden Rationalisierung und Mechanisierung war die weitere Verringerung des Frauenanteils in der Tabakfabrik Linz und nach und nach auch in anderen Fabriken.[56] Wenn heute mit Blick auf die neue Linzer Tabakfabrik betont wird, es habe sich um einen traditionellen Frauenbetrieb gehandelt, dann sollte bedacht werden, dass sich diese Aussage auf eine historische Phase der Zigarettenproduktion bezieht. 1945 waren in der Tabakfabrik Linz vorübergehend weniger Frauen als Männer beschäftigt.[57] Ab 1958 sank der Frauenanteil kontinuierlich, Ende der 1960er/Anfang der 1970er Jahre vergrößerte sich der Abstand zwischen Männer- und Frauenanteil. Ab 1982 gab es doppelt so viele Arbeiter wie Arbeiterinnen.

Für die Arbeiterschaft hatte die technologische Entwicklung in der industriellen Produktion gravierende Folgen.[58] Mechanisierung bedeutete einerseits eine Zerstückelung der Arbeit in unterschiedliche Qualifikationsniveaus und Einzeltätigkeiten und andererseits die Herrschaft einer rigiden Arbeits- und Zeitdisziplin. Viele empfanden den Einsatz der Maschinen als Dequalifizierung und litten unter der monotonen Fließbandarbeit, die sich in den Fabriken durchsetzte. Ende der 1920er Jahre stiegen die Tuberkulose- und Nervenerkrankungen an. In einer Studie von Käthe Leichter zur allgemeinen Lage der Industriearbeiterinnen aus dem Jahr 1932 heißt es in diesem Zusammenhang zur besonderen Situation in der Tabakindustrie: „Bei den Tabakarbeiterinnen fallen die häufigen Nervenerkrankungen auf. Die Steigerung der Leistung und des Arbeitstempos in den letzten Jahren, die Angst, bei unzureichender Leistung vom Abbau betroffen zu werden, hat die sonst zu den gesicherten Arbeiterinnenkategorien zählenden Tabakarbeiterinnen stärker aus dem Gleichgewicht gebracht"[59]. Die Entlohnung war im Vergleich zu anderen Betrieben besser. Die „Staatsarbeiterinnen" in den Tabakfabriken gehörten zu den „bestgestellten

Arbeiterinnen", mehr als die Hälfte verdienten 45 bis 55 Schilling. Am schlechtesten gestellt waren die Textilarbeiterinnen, die im Durchschnitt kaum mehr als 30 Schilling bekamen.[60]

Umwandlung der Tabakregie zur Austria Tabak A.G.

Mit dem „Anschluss" Österreichs an das Deutsche Reich wurde die Österreichische Tabakregie in ihrer ursprünglichen Form eingestellt. Durch eine Verordnung vom 15. April 1939 wurde das Tabakmonopol aufgehoben und die österreichische Tabakindustrie der deutschen angeglichen, die privatwirtschaftlich organisiert war. Am 29. April 1939 wurde die Tabakregie in eine Aktiengesellschaft, namentlich „Austria Tabakwerke A.G., vormals Österreichische Tabakregie", umgewandelt. Alle Aktien waren nun im Besitz des Deutschen Reiches. Diese Angleichung hatte die Schließung der Tabakfabriken Hallein, Klagenfurt und Wien-Ottakring zur Folge. Die Zigarrenproduktion wurde in Österreich massiv eingeschränkt.[61]

Im Zuge der Anpassung an deutsche Verhältnisse erfolgte eine Personalreduktion von rund 2.000 Arbeiterinnen und Arbeitern in der ehemaligen Tabakregie.[62] Damit wurde der Personalüberschuss, der aus der antizyklischen Personalpolitik des Unternehmens in den 1930er Jahren entstanden war, abgebaut. Der zuständige Leiter der österreichischen Tabakindustrie empfahl darüber hinaus, keine weiteren Belegschaftsmitglieder in das ständige Dienstverhältnis zu übernehmen. Nur „verdiente NS-Kämpfer" sollten diese Möglichkeit bekommen. Die Folge waren Zwangspensionierungen aufgrund politischer Überzeugungen, Versetzungen älterer Arbeiterinnen in den Ruhestand und Entlassungen mit finanzieller Abfindung von Frauen, deren Männer berufstätig waren. Gleichzeitig wurde die wöchentliche Arbeitszeit von 44 auf 48 Stunden erhöht.[63] Der kontinuierliche Abbau von Arbeiterinnen wurde unter dem Nationalsozialismus fortgesetzt.[64]

Durch die Umbildung der Tabakregie in eine Aktiengesellschaft veränderte sich die Situation der Staatsbeamten. Der Beamtenstatus wurde 1939 abgeschafft. „Daraufhin verblieb von den Staatsbeamten rund die Hälfte als Privatangestellte in der Fabrik, die anderen wurden in andere Staatsbetriebe versetzt oder rückten zum Militär ein".[65] In der neuen nationalsozialistischen Betriebsordnung von 1944 ist festgehalten, dass alle Beschäftigten Teil der „Gefolgschaft" sind und gemeinsam mit dem „Betriebsführer", wie nun der Direktor bezeichnet wurde, die „Betriebsgemeinschaft" bilden. Unterschieden wurden „angestellte Gefolgschaftsmitglieder", welche durch die Hauptverwaltung eingestellt wurden, und „gewerbliche Gefolgschaftsmitglieder", die durch den örtlichen Betriebsführer aufgenommen wurden. Darüber hinaus hob man den bis dahin bestehenden Status der Unkündbarkeit für ständige Arbeitsverhältnisse auf.[66]

Die Zigarette war, wie schon im Ersten Weltkrieg, ein wichtiges Kriegsprodukt. Wiederum bekamen die Tabakfabriken einen ähnlichen Status wie die Munitionsbetriebe. Ein großer Teil der Arbeiter war deshalb von der Einberufung in die Wehrmacht freigestellt. Ab 26. Jänner 1942 gab es Raucherkarten für Männer ab 18 und Frauen ab 25 Jahren im gesamten Deutschen Reich. Wegen der fehlenden Rohstoffe schrumpfte die Zigarettenproduktion mit jedem Kriegsjahr, von 5,2 Milliarden im Jahr 1942 auf 1,8 Milliarden im Jahr 1945.[67]

Nachkriegszeit und „Rauchen für den Wiederaufbau"

Während des Krieges wurden die Fabriken Wien-Favoriten und Klagenfurt durch Bomben vollständig zerstört, das Werk in Hallein war in der NS-Zeit verkauft worden. Erhebliche Kriegsschäden gab es an mehreren Magazinen. In Linz wurde einer der drei Tabakspeicher schwer beschädigt.[68]

In den ersten Monaten nach Kriegsende beteiligten sich Betriebsangehörige freiwillig an den Aufräumungsarbeiten. In der Linzer Fabrik konnte die Produktion von Zigaretten bereits 18 Tage nach dem Einmarsch der Alliierten wieder aufgenommen werden. Die Produktion stand zur Gänze der Zivilbevölkerung zur Verfügung. Das war deshalb bedeutsam, weil andere Standorte, wie Fürstenfeld, Hainburg oder Wien-Ottakring, die von den sowjetischen Besatzungstruppen verwaltet wurden, weitgehend für deren Bedarf arbeiteten. Damit war die Fabrik in Linz der wichtigste Standort für die Produktion von Zigaretten für die Bevölkerung. Die Tabakfabrik in Schwaz in Tirol erzeugte zwar ebenfalls sofort nach Kriegsende Tabakwaren für den zivilen Konsum, allerdings nur wenige Zigaretten.[69]

Das größte Problem für den Neubeginn der österreichischen Zigarettenproduktion war der Rohstoffmangel in den ersten Nachkriegsmonaten, der zur Fortführung der Produktion der kriegsbedingten Sondermischung zwang. Bis 1946 mussten in einigen Betrieben nichtständige Arbeitskräfte entlassen werden, weil die Erzeugung wegen des fehlenden Tabaks reduziert werden musste.[70] Mit Ende 1946 normalisierte sich die Zigarettenproduktion schrittweise. Die Rohtabakeinkauforganisation der Austria Tabak knüpfte erste Kontakte zu ausländischen Märkten.[71] Aufgrund des Devisenmangels mussten Produkte aus verstaatlichten Industriebetrieben gegen Rohtabak eingetauscht werden. Die ersten Partner, mit denen solche Kompensationsverträge abgeschlossen wurden, waren Griechenland, die Türkei und Brasilien.[72]

1947 erreichten die Betriebe der Austria Tabak mit rund 3,35 Milliarden Zigaretten bereits 80 Prozent des Produktionsergebnisses von 1937.[73] Im Jahr darauf setzte eine intensive Neubautätigkeit ein. Die Austria Tabak errichtete nicht nur Betriebsanlagen, sondern auch neue Wohnhäuser.

1950 wurde in Linz mit dem Bau der Wohnanlage Honauerstraße begonnen. Der neue Kindergarten, der direkt an diese Wohnanlage und an das Werk Linz angrenzte, war als Mustereinrichtung für die anderen Betriebe der Austria Tabakwerke konzipiert.

In den ersten Jahren nach dem Krieg war noch nicht entschieden, in welcher Rechtsform die Austria Tabak weitergeführt werden sollte. Es gab Bemühungen, das Unternehmen wieder in die alte Monopolform zu überführen, die Entscheidung fiel schließlich zugunsten der Beibehaltung der Aktiengesellschaft.[74] Am 28. Februar 1949 wurde die Republik zum alleinigen Aktionär der Austria Tabakwerke AG. Am 13. Juli 1949 wurde ein Gesetz über das Tabakmonopol erlassen. Die Monopolhoheit übten das Bundesministerium für Finanzen und die nachgeordneten Finanzbehörden aus. Mit der Verwaltung des Tabakmonopols wurde die Austria Tabakwerke A.G., vormals Österreichische Tabakregie, betraut. Sie umfasste wie schon vor der NS-Zeit die Produktion, Bearbeitung und Verwendung von Tabak und Tabakwaren sowie deren Vertrieb unter Berücksichtigung der geltenden Regelungen und Vorschriften.[75]

1949 wurde die Tabakbewirtschaftung aufgehoben und die Raucherkarte abgeschafft. Charakteristisch für die Nachkriegszeit war die Konkurrenz einerseits durch die Amerikaner, die ihre Zigaretten auf dem Schwarzmarkt an die Bevölkerung verkauften, und andererseits durch sowjetische Truppen, die in ihren Besatzungszonen die USIA-Läden betrieben, in denen aus dem Osten importierte oder geschmuggelte Zigaretten zu äußerst günstigen Preisen verkauft wurden. Die erste Werbekampagne der Austria Tabak nach dem Krieg pries daher nicht eine Zigarettenmarke an, sondern propagierte: „Raucht österreichisch!". Die Kampagne hatte wenig Wirkung, die Verkaufszahlen sanken weiter. Die Unterzeichnung des Staatsvertrages 1955 mit dem Abzug fremder Truppen aus Österreich stellte die Monopolstellung der Austria Tabak wieder her.[76]

Kapitel 2
Eintritt in die Fabrik:
Ein Arbeitsplatz auf Dauer…

„Früher gab es das geflügelte Wort, wenn du in der Tabakregie arbeitest und nichts stiehlst, kannst du dort in Pension gehen. Und hast du dir nichts zu Schulden kommen lassen, ist es so gewesen. Bis zum Schluss." So formulierte Helene Kaiser, die 1982 als Büroangestellte in die Fabrik eingetreten war, einen Beweggrund vieler Beschäftigter für die Bewerbung um eine Stelle in der Tabakfabrik Linz. Die Frage des sicheren Arbeitsplatzes war bei allen Befragten unabhängig von Alter und Geschlecht entscheidend. Dass es sich um ein staatliches Unternehmen handelte, vermittelte Sicherheit.

Der französische Soziologe Pierre Bourdieu[1] hat im Zusammenhang mit seinen Studien zur algerischen Übergangsgesellschaft in den 1960er Jahren die Anziehungskraft beschrieben, die – neben anderen Dingen – von festen Arbeitsstellen ausgeht. Arbeiter, so Bourdieu, teilen sich in zwei Gruppen. Die einen sind fest angestellt und bereit, alles zu tun, um es zu bleiben. Die anderen haben keinen dauerhaften Arbeitsplatz und würden alles dafür tun, um dieser Unsicherheit zu entkommen. Mit einem festen Arbeitsplatz glaubten die algerischen Arbeiter dem Ziel der Sicherheit und Stabilität einen entscheidenden Schritt näher zu kommen. Der öffentliche Dienst erschien ihnen nahezu als Paradies. Dort waren sie geschützt gegen viele Formen von Willkür, vor allem sahen sie dort die Sicherheit, weniger hohe aber regelmäßige Einkünfte zu beziehen.

Nur auf den ersten Blick mag dieser Verweis auf die Verhältnisse in Algerien weit hergeholt sein. Das Bedürfnis nach Sicherheit von Arbeit und Einkommen ist in den westlichen Industriegesellschaften nach wie vor existenziell. Dies gilt seit jeher für die weniger qualifizierten sozialen Gruppen. Wie wir heute vermehrt beobachten, sind auch höher Qualifizierte davon nicht ausgenommen. Unsicherheit prägt nicht nur in der Arbeiterklasse des 19. Jahrhunderts die Arbeits- und Lebensverhältnisse. Sie existiert unter geänderten Bedingungen auch im Sozialstaat des 20. Jahrhunderts und kennzeichnet bis heute die Lebensgestaltung der abhängig Beschäftigten. Nur die Jahre zwischen 1965 und 1975 bilden in mancher Hinsicht eine Ausnahme. Seit den 1980er Jahren erleben wir einen Prozess der schleichenden Rücknahme von rechtlichen, zeitlichen und vertraglichen Reglementierungen der Erwerbsarbeit und des Verlustes von Stabilität.[2] Der sichere Arbeitsplatz wird allmählich wieder zu einem zerbrechlichen und bedrohten Privileg.[3] Betroffen von dieser Entwicklung sind nicht nur die unmittelbar von Abbau und Freisetzung bedrohten ArbeitnehmerInnen. Viele leben in dem Gefühl einer anhaltenden Unsicherheit, in Angst, dass hinter jedem Arbeitsplatz eine Reservearmee steht, die noch zu geringeren Kosten einsetzbar wäre. Bourdieu verweist auf die Konsequenzen der Ungewissheit:[4] Es ist die Angst vor dem Abstieg, die einen beherrscht, und der Verlust von Hoffnung auf eine gute Zukunft. Um ein auf die Zukunft und ihre Gestaltung gerichtetes Bewusstsein zu entwickeln, bedarf es eines Minimums an Beschäftigungs- und Einkommenssicherheit. Unsicherheit über Dauer, Ort und Inhalt einer Arbeit hindern einen, sein Leben zu planen.

Es ist verständlich, dass Beschäftigte danach streben, Unsicherheit zu begrenzen und sich Unternehmen suchen, bei denen Aussicht auf eine langfristige Anstellung besteht.

Wir skizzieren am Beispiel der drei Generationen von Beschäftigten, die wir befragt haben, die historischen Rahmenbedingungen ihres Eintritts in die Austria Tabak Linz. Das durchgehende Thema ist das Bedürfnis nach einem Arbeitsplatz, einem sozialen Ort, der regelmäßiges Einkommen und Sicherheit für eine längerfristige Lebensplanung bietet. Wir stellen dar, wie sich dieses Bedürfnis für jede Generation in einer unterschiedlichen Form ausprägt.

> Unterschiede
> nach Generationen ...

Erstaunlich ist, dass jene Beschäftigten der Austria Tabak, die nach erfolgter Privatisierung ab dem Jahr 2000 in die Linzer Fabrik kamen, dies ebenfalls mit der Erwartung oder zumindest Hoffnung auf einen relativ sicheren Arbeitsplatz verbanden. Dazu meint Johannes Berger, ein gelernter Betriebsschlosser, der seine Arbeit als Mechaniker im Jahr 2001 kurz vor der Übernahme des Betriebs durch den britischen Konzern Gallaher aufnahm: „Das war, wenn ich mich recht erinnere, drei Monate vor der Übernahme. Deshalb habe ich gleich die Bewerbung hingeschickt und – Gott sei Dank – ist es dann rasch zur Aufnahme gekommen. Was mich damals recht gefreut hat. Zu dem Zeitpunkt habe ich fünf Kinder gehabt. Meine Frau hat drei aus der ersten Ehe mitgebracht und gemeinsam mit ihr habe ich dann noch zwei gehabt. Irgendwie war es dann schon so, dass ich mir gedacht habe, ein wenig Beständigkeit wäre super."

Der gute Ruf des Unternehmens ging nicht sofort mit der Privatisierung verloren, war also nicht ausschließlich an die Eigenschaft, ein Staatsbetrieb zu sein, gebunden. Die Tabakfabrik war ein modernes und florierendes Industrieunternehmen und viele ArbeiterInnen hofften, hier ein größeres Maß an Sicherheit zu finden als in einem kleineren Betrieb, wie etwa in jenem Maschinenbau-Betrieb, in dem Johannes Berger vorher gearbeitet hat. Die Hoffnung auf Sicherheit verwandelte sich in eine nach „ein wenig Beständigkeit", die Erwartung in eine Sehnsucht auf bessere Verhältnisse.

Lukas Ortner kam noch später, im Jahr 2002, als Maschinenführer in die Fabrik. Er war gelernter KFZ-Mechaniker und hat am Ende seiner Lehrzeit in einer Werkstatt den Niedergang eines Kleinbetriebs im ländlichen Raum miterlebt. Er konnte bald danach im Nachbarort in einem anderen Kleinbetrieb anfangen. Später entwickelte er jedoch das Bedürfnis, den Heimatort zu verlassen und in der Stadt zu arbeiten. „Ich wollte dann auch einmal etwas anderes machen, denn ich habe nur kleine Betriebe gekannt und nur am Land gelebt. Irgendwann hast du davon einmal genug und möchtest irgendwo etwas anderes sehen und mit anderen Leuten zu tun haben ...", erinnert sich Lukas Ortner. Sein Halbbruder, der in der Handelsfirma der Austria Tabak, *tobaccoland*, beschäftigt war, erzählte ihm, dass in der Tabakfabrik Linz Leute gesucht werden. Lukas Ortner kannte die Tabakfabrik. Nicht nur der

Halbbruder, auch die Großeltern haben dort gearbeitet. Es habe immer geheißen, „wenn du hinein kommst, brauchst du dir keine Sorgen zu machen, weil jeder, der dort anfängt, kann dort auch in Pension gehen." Die Aussicht, in einem großen, industriellen Betrieb und in der Stadt zu arbeiten, hatte für ihn eine große Anziehungskraft. Einerseits verband er damit die Vorstellung, einen besseren Verdienst als bisher in den KFZ-Werkstätten zu erhalten, andererseits erhoffte er Sicherheit im Hinblick auf Arbeit und Einkommen.

Die beiden jungen Arbeiter erzählen von der Hoffnung auf Sicherheit. Drei Jahrzehnte früher konnten Arbeiter und Arbeiterinnen in dieser Hinsicht mehr erwarten und sie hatten mehr Aussicht auf Verwirklichung ihrer Vorstellungen. Große Unsicherheit und erzwungene Mobilität kennzeichnen die Gegenwart und dies verändert die Wahrnehmungen und die Erwartungsstrukturen.

Wie sieht die Generation der Beschäftigten, die um 1975 in die Tabakfabrik Linz eintrat, die Frage der Sicherheit des Arbeitsplatzes? Es ist wichtig, dabei einerseits nach Geschlecht zu differenzieren und andererseits die unterschiedlichen gesellschaftlichen Rahmenbedingungen zu beachten. Zwei wesentliche Faktoren charakterisieren die sozialen Kontexte. Der erste bezieht sich auf die wirtschaftliche Entwicklung. Die nach dem Wiederaufbau stabile wirtschaftliche Konjunktur zeigte erste Risse. 1973 verursachte der Erdöl-Preisschock eine weltweite wirtschaftliche Krise. Eine Zeit der Instabilität folgte, vor allem die nach 1945 verstaatlichten Industriebetriebe kämpften mit Schwierigkeiten.[5] Bis dahin war die Anzahl der Konkurse rückläufig gewesen, ab 1973 stiegen die Insolvenzen gegenüber dem Vorjahr um 3,6 Prozent und 1974 um 21,6 Prozent. 1975 stabilisierte sich die Situation für kurze Zeit.[6] 1978 verzeichnete Österreich die bis dahin niedrigste Wachstumsrate der Nachkriegsgeschichte. Die zweite Ölkrise 1979 führte zu einem allgemeinen Konjunkturrückgang, gefolgt von einer dreijährigen Rezession.[7]

Der zweite, den sozialen Kontext charakterisierende Faktor ist der Beginn eines grundlegenden sozialen Wandels. In den 1970er Jahren ist jener Prozess in vollem Gange, der in der Soziologie als Übergang von der Industrie- zur Arbeits- und Dienstleistungsgesellschaft beschrieben wird.[8] Auch für jene, die aus dem traditionellen Arbeitermilieu kommen, eröffnen sich neue Aufstiegsmöglichkeiten. Rund 20 Prozent der ArbeiterInnen verändern ihre soziale Position und werden zu kaufmännischen oder technischen Angestellten.[9]

Angesichts des skizzierten gesellschaftlichen Wandels ist für Männer der Eintritt in ein staatliches Unternehmen eine interessante Option. Zweifellos gilt das sowohl für angelernte Arbeiter als auch für Facharbeiter. Der Wechsel in die Austria Tabak bedeutet dann eine wesentliche Verbesserung der sozialen Lage, wenn das Kriterium der Stabilität der Lebensverhältnisse ein größeres Gewicht hat als das eines raschen sozialen Aufstiegs. An den Lebensverläufen der Generationen, die um 1980 in die Austria Tabak eingetreten sind, ist dies ablesbar. Sie haben nach ihrer Lehrzeit Erfahrungen in unterschiedlichen Betrieben und an verschiedenen Arbeitsplätzen gemacht. Rückte das Alter von dreißig Jahren näher, erwachte der Wunsch, einen Arbeitsort zu finden, der ermöglichte, sesshaft zu werden und eine Familie zu gründen. In dieser biographischen Konstellation war ein Arbeitsplatz in der Austria Tabak besonders attraktiv, auch wenn dafür in Kauf genommen werden musste, Tätigkeiten auszuüben, die nicht direkt mit dem ursprünglich erlernten Beruf zu tun hatten. Das Unternehmen bot nicht nur einen auf Dauer ausgerichteten Arbeitsplatz, sondern auch Leistungen für junge Familien: Werkswohnungen in der Nähe der Tabakfabrik, einen Betriebskindergarten und den damals im allgemeinen Arbeitsrecht noch nicht institutionalisierten Pflegeurlaub. Für jene Generation, die wir in unserer Studie als mittlere Generation bezeichnen, besteht die Attraktivität der Austria Tabak nicht nur in der Garantie sicherer Arbeit und regelmäßigen Einkommens, sondern auch in der Aussicht, Zugang zu Einrichtungen zu haben, die für eine geordnete und langfristig gesicherte Lebensplanung einer Familie notwendig sind.

Für Helmut Lentz waren neben der Sicherheit der Arbeit insbesondere die Sozialleistungen eine besondere Qualität des Betriebs. Er hatte eine kaufmännische Lehre hinter sich. Der Schwiegervater, der in der Tabakfabrik beschäftigt war, habe ihm von vielen Sozialeinrichtungen erzählt, die in der „freien Wirtschaft" nicht vorhanden gewesen wären. Gut war es auch, einen Betriebsarzt zu haben. „Wenn man eine junge Familie ist, noch Kinder haben wird und weiß, dass es einen gesicherten Anspruch auf einen Kindergartenplatz gibt – das sind einfach Dinge, die mich dann überzeugt haben, in die ‚Tschikbude' zu gehen".

Helmut Lentz begann als Arbeiter und hoffte, zu einem späteren Zeitpunkt eine Position zu erreichen, die näher an seiner Ausbildung war. Seine Ehefrau war ebenfalls berufstätig und wollte es nach der Geburt von Kindern weiterhin bleiben. Die Aussicht auf einen Platz im Betriebskindergarten der Austria Tabak stellte für diese Familie eine Sicherheit dar, die es beiden ermöglichen würde, weiterhin berufstätig zu sein.

… und nach Geschlecht

Für Frauen entfaltete die Arbeit in der Tabakfabrik aus mehreren Gründen eine spezifische Anziehungskraft. Mit stabilen Arbeitsverträgen und sozialen Dienstleistungen unterschied sich die Austria Tabak Linz von privatwirtschaftlichen Betrieben, die in dieser Zeit Frauen beschäftigten. Soziale Leistungen und ein sicherer Arbeitsplatz eröffneten auch für Frauen Möglichkeiten, eine unabhängige Existenz zu führen. Vor allem Frauen mit geringer Qualifikation, die oftmals eine industrielle Reservearmee bildeten, waren von Arbeitsplatzunsicherheit betroffen und wurden bei Rationalisierungen früher als Männer gekündigt. Viele von ihnen kamen aus dem ländlichen Umfeld von Linz, wo die Umstrukturierung der Landwirtschaft ab den 1960er Jahren in vollem Gang war. Die – meist informelle – Arbeit der weiblichen Hilfskräfte auf den Höfen wurde nicht mehr gebraucht und die Frauen suchten nach einer Beschäftigung in der Stadt. Für Frauen mit Kindern, die weiterhin in der Erwerbsarbeit bleiben wollten, waren geeignete und den Arbeitszeiten angepasste

Betreuungseinrichtungen, wie sie die Fabrik beispielsweise mit dem betriebsinternen Kindergarten bot, eine wichtige Voraussetzung. Ein Arbeitsplatz in der Tabakfabrik war für Frauen, die in kleinbetrieblichen Strukturen, oft im Dienstleistungsbereich, mit schlechter Entlohnung und unter Bedingungen hoher persönlicher Abhängigkeit arbeiteten, eine erstrebenswerte Alternative.

Im Hinblick auf das Geschlechterverhältnis bedeutet für Frauen ein sicherer Arbeitsplatz etwas anderes als für Männer. Sie erreichen damit eine stabile Verankerung im Erwerbsleben, wie sie häufig den Männern vorbehalten ist. Ihre Position in anderen gesellschaftlichen Bereichen als dem der Familie wird dadurch gestärkt. Bei manchen Familien der von uns Befragten ist es der Arbeitsplatz der Frau, der materiell und symbolisch Stabilität in das Leben und die Zukunftsplanung bringt.

Die Perspektive der Generation, die in den 1940er und 1950er Jahren in den Betrieb eintrat, war geprägt von den Umständen der Nachkriegszeit. Für die Männer stand unmittelbar nach dem Krieg weniger die Sorge um einen dauerhaften Arbeitsplatz im Vordergrund, als der Wunsch, überhaupt Arbeit zu haben, um im Prozess des Wiederaufbaus und der politisch-ideologischen Reorientierung Fuß fassen zu können. In den Jahren unmittelbar nach Kriegsende nahm die Belegschaft der Tabakfabrik Linz kontinuierlich zu. Insgesamt wurden zwischen 1946 und 1951 über 300 Beschäftigte aufgenommen, obwohl die Produktionszahlen bei rund 2,7 Milliarden Zigaretten pro Jahr stagnierten. Vermutlich handelte es sich dabei vor allem um Wiedereintritte von Tabakarbeitern, die aus dem Krieg zurückgekehrt waren. Ab dem Jahr 1951 verringerte sich der Beschäftigtenstand infolge technischer Rationalisierungsmaßnahmen. Der Personalabbau erfolgte allmählich durch Nicht-Nachbesetzen nach Pensionierungen.[10] Als Staatsbetrieb beschäftigte die Austria Tabak viele Kriegsversehrte, die im Verwaltungsbereich eingesetzt waren.[11]

War es für die Männer der älteren Generation beim Eintritt in die Fabrik entscheidend, überhaupt einen Arbeitsplatz zu haben, bedeutete es für die Frauen dieser Generation etwas Besonderes, einen industriellen Arbeitsplatz mit regelmäßigem Einkommen, geregelten Arbeitsbedingungen und sozialem Ansehen zu bekommen und nicht auf Arbeitsverhältnisse in privaten Haushalten bei bürgerlichen Familien beschränkt zu sein.

Emilie Winkler war 16 Jahre alt als sie 1955 in die Tabakfabrik eintrat. Sie hatte vorher als Kindermädchen in einem privaten Haushalt gearbeitet. Der Wechsel in die Fabrik war für sie mit mehreren positiven Veränderungen verbunden: „Als Kindermädchen hat man halt wenig Geld gehabt, man hat sich nichts kaufen können. Was ich in einem Monat als Kindermädchen verdient habe, habe ich in der Fabrik in der Woche bekommen. Wir haben damals noch Wochenlohn gehabt. Auch die Arbeitszeit war angenehmer. Als Kindermädchen bin ich den ganzen Tag von sieben Uhr früh bis um sechs Uhr am Abend eingespannt gewesen, auch samstags, aber nur bis Nachmittag. Die Eltern der Kinder waren beide berufstätig und haben damals noch viel mehr Stunden in der Woche arbeiten müssen. Ich war dann sehr glücklich, wie ich in die Fabrik gekommen bin."

Die sozialen Einrichtungen für die Versorgung von Kleinkindern waren für arbeitende Mütter besonders wichtig, denn sie boten ihnen bessere Bedingungen, familiäre Versorgungsarbeiten mit der Erwerbsarbeit zu vereinbaren. Für Frauen, die in der Privatwirtschaft tätig waren, verursachte diese doppelte Orientierung mehr Konflikte.

Sicherheit des Arbeitsplatzes und Leistung – ein Widerspruch?

Die ArbeiterInnen und Angestellten der Austria Tabak hatten zwar keinen Beamtenstatus, ihre Dienstverträge enthielten jedoch einen besonderen Kündigungsschutz. Bereits im 19. Jahrhundert wurden die Kategorien der ständigen und nicht-ständigen[12] Dienstverhältnisse eingeführt und blieben in dieser Bezeichnung bis in die 1970er Jahre bestehen.

Nach einer Probezeit wurden bewährte Arbeitskräfte in ein ständiges Arbeitsverhältnis übernommen. In den 1950er und 1960er Jahren erfolgte die sogenannte „Ständigmachung" nach fünf Dienstjahren. 1972 wurde diese Zeit auf drei Jahre reduziert, mit der Einführung neuer Betriebsvereinbarungen im Jahr 1976 auf sechs Jahre erhöht. Voraussetzungen für eine Ständigmachung waren neben den Dienstjahren ein positives Gutachten des Fabrikarztes, der Besitz der österreichischen Staatsbürgerschaft und bis 1976 ein polizeiliches Leumundszeugnis. AnwärterInnen auf ein ständiges Dienstverhältnis durften nicht älter als 35 Jahre sein.[13] Kündigungen von MitarbeiterInnen vor dem Eintritt in das ständige Dienstverhältnis wurden in Linz mehrfach ausgesprochen. Sie betrafen Beschäftigte, deren Leistung als nicht ausreichend erachtet wurde oder denen eine unpassende Arbeitshaltung oder mangelnde Verträglichkeit mit der sozialen Ordnung des Betriebes attestiert wurde.[14]

Unter zwei Bedingungen wurde der Kündigungsschutz gegenstandslos: Erstens im Fall einer Betriebsänderung wie beispielsweise der Schließung. Zweitens wenn von Beschäftigten ein Entlassungsgrund gesetzt wurde. Das betraf vor allem den Diebstahl von Zigaretten, bei dem eine Auflösung des Dienstverhältnisses rigoros durchgesetzt wurde. Uns wurde von der Entlassung eines Arbeiters vier Monate vor dessen Pensionierung berichtet, weil er versucht hatte, einige Stangen Zigaretten zu stehlen.[15] Die absolut strenge Ahndung widerrechtlichen Besitzes von Tabakwaren beim Verlassen des Betriebsgeländes hängt damit zusammen, dass eine solche Handlung ein Steuervergehen darstellt. Seit den Anfängen der Tabakregie bis in die letzten Monate der Produktion in Linz im Jahr 2009 gab es stichprobenweise Leibesvisitationen aller MitarbeiterInnen.

In den diversen Anpassungen der Detailbestimmungen zum ständigen Dienstverhältnis, die von den 1950er Jahren bis zur Übernahme der Austria Tabak durch die JTI im Jahr 2005 vorgenommen wurden, lässt sich eine stetige Zunahme des wirtschaftsliberalen Denkens seit den 1980er Jahren beobachten, gefolgt von einer Ablehnung aller Regelungen, die einen besonderen Kündigungsschutz vorsahen. Schritt für Schritt wurde den auf Dauer und Stabilität angelegten Arbeitsverhältnissen die Legitimation entzogen. 1991 wurde in der Austria Tabak eine neue Betriebsvereinbarung wirksam. Für neu aufgenommene Beschäftigte galt der besondere Kündigungsschutz nur dann, wenn diese zwölf Jahre im Betrieb gearbeitet und das 45. Lebensjahr erreicht hatten.[16] Diese Betriebsvereinbarung blieb bis 2005 gültig.[17] MitarbeiterInnen, die ab dem 1. Jänner 2005 eintraten, hatten keinen besonderen Kündigungsschutz.

Sichere Arbeitsplätze standen in der Austria Tabak nicht im Widerspruch zu einer kontinuierlichen Modernisierung der Produktion. In den 1950er Jahren setzt unter Generaldirektor Alois Musil ein konsequenter Prozess der Rationalisierung ein, der in den folgenden Jahrzehnten fortgesetzt wurde.[18] Neue, schnellere und arbeitssparende Maschinen erforderten Konsequenzen im Personalsektor. In der Linzer Fabrik lässt sich der kontinuierliche Abbau von Arbeiterinnen und Arbeitern im Produktionsbereich an der Entwicklung des Personalstandes ablesen: Er verringerte sich von 887 Personen im Jahr 1951 auf 222 ArbeiterInnen und Angestellte im Jahr 1999. Im selben Zeitraum stieg die Produktion von Zigaretten von rund 4 Milliarden auf 11 Milliarden Stück. Diese enormen Rationalisierungseffekte beruhten nur zum Teil auf Verbesserungen der maschinellen Leistung. Sie waren auch Ergebnis einer ständigen Intensivierung der Arbeit jener Personen, die die Maschinen bedienten und der Verlängerung der Maschinenlaufzeiten durch die Einführung von Schichtarbeit. Hier zeigte sich die unmittelbar praktische Bedeutung des besonderen Kündigungsschutzes. Keiner wurde entlassen, das Unternehmen entwickelte unterschiedliche Maßnahmen als Alternativen zur Kündigung von Arbeitskräften. Arbeitsplätze von pensionierten MitarbeiterInnen wurden nicht nachbesetzt. Viele weibliche Hilfskräfte, deren Arbeitsplätze durch neue Maschinen wegfielen, wurden zu Maschinenführerinnen qualifiziert. Mit dieser Maßnahme kamen diese Frauen zugleich auf die erforderlichen Dienstjahre, so dass sie in das ständige Dienstverhältnis überstellt werden konnten. Und man verlegte Tätigkeiten im Bereich der Qualitätskontrolle von der Wiener Zentrale in die einzelnen Standorte und gewann auf diese Weise Arbeitsplätze. Weiters wurden vermehrt Leasingkräfte in der Produktion eingesetzt. Vorerst dienten sie dazu, kurzfristige Produktionsschwankungen abzudecken. Nach dem Verkauf der Austria Tabak an private Konzerne stieg der Anteil dieser Arbeitskräfte auf mehr als 50 Prozent der angelernten MitarbeiterInnen in der Produktion.[19] Es darf nicht übersehen werden, dass letztere Maßnahme einer personalpolitisch bedenklichen betriebswirtschaftlichen Logik folgt. Die Sicherheit der Stammbelegschaft wurde teilweise über die extreme Unsicherheit von Zeitarbeitern gestützt.

Im Zuge der Rationalisierungsstrategie wurden Fabriken geschlossen. Die dabei angewandte Politik war auf langfristige Planung und soziale Verträglichkeit ausgerichtet. Die Schließung der Zigarrenfabrik Stein in Krems wurde beispielsweise 1971 beschlossen und im Jahr 1991 realisiert; die Schließung der Fabrik

Entwicklung von Belegschaft und Zigarettenproduktion in der Tabakfabrik Linz

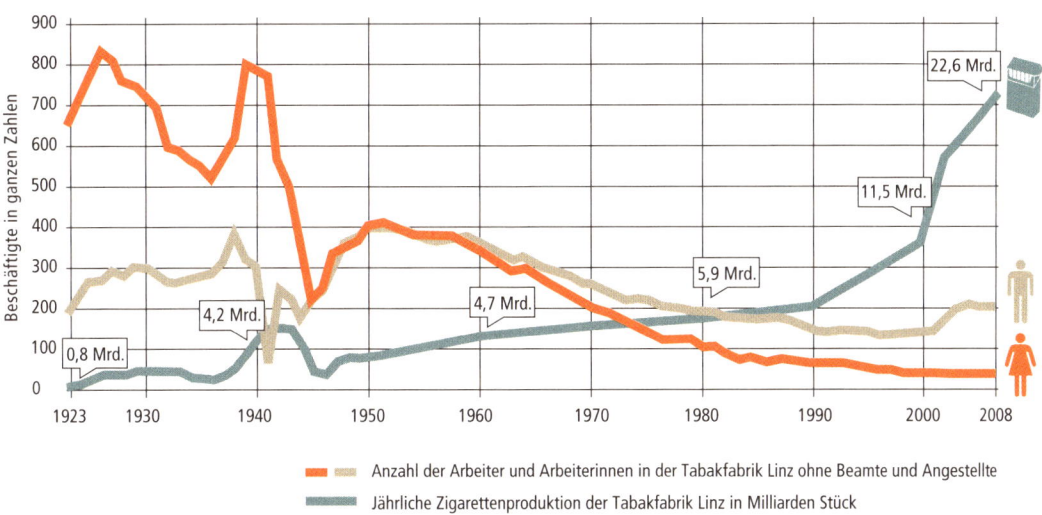

in Ottakring wurde 1986 bekannt gegeben und im Jahr 1995 durchgeführt.

An den sicheren Arbeitsplätzen der Austria Tabak entwickeln die ArbeiterInnen Loyalität und Selbstverpflichtung gegenüber den wirtschaftlichen Zielen des Betriebes. Das Vorurteil, wonach Arbeitsplatzsicherheit mit Indifferenz zu betrieblichen Anforderungen und Leistungen verbunden ist, lässt sich entkräften. Abgesehen davon ist leistungsdrosselndes Arbeiten im Arbeitsablauf einer modernen industriellen Produktionsweise technisch kaum möglich. Die Prozesse der Rationalisierung bewegen sich seit den 1980er Jahren in Richtung Automatisierung. Die Arbeiterinnen und Arbeiter können Leistungsgrad und Rhythmus der Maschinen nur mehr wenig kontrollieren. Jede individuelle Drosselung des Tempos scheint sofort auf dem Monitor eines Vorgesetzten auf, der sofort darauf reagiert. Das bedeutet nicht, dass die ArbeiterInnen bloße Anhängsel der Maschine sind. Auch bei automatischer Produktion sind die maschinellen Anforderungen in einen individuellen Tätigkeitsablauf zu übertragen und damit auch ein Stück weit für sich zu definieren.[20]

Mit der Verbreitung neoliberaler Theorien hat sich eine Denkweise durchgesetzt, wonach Arbeitsplatzsicherheit in einem Unternehmen einen Nachteil darstellen würde. Es wird behauptet, dass die Gewissheit einer dauerhaften Arbeitsstelle zu Passivität verleiten würde. Denn Kreativität und Innovation des Personals erwachse aus Freude an Veränderung und Mobilität. Außerdem verhindere Arbeitsplatzsicherheit die Möglichkeiten einer Organisation, kurzfristig und flexibel auf veränderte Anforderungen zu reagieren. Die Verbreitung solcher Vorstellungen verursachte Skepsis und eine grundsätzliche Ablehnung gegenüber der Erstarrung, die in großen bürokratischen Apparaten angeblich beheimatet sei. Diese vom neoliberalen Kanon bemühten Argumente lassen sich mit Blick auf die Austria Tabak im Allgemeinen und den Linzer Betrieb im Besonderen nicht bestätigen.

Betrachten wir den vorgeblichen Grundkonflikt zwischen wirtschaftlicher Effizienz einerseits und einer stabilen Organisationen mit Arbeitsplatzsicherheit andererseits aus größerer Perspektive, sehen wir das ideologische Moment dieser These. Historisch gesehen war der Aufbau von institutionellen Ordnungen in den kapitalistischen Industriestaaten eine Folgereaktion auf die Anarchie der Märkte und das Chaos der Konkurrenz.[21] In Form des Sozialstaates, aber auch traditioneller Großunternehmen bildeten diese institutionellen Ordnungen ein Schutzsystem für die Lohnabhängigen, das ihnen ermöglichte, eine auf Langfristigkeit ausgerichtete Lebensführung zu entwickeln. Stabile Strukturen in wirtschaftlichen Organisationen motivieren die Beschäftigten eher zu Engagement als zu Rückzug und Passivität. Der Ökonom Albert Hirschmann kommt zu dem Schluss, dass lange Betriebszugehörigkeiten einen Zusammenhang zwischen Loyalität und produktivem Widerspruch herstellen.[22] Das heißt, dass MitarbeiterInnen, die sich einem Unternehmen dauerhaft zugehörig fühlen, Engagement entwickeln und Mut zur Kritik aufbringen, sodass Fehler von Vorgesetzten korrigiert werden können. Denn sie identifizieren sich mit ihrer Arbeit und der Organisation und haben ein lebhaftes Interesse am Geschehen an ihrem Arbeitsplatz.

Resümierend stellen wir fest, dass sich der Fall Austria Tabak nicht dazu eignet, wirtschaftsliberale Vorstellungen zu bestätigen. Viel mehr regt er dazu an, eine gegenteilige Perspektive einzunehmen: Die Betonung von Flexibilisierung per se und die Ablehnung von Verlässlichkeit und Stabilität gefährden potenziell sowohl Organisationen als auch die dort tätigen Subjekte. Der Geist der Kurzfristigkeit, die Forderung nach allseitiger Verfügbarkeit und der Zwang zu permanenter Anpassung an rasch wechselnde Anforderungen zerstören den Aufbau von Sicherheit in der Arbeit sowie Bindung und Loyalität in der Beziehung zu anderen.[23]

Kapitel 3

Die Tabakfabrik –
ein „Familienbetrieb"?

Der Begriff „Familienbetrieb" beschreibt eine Vielzahl von Besonderheiten der Tabakfabrik Linz. Die Maschinenbedienerin Emma Stadler, die 1968 in der Fabrik zu arbeiten begann, formuliert das so: Lange Zeit sei es eher ein Familienbetrieb gewesen, „weil so viele Familien drinnen gearbeitet haben. Die Frau war drinnen, der Mann war drinnen und dann auch die Enkel." Alfred Mittermair, gelernter Maschinenbauer und Meister, verweist auf einen anderen Aspekt des „Familienbetriebs": Er arbeitete einige Jahre in unterschiedlichen Firmen und wurde 1979 im Alter von rund 30 Jahren in die Tabakfabrik aufgenommen. Als Sohn eines Tabakarbeiters wuchs er in der Werksiedlung neben der Fabrik auf. Den Eintritt in die Fabrik schildert er mit folgenden Worten: „Das war praktisch, als würdest du wieder in die Familie zurückkommen. Den ersten Rundgang habe ich mit einem Meister vom Kraftwerk gemacht, der mich schon als Bub gekannt hat. Bei jeder Maschine ist ein Mann oder eine Frau gestanden, die ich vom Wohnhof (gemeint ist die Werksiedlung der Austria Tabak in der Honauerstraße; d. Verf.) gekannt habe. Da war eine ganz andere Gefühlsebene da wie in einem Betrieb, wo du als Fremder hinkommst. Im Lauf der Zeit hat sich das immer mehr geändert, weil später nicht mehr nur Angehörige von Familien aufgenommen wurden."

Eine weitere Dimension des „Familienbetriebs" beschreibt Helene Kaiser. Sie ist die Tochter eines Abteilungsleiters der Fabrik. Auch sie erzählt, dass sie vom ersten Tag an viele KollegInnen gekannt und genau gewusst habe, wo und wie sie in der Wohnanlage Honauerstraße gewohnt hätten. Und wegen dieses langjährigen Vertrauens seien viele noch als PensionistInnen zu ihr ins Büro gekommen: „Wie sie älter geworden sind, haben sie mir oft die ganze Post vom Briefkasten gebracht und haben gesagt: ‚Helene, hilf mir, ich habe niemanden mehr. Bitte schau die Briefe durch, was kann ich wegwerfen und was nicht.' Natürlich habe ich da nicht ‚nein' sagen können und ihnen auch den einen oder anderen Brief geschrieben. Die PensionistInnen sind noch regelmäßig in die Fabrik zum Betriebsarzt gekommen, haben da Behandlungen bekommen."

Die Bezeichnung „Familienbetrieb" wird auch bei Kleinbetrieben verwendet, in denen sich die Beschäftigten gut kennen, die EigentümerInnen im Unternehmen mitarbeiten und wo persönliche Kontakte gepflegt werden. Angewandt auf größere Industrieunternehmen weist sie auf dauerhafte Beschäftigungsverhältnisse und die daraus entstehende Stammbelegschaft hin.[1] Bei der Tabakfabrik Linz umfasste der Begriff „Familienbetrieb" mehrere Schichten sowohl von organisatorischen Verhältnissen als auch von subjektiven Erfahrungen: Das Leben in der Fabrik hatte zum einen familiäre Eigenschaften, weil die Beziehungen nicht nur um sachlich produktive Zwecke organisiert waren, zum anderen wird damit eine konkrete soziale Realität beschrieben. Bis in die 1980er Jahre war es gängige Praxis in den Fabriken der Austria Tabak, bei der Einstellung von neuem Personal Bewerbungen aus dem familiären Umfeld der bereits Beschäftigten zu bevorzugen.

Verwandtschaftsverhältnisse

Diese Bevorzugung war keine Besonderheit der Austria Tabak. Vor allem in Industriebetrieben hat bei der Einstellung von neuen Arbeitskräften, für die keine speziellen Qualifikationen gefordert waren, die Berücksichtigung von Familienmitgliedern des Stammpersonals eine lange Tradition. Vielfach handelt es sich dabei um keine formalisierte Strategie, sondern um eine im Alltag bewährte Praxis, die heute jedoch unter dem Eindruck von Objektivierungsverfahren missbilligend beurteilt wird. In der Fachliteratur findet sich in diesem Zusammenhang der Begriff des Nepotismus.[2] Er stammt vom lateinischen Wort *nepos* (= Enkel, Nachkomme, Neffe) und bedeutet „Vetternwirtschaft", das heißt, ungerechtfertigte Begünstigung von Verwandten bei der Besetzung von Posten oder Beschaffung von anderen Vorteilen.

Die Nutzung von familiären Netzwerken für die Neueinstellung von Arbeitskräften, die in historischen Darstellungen häufig erwähnt wird, wurde in der Arbeitsordnung der Tabakregie aus dem Jahr 1920 formell festgeschrieben. Als ein Grundsatz für Entscheidungen über Aufnahme und Verwendung von Arbeiterinnen und Arbeitern wird genannt: „In erster Linie werden die Kinder von bereits im Betriebe beschäftigten Arbeitern und in weiterer Folge jene Personen berücksichtigt, welche im Betriebe bedienstete nächste Verwandte haben und im Haushalte derselben leben."[3]

Soweit dies nach 1945 bei der Personalauswahl noch praktiziert wurde, kann das als informelle Fortschreibung dieser Praxis betrachtet werden. Allerdings galt dies nicht für Facharbeiter und Angestellte der mittleren und höheren Hierarchien. Bei deren Aufnahme stand das Kriterium der konkret geforderten Qualifikation an erster Stelle. Zwischen den einzelnen Fabriken in Österreich gab es Unterschiede in den Aufnahmeverfahren. In der Tiroler Fabrik Schwaz wurden beispielsweise die personellen Entscheidungen weitgehend von der Direktion getroffen und dabei dürfte das Kriterium der Familienzugehörigkeit eine untergeordnete Bedeutung gehabt haben. In Linz dagegen führte der Betriebsrat eine Liste von interessierten BewerberInnen aus dem familiären Umfeld der Beschäftigten. Diese hatte nur informellen Charakter, gewann jedoch durch den Umstand an Gewicht, dass dem Betriebsrat bei der Besetzung von neuen Stellen ein Vorschlagsrecht eingeräumt wurde.[4] Erst Anfang der 1990er Jahre unter Direktor Heribert Lindle änderte sich das durch die Einführung von internen und öffentlichen Ausschreibungen und durch die Stärkung der Position der Direktion im Entscheidungsverfahren.

Das System, bei Neubesetzungen Angehörige zu bevorzugen, fand innerhalb der Belegschaft nicht nur Zustimmung. Kritisiert wurde, dass von vorneherein nur einer kleinen Gruppe von Interessierten eine Chance auf Einstellung eingeräumt wurde und man befürchtete, dass dadurch Beschäftigte aufgenommen werden könnten, die die Stelle als persönliches – oder familiäres – Privileg sehen würden und deswegen meinten, keine Leistungsbereitschaft mitbringen zu müssen. Bei einer genaueren Betrachtung dieser kritischen Einwände wird deutlich, dass die Kritik von einem Ideal der Objektivierung ausgeht, welches die Möglichkeiten der Personalauswahlverfahren überschätzt und ihre Probleme verkennt. Die scheinbar subjektive Vorgangsweise, soziale Netze unter den Beschäftigten zu berücksichtigen, bietet eine Reihe von Vorteilen, die in der Fachliteratur durchaus anerkannt werden.

Die Vorgangsweise, bei der Rekrutierung von Personal familiäre Zusammenhänge zu berücksichtigen, schließt Objektivierungsverfahren nicht aus. Eine aktuelle Studie beobachtet insbesondere in Klein- und Mittelbetrieben einen Trend zur MitarbeiterInnen-Empfehlung bei Personalbesetzungen.[5] Diese Praxis ist vor allem in Unternehmen bedeutsam, die in ihrer Personalpolitik eine dauerhafte Bindung von neuen Beschäftigten und deren rasche soziale Positionierung anstreben. Die Empfehlung aus dem Kreis der MitarbeiterInnen ist ein erster Schritt in einem Aufnahmeverfahren, das im weiteren Verlauf eine Reihe von Begutachtungs- und Testverfahren umfasst. Auch in der Austria Tabak war jede Stellenbesetzung in psychologische und fachliche Test- und Prüfverfahren eingebunden. Nur auf der Liste der BewerberInnen zu stehen, genügte nicht, um eingestellt zu werden.

Aus der Elitenforschung ist bekannt, dass bei Entscheidungen über Aufnahme von Führungspersonal weniger die sachlichen Anforderungsprofile relevant sind als die sozialen Aspekte der Passung.[6] Im Alltag würde es heißen, „die Chemie und das persönliche Vertrauen müssen stimmen".

Verwandtschaftliche Verhältnisse bewirkten eine spezifische Form der sozialen Kontrolle. Helmut Lentz, der durch eine Empfehlung seines Schwiegervaters in den 1970er Jahren in die Fabrik kam, erzählte, dass dieser ihn niemals befürwortet hätte, wenn er „ein Flegel oder ein Filou" gewesen wäre. „Das hätte er mit seinem Ehrenkodex nicht vereinbaren können." Ähnlich Helene Kaiser, die als Tochter eines angesehenen Mitarbeiters im mittleren Management in den Betrieb kam: Sie habe das Gefühl gehabt, ständig an den Leistungen des Vaters gemessen zu werden. Damit hing die Latte sehr hoch und sie hatte sich enorm anzustrengen, um den Erwartungen auch tatsächlich nachzukommen. Hier wird deutlich, dass Besetzungen aus familiären Netzwerken als leistungsförderndes Moment der sozialen Kontrolle wirken können und nicht als Inanspruchnahme von Privilegien gesehen werden müssen.

In Ausnahmesituationen stellte die Austria Tabak Angehörige von MitarbeiterInnen ein, wenn damit die Bewältigung von persönlichen Notlagen gesichert werden konnte. Nach dem Tod eines Arbeiters wurde etwa dessen Frau aufgenommen, sodass die Familie die Dienstwohnung behalten und weiterhin ein Einkommen beziehen konnte. Diese Praxis von sozialer Verantwortlichkeit steht nicht im Widerspruch zu den ökonomischen Zielen eines Unternehmens. Beschäftigte, die auf diesem Weg in den Arbeitsprozess integriert werden, erweisen sich als loyal und besonders motiviert.

Vielfach wird die Befürchtung formuliert, dass mit diesem Verfahren systematisch ungeeignetes Personal eingestellt werde. Allerdings geht man bei diesem Einwand davon aus, dass eine Stelle nur auf der Basis des sozialen Kapitals der Familie vergeben wird, was jedoch nur in Ausnahmefällen zutreffend war.

Zweifellos sind „personalisierte Recruitment-Methoden"[7] sozial ausschließend. Der Kreis jener Personen, denen die Information über eine zu besetzende Stelle zugänglich ist, ist absichtlich eng begrenzt. Für Spitzenpositionen in der Wirtschaft ist diese Exklusivität angestrebt. Es lässt sich empirisch belegen, dass seit den 1970er Jahren die soziale Herkunft bei Auswahlverfahren für Spitzenpositionen entscheidend ist, obwohl dies tabuisiert wird.[8] Dieser Umstand lässt sich dahingehend interpretieren, dass die Wirkung sozial gewollt ist und dass die vielfältigen Objektivierungsverfahren für die Legitimation von Entscheidungen mehr Bedeutung haben als für die tatsächliche Entscheidungsfindung.

Die Vorteile eines Systems der „Selbstrekrutierung" der Belegschaft durch Beteiligung der MitarbeiterInnen an der Personaleinstellung können wirksam werden, wenn langfristige Dienstverhältnisse anstrebt werden und sowohl eine Vertrauensbasis zwischen Unternehmensleitung und Belegschaft als auch eine Loyalität gegenüber den objektiven Zielen des Unternehmens gegeben ist. Die Wirkung dieses Systems hängt vor allem von der Handhabung durch die entscheidenden Machtgruppen, den Leitungsebenen und dem Betriebsrat ab.

Arbeiten, Wohnen und Leben

In jedem Betrieb ist die Kooperation der MitarbeiterInnen notwendig, um die formellen Aufgaben der Herstellung von Gütern und Dienstleistungen zu erfüllen. Eine Besonderheit der Tabakfabrik war, die Beschäftigten nicht nur zum Zweck der Produktion zu Gemeinschaften zu organisieren, sondern ebenso auch in verschiedenen Bereichen der Reproduktion. Durch ein komplexes Netzwerk von Einrichtungen wurden unterschiedlichste soziale und kulturelle Bedürfnisse der MitarbeiterInnen erfüllt. Die Beschäftigten lebten in Werkswohnungen und trafen einander morgens und abends in den Stiegenhäusern und auf Parkbänken im Hof, nachdem sie sich vielleicht schon während des Arbeitstages an der Maschine oder im Lohnbüro begegnet waren. Die Beschäftigen organisierten gemeinsam sportliche Aktivitäten, Feste und Feiern in den zahlreichen Sektionen des Sportvereins. An diesen vielfältigen Formen der Geselligkeit nahmen oftmals auch die ganzen Familien teil. Die Austria Tabak hatte eine eigene Betriebskrankenkasse, die zuständig war für die aktiven und die pensionierten MitarbeiterInnen und deren Angehörige. In der Tabakfabrik Linz gab es eine Arztpraxis mit Betriebsarzt und Krankenschwester, die medizinische und physiotherapeutische Behandlungen durchführten. Die Austria Tabak besaß Urlaubsheime in Kärnten, in denen MitarbeiterInnen aus allen Fabriken in Österreich Erholungsurlaube verbrachten und sich dabei zwanglos über Privates, Arbeitserfahrungen und Neuigkeiten des betrieblichen Alltags austauschten. An allen diesen sozialen Orten flossen informelles Wissen und gesammelte Erfahrungen der Angehörigen von unterschiedlichen Generationen und hierarchischen Ebenen zusammen. In diesem Geflecht von Beziehungen, die das

Familienbetrieb

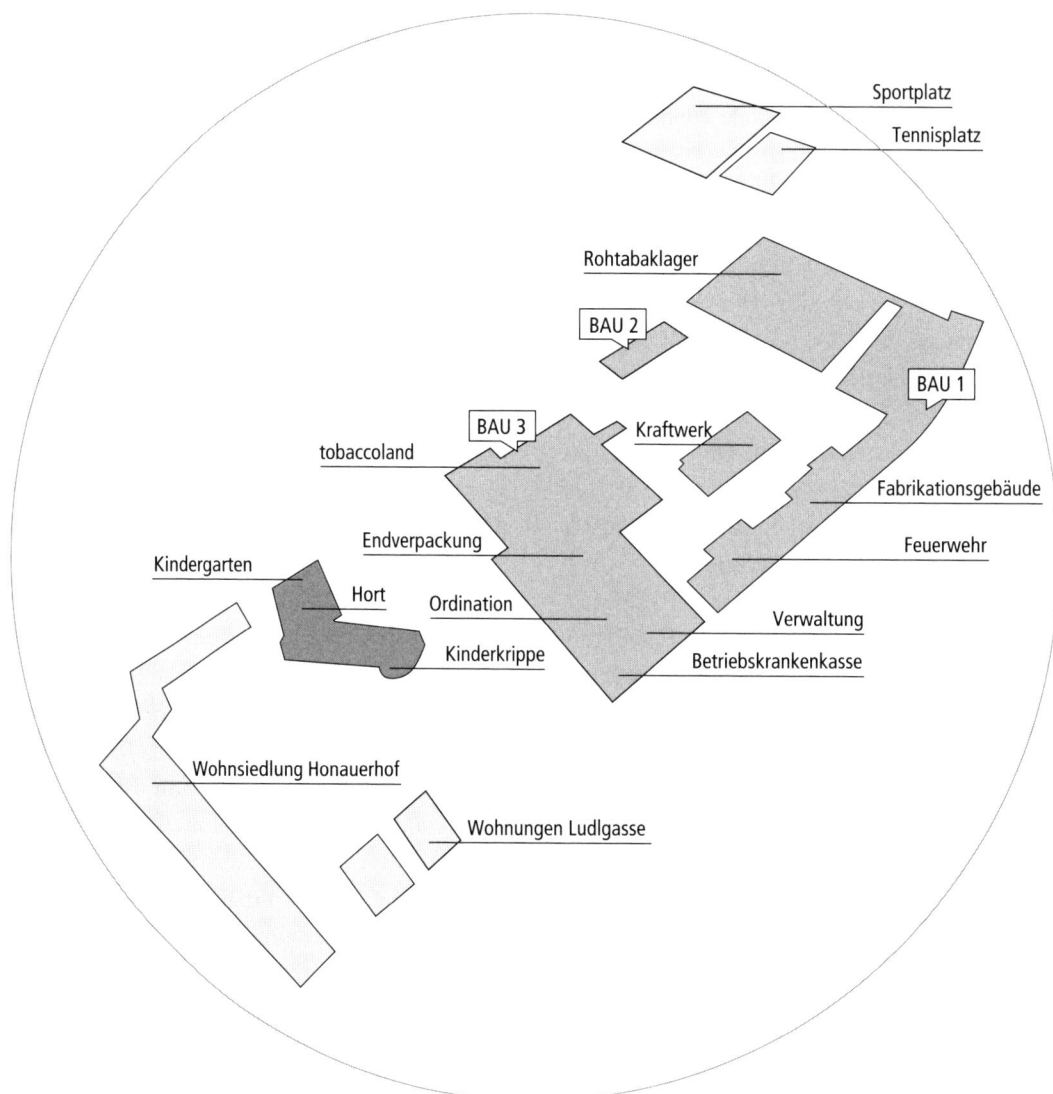

Unternehmen organisierte und konstituierte, gingen Angelegenheiten der Arbeit, des Wohnens und des sozialen und kulturellen Lebens ineinander über.

Diese Kultur des gemeinsamen Arbeitens und Lebens war in den beiden schon beschriebenen Traditionslinien der Austria Tabak begründet: *Erstens* war der Dienst für den Staat ursprünglich nicht als bloßes Arbeitsverhältnis, in dem die Nutzung der Arbeitskraft gegen Lohn getauscht wird, konzipiert. Der Arbeitgeber verlangte besondere Ergebenheit und Unterordnung, trug dafür aber auch Sorge für elementare Lebensbedürfnisse der bei ihm Beschäftigten. *Zweitens* entwickelt sich daraus bereits im 19. Jahrhundert eine betriebliche Sozialpolitik, mit der das traditionelle Stammpersonal für den Verbleib im Unternehmen gewonnen werden sollte. Auf diese Traditionen konnte die Gewerkschaft aufbauen und für die Arbeiterinnen und Arbeiter eine Vielzahl von sozialen Leistungen durchsetzen.

Diese Politik der Austria Tabak war nicht nur sozial bedeutsam, weil sie die materiellen Arbeits- und Lebensbedingungen der Belegschaft entscheidend verbesserte. Sie formte auch als kulturellen „Überbau" die kollektive Vorstellung, ein Familienbetrieb zu sein.

Die Wahrnehmung des Betriebes als Familie beruhte auf einer Vielzahl von betrieblichen Leistungen. Die wichtigsten davon waren: Das Dienstverhältnis mit besonderem Kündigungsschutz, das entscheidend für die Herausbildung einer Stammbelegschaft war, in Verbindung mit der Personalauswahl aus dem familiären Umfeld der Beschäftigten; der Sportverein mit den zahlreichen Sektionen sowie die Bereitstellung von Werkswohnungen durch die betriebseigene Wohnungsgesellschaft Riedenhof. Das gemeinnützige Wohnungsunternehmen wurde 1941 von der Austria Tabak gekauft. Über diese Tochtergesellschaft wurden bis zum Jahr 2000 am Standort Linz knapp 250 Wohnungen für die Belegschaft gebaut.[9] Darüber hinaus gab es die Urlaubshäuser in Kärnten, die durch den Wohlfahrtsverein verwaltet wurden.

Werkswohnungen

In der Nachkriegszeit war die Wohnungsnot in Linz im Vergleich zu anderen österreichischen Städten sehr groß, dies betraf vor allem die Arbeiterschaft. In den 1950er Jahren verfügte nicht einmal die Hälfte der ArbeiterInnenhaushalte über eine eigene Bleibe.[10] Ursache für den Mangel an Wohnungen in Linz waren Industrialisierungsschübe Ende der 1930er Jahre und die NS-Kriegsindustrie, welche die Linzer Bevölkerung sprunghaft anwachsen ließen. Nach dem Krieg lebte ein großer Teil der Stadtbevölkerung, insbesondere Arbeiterfamilien, zur Untermiete oder in Barackensiedlungen. Die vorhandenen Altwohnungen waren klein und sehr schlecht ausgestattet. In den 1950er Jahren fehlten 25.000 Wohnungen in Linz; bis Mitte der 1960er Jahre konnte die Zahl der fehlenden Wohnungen auf etwa 16.000 reduziert werden.[11] Da im selben Zeitraum auch die Anzahl der Haushalte anstieg, wurde die Wohnungslage in den 1960er Jahren weiterhin äußerst kritisch bis katastrophal eingeschätzt. Erst in den 1980er Jahren entspannte sich die Situation. 1985 gab es fast doppelt so viele Wohnungen wie im Jahr 1951.¹²

Angesichts der großen Wohnungsnot kann man nachvollziehen, welche Errungenschaft die Errichtung der Wohnanlagen der Austria Tabak war. Bis 1959 entstanden an der Unteren Donaulände, in der Honauerstraße und in der Ludlgasse mehr als 100 Wohnungen. Entsprechend dem dringenden Bedarf der unmittelbaren Nachkriegszeit waren die ersten Wohnungen vorwiegend einfache Zwei-Zimmer-Wohnungen mit Kochnische und Bad, nur wenige mit einem zusätzlichen Kabinett.¹³ Später umfassten die Grundrisse immer auch ein oder zwei Kinderzimmer. In einer der Wohnanlagen in der Honauerstraße, kurz der Honauerhof genannt, war Anfang der 1950er Jahre der neu errichtete Kindergarten des Betriebs mit Krabbelstube und Hort integriert, der bis dahin direkt im Fabrikgelände angesiedelt war.

Die Nachfrage nach den Werkswohnungen war in den 1950er und 1960er Jahren groß. Alleinstehende und Paare ohne Kinder hatten kaum Chancen, bei der Zuteilung berücksichtigt zu werden. Die Vergabe der Wohnungen erfolgte ab den 1960er Jahren über den Betriebsrat.

Kurt Grabner, der in den 1950er Jahren im Hof aufwuchs, beschreibt das Leben im Honauerhof aus der Perspektive des Kindes: „Die Eltern haben vierundzwanzig Stunden nebeneinander verbracht, entweder in der Fabrik oder daheim beim Wohnen. Und bei den Kindern war es dasselbe. Wir waren alle gemeinsam in den Kinderbetreuungseinrichtungen oder in der Schule. Und in der freien Zeit waren wir im Hof zusammen und haben gespielt, Fußball, Völkerball, Federball. Ein großer Teil war auch noch bei anderen sportlichen Aktivitäten zusammen, über die Straße im Parkbad beim Schwimmverein und vor allem am Tabakfabrik-Fußballplatz. Also, man war eigentlich immer zusammen. Erst nach der Volksschule ist es ein wenig auseinander gegangen, weil die meisten in die Hauptschule gegangen sind und ein kleiner Teil in eine Mittelschule. Bei den Hauptschülern war bei vielen der nächste Schritt eine Lehrstelle in der Austria Tabak oder in der Schiffswerft." Kurt Grabner erinnert sich auch an die sozialen Grenzen, die in seiner Kindheit zwischen ArbeiterInnen und Angestellten gezogen waren. Angestellte wohnten in den größeren Wohnungen im Honauerhof an der Donaulände. Ihre Kinder besuchten seltener den Hort, weil die Frauen der Angestellten meist nur im Haushalt arbeiteten und keiner Erwerbsarbeit nachgingen.

Hier wird nachvollziehbar, wie die Austria Tabak über die Gestaltung von Arbeits- und Wohnverhältnissen einen gemeinsamen Erfahrungsraum für Familien und Kinder organisierte. Dabei formten sich Gemeinschaften, die nicht durch die objektiv fremden Zwänge der Fabrikarbeit hergestellt wurden, sondern durch spielerische Begegnung und kommunikativen Austausch. Die Erfahrungen und Beobachtungen Kurt Grabners beziehen sich auf die 1950er und 1960er Jahre. Seither haben sich die Lebenswelten der älteren und jüngeren Beschäftigten auseinander entwickelt. Gleichzeitig hat die soziale und geographische Mobilität die Geschlossenheit des Milieus der Arbeiterschaft der Tabakfabrik aufgebrochen.

Erholen in den Urlaubshäusern in Kärnten

Am Ossiachersee in Kärnten gibt es zwei Gästehäuser, die die Belegschaft für Erholungsurlaube nutzen konnte. Das Haus in St. Urban liegt am See und wurde als Frühstückspension geführt. Das Haus in Sattendorf ist größer, verfügt über einen Restaurantbetrieb, der auch den Gästen von St. Urban zur Verfügung steht, und ist mit Tennisplätzen ausgestattet. Die Urlaubshäuser wurden über den Wohlfahrtsverein des Personals der Austria Tabak verwaltet. Die Tarife in beiden Häusern waren günstig. Bis in die 1980er Jahre waren die Häuser vollständig ausgelastet. Familien mit Kindern wurden bei der Anmeldung bevorzugt. Es war geregelt, dass man auch bei großer Nachfrage zumindest alle drei Jahre dort einen Urlaub verbringen konnte. Auch pensionierte MitarbeiterInnen der Austria Tabak konnten das Angebot nutzen. Im Zusammenhang mit den veränderten Freizeit- und Urlaubswünschen verringerte sich in den 1990er Jahren das Interesse an den betriebseigenen Ferienhäusern. Nach einer Modernisierung der Ausstattung beider Häuser kamen wieder mehr MitarbeiterInnen, die einen ruhigen Urlaub suchten, an den Ossiachersee.

In den Häusern trafen sich Belegschaftsmitglieder aus allen Fabriken der Austria Tabak. Es entstanden jahrelang gepflegte Urlaubsbekanntschaften. Durch den Erfahrungsaustausch konnte der Blick auf den eigenen Betrieb und das Gesamtunternehmen differenziert und erweitert werden.

Für die Kooperationsbeziehungen in der Arbeit sind die Begegnungen der MitarbeiterInnen im Wohnumfeld und bei Freizeitaktivitäten nicht unwichtig. Johannes Berger erzählt über seine Erfahrungen in den Kärntner Ferienhäusern: „Man lernt die Leute aus einer anderen Perspektive kennen. Das erklärt oft ein Verhalten aus der Arbeit, über das man sich ärgert und das man nicht versteht. Wenn man sieht, in der Freizeit oder in seiner Familie verhält sich ein Kollege auch nach einem bestimmten Muster, dann ist das hilfreich. Dann sehe ich, gut, der Mensch ist einfach so. Er verhält sich nicht nur mir gegenüber so, er will mich nicht persönlich ärgern, er ist einfach so. Und so versteht man ihn dann besser. Man lernt dadurch ein wenig eine andere Sichtweise." Etwas Ähnliches erlebte er mit seiner Nachbarin in der Wohnanlage Honauerstraße. Er bezog im Jahr 2003 eine Werkswohnung. Nebenan wohnte eine Kollegin, die als nicht ganz einfache Person galt. Bald entstand jedoch durch den alltäglichen Kontakt des Grüßens und des beiläufigen Miteinanderredens wechselseitiger Respekt und die Beziehungen entspannten sich.

Eine soziale Logik

Das Phänomen „Familienbetrieb" war in der Tabakfabrik Linz mehr als etwas Symbolisches. Die Austria Tabak stand im Zentrum eines Netzes von sozialen und kulturellen Einrichtungen. Es wurden reale Erfahrungen und Bindungen organisiert und nicht nur die Gefühlsebene angesprochen, wie das beim Management von *corporate identity* praktiziert wird. Für die Belegschaft war die Fabrik mehr als ein Arbeitsplatz.

Wie es Josef Wallner, 1940 geboren und seit 1959 als Arbeiter in der Fabrik, formuliert, ist der Betrieb „etwas gewesen, was für die Leute in ihrem Leben wesentlich war." Es sei nicht nur auf den Gewinn, die Leistung und Produktivität geschaut worden, sondern auch darauf, was die einzelne Person brauchen würde und wie sie unterstützt werden könne. Andere Arbeiter, Arbeiterinnen und Angestellte drückten das immer wieder auf ähnliche Weise aus: Das Verhältnis sei nicht so gewesen, dass dort nur Arbeit geleistet worden wäre, für die es einen Lohn gegeben habe, sondern es wurde für die ArbeiterInnen gesorgt, ohne einen Unterschied zu den Angestellten zu machen. Für Johannes Berger, 1975 geboren und 2001 in den Betrieb eingetreten, ist die Austria Tabak damit mehr als ein Arbeitgeber, er ist „auch ein Begleiter".

Diese Einschätzungen verweisen darauf, dass das Unternehmen Sicherheit in Bezug auf den Arbeitsplatz und Unterstützung in elementaren Fragen der Lebensgestaltung garantierte, zwei Ressourcen, die für eine längerfristige Lebensplanung nahezu unverzichtbar sind. Bemerkenswert ist, dass es dem Unternehmen gelang, diese Struktur mit den Grundsätzen einer rationalen Betriebsführung zu verknüpfen. Mit kontinuierlichen Rationalisierungen war die Austria Tabak ab den 1950er Jahren bemüht, technisch wie ökonomisch zu den modernen Standards der Tabakwarenproduktion aufzuschließen. Ab den 1980er Jahren war man bestrebt, sich auf das Ende des Tabakmonopols im Zuge der Integration der Europäischen Union vorzubereiten. Es war eine prägende Erfahrung der Beschäftigten, dass diese Modernisierungen mit langfristigen und sozial verträglichen Personal- und Investitionsentscheidungen bewältigt wurden.

Betriebliche Spannungen infolge der Rationalisierungen waren unausweichlich. Die Einführung neuer personaleinsparender Maschinen erforderte die Versetzung von Arbeitskräften und die Übernahme von zusätzlichen Aufgaben durch das verbleibende Personal. ArbeiterInnen, die überfordert waren, neue hochgeschwindigkeitsorientierte Anlagen zu bedienen, mussten an wenig attraktive Arbeitsplätze wechseln – etwa solche in der Endverpackung oder in der Lagerhaltung. Frauen wurden in diesem Zusammenhang häufig an älteren Maschinen oder bei den Filtromaten eingesetzt. Betroffen von Einsparungen waren ab den 1980er Jahren nahezu alle Bereiche der Fabrik, die Verwaltung und die ärztliche Ordination ebenso wie das Kraftwerk und die Hauswerkstätten und – in Verbindung mit technologischen Sprüngen im Maschinenpark – die Erzeugung und Verpackung. Konflikte zwischen Vorgesetzten und Untergebenen, innerhalb der Belegschaft sowie zwischen Gewerkschaft und Management waren in diesen Prozessen unvermeidlich. Aber sie wurden unter den Bedingungen von Dienstverträgen mit Kündigungsschutz in einer entschärften Form ausgetragen. Kündigungen waren nicht möglich, man musste kreativ sein und andere Lösungen finden.[14] Wenn eine feststehende Aufgabe nicht bewältigt werden konnte oder diese Aufgabe durch betriebliche Reorganisation entfiel, wurden DienstnehmerInnen nicht als überflüssig betrachtet. Es war notwendig, einen Arbeitsplatz zu finden, an dem ihre Fähigkeiten gebraucht wurden. Es gibt, so die Handlungsmaxime, keine schwachen oder überzähligen ArbeiterInnen, sondern nur solche, die auf einem falschen Platz sitzen.

Soziale Verantwortlichkeit wurde zur Praxis des Unternehmens. Für Beschäftigte, die aus persönlichen Gründen in ihrer Leistungsfähigkeit beeinträchtigt waren, wurden passende Arbeitsbereiche gesucht und gefunden. Den KollegInnen, die mit schwächeren Beschäftigten arbeiteten, wurde ein erhöhter Aufwand von Koordination und Mehrbelastung zugemutet und von diesen auch übernommen. Voraussetzung dieses sozialen Handelns war, dass der Linzer Betrieb ein großes industrielles System mit komplexen Arbeitsabläufen und einer vielfältigen Anforderungsstruktur war und eine Vielzahl von unterschiedlichen Arbeitsplätzen anbieten konnte. Diese umsichtige und soziale Praxis überträgt die Kosten und Probleme der Rationalisierung nicht an die Allgemeinheit, wie dies üblicherweise von Unternehmen getan wird. Wahrnehmung und Einschätzung der Rationalisierungsprozesse haben sich im Laufe der Geschichte verändert. Arbeiterinnen und Arbeiter der älteren Generation äußern sich wesentlich kritischer zu Personaleinsparungen in den 1950er und 1960er Jahren. In dieser Periode zeigte sich die Rationalisierung als Projekt der höheren und mittleren Ebene, nicht als eines der Basis. Es wird davon berichtet, dass Meister und Abteilungsleiter mit Prämien oder Gehaltszuschüssen dafür belohnt worden sind, wenn sie Vorschläge zur Einsparung von Arbeitskräften entwickelt haben. Als „Zitronenpresser" werden jene Vorgesetzten bezeichnet, die in dieser Hinsicht besonders eifrig waren. Im Vergleich dazu akzeptierten die MitarbeiterInnen, die der mittleren Generation zuzuordnen sind, Maßnahmen der Rationalisierung in den 1980er Jahren als ökonomisches Erfordernis und waren bereit, Personalreduktion und Arbeitsverdichtung in Kauf zu nehmen.

Die Veränderung dieser Einschätzungen lässt sich auf verschiedene Weisen interpretieren. Um 1950 und 1960 waren die Positionen von Arbeit und Kapital im gesellschaftspolitischen Denken stark ausgeprägt und polarisiert. In dieser Periode stellte sich die staatliche Tabakproduktion als ein vom Markt abgekoppelter Bereich dar. Vor diesem Hintergrund zeigte die Arbeiterschaft wenig Verständnis für die Rationalisierungsstrategien der Direktion. Im Unterschied dazu gab es in den 1980er Jahren in sämtlichen Branchen der Industrie strukturelle Krisen, denen man mit Rationalisierungen begegnete. Ein Diskurs, der den Sonderstatus der staatlichen Industrie zunehmend in Frage stellte, wurde nach und nach mächtiger. Im Zusammenhang mit der europäischen Integration zeichnete sich ab, dass das Tabakmonopol fallen musste. Für die Austria Tabak stellte sich die Frage des Bestehens am internationalen Markt. In dieser Situation versprach sich auch die Belegschaft eine Stärkung der Marktfähigkeit durch Rationalisierung. Dienstverträge und Regelungen über den „Schattenlohn"[15] stellten sicher, dass die persönlichen Kosten von Rationalisierungen zwar mit Intensivierung der Arbeit, aber kaum mit materiellen Nachteilen verbunden waren.

Dekonstruktion

Aus der Sicht der Beschäftigten veränderte sich die Wahrnehmung des Unternehmens als Familienbetrieb mit dem Verkauf der Austria Tabak an private Eigentümer im Jahr 2001 nicht wesentlich. Auch unter Gallaher und JTI verhielten sich viele loyal gegenüber den Produktionszielen und glaubten, den spezifischen Charakter und die Kultur „ihrer Fabrik" erhalten zu können. Tatsächlich waren jedoch bereits mit den Verkäufen entscheidende Fundamente eines „Familienbetriebs" brüchig geworden. Für die neuen Eigentümer stellten sich die Einrichtungen der betrieblichen Sozialpolitik als Erbe einer ihnen fremden Kultur dar, das sie jedoch für sich zu nutzen wussten. So ließ sich die Output-Orientierung des britischen Konzerns Gallaher gut mit der Bereitschaft der Linzer Belegschaft vereinen, sich Rationalisierungsmaßnahmen unterzuordnen. In den Jahren bis 2006 erzielte die Linzer Fabrik außergewöhnliche Produktionssteigerungen. Der Preis dafür war steigender Arbeitsdruck für die Arbeiter und Arbeiterinnen in der Erzeugung. Zwischen der Hochleistungsproduktion in Dreier- und Vierer-Schichten mit modernsten Maschinen im dritten Stock und sogenannten Sonderaufträgen mit älteren Maschinen in Früh- und Spätschicht im zweiten Stock wurde eine scharfe Grenze gezogen. In gewisser Weise handelte es sich um eine Trennung zwischen den Leistungsfähigen und den weniger Leistungsfähigen.

„Im zweiten Stock haben sie Weichpackungen hergestellt oder Sorten, von denen nur wenige verkauft wurden, zum Beispiel die ‚York'. Da wurden nur ein paar tausend Schachteln im Jahr gemacht. Sie haben dabei mehr Ausschuss gemacht als sie produziert haben. Die waren sehr verbittert. Es waren Kolleginnen dabei, die länger im Betrieb gearbeitet haben als ich oder mein Mann. Sie haben eine große Wut gehabt, weil sie vorher wirklich Fachkräfte waren, die alles machen konnten. Sie sind alle aussortiert worden, nur weil sie sich nicht für die Dreier- und Vierer-Schicht entschieden haben." Mit diesen Worten beschreibt Anna Holzinger, 1953 geboren und seit etwa 1980 in der Fabrik, die Situation. Sie selbst gehörte als Maschinenführerin zu den Spitzenkräften. Wo das Erbe des „Familienbetriebs" der Kultur der neuen Eigentümer hinderlich war, wurde es transformiert oder als Ballast abgeworfen. Eine einschneidende Veränderung fand 2005 statt, als der besondere Kündigungsschutz aus den Dienstverträgen gestrichen wurde. Damit vergrößerte man die Kluft zwischen Älteren und Jüngeren, die sich in der dienstrechtlichen Stellung unterschieden. Die Schließung der Linzer Fabrik durch JTI war einer der Schritte, das Erbe der Austria Tabak endgültig zu zerstören.

Der „Familienbetrieb" ist mit realen Erfahrungen verknüpft, bleibt aber dennoch eine Metapher. Durch die Institution des Privateigentums sind Arbeiterschaft und Management in zwei antagonistische Gruppen geteilt, von Karl Marx als Antagonismus zwischen Lohnarbeit und Kapital bezeichnet.[16] Es besteht eine objektive Polarisierung im Hinblick auf Rechte, Pflichten und Zwecke. Lohnarbeit dient dazu, Kapital zu reproduzieren und zu vermehren; abgesehen von dieser Zwecksetzung hat Lohnarbeit kein Recht und wird überflüssig. Der Sozialform der Familie fehlt ein Antagonismus in dieser Form. Von einem Familienbetrieb zu sprechen, schafft Illusionen und kann unter diesen Voraussetzungen nützlich sein, weil der objektive Herrschaftscharakter dieser Einheit und die damit verbundenen Widersprüche verschleiert werden. Erleben die Beschäftigten das Unternehmen als Familie, tendieren sie dazu, sich die Logik des Managements anzueignen und Leistungsreserven zu mobilisieren. Wenn die Metapher des Familienbetriebs mit sozialer Wirklichkeit verwechselt wird, besteht die Gefahr, widersprüchliche Arbeitsverhältnisse falsch einzuschätzen und übermäßige Ausbeutung zu akzeptieren.

Arbeit, Kapital, Globalisierung

Aus einer historischen Perspektive sind „Familienbetriebe" eng mit einer bestimmten Erscheinungsform des Kapitalismus verbunden. Zu Beginn des 20. Jahrhunderts wurde mit dem Fordismus ein langfristiger Zeithorizont in das Verhältnis von Kapital und Arbeit eingezogen.[17] Wie in einer dauerhaften Partnerschaft bildeten sich wechselseitige Verpflichtungen, die auf gegenseitiger Abhängigkeit beruhen. Erhaltung und Expansion des Kapitals waren auf die produktive Arbeit von Arbeiterinnen und Arbeitern angewiesen, Lebensstandard und Lebensführung der ArbeiterInnen an die feste Anstellung gebunden. Die Begegnung zwischen beiden Seiten fand an einem festgelegten Ort und zu geregelten Zeiten statt. Kein Beteiligter konnte sich entfernen und woanders ansiedeln.

Mit der Globalisierung hat sich die Arbeitswelt in den letzten Jahrzehnten strukturell verändert, es kam zu einer grundlegenden Entstandardisierung im System der Erwerbsarbeit. Die Perspektive einer lebenslangen Vollbeschäftigung schwindet in immer neuen Rationalisierungswellen. Die gängigen Standardisierungen bei den zentralen Säulen dieses Systems, den Arbeitsverträgen, Arbeitszeiten und Arbeitsorten, werden durch flexible Regelungen abgelöst.[18] In das stabile System des Fordismus ist der unruhige Geist der Kurzfristigkeit eingedrungen.[19] Die „fließende" oder „verflüssigte" Moderne, so Zygmunt Bauman, bringt eine Entkoppelung von Kapital und Arbeit mit sich, wobei es vor allem das Kapital ist, das sich im Rahmen der globalisierten Bewegungsfreiheiten von den Ansprüchen der Lohnarbeit unabhängiger macht.[20] Unter diesen Bedingungen ist davon auszugehen, dass die Ausbildung von gegenseitigen Loyalitäten zwischen Kapital und Arbeit und damit das Phänomen des „Familienbetriebs" seltener werden. Nicht nur das Kapital wandert. Auch auf der Seite der Arbeit scheint das Bedürfnis nach Mobilität zu wachsen. Die Veränderungen der Arbeitsorganisation bewirken nicht nur Unsicherheit der Arbeitsplätze. Sie verstärken auch den Druck zu vermehrter Mobilität, Flexibilität, Anpassungsfähigkeit und enthalten viele Anforderungen aus Unternehmerideologien, insbesondere den Appell zu Initiative und Wettbewerbsorientierung. Es zeichnet sich ein Zusammenhang zwischen Entstandardisierung der Erwerbsarbeit und neuen Formen des Individualismus ab.[21] Auf Grund dieser Bedingungen können sich ArbeitnehmerInnen heute nicht als Kollektiv mit relativ homogenen Interessen wahrnehmen. Atypische Beschäftigungsformen, Teilzeitarbeit und Formen scheinselbstständiger Tätigkeit zerstückeln die Arbeitswelt. ArbeitnehmerInnen sind gezwungen, zu improvisieren und sich individuell durchzuschlagen. Zugleich bieten die Auffächerung von Möglichkeiten der Bildung und Qualifikation und die Expansion von zahlreichen Sektoren der Dienstleistung neue Möglichkeiten des sozialen Aufstiegs. Klassenspezifische Milieus verlieren an Prägekraft und individuelle Lebenslagen differenzieren sich. Diese Verhältnisse fördern neue Bedürfnisse und ein über das unmittelbar Notwendige hinausgehender Konsum macht es möglich, das Lebensgefühl zu heben. Durch den Abbau von Traditionen und Normen und ihren Verhaltenszumutungen kann sich eine Vielfalt von neuen Orientierungsmustern ausbreiten. Das Leben kann als ein Experiment der Selbstverwirklichung erfahren werden. Als Konsequenz einer solchen Entwicklung und Erfahrung entsteht ein neues Anspruchssystem an die Arbeitskraft. Es wird als Einschränkung der persönlichen Chancen erlebt, sich dauerhaft an ein Unternehmen zu binden. Wer nur einen festen Arbeitsplatz mit regelmäßigem Einkommen anstrebt und Wert darauf legt, sich in einem Kollektiv sozial und kulturell zu verankern, gilt als unflexibel und nicht zukunftsorientiert. Es gilt, die eigene Berufsbiographie nach dem Muster der Selbstverwirklichung zu organisieren; der Wunsch nach sozialer und ökonomischer Sicherheit wird tabuisiert. Zygmunt Bauman vergleicht den modernen Arbeitsplatz mit einem Campingplatz.[22] Man besucht ihn für einige Tage und verlässt ihn leichten Herzens, entweder weil gehegte Erwartungen nicht eingetroffen sind oder ein langfristiges ‚Einchecken‘ nicht möglich war.

Noch gleicht nicht die gesamte Arbeitswelt einem Campingplatz. Die soziale Logik, die Familienbetriebe charakterisiert, ist weiterhin Bestandteil unserer sozialen Realität in ihrer Vielfältigkeit und Gebrochenheit. Es ist uns wichtig, die Aktualität und die Rationalität dieser sozialen Logik zu unterstreichen und zu betonen, dass es sich dabei keineswegs um einen Anachronismus handelt. Liberales und modernistisches Denken betont die ökonomische Rationalität und diffamiert das soziale Moment im Verhältnis zwischen Unternehmen und der Belegschaft. In diesem Denken haben Bindung und Loyalität zwischen MitarbeiterInnen und Organisation nur insofern Bedeutung als sie ein Instrument darstellen können, die Arbeitskraft noch mehr auszubeuten.

Am Schicksal der Austria Tabak ist zu beobachten, dass ein moderner Industriebetrieb ökonomische und soziale Logik verknüpfen kann, und dass die Eigenschaft als Staatsbetrieb diese Fähigkeit gefördert hat. Nicht ökonomisches Scheitern ist für die Zerstörung dieses Unternehmens verantwortlich, sondern eine Politik, die die Tradition dieses Staatsbetriebs missachtete und sich an irreführenden politischen Dogmen des Neoliberalismus orientierte.

Kapitel 4

Die Tabakfabrik nach 1945 im Spiegel von Lebensgeschichten

In diesem Abschnitt zeigen wir, wie sich die Entwicklung der Tabakfabrik Linz und die biographischen Erfahrungen einzelner MitarbeiterInnen verschränken. Drei Überlegungen stehen hinter der Entscheidung, diese Form der Darstellung zu wählen:

Erstens vermitteln uns die Berichte einen lebendigen Eindruck von der täglichen Arbeit in der Fabrik, von den praktizierten Formen der Kooperation, von dem besonderen Geschick, das bei manchen Arbeitsgängen erforderlich war, ebenso wie von den Handgriffen, die routinemäßig erledigt wurden. Es wird sichtbar, welche Bedeutung die MitarbeiterInnen ihrer Arbeit, dem Kollektiv und dem Betrieb zuschreiben und welche Werte, Normen und sozialen Beziehungen die individuelle Leistung sowie das gemeinsame Verrichten der Arbeit prägen. Erkennbar wird auch die Beteiligung an dem Prozess des Übergangs von einem staatlichen Monopolbetrieb zu einem modernen staatlichen Konzern und wie die Belegschaft die Privatisierung, den Verkauf des Unternehmens an ausländische Konzerne und schließlich die Betriebsschließung in Linz erlebt hat.

Zweitens zeigt der Blick auf die Lebensgeschichten, wie sich die betrieblichen Verhältnisse mit konkreten Handlungsmöglichkeiten und individuellen Lebensplänen verbinden. Einige der Beschäftigten berichten über ihr Hineinwachsen in Arbeit und Beruf als Jugendliche, über die Familien, über das Wohnen, die Freizeit, also über die außerbetriebliche Lebenswelt. An diesen Erzählungen wird nachvollziehbar, wie bei manchen MitarbeiterInnen die Fabrik mit den sozialen Leistungen und der betrieblichen Sozialpolitik daran mitwirkt, auch Lebensbereiche der Reproduktion zu strukturieren. Die Mechanismen der herrschenden gesellschaftlichen Arbeitsteilung legen uns nahe, die Erwerbsarbeit und das Privatleben als weitgehend getrennte Sphären zu organisieren. Betriebe werden als Organisationen gesehen, die mit Personal, Material und technischen Produktionsanlagen Waren produzieren, Arbeitskräfte als Ressource nutzen und ausschließlich an den Beiträgen der ArbeitnehmerInnen zur Produktivität interessiert sind. In manchen Wirtschaftsbranchen gehen Betriebe dazu über, Arbeitszeiten und Arbeitsverträge zu flexibilisieren. Scheinbar erhöht sich damit das Ausmaß an Selbstbestimmung und Selbstkontrolle über persönliche Zeit- und Arbeitsverteilung für die Beschäftigten.[1] Tatsächlich dienen diese Formen der „Entgrenzung" und „Subjektivierung" von Arbeit dazu, Produktivität zu steigern und Arbeit zu intensivieren, indem die privaten Lebensbereiche noch stärker den Anforderungen und dem Nutzen des Betriebs untergeordnet werden. Nehmen wir die Tabakfabrik im Spiegel von Lebensgeschichten in den Blick, zeigt sich, dass hier ein Betrieb die Subjektivität der Beschäftigten nicht nur als Ressource ausschöpft, sondern diese auch entwickelt.

Drittens werden Porträts[2] von MitarbeiterInnen vorgestellt. Einzelne Personen und deren betriebliche Arbeitsbereiche werden hervorgehoben, doch in der Zusammenschau entsteht ein Panorama von Fabrik und Belegschaft als Kollektiv: Die Personen, von denen die Geschichten handeln, nehmen verschiedene soziale Positionen im Betrieb ein, sie kommen aus dem Bereich der Produktion ebenso wie aus der Verwaltung. Es sind Erzählungen von Männern und von Frauen, von ArbeiterInnen, die bereits im Ruhestand sind, von MitarbeiterInnen, die durch die Schließung der Fabrik frühzeitig aus dem Erwerbsleben gedrängt und in den „Vorruhestand" geschickt wurden; und von einem jüngeren Arbeiter, der erst 2001 in die Fabrik eingetreten war und sich 2009 neu in der Arbeitswelt orientieren musste.

In jedem Porträt kommt nicht nur der oder die Porträtierte zu Wort, wird nicht nur eine individuelle Erfahrung vermittelt. In den einzelnen Lebensgeschichten verdichten sich immer auch die Erfahrungen vieler anderer Kolleginnen und Kollegen. Das Material für die sieben exemplarischen Geschichten wird ergänzt mit Daten aus einer Vielzahl von Interviews und Gesprächen, die wir in zwei Jahren Feldarbeit mit den rund 50 MitarbeiterInnen der Tabakfabrik geführt haben.

Es gehört zur Erfahrung der Belegschaft der Tabakfabrik – ganz im Unterschied zur prominenten Architektur des Fabrikgebäudes – im Zusammenhang mit der Schließung wenig öffentliche Aufmerksamkeit bekommen zu haben. Man könnte lange darüber diskutieren, welchen Anteil daran das Produkt Zigarette und seine soziale Ächtung hat. In dieser Erfahrung spiegelt sich aber auch eine Realität, die alle in der Industrie beschäftigten Arbeiterinnen und Arbeiter betrifft. Es scheint, als würde industrielle Arbeit in einer Kultur, die sich mit dem Bild einer modernen Konsum- und Dienstleistungsgesellschaft identifiziert, zum Bestandteil einer schmutzigen und mühseligen Vergangenheit, die vergessen werden soll. Die Porträts sollen als Kontrapunkte dienen. Sie zeigen, wie Männer und Frauen mit ihren Ansprüchen, gute Arbeit zu leisten, in die betrieblichen Strukturen eines Industriebetriebes eingebunden sind und wie es ihnen gelingt, den Fabrikalltag ebenso wie schwierige Situationen ihres Lebens zu meistern und ihr Dasein sinnvoll zu gestalten. Wir erzählen über einen Zeitraum von rund 60 Jahren, der das Arbeitsleben von drei Generationen umfasst. Die sieben Lebensgeschichten in diesem Kapitel repräsentieren diese drei Generationen.

Leopold Steiner und Angelika Weiss, die uns mit ihren Erfahrungen einen Einblick in die Tabakfabrik von 1945 bis in die 1980er Jahre gewähren, sind in den 1930er Jahren geboren. Sie sind die Angehörigen der älteren Generation.

Anna Holzinger, Helmut Lentz, Alexander Reiter und Eva Hutter sind in den 1950er Jahren geboren und zwischen 1974 und 1983 in den Betrieb eingetreten. Sie stehen für eine mittlere Generation. Diese erlebt ab den 1980er Jahren bedeutende technologische Neuerungen in den Produktionsabläufen und den strategischen Versuch des Vorstandes der Austria Tabak, das Unternehmen als international handlungsfähigen österreichischen Konzern in der Europäische Union und dem damit verbundenen freien Markt zu etablieren. Zu den Erfahrungen dieser Generation gehören auch die Privatisierung der Austria Tabak ab Ende der 1990er Jahre, der Verkauf des Unternehmens an den britischen Konzern Gallaher durch die ÖVP-FPÖ-Regierung im Jahr 2001, die Übernahme des Unternehmens durch die JTI sowie die Schließung des Linzer Betriebs 2009. Als dritte und jüngere Generation bezeichnen wir jene Beschäftigten, die nach dem Jahr 2000 in der Linzer Fabrik zu arbeiten beginnen, die die Austria Tabak also nicht mehr als Unternehmen im staatlichen Eigentum kennen. Wie sie diese Jahre erlebt haben, kommt in der Lebensgeschichte von Johannes Berger zum Ausdruck.

Prozesse sozialen Wandels sind verhältnismäßig einfach zu beschreiben, wenn dabei die Wahrnehmung und Erfahrung der sozialen Akteure des Geschehens ausgeklammert oder von der Perspektive einer einzigen Generation ausgegangen wird. Auf diese Weise wird das historische Geschehen vereinfacht und kann ein komplexer Prozess des Wandels als lineare Entwicklung rekonstruiert werden. Beachten wir jedoch Wahrnehmung und Erfahrung der Angehörigen von unterschiedlichen Generationen, so verwandelt sich ein geschichtlicher Verlauf in ein facettenreiches Gebilde, das unterschiedliche, auch gegenläufige Erfahrungen und Wahrnehmungen enthält. Wir haben es mit dem Moment der „Ungleichzeitigkeit des Gleichzeitigen"[3] zu tun: Der gleiche Zeitraum verwandelt sich in mehrere unterschiedlich erlebte Zeiten, in denen dieselben Dinge verschiedene Bedeutungen erhalten. Das Ereignis der Einführung der neuen Technologien bei Zigarettenmaschinen schreibt sich in das Leben einer fünfzigjährigen Maschinenarbeiterin anders ein als in das einer zwanzigjährigen Arbeiterin. Die Schließung der Tabakfabrik Linz im Jahr 2009 bedeutet für viele Angehörige der mittleren Generation das frühzeitige und abrupte Ende ihrer Erwerbsarbeit. Es besteht wenig Aussicht, auf dem Arbeitsmarkt eine gleichwertige Arbeitsmöglichkeit zu finden. Aufgrund des Sozialplanes mit der Regelung des Vorruhestandes ist der materielle Druck, eine neue Erwerbsarbeit eingehen zu müssen, abgemildert. Dennoch zerstört die Fabrikschließung Identitäten und Existenzen. Viele erleben die Kündigung des Dienstverhältnisses als sozialen Tod. Für die jüngere Generation wiegt der Verlust des Arbeitsplatzes in der Austria Tabak in anderer Weise schwer. Sie sind gezwungen, sich neu zu orientieren und müssen ihre Erwerbstätigkeit zumeist unter schlechteren Bedingungen fortsetzen.

Der gewählte Blickwinkel auf die Geschichte der Tabakfabrik Linz aus der Perspektive von Lebensgeschichten eröffnet die Chance, vielfältige Aspekte des gesellschaftlichen Wandels in den letzten 60 Jahren wahrzunehmen. Wir meinen, dass die biographischen Erzählungen in ihrer Zusammenschau ein zeitgeschichtliches Panorama über zentrale Aspekte des Wandels von Arbeit, Politik und kultureller Lebensführung entstehen lassen: die Veränderung der wirtschaftlichen Bedeutung der Industrieproduktion und damit auch der gesellschaftlichen Rolle und des Status der Industriearbeiterschaft; die Zunahme der Erwerbsarbeit von Frauen und die damit verbundenen Anforderungen für die Bewältigung der Reproduktionsarbeit und deren gerechtere Aufteilung zwischen den Geschlechtern; sowie die gesellschaftliche Bewertung der Rolle des Staates als Instanz der Steuerung wirtschaftlicher Prozesse und als Vermittler zwischen Arbeit und Kapital.
Die lebensgeschichtliche Perspektive eignet sich besonders, den Fluss von Ereignissen in der Zeit zu erzählen und die dynamische Seite der Geschichte auszudrücken. Neben die Porträts haben wir systematische Darstellungen über relevante Einrichtungen und Regelungen in der Tabakfabrik gestellt. Diese Abschnitte ergänzen die Porträts, weil es sich um Strukturen und Verhältnisse handelt, auf die sich die Beschäftigen in ihren Erzählungen beziehen; das gilt etwa für die Erläu-

terungen zum Lohnsystem der Austria Tabak oder für den Überblick zu den Automatisierungsprozessen und deren Folgen für die Arbeitsabläufe. Viele dieser Darstellungen können auch für sich gelesen werden, weil sie Informationen über den Betrieb, seine spezifische Kultur und sein Sozialleben komprimiert zusammenfassen, insbesondere der Abschnitt über die Schichtarbeit oder über den Sportverein.

Beginnen wollen wir die Erzählung mit einem Einblick in die Gegenständlichkeit der Arbeit in der Fabrik, also darüber, wie sich der maschinelle Herstellungsprozess einer Zigarette gestaltet. Im Anschluss daran sind die Lebensgeschichten nach dem zeitgeschichtlichen Verlauf angeordnet, wobei weitgehend das Datum des Eintritts in die Fabrik bestimmend ist.

Wie eine Zigarette entsteht

Die maschinelle Herstellung von Zigaretten hat sich in den letzten 60 Jahren enorm verändert. Der Leistungsgrad der modernen Maschinen beträgt rund das Zehnfache der Maschinen aus den 1950er Jahren. Einen markanten Einschnitt in der Maschinentechnologie bedeutete die direkte Verknüpfung der Herstellung einzelner Zigaretten mit der Herstellung von Zigarettenpackungen und dem Gebinde. Die so genannten Direktkopplungen wurden in Linz ab den 1980er Jahren in Betrieb genommen. Die Einführung in den Herstellungsprozess einer Zigarette beginnt mit der Technologie der 1950er Jahre.

Geheimrezepturen

Der Weg der Zigarette begann im Rohtabaklager und in der Tabakaufbereitung.[4] Die zentralen Arbeitsschritte waren die Befeuchtung und Lösung der Tabakblätter, die Zuführung von Aromastoffen und die Zusammenstellung der Tabakmischungen. Die verschiedenen Tabake wurden in großen Ballen geliefert und kamen erst nach einer Lagerzeit zur Verarbeitung. Die Tabakbündel wurden händisch aufgeschnitten und in Stahlkörbe umgeschichtet. Sodann kamen sie zu den Befeuchtungsanlagen oder in die sogenannte Anziehkammer. Die Tabakblätter wurden angefeuchtet, damit sie im weiteren Arbeitsprozess gut verarbeitet werden konnten, und mit einer flüssigen Mixtur aus Aromastoffen in der Sauciertrommel besprüht. Die Anreicherung von Tabak mit Zusatzstoffen wie Gewürzen, Alkohol oder ätherischen Ölen hat eine lange Tradition, wie einem Lexikoneintrag aus dem Jahr 1824 zu entnehmen ist.

„Sauciren: In den Tabaksfabriken oder Manufakturen, die Bereitung der mancherlei Arten von Rauch- und Schnupftabak, indem man die verschiedenen Tabake mit einer Brühe (Sauce) oder Beize benetzt. Die mancherlei Beizen, deren sich die Tabaksfabrikanten bedienen, werden von denselben als Geheimnisse bewahrt. Sie haben den Zweck, in den Tabak einen gewissen Grad von Gährung hervorzubringen, wodurch die Bestandtheile des Tabaks entwickelt und zum Theil flüchtig, auch die ganzen Blätter

geschmeidig und biegsam gemacht werden; sie dürfen aber nicht bis zur sauren Gährung getrieben werden, weil der Tabak dadurch Geruch, Geschmack und die Fähigkeit, sich, angebrannt, allmählich ohne Flamme zu verzehren, verlieren würde. Ferner müssen diese Saucen auch Geschmack, Geruch und Farbe hervorbringen; daher ist es begreiflich, daß bei allen bekannten Saucen, auch selbst bei denen, die ganz widersinnig zusammen gesetzt sind, zuckerhafte Säfte, als Syrub, Honig, braunen Farin, süße Weine, auch wohl Säfte süßer Früchte, z.B. von Pflaumen, Himbeeren etc., genommen werden."[5]

Die Zusatzstoffe sollen den Geschmack des Tabaks verändern und seine Qualitäten verbessern.[6] Für jede Zigarettenmarke gibt es eine spezielle Rezeptur der Gewürzmischung, deren Zusammensetzung ein sorgsam gehütetes Geheimnis ist. Traditionelle und bis heute verwendete Aromastoffe sind unter anderem Zucker (Glukose, Fructose), Kakao, Lakritze, Zimt, Zitrone, Vanille, Brandy oder Rum.[7] Vanilleextrakte sorgen zum Beispiel für ein süßes Aroma, Zimt verleiht dem Tabak eine süß-scharfe Note und Zucker macht den Geschmack milder und sanfter. Einige dieser Stoffe dienen nicht nur dem Geschmack, sondern sorgen auch dafür, dass Feuchtigkeit im Tabak besser gespeichert werden kann.[8] In der Tabakfabrik Linz wurden diese flüssigen Aromastoffe in großen Tanks im Kellergeschoss aufbewahrt und vorbereitet.

Die nächste Station war die Lösehalle. Bis Anfang der 1960er Jahre wurden die angefeuchteten Tabakbüschel von Arbeiterinnen händisch blattweise aufgelöst und von Verunreinigungen befreit. Später übernahm eine maschinelle Löseanlage diesen Arbeitsschritt. Danach wurde der Tabak mittels Saugluft zu den Mischtrommeln befördert, die Tabakmischungen wurden auf Kisten aufgeteilt und für einen Tag zwischengelagert. Anschließend wurde das Gemisch zu den Tabakschneidemaschinen im Erdgeschoss transportiert, in welchen die großen Tabakblätter zu feinen Fäden geschnitten wurden.[9] Dieser Schnitt-Tabak wurde mittels Luftstrom in den vierten Stock des Fabrikationsgebäudes befördert. Hier wurde der Tabak nochmals entstaubt, auf Kisten aufgeteilt, abgewogen und zwischengelagert.

Vom Lager zur Produktion

Nach einer festgelegten Lagerzeit kam der Tabak zur Zigarettenfabrikation. Über Beschickungsapparate im vierten Stock wurden die im Stockwerk darunter liegenden Zigarettenerzeugungsmaschinen mit Tabak „beschickt". Dieser wurde auf ein breites Band in der Maschine aufgetragen, welches eingeschlagen wurde und durch ein Presswerk lief. Es entstand ein vorgepresster Tabakstrang, der anschließend auf das von unten kommende Zigarettenpapier gelegt wurde. Das Papier wurde an den Enden verleimt und mit einem „Bügeleisen" durch Erhitzen verklebt. Ein Messerkopf zerschnitt den endlosen Strang auf die Größe einer Zigarette. Die Zigaretten hatten in der Nachkriegszeit eine ovale Form.[10] Das führte oft zu Problemen, weil sie sich verspießten oder in der Maschine hängen blieben.

Im Jahr 1950 gab es am Linzer Standort insgesamt 38 Zigarettenmaschinen, die abhängig von der Auftragslage in Betrieb waren. Jede Maschine erzeugte pro Minute zwischen 1.300 und 1.500 Zigaretten. Das Maschinenpersonal bestand aus einem Maschinenführer und drei Maschinenbedienerinnen. Der traditionell männliche Maschinenführer war der „Leiter" dieser kleinen Arbeitseinheit. Die Arbeiterinnen waren für zwei Maschinen zuständig, sie wechselten einander ab und sprangen hin und wieder für den Maschinenführer ein. In der Nachkriegszeit waren viele Arbeitsschritte an der Maschine noch händisch zu erledigen. Die Maschinenbedienerinnen holten Papier, hielten die Maschine sauber, entleerten die Staubladen bei den Maschinen und achteten auf fehlerhafte Zigaretten. Entsprach eine Zigarette nicht den Qualitätsstandards, weil zum Beispiel die Füllung nicht in Ordnung war, Fransen aus der Zigarette herausragten oder die Naht nicht richtig geklebt war, wurde diese von den Frauen mit einem Stäbchen herausgefischt und zum Ausschuss gegeben. Bei fehlerhaften Zigaretten wurden Tabak und Papier getrennt und der Tabak wurde in die Produktionskette zurückgegeben. Arbeiterinnen sortierten die fertigen Zigaretten in Holzrahmen, sogenannte Schragen. Jeder Rahmen fasste rund 300 bis 400 Zigaretten. Die „Maschinenmadln" sammelten die gefüllten Rahmen auf einem Wagen und vermerkten in einer Liste auf welcher Maschine die Zigaretten produziert wurden.

Zigaretten in Rahmen zu schlichten, klingt zunächst einfach. Doch die Arbeit erforderte Geschick und setzte manche Arbeiterin unter Druck. Die Maschinenführerin Emma Stadler schildert eindrücklich aus ihrer ersten Zeit als Maschinenbedienerin in den 1960er Jahren: „Ich habe das einmal eine Zeit machen müssen, ich habe geschwitzt! Ich kann euch nicht sagen, wie froh ich war, wenn die Stunde um gewesen ist, weil da habe ich schon so viele Zigaretten gehabt und ich habe die nicht richtig hinauf gebracht. Ich habe das bis zum Schluss nicht richtig in den Griff gekriegt! Das war vielleicht einer der anstrengendsten Arbeitsplätze für mich, wo die anderen daneben Zeitung gelesen haben. Die haben schon so einen Berg da gehabt, das hätte ich mir gar nicht zusammenkommen lassen, weil ich nicht zusammen gekommen bin." In der Anlernzeit fiel es vielen Frauen schwer, dem Tempo der Maschinen zu folgen. Die Frauen halfen einander und auch einige der männlichen Kollegen griffen unterstützend ein. „Immer wieder ist einer hergekommen, hat mir einmal eine Handvoll aufgefangen, wenn ich schon so einen Berg da gehabt habe, und hat die wieder auf den Rahmen gegeben", erzählt Emilie Winkler, Maschinenbedienerin in den 1950er Jahren.

Im Laufe der 1970er Jahre wurde der Maschinenpark kontinuierlich erneuert. Auf Grund der neuen leistungsstarken Strangzigarettenmaschinen des französischen Herstellers Decoufle konnte die Anzahl der aufgestellten Maschinen reduziert werden.

… und weiter zur Verpackung

Mit dem Lift transportierte man die Wagen mit den fertigen Zigaretten in den Rahmen in den zweiten Stock zur Verpackung. Dort lagerten sie einen Tag lang, wodurch sich die Geschmack- und Duftstoffe neutralisierten,

WIE EINE ZIGARETTE ENTSTEHT | 73

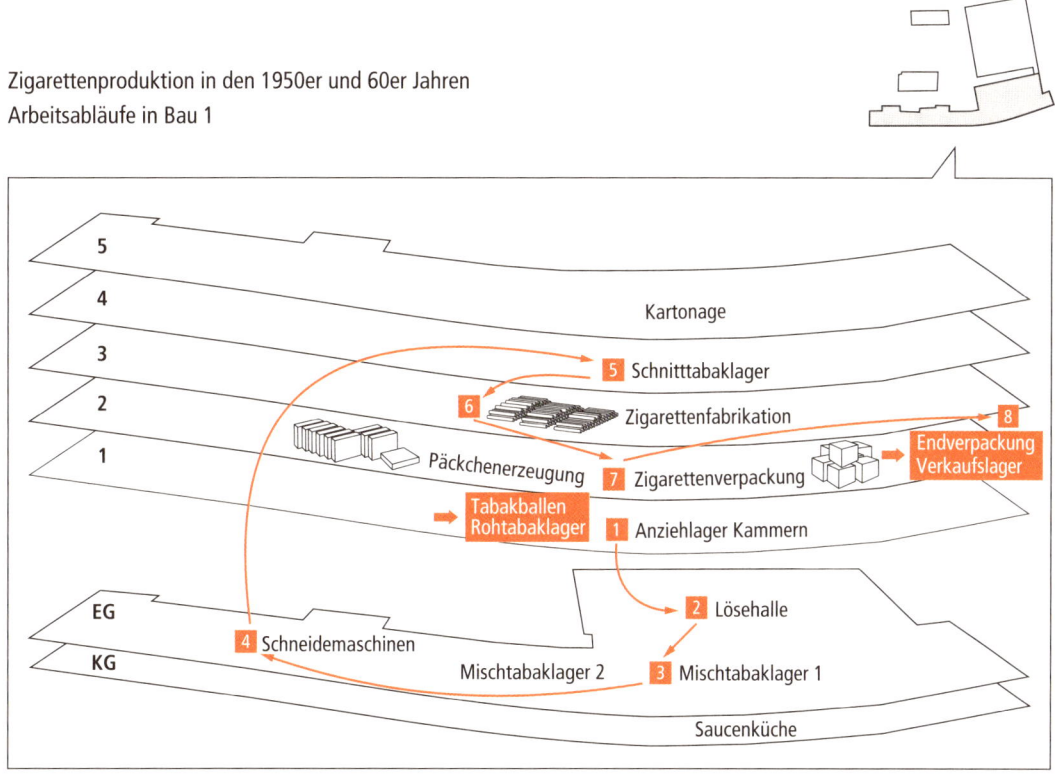

Zigarettenproduktion in den 1950er und 60er Jahren
Arbeitsabläufe in Bau 1

bevor die Zigaretten zu den verschiedenen Packmaschinen gebracht wurden. In den 1950er Jahren wurden die Packmaschinen, abhängig vom Typ, von drei bis vier Frauen bedient. Der Mechaniker Leopold Steiner schildert den Arbeitsvorgang an diesen Maschinen. Die Zigaretten wurden zunächst händisch von einer „Einlegerin" in einen Trichter geleert und der Verpackungsmaschine zugeführt. Packungen in Größen zu 100, 25, 20 oder 10 Stück wurden erzeugt. Der Arbeitsvorgang ist für alle Packungen gleich und wird für eine 100er-Packung an einer FA-Packmaschine exemplarisch beschrieben:

Die Zuschnitte für die Schachteln wurden gestanzt und in die richtige Form gebracht. Bei der Arbeit an der Verpackungsmaschine musste man ein gutes Gespür für das Material haben. Feuchten Karton konnte die Maschine nicht gut verarbeiten. Die Arbeiterinnen erkannten das Problem meist schnell und bogen den Karton ein wenig, damit die Produktion ohne Störung weiterlaufen konnte. Die Verpackungsmaschine schob zunächst wie ein „Schlitten" jeweils 25 Zigaretten zu einer Arbeiterin, beim Zurückfahren 25 Stück zu der ihr gegenüber sitzenden Kollegin. Zu dieser Zeit gab es kein Kontrollsystem, das heißt, die Arbeiterinnen mussten auf die Stückzahl achten. Für den Fall, dass Zigaretten fehlten, hatten die Arbeiterinnen neben sich eine Schachtel mit Zigaretten, um die fehlenden zu ersetzen. Gleichzeitig mussten sie aufpassen, dass die Zigaretten richtig lagen. Wenn das mechanische System die Zigarette nicht automatisch umgedreht hatte, musste die Maschinenführerin das schnell erledigen. Der Schlitten fuhr vier Mal hin und her, dann wurde der Stoß von 100 Zigaretten in eine leere Schachtel gedrückt, welche die Arbeiterin bereit hielt. Die gefüllte Schachtel wurde anschließend auf ein Förderband gestellt, die Päckchen wurden zu einem „Gebinde", oft auch als „Stange" bezeichnet, zusammengefasst, in Kartons verpackt und ins Fabrikmagazin transportiert.[11]

Moderne Zigarettenproduktion

Die Schritte der Tabakaufbereitung blieben bis in die Gegenwart annähernd gleich. Im Laufe der Jahre konnten viele der vormals händischen Arbeitsschritte kontinuierlich automatisiert werden.[12] Der Rohtabak wurde in einer Konditionierungstrommel mit Dampf und Heißwasser behandelt und gelöst. Dann wurden die Tabakblätter in speziellen Behältern mit Aromastoffen besprüht. Die verschiedenen Tabake wurden je nach Zigarettensorte zusammengemischt, zu den Schneidemaschinen transportiert und zu feinem Fülltabak verarbeitet. Nach zwei bis dreitägiger Lagerung wurde dieser über die mechanischen Beschickungsapparate in den vierten Stock zu den Strangzigarettenmaschinen befördert.

Die 1980er Jahre standen unter dem Zeichen weitreichender technischer Veränderungen in allen Zigarettenproduktionsbetrieben der Austria Tabak. Die Generaldirektion plante, die Maschinenparks aller Produktionsstandorte bis 1983 zu erneuern und auf den aktuellsten Stand der Technik zu bringen, um international konkurrenzfähig zu sein.[13] Im Mittelpunkt stand die Verbindung von Produktions- und Verpackungsmaschinen, welche nun als Einheit, als Direktkopplung, funktionierten. Die Arbeitsplätze an den Maschinen würden dadurch aufgewertet und die körperlich schwere Arbeit reduziert. Der Schwerpunkt läge dadurch auf der Überwachung der Produktion und Qualitätssicherung, so die Führung der Austria Tabak dazu.[14]

In der Tabakfabrik Linz wurde die erste Direktkopplung im Juli 1979 in Betrieb genommen, die zweite Einheit im Februar 1980. Sie bestanden aus folgenden Elementen: einer Strangzigarettenmaschine, einer Filteransatzmaschine, einem Zwischenspeicher sowie einer Packmaschine und einem Kartonfüller. Verpackungs- und Erzeugungsmaschinen waren über eine Pufferstation miteinander verbunden. Die fertigen Zigaretten wurden über einen Schacht direkt zur Verpackungsmaschine transportiert. 1980 plante man in Linz bis zum Jahr 1982 insgesamt sieben DK-Einheiten zu installieren.[15] Die Strangmaschinen kamen in diesen Jahren aus Frankreich (Decoufle, Typ LOG) und England (Molins, Typ Mark 9,5), am Verpackungssektor war die italienische Firma G.D. (Typ X1) aus Bologna führend. Diese Kopplungseinheiten konnten rund 4.000 Zigaretten in der Minute produzieren.[16]

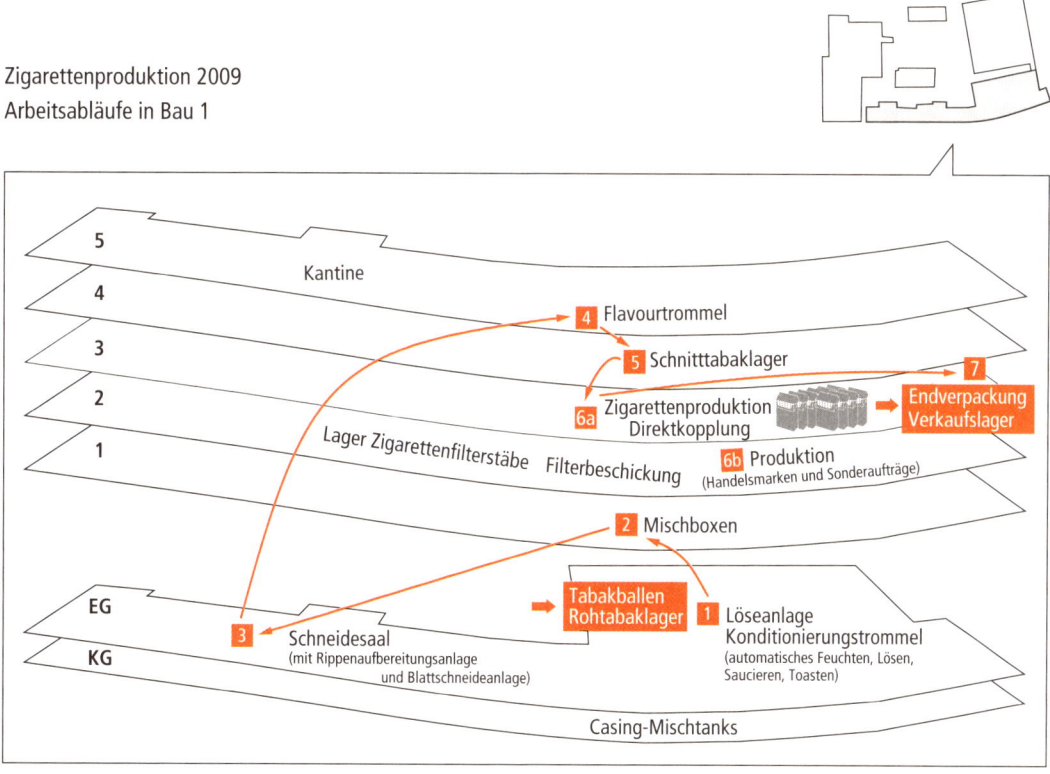

Zigarettenproduktion 2009
Arbeitsabläufe in Bau 1

Im Zuge dieser Umstellung wurde die Verpackung im zweiten Stock aufgelöst[17] und ein Großteil der Produktion in den dritten Stock verlegt. Die Zusammensetzung des Maschinenpersonals änderte sich. Jede Seite der Direktkopplung wurde nur mehr von einem Maschinenführer oder einer Maschinenführerin bedient, der Posten der Maschinenbedienerin wurde eingespart. Hinzu kamen ein Mechaniker, der für eine Seite, Strang oder Verpackung, an zwei Maschinen zuständig war und ein Springer, der ebenfalls zwei Aggregate zu bedienen hatte. Die SpringerInnen lösten die Maschinenführer ab, kümmerten sich um die Versorgung mit Leim und halfen beim Putzen oder bei Störungen. Mit der neuen Maschinengeneration löste sich die traditionelle geschlechtsspezifische Zuschreibung der Arbeitsschritte im Produktionsprozess auf. Erstmals wurden Frauen als Maschinenführerinnen für die Strangseite eingeschult.

Die Erzeugungs- oder Strangzigarettenmaschine fügte drei Bestandteile der späteren Zigarette zusammen: Tabak, Filter und Papier. Das bedruckte Papier wurde von einer langen Papierrolle, der Bobine, in die Maschine eingefädelt und über eine Walze eingezogen. In der Maschine wurde auf dem äußersten Rand des

Papiers ein dünner Leimstreifen aufgetragen. Nun kam die fertige Tabakmischung auf den Papierstreifen, anschließend wurde das Papier über den Tabak gerollt und verklebt. Eine beheizte Schiene trocknete den Leim schnell und glättete das Papier, damit keine Falten entstanden. Dieser Endlosstrang wurde in „Doppelzigaretten" geschnitten und mit einem Filter versehen, danach mit geleimtem Filterpapier umwickelt und anschließend getrocknet. Die doppelte Zigarette wurde auseinander geschnitten und eine davon gedreht, damit sie richtig ausgerichtet zur Verpackung weiter transportiert werden konnten. Zu den Aufgaben einer Maschinenführerin gehörte es, Papier nachzufüllen, Störungen zu beheben, den Ausschuss zu entsorgen und in regelmäßigen Abständen die korrekte Länge, das Gewicht und die Füllung der Zigaretten zu überprüfen. Am Ende eines Arbeitstages oder am Ende einer Schicht wurde die Maschine abgestellt und gereinigt. „Sauberkeit war das oberste Gebot", meint Gertrud Fuchs, eine Maschinenführerin, die von 1976 bis 2005 in der Austria Tabak Linz arbeitete. Wenn die Maschine sauber war und es keine Leimablagerungen gab, dann ist sie störungsfrei gelaufen.

Strang- und Verpackungsseite waren über einen Schacht durch ein Puffersystem verbunden. Bei einem Stillstand der Packmaschine konnte auf der Strangseite noch weiter produziert werden bis der Zwischenspeicher, der für rund 90.000 Zigaretten Platz bot, gefüllt war. Über dieses Speichersystem gelangten die Zigaretten zur Verpackungsmaschine. Für eine Schachtel mit 20 Stück wurden die Zigaretten in drei Schichten übereinander gelegt. Sieben unten, sechs in der Mitte und sieben oben. Der Verpackungsprozess funktionierte ähnlich wie ein Rad, das über mehrere Positionen („Schuhe") verfügte, in denen jeweils eine Schachtel Platz hatte. Jede Drehung des Rades war mit einem Arbeitsschritt verbunden. Zunächst wurde Leim auf den vorgestanzten Karton aufgetragen, die Zigaretten in „Silber", ähnlich einer Alufolie, gewickelt und als Päckchen auf den Karton geschoben, der über diesem Alupäckchen zu einer Schachtel gefaltet und verklebt wurde. In einem weiteren Schritt wurde die Schachtel mit Cellophan umhüllt. Jedes Päckchen wurde elektronisch gescannt und kontrolliert, fehlerhafte wurden ausgeworfen. Diese Ausschussschachteln wurden von den MaschinenführerInnen händisch geöffnet und die Materialien getrennt. Die elektronische Kontrolle schien nicht ausreichend gewesen zu sein, alle zwanzig Minuten mussten die Beschäftigten eine Schachtel genau auf Fehler untersuchen. Karin Lang, eine Maschinenführerin, die bis 2009 in der Produktion war, erklärt, wie wichtig diese Kontrollen für die Produktion waren. „Natürlich, wenn du schon so lange dabei bist, ich muss ehrlich sein, das hat mich dann nicht mehr gefreut. Ich habe ja die Zigarettenschachteln komplett zerlegen müssen, damit ich alles genau sehe. Mit der Zeit habe ich mir gedacht, geh, das hält ja. Es hat aber oft nicht gehalten. Also, das hat man schon machen müssen."

Ultrahighspeed

Die ersten Direktkopplungen waren 2:1 Kopplungen, das bedeutet zwei Strangzigarettenmaschinen belieferten eine Verpackungsmaschine. Weitere technologische Entwicklungsschritte führten Mitte der 1990er Jahre zum Wegfall einer Strangmaschine und zur Umstellung auf eine 1:1 Kopplung. Die neuen Maschinen des deutschen Herstellers Hauni, die PROTOS 90-S, produzierten bis zu 8.400 Zigaretten in der Minute. Mit der Arbeit an den neuen Maschinen kamen nicht alle MitarbeiterInnen gleichermaßen gut zurecht, erzählt Georg Wagner, Produktionsleiter ab 1985: „Du kriegst ein Gefühl, was wer kann. Und dann müssen eben die Leute, die ganz nahe bei den Mitarbeitern sind, so wie die Meister, beurteilen, und dann macht man ein Screening. (…) Und wer nicht gut war, ist gleich beim ersten Screening ausgeschieden. Der hat dann einen leichteren, einen einfacheren Job gekriegt, hat fallweise weniger verdient." Nach 2000 gab es in Bezug auf die Geschwindigkeit der Maschinen einen großen Sprung nach vorne. Ein zentraler technischer Aspekt bei diesen Midspeed und Highspeed Maschinen war die Elektronik und Computertechnik. Die hohe Tourenzahl brachte große Stückzahlen, eine Ultrahighspeed-Maschine (UHS) konnte bis zu 16.000 Zigaretten in der Minute herstellen. Die Maschine war aber aufgrund der Geschwindigkeit anfälliger für Störungen und der Verschleiß, aber auch der Ausschuss, war höher. Dieser technologische Fortschritt verursachte Einsparungen im Personalbereich. Gertrud Fuchs beschreibt diese Entwicklung: „Vorher war man bei der Packmaschine zu zweit, dann haben sie eine Stelle wegrationalisiert. Und dann nach ungefähr zwei Jahren hat es wieder geheißen, es gibt nur mehr einen Helfer für den ganzen Saal, der macht die Rollen hinauf. Dann sind sie gekommen und haben gesagt, der Maschinenführer, der hat Zeit, der macht die Innenkragenrollen hinauf. Das waren die großen, schweren Rollen und auch die Rollen mit Zigarettenpapier. Das braucht man nur alle zwei Stunden zu machen und die andere Rolle ist alle fünfzig Minuten zu wechseln. Da hat der Maschinenführer schon zusätzliche Arbeit. Da haben sich dann die ersten gewehrt."

Leopold Steiner: Mechaniker aus Leidenschaft

Leopold Steiner ist 1930 geboren und beginnt 1944 als Lehrling in der Linzer Tabakfabrik zu arbeiten. Er erzählt uns von der Einführung neuer Zigarettensorten, neuer Maschinen und den daraus entstehenden Problemen. Die erste in Österreich produzierte Filterzigarette ist die Smart Export. Sie wird 1959 in Hainburg entwickelt und produziert. Ab Mitte der 1960er Jahre stellt auch die Tabakfabrik Linz diese Sorte her. Innerhalb von zehn Jahren verdrängt die Smart Export die Austria 3 (A 3) als beliebteste Marke. Mit den Filtern verändert sich auch das Zigarettenformat. Die A 3 ist noch eine filterlose Ovalzigarette. Mit der Smart Export etabliert sich die Rundzigarette. Parallel zu diesen Umstellungen im Zigarettenformat wird damit begonnen, die Zigarettenschachteln in Cellophan zu verpacken. Das Rundformat, die Cellophanierung und der ökonomische Druck zur Rationalisierung der Produktion lösen in diesen Jahren heftige Konkurrenz unter den Maschinenherstellern aus. Zu den führenden Firmen im Bereich der Verpackungstechnik von Zigaretten gehören damals Niepmann und Schmermund/Hauni in Deutschland und Sasib in Bologna, Italien.

Leopold Steiner ist gerade Meister geworden und verbringt Mitte der 1960er Jahre mit einigen anderen Kollegen aus verschiedenen Standorten mehrere Wochen in der Fabrik Wien-Ottakring, um die neuesten technischen Entwicklungen kennenzulernen. In der Wiener Fabrik ist eine moderne Packmaschine der Firma Niepmann aufgestellt, die zweibahnig läuft, also parallel auf zwei Bändern Zigaretten mit Papier, Karton und Cellophan umhüllt. Es gibt nur zwei Maschinen dieses Typs im gesamten Unternehmen der Austria Tabak. Aus Gründen, die niemand durchschaut, kommt die Maschine allerdings nicht richtig auf Touren und bleibt weit unter der optimalen Auslastung.

Wenige Monate später wird die noch immer nicht rund laufende Maschine nach Linz verlagert. Von den ArbeiterInnen der Linzer Fabrik wird vermutet, dass diese Überstellung mit dem legendären Ruf ihrer Mechaniker zu tun hatte, deren ausgezeichnete Ausbildung und fachliche Qualität in der gesamten Austria Tabak bekannt und anerkannt war. Leopold Steiner wird damit beauftragt, den technischen Problemen auf den Grund zu gehen. Er stellt ein Team von Meistern und Mechanikern zusammen, das die Maschine einer systematischen Prüfung unterzieht. Typische Fehlfunktionen und Probleme, die zu einem Leistungsabfall führen, entstehen bei der Aufbringung des Leimes oder in den Druckfedern, die das Material erfassen und über unterschiedliche Abschnitte der Maschine transportieren und sie werden relativ rasch gefunden. Nach drei Monaten angestrengter Arbeit sind trotzdem noch immer nicht mehr als 70 Prozent Auslastung erreicht. Orientierungsgröße für eine zufriedenstellende Leistung sind 80 Prozent. Der Direktor der Linzer Fabrik beginnt ungeduldig zu werden und ein wenig über die Mechaniker zu spotten. Sie brauchen weitere zwei Wochen, bis die mechanischen Ursachen für die Fehler gefunden und die Probleme behoben sind. Der Erfolg stellt sich ein, die Leistung wird auf die erhofften 80 Prozent gesteigert. Ein paar Tage nach der erfolgreichen Reparatur der Maschine wartet der Direktor zum Arbeitsschluss beim Portier auf ihn und entschuldigt sich für seinen Spott.

Fünf Jahre später hatte das italienische Unternehmen G. D. mit Sitz in Bologna die deutschen Marken vom Markt für Packmaschinen verdrängt.

Die Berufung zum Mechaniker

Leopold Steiner beginnt 1944, im letzten Jahr des zweiten Weltkrieges, mit einem Lehrvertrag in der Linzer Tabakfabrik zu arbeiten. Er ist vierzehn, hat eben die Hauptschule beendet und keine feste Vorstellung darüber, welchen Lehrberuf er ergreifen möchte. Er orientiert sich an dem, was er in seiner unmittelbaren sozialen Umgebung sieht. Eine Arbeit als Bäcker oder Tischler kann er sich vorstellen, dann taucht die Möglichkeit einer Elektrikerlehre auf. Über einen Onkel aus Linz erfährt er, dass in der Tabakfabrik Lehrlinge aufgenommen werden. Insgesamt acht Lehrstellen sind ausgeschrieben, sechs für Maschinenschlosser und zwei für Elektriker. Er bewirbt sich als Elektriker und schafft die Aufnahmeprüfung ohne Probleme. Am 1. September 1944 hat er seinen ersten Arbeitstag in der Tabakfabrik. Die Lehrwerkstätte für Maschinenschlosser, Betriebselektriker und Dreher befindet sich im Bau 2 an der Donaulände im vierten Stock. An den schönen Blick von dort oben in das Parkbad kann er sich genau erinnern. Die Lehrlinge erfahren in den ersten beiden Monaten eine Grundausbildung, bei der alle drei Gewerbe zusammengefasst sind. Dem Lehrmeister fällt auf, dass er eine gute Hand für die Maschinenschlosserei hat und er schlägt ihm vor, den Lehrbrief zu ändern. Er freut sich, hat das Gefühl, der Lehrmeister habe etwas Wesentliches an ihm entdeckt und erlebt das als Ausdruck der Anerkennung seiner persönlichen Fähigkeiten. Ihm selbst war schon klargeworden, dass ihm das Elektrische eher fremd war. Er schätzt sich glücklich, dass es sich so gefügt hat. Den Beruf des Maschinenschlossers nimmt er als eine Berufung an.

In den letzten Monaten des Krieges wird eine in Deutschland ausgebombte Firma, die Taschenlampen herstellt und damit als kriegswichtig gilt, in der Tabakfabrik einquartiert. Für ihre Produktion benötigt sie speziell gehärtete Stanzteile, die bei den Bombenangriffen zerstört worden waren. Der Lehrmeister spannt seine besten Lehrlinge ein, um die Teile selbst zu produzieren. Leopold Steiner, sein Freund Ernst Prantl und einige andere gehören dazu. Er berichtet, wie sie damals trotz Fliegerangriffen auf Linz unter Hochdruck an diesem Auftrag gearbeitet hatten. Er bringt damit sein großes Interesse an der Arbeit zum Ausdruck, deren Ausübung er unter den gegebenen historischen Bedingungen als Privileg empfand und die ihn die Umgebung vergessen ließ.

Während der NS-Zeit geht es im Betrieb militärisch zu. Die Jungen müssen antreten, ein Lehrling hat dem Lehrgesellen, einem älteren Facharbeiter, der den Lehrlingen die täglichen Anweisungen und Anleitungen gibt, Meldung darüber zu machen, wie viele zur Arbeit da, wie viele krank und wie viele auf Urlaub sind. Das hatte mit gestreckter Hand, dem sogenannten „deutschen Gruß" zu erfolgen. Leopold Steiner kennt diese Umgangsformen bereits aus seiner Zeit in der Hitler-Jugend. Sein Onkel, bei dem er während der Schul- und Lehrzeit in Linz wohnt, ist Funktionär der SA. Propaganda und Kult um Linz als „Führerstadt" bleiben nicht ohne Wirkung. Nach dem Krieg fehlt ihm im neuen politischen System eine Orientierung, er hat sein Vertrauen verloren. In dieser Situation wird der Lehrgeselle aus der Lehrwerkstatt des Betriebes nicht nur beruflich, sondern auch politisch für ihn zu einer wichtigen Bezugsperson. Er hat sich bisher über dessen politischen Standpunkt keine Gedanken gemacht. Nun wird ihm klar, dass der Lehrgeselle Sozialist ist und eine ganz andere innere Haltung hatte, während der NS-Zeit aber verstummt war. Der Sozialist weist ihm, der nichts anderes als das Regime der NS-Diktatur kennt, den Weg. Er klärt ihn über die Arbeit der Gewerkschaft auf und vermittelt ihm eine Idee davon, was Demokratie bedeutet. Als der Lehrgeselle 1949 stirbt, gehen Leopold Steiner und einige seiner Kollegen zu seiner Verabschiedung. Wenige Wochen später werden alle ehemaligen Lehrlinge, die an dem Begräbnis teilgenommen haben, zum Portier gerufen. Die Witwe des Lehrgesellen ist in der Fabrik und überreicht jedem einen Golddukaten. Ihr Mann hat in seinem Testament verfügt, dass seine früheren Lehrlinge ein Andenken bekommen sollen.

Sich-drüber-Trauen – die Herausforderung einer Maschine annehmen

Im letzten Kriegsjahr und in den Jahren des Wiederaufbaus erlebt Leopold Steiner die Auswirkungen der Zerstörung und des Mangels, die Märkte können den Erfordernissen der Produktion nicht nachkommen und für erforderliche Anschaffungen fehlen oft die materiellen Mittel. In seiner Arbeit sieht er sich immer wieder mit Situationen konfrontiert, in denen es darum geht, „sich darüber zu trauen". Diese Aufforderung hört er wiederholte Male von einem der Mechaniker im Betrieb, sie wird ihm zum beruflichen Grundsatz: Technischen Problemen muss man sich stellen. Das heißt, die Arbeit eines guten Mechanikers geht über das Reparieren einer Maschine hinaus. Um kreative Lösungen entwickeln zu können, ist es erforderlich, sich die technischen Grundfunktionen der Maschine bis ins letzte Detail anzueignen. Anschaulich macht er dieses „Sich-drüber-Trauen" mit einer Geschichte aus der unmittelbaren Nachkriegszeit. Nur wenige neue Maschinen sind damals verfügbar. Im Wiener Arsenal der Austria Tabak stehen einige, die noch in der NS-Zeit aus Deutschland geliefert worden sind. Gegen Kriegsende treffen Bomben das Lager und begraben diese Maschinen unter Schutt. Eine dieser Maschinen wird in die Linzer Fabrik überstellt, wo seit Ende des Krieges auch ein Monteur der Wiener Traditionsfirma Hofherr-Schrantz, einem Maschinenbetrieb, der damals auch Verpackungsmaschinen herstellt, arbeitete. Dieser Monteur und Ernst Prantl und Leopold Steiner, die soeben ihre Lehre abgeschlossen haben, machen sich daran, sie wieder zum Laufen zu bringen. Die Maschine wird vollständig zerlegt, neu zusammengesetzt und aufgebaut. Der erfahrene Monteur, so erzählt er, habe ein enormes Können gehabt und zugleich eine besonnene Art, die Jungen bei dieser schwierigen Arbeit anzuleiten. Immer wenn es wirklich kompliziert geworden sei, habe er zu singen begonnen und alle mussten still sein. Es sei immer dasselbe Lied gewesen: „In einer kleinen Konditorei, da saßen wir zwei."

Das „Sich-drüber-Trauen" und das aktive Annehmen technischer Herausforderungen ist mehr als eine persönliche Eigenschaft Leopold Steiners. Es handelt sich um eine berufliche Haltung, die in einem bestimmten historischen Kontext, in dem viele Dinge „aus der Not geboren werden", hervorgebracht wird. Es ist ein Charakteristikum eines Typus von Facharbeiter, der sich nicht darauf beschränkt, das Regelhafte zu rekonstruieren und wiederherzustellen.

Leopold Steiner gehört zu den ersten Lehrlingen, die in der Austria Tabak ausgebildet werden. Die Lehrwerkstätte in Linz wird im Jahr 1943 eingerichtet.[18] Im Zusammenhang mit der zunehmenden Mechanisierung der Zigarettenproduktion ist es vorteilhaft, hochqualifiziertes Personal selbst auszubilden. Die Einstellung und laufende Wartung der Maschinen sowie die Störungsbearbeitung sind die wesentlichsten Faktoren für die Produktivität. Die Ausbildung der jungen Facharbeiter zielt darauf, diese nach der Lehrzeit in das Stammpersonal – entweder in Linz oder in einer der anderen Fabriken – zu übernehmen. Zu diesem Zeitpunkt gibt es außer in Linz an keinem anderen österreichischen Standort der Austria Tabak eine Lehrwerkstätte. Seit dem Neubau in den 1930er Jahren ist Linz die modernste und die größte Fabrik des Unternehmens. 1949 wird die Lehrwerkstätte geschlossen, 16 Lehrlinge wurden in dieser Zeit ausgebildet. Erst als es in den 1970er Jahren für das Unternehmen schwierig wird, geeignete Facharbeiter zu finden, stellt man 1974 fünf Schlosserlehrlinge ein. Die Ausbildung ist im Rahmen einer Kooperation mit der Schiffswerft Linz AG organisiert. In den ersten beiden Lehrjahren wird in der dortigen

Lehrwerkstätte ein breiteres Wissen und Können vermittelt und in den letzten beiden Jahren wird direkt an den Produktionsanlagen der Tabakfabrik ausgebildet. Ing. Richard Kaiser koordiniert die Ausbildung und betreut die Lehrlinge mit großem Engagement. Er besucht die Lehrlinge in der Schiffswerft und bespricht Ablauf und Schwerpunkte mit Ausbildnern und Auszubildenden persönlich. Die Ausbildung an den eigenen Maschinen in der Tabakfabrik wird von Lehrmechanikern übernommen. Richard Kaiser vermittelt in wöchentlichen Unterrichtseinheiten zusätzliches theoretisches Wissen in den Fächern Fachkunde und Fachzeichnen, Buchhaltung und Betriebswirtschaft sowie politische Bildung. Neben den formalen Fächern erhalten die Jugendlichen in dieser betriebsinternen theoretischen Bildung auch grundlegende Informationen über die Entwicklung der Tabakindustrie und die Linzer Fabrik. Bis in die Mitte der 1990er Jahre werden insgesamt 25 Lehrlinge nach diesem Modus ausgebildet. Parallel zur eigenen Ausbildung werden fallweise auch junge Betriebsschlosser aus der Lehrwerkstatt der Schiffswerft übernommen.

2002 werden wieder zwei Lehrlinge ausgebildet. Auf Initiative von Alfred Mittermaier, dem Meister der mechanischen Werkstatt, wird dabei versucht, neuen technischen Entwicklungen bei der Herstellung industrieller Erzeugnisse sowie bei der Prozessgestaltung Rechnung zu tragen. Die Ausbildung erfolgt nicht wie bisher für den Beruf des Betriebsschlossers, sondern für den des Mechatronikers. Das Fach Mechatronik reagiert auf die neuen Trends in der Industrietechnologie und kombiniert die Fachdisziplinen Maschinenbau, Elektrotechnik und Informationstechnik. Analog zur Kooperation mit der Schiffswerft Linz findet die Ausbildung für den neuen Lehrberuf in Zusammenarbeit mit der Elin EBG Linz der VA Tech statt.

Die „Lords"

Nach der Lehrzeit wird Leopold Steiner als Mechaniker für die Verpackungsmaschinen in die Stammbelegschaft aufgenommen. Von den Nachkriegsjahren bis in die 1980er Jahre befindet sich die Verpackungsabteilung im zweiten Obergeschoß von Bau 1. Die Zigarettenerzeugung ist davon getrennt im dritten Geschoß.

Mechaniker sind in der Fabrik die „Doktoren mit den braunen Kitteln". Es hängt weitgehend von ihnen ab, wie rund die Maschinen laufen und wie lange sie bei Störungen stillstehen. Unter den Arbeitern erreichen sie das höchste Lohnniveau. Sie genießen einen hohen sozialen Status und stehen in der informellen Hierarchie auf den obersten Stufen. Wenn die Rede auf die Stellung der Mechaniker in der Tabakfabrik kommt, tauchen in unseren Gesprächen mit den TabakarbeiterInnen immer wieder Bezeichnungen wie „Lords" oder „Herrgötter" auf. In diesen Benennungen drückt sich eine bestimmte Distanz aus, die als Anerkennung, aber auch als Kritik interpretiert werden kann.

Die Geschichte dieses besonderen Status der Mechaniker verweist auf die historischen Geschlechterverhältnisse, in denen sich Frauen und Männer in den Tabakfabriken gegenüber gestanden sind. Zu Beginn der industriellen Verarbeitung von Tabak setzten sich die Arbeitskräfte in den Fabriken aus einer großen Zahl ungelernter, überwiegend weiblicher Arbeitskräfte auf der einen Seite und einer kleinen Anzahl technisch qualifizierter Männer auf der anderen Seite zusammen. Die Frauen befanden sich im Hinblick auf den Arbeitsablauf in einem Abhängigkeitsverhältnis gegenüber ihren männlichen Kollegen und galten als Arbeitskräfte zweiter Klasse. Erzählungen über hochmütige, unwillige und untätige Mechaniker beziehen sich auf den früheren Umgang mit den Maschinenbedienerinnen. Seit den 1980er Jahren gibt es einen gegenläufigen Trend: die Anstellung von neuem Personal für die Maschinenbedienung verändert die Beziehungen zwischen den Geschlechtern. Anstelle von Frauen werden zunehmend Männer eingestellt. Und durch kontinuierliche Rationalisierungen wandelt sich auch der Arbeitsplatz der Mechaniker. Wegen der Personaleinsparungen sind nun auch Mechaniker verpflichtet, für kurzfristiges Ablösen Maschinen zu bedienen. Diese Praxis wirkt egalisierend auf die sozialen Unterschiede in der Belegschaft.

Leopold Steiner betont, dass die Kooperation zwischen Männern und Frauen in der Verpackung besser funktioniert hat als in der Erzeugung. Das liegt möglicherweise daran, dass in der Produktion Frauen zu dieser Zeit ausschließlich Hilfsdienste verrichten, während in der Verpackung Frauen auch als Maschinenführerinnen arbeiten. Hier besteht eine Arbeitsgruppe aus einer Maschinenführerin und zwei bis drei Helferinnen. Die Maschinenführerin erledigt letzte händische Arbeiten an der Verklebung der Packungen, die Helferinnen sorgen für die korrekte Lage der Zigaretten auf den Transportbändern und dafür, dass die richtige Anzahl von Zigaretten in die Packungen kommt. In der Verpackung leisten Männer sowohl qualifizierte als auch unqualifizierte Arbeiten. Ein Mechaniker betreut drei Maschinen und jeder Maschine ist jeweils ein angelernter männlicher Arbeiter zugeordnet, der die schweren Arbeiten wie die Zuführung des Materials und den Abtransport der fertigen Kartonagen verrichtet. Kein Mechaniker habe es gerne gesehen, wenn Maschinenführerinnen versucht haben, selbstständig in die Maschine einzugreifen, um einzelne mechanische Abläufe zu verändern. Die Arbeitsweise und besondere Geschicklichkeit der Frauen sei aber von den Mechanikern in der Verpackung geachtet worden.

Dass Leopold Steiner seinen Beruf als Berufung versteht, hat nicht nur mit einer konkreten Fügung in seiner Lebensgeschichte, sondern mit der Berufsidentität von Facharbeitern allgemein zu tun.[19] Üblicherweise bringen sich diese aktiv in den Produktionsprozess ein und übernehmen Verantwortung für dessen Ablauf. Sie wissen um die Bedeutung ihrer Arbeit für das Produktionsergebnis. Das Engagement für eine qualifizierte Erfüllung dieser Aufgabe, wie auch der Anspruch, in ihrer Tätigkeit relativ selbstständig agieren zu können, bildet einen wesentlichen Aspekt ihres Berufsethos. Seine Erzählungen, wie er und seine Kollegen an komplexen Problemen gearbeitet haben und schließlich eine Lösung fanden, verweisen auf einen weiteren Aspekt der Facharbeit: die Mechaniker sind in ihrer Arbeit in der Fabrik oft aufeinander angewiesen, arbeiten kollektiv und kooperativ an der Behebung komplexer technischer Mängel. Diese Realität im Arbeitsalltag sowie ein gemeinsames Bewusstsein über ihre besondere Stellung im Produktionsprozess fördern die Ausbildung eines Gruppengefühls. Die Rivalität der Mechaniker untereinander ist Teil dieser Gruppenidentität. Man will immer wieder zeigen, wer der bessere ist. Da gebe es gar nichts zu beschönigen, der Ernst Prantl sei noch besser als er selbst gewesen, er habe mehr Energien gehabt, sei schon damals in den 1950er Jahren in die Arbeitermittelschule gegangen und habe sich zum Ingenieur qualifiziert, „gesteht" uns Leopold Steiner mit einem Lachen.

Prantl gibt letztlich den Anstoß dafür, dass er im Jahr 1964 die Werkmeisterschule besucht. „Ich habe dich angemeldet, weil dich muss man dahin treiben." Auch als Meister bleibt Leopold Steiner seinen Mechanikern verbunden. Er habe sich immer in das Team „mit eingebaut", nicht nur aus sozialen Überlegungen, sondern auch, weil er seine praktischen Kompetenzen nicht verlieren wollte. Nach dem Aufstieg zum technischen Meister erzählt man ihm, dass in Hainburg die Meister weiße Mäntel tragen würden und immer einen Rechenschieber in der Tasche hätten. Ob er sich nicht daran ein Beispiel nehmen wolle. Nein, das wolle er nicht, sondern er wolle sich seinen Mechanikern zur Verfügung stellen und mit ihnen gemeinsam arbeiten. Er könne sich nicht vorstellen, dass er daneben stehe, wenn einer seiner Mechaniker bei einer Maschine ins Schwitzen komme.

Facharbeiter, Handwerker und sozial orientierte Experten

In seiner Studie über das Handwerk diskutiert der amerikanische Soziologe Richard Sennett die Frage, wie innerhalb einer Organisation die Motivation zu qualitätsorientierter Arbeit entsteht.[20] Ein wichtiges Moment dafür seien Experten mit einer sozialen Orientierung. Diese bilden sich im Mittelalter durch die soziale Organisation der Arbeit heraus: einerseits über die Zünfte, denen sich der einzelne Meister nicht entziehen darf und kann, andererseits über die innere Organisation der Werkstatt, die als kleine Gemeinschaft funktioniert. Auf moderne Verhältnisse übersetzt, bedeutet das: Ein sozial orientierter Experte ist jener, der sein Fachwissen nicht hortet, sondern es transparent machen und weitergeben kann. Er muss wie ein guter Berater arbeiten, der in der Lage ist, komplexe Vorgänge auch für Nicht-Experten, im Fall der Industriearbeit sind das die ungelernten KollegInnen, verständlich zu machen. Die Herausbildung dieses Typus von modernem Facharbeiter erfordert allerdings den Bruch mit einer anderen Tradition in der Geschichte der Arbeiterbewegung.[21] Die Handwerker kämpften gegen die feudale Abhängigkeit, nicht gegen das soziale Elend der Fabrik. Die Aussicht, das Dasein eines Lohnarbeiters fristen zu müssen, war für Handwerker ein Gräuel, denn das hätte einen sozialen Abstieg bedeutet. Die Geringschätzung und Distanz gegenüber der Industriearbeit überträgt sich ein Stück weit auf die Beziehungen zwischen gelernter und ungelernter Industriearbeit.

Leopold Steiner verhält sich wie ein sozial orientierter Experte. Er grenzt sich mit seiner Erfahrung und seinem Können nicht von anderen ab, weder von einzelnen Mechanikern, noch von den Frauen, die an den Maschinen arbeiten. Er versucht überflüssige Hierarchien zu vermeiden. So wenig, wie er sich oder seine Position erhöht, so wenig sucht sein Verhalten, andere zu erniedrigen. Auf diese Weise wird nicht nur ein sozial produktives Klima hergestellt, es entsteht auch ein Milieu, das der Entwicklung von Professionalität in der Gruppe förderlich ist. Wissen und Standards von Experten, die für andere verständlich sind, fördern in kooperativen Arbeitszusammenhängen die Qualität.

Bei den hier genannten Eigenschaften handelt es sich nicht nur um persönliche Eigenschaften eines einzelnen Mitarbeiters. Organisationen können eine Haltung fördern, die eigene Arbeit nicht unter dem Gesichtspunkt der Konkurrenz als besser oder als schlechter zu bewerten, sondern in Verbindung zur betrieblichen Gesamtheit zu sehen. Damit diese Haltung im individuellen Handeln systematisch Ausdruck findet, muss sie im Betrieb verankert sein. Dann können sich sozial orientierte Facharbeiter entwickeln.

Aufwachsen, Lernen, Sich-Bewähren

Leopold Steiners Mutter stammt aus der Familie eines Steinmetzarbeiters aus dem oberen Mühlviertel. Als junge Frau von 20 Jahren sucht sie nach dem Ersten Weltkrieg Arbeit und findet eine Stelle als Wirtschafterin in einem niederösterreichischen Landhotel in der Gegend von Mariazell. „Das ist ein Gastbetrieb, da ist Geselligkeit und da ist es ‚unvermeidlich', dass sie schwanger wird." Zwei Söhne werden geboren. Der ältere wächst bei der Großmutter im Mühlviertel auf, Leopold bleibt bis zur Einschulung bei der Mutter. Während ihrer Arbeitstage wird er zu Zieheltern im Dorf gebracht. Für die Volksschulzeit bietet die Schwester der Mutter in Neuhaus-Untermühl an der Donau an, den Buben aufzunehmen. Sie ist dort mit einem Bäcker verheiratet. Das Spielen am Ufer der Donau gefällt ihm. Die Tante erlebt er als strenge, aber herzliche Frau. Neuhaus bleibt für ihn sein ganzes Leben hindurch der feste familiäre Bezugspunkt. In den Jahren, in denen er schon in Linz arbeitet, verbringt er dort die Wochenenden. Die Hauptschule besucht er in Linz. Dort lebt er in der Familie eines Onkels und einer Tante, die beide in einem Sanitätshaus arbeiten.

Uneheliche Geburten sind am Land häufig. Für die damalige Zeit und die soziale Herkunft aus der ländlichen Arbeiterschaft ist eine solche Kindheit nicht ungewöhnlich.[22] Diese Kinder wachsen später dort auf, wo sie als Arbeitskräfte gebraucht werden, oder dort, wo sich innerhalb der Großfamilie Gelegenheiten ergeben, sie für Ausbildung oder die Arbeit bei wechselnden

Dienstherrn unterzubringen. Sie müssen mobil sein und alle Gelegenheiten zu nutzen, indem sie allen Hinweisen nachgehen, die es im eigenen sozialen Umfeld gibt. Die jungen Frauen lernen meist keinen Beruf. Viele heiraten nach einer kurzen Phase der Lohnarbeit oder kommen als Mägde auf großen Bauernhöfen oder in privaten Haushalten von Bürgerlichen unter oder sie finden – wie Leopold Steiners Mutter – Beschäftigung im Gastgewerbe. Für die jungen Männer hingegen wird eine Lehrstelle gesucht, wenn es materiell irgendwie möglich ist. Ihm schien es damals selbstverständlich, dass ihm nach der Absolvierung der Schulpflicht eine berufliche Ausbildung zukommen soll.

Er wuchs an mehreren Orten mit wechselnden Bezugspersonen auf, die einzelnen Stationen und Brüche in seiner Kindheit und Jugend kommentiert er damit, dass er immer Glück gehabt und sich für ihn immer alles zum Guten gefügt habe. Große Unsicherheit prägt seine Kindheit und Jugend. Als uneheliches Kind ist es schwierig, soziale und emotionale Zugehörigkeit zu finden. Als Jugendlicher gerät er in die politische Auseinandersetzung zwischen autoritären und demokratischen Systemen. Die Hitler-Jugend war außerordentlich erfolgreich darin, die Jugendlichen über Sport, Wettkampf und Spiel in Bewegung zu halten und ihre Macht- und Größenphantasien anzuregen. Zugleich wurde damit das eigene Denk- und Urteilsvermögen unterdrückt und die totale Unterordnung unter den Führer und die deutsche Nation eingefordert.[23] Rückblickend erkennt Leopold Steiner die Gefährdungen, die mit seiner Begeisterung für die Organisation und die Ideale der Hitler-Jugend verbunden waren. In den Jahren, in denen er in Linz die Hauptschule besucht und im Milieu des Onkels eine enge Bindung an die Hitler-Jugend entwickelt, ist auch der Kontakt zu seiner sozialen Familie in Neuhaus verloren gegangen. Es war alles andere als gewiss, ob sich in der Niedergangsphase des „Dritten Reichs" eine solide Lehrstelle für ihn finden würde.

Die Beschreibungen seiner Lehrjahre in der Tabakfabrik handeln von dem Erleben und von der Verarbeitung dieser Unsicherheiten und Diskontinuitäten in seiner Lebensgeschichte. Er kann sich in diesen Jahren in der Welt der Arbeit verankern und bewähren, im Beruf findet er Erfüllung und soziale Identität. In der Identitätsforschung gelten diese Prozesse als die klassischen Mechanismen, mithilfe derer Männer in der modernen Industriegesellschaft ihren sozialen Ort und gesellschaftliche Anerkennung finden können.[24] Damit sich diese theoretisch relevanten Mechanismen in soziale Realität übersetzen lassen, müssen jedoch konkrete gesellschaftliche Bedingungen gegeben sein. Der allgemeine historische Kontext des Wiederaufbaus mit dem Bedarf an qualifizierter Facharbeit und die Organisation der Austria Tabak mit der Politik, langfristig qualifiziertes Stammpersonal aufzubauen, bilden den adäquaten Rahmen, in dem er eine auf Dauer angelegte Zugehörigkeit erfahren kann.

Sein Alltag und seine arbeitsfreie Zeit sind in den 1950er Jahren mit dem sozialen Umfeld seiner Arbeitsstelle verbunden. Im Sportverein des Betriebs spielt er Faustball. Bei den Geselligkeiten am Abend ist er mit Arbeitskollegen zusammen. Seine große Leidenschaft in dieser Zeit ist das Motorrad. Auch diese teilt er mit den Freunden aus seiner Lehrzeit. 1951 kann er sich erstmals eine gebrauchte Maschine kaufen, eine Puch 125. Weil sein Cousine ein Kind erwartet, wird es in der Wohnung von Onkel und Tante zu eng und er bezieht im Jahr 1952 ein eigenes Mansardenzimmer in der Hafnerstraße. Zu diesem Zeitpunkt beschließen einige Kollegen, die mit ihm gemeinsam die Lehre absolviert haben, in die Schweiz arbeiten zu gehen, um neue Erfahrungen zu sammeln. Zuerst denkt Leopold Steiner daran, sich ihnen anzuschließen. Dann ist ihm die Aussicht auf eine eigenständige Wohnmöglichkeit aber wichtiger und er bleibt in Linz. Um sich die ersten Anschaffungen für ein eigenständiges Leben leisten zu können, ist er „schon immer auf Sparmaßnahmen" aus. Eine finanzielle Unterstützung kann er von der Familie nicht erwarten. Die Familie der Tante in Neuhaus, bei der er viel von seiner Freizeit verbringt, versorgt ihn gelegentlich mit Essen. Mittags isst er günstig in der Kantine der Fabrik, abends gibt es eine Jause und das Frühstück lässt er häufig ausfallen. Bei den Konsum- und Gebrauchsgütern kennt er kein Sparen, da ist Qualität wichtig. Sein erster Radio muss ein Minerva sein, das klassische Modell mit dem „Spekulierauge" zur Einstellung der Sender. Das nächste Produkt seines Spareifers ist eine Doppelausziehcouch aus Nussholz. Das Möbelstück hat einen nicht beabsichtigten Nebeneffekt. Freunde und Bekannte aus Neuhaus, darunter den Bruder seiner späteren Frau, nimmt er vorübergehend als Mitbewohner auf.

1958, mitten in den „goldenen" Jahren des Wirtschaftswunders, in denen sich der private Konsum wesentlich erhöht hatte und man sich als junger Mann die Gründung einer Familie leisten konnte, heiratet er.[25] Seine Frau Herta kommt aus bescheidenen Verhältnissen. Sie hat gerade eine Lehre als Fotografin in Linz abgeschlossen. Das Paar wohnt zuerst zusammen in der Mansarde, ein kleiner Kocher mit zwei Platten reicht fürs erste. 1959, als das erste Kind unterwegs ist, ziehen sie in eine neue Drei-Zimmer-Werkswohnung der Fabrik. Um die Wohnung einrichten zu können, muss das Motorrad, mittlerweile eine Puch 250, verkauft werden. Die Tochter besucht den Betriebskindergarten, Herta Steiner geht weiterhin in Teilzeit zur Arbeit. Erst als 1967 ein zweites Kind geboren wird, bleibt sie zuhause. Die Familie ist von den beiden Ferienhäusern der Austria Tabak am Ossiachersee begeistert. Weil in den 1960er Jahren die Nachfrage groß ist, können sie dort nur alle drei Jahre den Urlaub verbringen. Auch als die Kinder schon aus dem Haus sind, nutzen er und seine Frau noch gerne dieses Ferienangebot.

Gesellschaftliches Aufstiegsbewusstsein

Leopold Steiner kommt in den Interviews immer wieder auf Entwicklungen und Berufswege, die seine Arbeitskollegen und Freunde eingeschlagen haben, zu sprechen. In den 1950er Jahren wird in Linz eine Arbeitermittelschule eingerichtet, an der die AHS-Matura, wenige Jahre später – ebenfalls im Abendunterricht – auch ein HTL-Abschluss erworben werden kann. Sein Freund Prantl nützt diese Möglichkeit der Weiterbildung. Vermutlich verbindet er damit Hoffnungen auf einen weiteren sozialen Aufstieg, ein Phänomen, das zu diesem Zeitpunkt in der Mittelschicht verbreitet ist. Im Hinblick auf die Laufbahn seines Freundes spricht Leopold Steiner davon, dass dieser „verheizt" worden sei. Nach seinem Abschluss in der HTL-Abendschule wird er nach Hainburg versetzt, wo er den technischen Einkauf neu organisieren soll. Nach wenigen Monaten entzieht ihm die Geschäftsführung diesen Auftrag, weil der frühere Inhaber der Position diese erneut einnehmen möchte. Nach einigem Hin und Her, das für Prantl irritierend gewesen sein dürfte, weil er praktisch ohne Arbeitsaufgabe an dem neuen Arbeitsplatz saß, wird er in eine Tochterfirma der Austria Tabak zur Herstellung von Filtern vermittelt und setzt seinen beruflichen Werdegang später in der Schweiz fort. In ähnlichem Grundtenor erzählt Leopold Steiner über die Lebenswege jener Kollegen, die nach der Ausbildung die Austria Tabak Linz verlassen und nach neuen Aufgaben gesucht haben. Zumeist handeln die Geschichten von den hohen Kosten solcher Ambitionen, denn keiner der Kollegen habe wirklich sein Glück gemacht.

Für die gesellschaftliche Entwicklung in den Nachkriegsjahren ist die Entstehung eines allgemeinen „gesellschaftlichen Aufstiegsbewusstseins"[26] charakteristisch. In nahezu allen Schichten wachsen die Überzeugung und auch die Erfahrung, dass es dem Einzelnen in den sich modernisierenden Gesellschaften möglich ist, seine soziale Lage zu verändern. Es bedarf bestimmter sozialer Voraussetzungen, damit sich ein solches Bewusstsein und ein entsprechender Handlungsimpuls als allgemeine Werte durchsetzen können:[27] Vor allem gesellschaftlich organisierte Möglichkeiten, erfolgreich zu sein und den Aufstieg tatsächlich realisieren zu können, Prozesse der Individualisierung und eine Kultur, in der der Kontrolle des individuellen Schicksals ein hoher Wert beigemessen wird, und die Lockerung der Bindungen an soziale Milieus und Gemeinschaften. Symbolisiert wird diese Aufstiegsideologie durch die Verankerung des Ideals der Chancengleichheit. Das Bewusstsein, dass Aufstieg möglich und erstrebenswert ist, ergreift nicht alle Schichten im gleichen Maß und zur selben Zeit. In den 1950er und 1960er Jahren existiert die propagierte Chancengleichheit für die unteren sozialen Schichten nicht. In der Politik ist Bildung noch für Eliten und die so genannten Begabten reserviert. Erst mit den Bildungsreformen der 1970er Jahre gilt das Ideal der Chancengleichheit auch für die Arbeiterinnen und Arbeiter. Die jungen Facharbeiter, die nach dem Krieg ihre Ausbildung machen, streben in den 1960er Jahren auch einen beruflichen Aufstieg an.[28] Ein sozialer Hintergrund dafür ist die technologische Entwicklung im Zusammenhang mit dem „Wirtschaftswunder", die ihrem Fachwissen und Können eine neue und besondere Bedeutung gibt. Der skizzierte gesellschaftliche Rahmen macht die häufigen Vergleiche mit den Laufbahnen seiner Kollegen verständlich, die Leopold Steiner in den Erzählungen über seine persönliche Entwicklung immer wieder aufgreift. Die lebenslange Bindung an einen Betrieb erscheint ihm unter dem Eindruck der Verbreitung von gesellschaftlichen Aufstiegsideologien rechtfertigungsbedürftig.

Leopold Steiner verfolgt eine kollektive Variante des sozialen Aufstiegs und ist skeptisch gegenüber der individuellen Variante des Aufsteigens, die auf einem hohen Maß an persönlichem Ehrgeiz und der Akzeptanz von sozialen Grenzen zwischen den Angehörigen unterschiedlicher Schichten beruht.

Aufgrund seiner biographischen Erfahrung und seines Herkunftsmilieus hat er eine andere soziale Logik ausgebildet und entwickelt keinen Wunsch, aus dem eigenen sozialen Milieu herauszutreten.[29] Sein Ziel ist es, sich Beständigkeit und Bindung zu erarbeiten, welche er im Umfeld seines Sozialisationsmilieus nicht kannte. Der wichtigste Schritt ist die Verankerung in einem Beruf als Fundament einer sozial anerkannten männlichen Lebensführung. Nachdem dieser Schritt erfolgreich getan ist, gründet er eine Familie. Damit ist der soziale Aufstieg gelungen.

Den institutionellen Rahmen für beide Schritte findet er in der sozialen und betrieblichen Organisation der Austria Tabak Linz. Dort macht er die Erfahrung, dass er und seine Fähigkeiten anerkannt und gebraucht werden und dass ihm die Chance auf eine solide berufliche Ausbildung und eine fachlich herausfordernde Aufgabe eröffnet wird. Durch den Aufstieg zum technischen Meister hat sich bestätigt, dass dies für ihn der „richtige" Platz ist. Die Tabakfabrik als soziale Einheit macht es ihm möglich, Freude und Hingabe an einen Beruf mit der sozialen Integration in ein Kollektiv zu verknüpfen.

Angelika Weiss:
Auf Umwegen in die Fabrik

Angelika Weiss, geboren 1939, erinnert sich lebhaft an den ersten Arbeitstag in der Fabrik im Juli 1969. Die hohe Luftfeuchtigkeit und der Geruch des Tabaks im Büro des Betriebsrats machten einen überwältigenden Eindruck auf sie. Tabak, vor allem im gewärmten Zustand, verströmt einen schweren, etwas süßlichen Duft. Er hängt in allen Räumen des Fabrikationsgebäudes in der Luft. Der Geruch ist ihr unangenehm und sie befürchtet, dass sie es auf Dauer nicht aushalten wird, in diesen Räumen zu arbeiten. Wie bei vielen Dingen des Lebens, die nicht zu ändern sind, tritt jedoch bald eine Gewöhnung ein und der Geruch fällt ihr innerhalb der Fabrik kaum mehr als etwas Besonderes auf. Außerhalb der Fabrik reagiert sie noch immer empfindlich auf den Geruch des Tabaks. Er haftet nicht nur in der Kleidung, sondern auch in den Haaren und auf der Haut. Nach Arbeitsschluss in der Garderobe zu duschen und die Kleidung zu wechseln, ist ihr daher wichtig. In den ersten Monaten befürchtet sie noch, dass sich in der Sauna durch das Schwitzen letzte Partikel des Tabakduftes aus der Haut lösen könnten und sie als Tabakarbeiterin erkannt würde. Die Arbeiterinnen hatten einen zweifelhaften Ruf gehabt, und nun gehört sie auch zu jenen, über die man abfällig als „diese Tabakweiber" spricht. Nach einigen Monaten im Betrieb fühlt sie sich schon so zugehörig, dass ihr nicht mehr verständlich ist, warum diese in Verruf gekommen sind. Mittlerweile ist sie stolz darauf, eine Arbeiterin der Tabakfabrik zu sein.

Der erste Arbeitstag von Angelika Weiss ist der 21. Juli 1969. An diesem Tag setzt Neil Armstrong als erster Mensch seinen Fuß auf den Mond und verkündet, dass dies ein großer Schritt für die Menschheit wäre. Auch für sie ist der Eintritt in die Fabrik ein großer Schritt. Sie ist zu diesem Zeitpunkt 30 Jahre alt, ihr Mann ist vor Kurzem verstorben. Sie hat wenig Erfahrung mit Erwerbsarbeit, ist Mutter von drei Töchtern und sehr aufgeregt an diesem Tag. Sie fragt sich, was sie wohl in der Fabrik erwarten würde. Beim Betriebsrat sind einige Formalitäten zu erledigen, dann wird ihr mitgeteilt, dass sie in der Ordination des Betriebsarztes als Putzfrau arbeiten wird. Das beruhigt sie fürs Erste, denn Putzen ist eine Arbeit, die sie beherrscht.

Es ist ihr noch gegenwärtig, dass an ihrem ersten Arbeitstag nicht lange gearbeitet wurde. Gegen Mittag werden die Maschinen abgestellt, die Belegschaft geht geschlossen in den Speisesaal und verfolgt die Mondlandung am Fernseher. Als sie nach Arbeitsschluss die Fabrik verlässt, stehen schon ihre drei Kinder vor dem Tor, neugierig darauf zu erfahren, wie es ihr gegangen ist.

An der Maschine arbeiten ist was anderes als Putzen

Die Reinigungsarbeit in den Ordinationen – eine für den allgemeinen Betriebsarzt und eine für den Zahnarzt, der einmal in der Woche ordiniert – wird streng beaufsichtigt. Der Arbeitsplatz ist frei geworden, weil die Vorgängerin aus Altersgründen ausgeschieden ist. Die ersten fünf Jahre bleibt Angelika Weiss auf diesem Arbeitsplatz und sie kommt mit der Arbeit gut zurecht. In dieser Zeit absolviert sie in den Abendstunden einen Kurs für Stationsgehilfinnen, um sich vielleicht in der Ordination einen Platz zu sichern. Die Arbeit knüpft an einen Berufswunsch in der Kindheit an, der unerfüllt geblieben ist. Sie hätte damals gerne eine Ausbildung als Krankenschwester gemacht. Der Arbeitsplatz in der Ordination wird jedoch 1974 wegrationalisiert, das Putzen wird von Leasingkräften einer Reinigungsfirma übernommen.

Nahezu alle Frauen, die als Arbeiterinnen in der Tabakfabrik zu arbeiten beginnen, werden in den ersten Wochen und Monaten zu Reinigungsarbeiten eingeteilt. Je nach Bedarf werden sie in verschiedenen Abteilungen und Bereichen des Arbeitsprozesses eingesetzt. So lernen sie rasch den ganzen Betrieb kennen und können Kontakte zu Kollegen und Kolleginnen knüpfen. Die Arbeit als Kehrerin ist nicht beliebt, da sie schlechter entlohnt ist als die Arbeit an den Maschinen. Die nach Dienstalter jüngeren Frauen – oder Männer – müssen jene Arbeiten verrichten, die schlechter bezahlt sind oder die als minderwertig betrachtet werden. Ein hohes Dienstalter bringt demnach Vorrechte für die Zuteilung von attraktiven Arbeitsplätzen.

Angelika Weiss wird vorerst für unterschiedliche Reinigungsarbeiten im gesamten Betrieb eingesetzt, auch an den Maschinen. Als Urlaubsvertretung bekommt sie bald die Möglichkeit, als Springerin direkt an den Maschinen zu arbeiten und wird dafür immer öfter eingesetzt. Etwa ab 1976, also nach sieben Jahren, arbeitet sie hauptsächlich an den Maschinen, als Helferin in der Verpackung und fallweise als Springerin an den Strangmaschinen. Zu dieser Zeit sind die Zigarettenmaschinen noch von den Verpackungsmaschinen getrennt. Die neue Arbeit empfindet sie als Herausforderung und sie interessiert sich für die grundlegenden Abläufe. Einer der Werkmeister erklärt ihr die Funktionsweisen im Detail, sie freut sich, die Maschinen zu verstehen und findet die Arbeit an den Maschinen keineswegs eintönig. Sie erzählt, an der Maschine sei es erforderlich gewesen zu denken, sich Herausforderungen zu stellen. Wenn die Maschine nicht optimal gelaufen ist, habe sie überlegt, wo der Fehler liegen könnte und wie er zu beheben sei.

„Denken an der Maschine"

Diese Beschreibungen widersprechen gängigen Darstellungen, dass industrielle Arbeitsprozesse die Trennung von Kopf- und Handarbeit vorantreiben, und die ArbeiterInnen nur mehr mechanische Bewegungen zu vollziehen hätten, bei denen das Denken ausgeschaltet und die Aufmerksamkeit von der Gegenwärtigkeit der manuellen Arbeit losgelöst sei. Tatsächlich verhält es sich anders, denn je stärker die Automatisierung die Produktionsprozesse erfasst, desto mehr sind Wahrnehmung und Denken für die Bedienung von Maschinen erforderlich.[30] Keine der hoch entwickelten Technologien, die in der modernen industriellen Produktion zur Anwendung kommen, macht es überflüssig, dass die Arbeitenden sich aktiv mit den Anforderungen und Aufgaben auseinandersetzen. Sie haben die Maschine ständig im Blick und alle Informationen müssen wahrgenommen, interpretiert und verarbeitet werden, um angemessen zu reagieren. Bevor es zu Störungen von maschinellen Abläufen kommt, machen sich Abweichungen von Normalfunktionen auf unterschiedlichste Weise bemerkbar. Die Fertigkeit, diese Abweichungen zu erkennen und richtig einzuschätzen, meint Angelika Weiss, wenn sie über das „Denken" bei ihrer Arbeit an der Maschine spricht.

Der Stolz, den sie beim Arbeiten an der Maschine empfindet, ist nachvollziehbar, da sich ihr mit dieser neuen Position im Betrieb eine andere Welt eröffnet. Bis zu ihrem Eintritt in die Fabrik hat sie fast ausschließlich für die Familie und in Haushalten gearbeitet, zuerst in ihrer Herkunftsfamilie, dann als Haushaltshilfe bei einer Gräfin und später in der eigenen Familie, die sie im Alter von 18 Jahren gegründet hat. Ihr Mann ist Tabakarbeiter in Linz. Nach seinem frühen Tod übernimmt sie die Rolle der Ernährerin der Familie. Den vertrauten Bereich von Haushalt und Familie zu verlassen, fällt ihr nicht leicht, hat aber auch etwas Verlockendes. In den ersten Jahren bewegt sie sich mit der Arbeit des Putzens auf sicherem Boden. Es ist eine gewohnte Tätigkeit an einem neuen sozialen Ort. Mit der Arbeit an der Maschine erweitert sich ihr Handlungs- und Wirkungsbereich und das weckt ihr Interesse. Sie fühlt sich als sozial geachteter Teil des gesellschaftlichen Arbeitsprozesses. Sie erläutert die Befriedigung, die sie bei der Arbeit in der Fabrik empfindet, so: Die Arbeit im Haushalt wie das Putzen bleibt im Grunde unsichtbar. Es fällt nur auf, wenn sie nicht gemacht wird. Sich mit immer neuen Maschinengenerationen vertraut zu machen, erlebt sie demgegenüber als anregend und empfindet es als intellektuelle Herausforderung, sich an den Anlagen immer wieder mit neuen Anforderungen auseinanderzusetzen und bewähren zu können. Die Arbeit im Betrieb ist ein Prozess praktischen Lernens.

Wechselfälle des Lebens

Angelika Weiss wächst in der Gegend von Attnang-Puchheim auf. Der Vater ist Tischler und führt bis zur Wirtschaftskrise in den 1930er Jahren eine eigene Werkstatt. Die Mutter ist gelernte Schneiderin, die nach der Heirat ihren Beruf aufgibt und sich um Haushalt und Kinder kümmert. Während des „Ständestaates" lebt die Familie in Armut. Der Vater findet Lohnarbeit in einer Tischlerei, wird dann arbeitslos und ausgesteuert. Unter dem Nationalsozialismus arbeitet er bei der Bahn. Voraussetzung für diesen Posten ist der Beitritt zur NSDAP. Nach dem Krieg werden die Kinder deswegen gehänselt und als „Nazibalgen" verspottet. Als die Mutter 1952 stirbt, muss sie als jüngstes von vier Kindern mit 13 Jahren den Haushalt der Familie führen. Die Schule erlebt sie als Erweiterung ihres Horizontes, Geschichte und Erdkunde sind ihre Lieblingsfächer. Sie bedauert, dass wegen der Haushaltsarbeit wenig Zeit für Schule und Lernen bleibt. Die häuslichen Verpflichtungen erlauben nach der Schulpflicht nur den Besuch einer zweijährigen Haushaltsschule, wo sie Nähen und Kochen lernt. Auf die Verwirklichung ihres Wunsches, sich zur Krankenschwester ausbilden zu lassen, muss sie verzichten. 1955, mit sechzehn Jahren, kommt sie als Haushaltshilfe zu einer Gräfin. Sie wohnt in diesem Haushalt, arbeitet viel und verdient wenig. Monatelang muss sie sparen, um ein Paar Schuhe zu kaufen. Zwei Jahre später heiratet sie. Der Mann kommt aus einer Landwirtschaft. Sein Bruder arbeitet in der Linzer Tabakfabrik und ermöglicht ihm, dass er 1957 eine Stelle im Rohtabaklager bekommt. Er pendelt nach Linz in die Arbeit, Angelika Weiss lebt in dieser Zeit mit drei Kindern bei der Schwiegermutter. 1959 kann die Familie eine Werkswohnung mit drei Zimmern beziehen und übersiedelt nach Linz. Es scheint, als hätten sich nun die Lebensverhältnisse stabilisiert. In diesen Jahren stellt sich heraus, dass Erwin Weiss an einer chronischen Herzerkrankung leidet. Der Linzer Betriebsarzt will aus diesem Grund kein positives Attest für den Übertritt in ein ständiges Dienstverhältnis mit besonderem Kündigungsschutz ausstellen. Die drohende Kündigung hätte die Familie vor existenzielle Probleme gestellt. Erst nach einer Untersuchung durch den Chefarzt in der Wiener Generaldirektion wird einem dauernden Dienstverhältnis zugestimmt. Die Begründung stützt sich auf ein soziales Argument: Erwin Weiss würde mit seiner Krankheit in keinem anderen Betrieb einen Arbeitsplatz finden; wenn überhaupt, dann könne er nur innerhalb der Austria Tabak im Arbeitsprozess gehalten werden. In der Folge wird er auf andere, körperlich weniger anstrengende Arbeitsplätze versetzt und er arbeitet dann als Portier. Den Vorschlag seiner Frau, auch in der Tabakfabrik zu arbeiten, lehnt er ab, weil er es als Schande empfinden würde, die Familie nicht alleine ernähren zu können. 1969 stirbt er an den Folgen einer Herzoperation. Um ein Einkommen für die Familie zu haben und die Werkswohnung behalten zu können, entschließt sich Angelika Weiss, in der Austria Tabak zu arbeiten. Der Betriebsrat befürwortet die Bewerbung, aber im Unternehmen gilt gerade eine Aufnahmesperre. Die Linzer

Direktion interveniert erfolgreich in Wien und sie kann wenige Wochen nach dem Tod ihres Mannes zu arbeiten beginnen.

Sie möchte nicht darüber nachdenken, wie die Familie ohne Arbeit und Wohnung diesen Lebenseinschnitt bewältigt hätte. Es ist für alle nicht einfach, sich in der neuen Lebenssituation zu orientieren. Die zwei jüngeren Töchter bekommen Plätze im Kinderhort des Betriebs, die ältere Tochter möchte die Nachmittage lieber zuhause verbringen. Angelika Weiss fühlt sich in den ersten Monaten in der großen Fabrik etwas befangen. Sie hat bisher immer nur in häuslichen Zusammenhängen gelebt und gearbeitet. Manche ArbeitskollegInnen kennt sie flüchtig aus der Nachbarschaft. Sie bewegt sich mit Zurückhaltung und wartet darauf, von anderen einbezogen zu werden. In den folgenden Jahren gelingt es ihr, im Betrieb Fuß zu fassen. Vor allem das Arbeiten an den Maschinen bedeutet ihr sehr viel und sie findet hier auch einen neuen Lebenspartner.

Angelika Weiss nimmt in den Beziehungen zu manchen Arbeitskolleginnen eine soziale Distanz wahr. Viele Kolleginnen haben einen Beruf erlernt, bevor sie in die Fabrik eingetreten sind. Ihnen gegenüber fühlt sie sich unterlegen. In den ersten Jahren konnte sie mit Verdienst, Kleidung und anderen Dingen des Alltags nicht „mithalten", wie sie sagt. Ihr Einkommen ist knapp für einen Haushalt mit vier Personen. So oft wie möglich meldet sie sich an den Samstagen für Reinigungsarbeiten in der Fabrik. Einige Arbeitskolleginnen leben in Familien, in denen sowohl der Mann als auch die Frau einen Verdienst haben. Sie hätten es nicht nötig gehabt, an Samstagen zu arbeiten, und das hätten sie die Kollegin auch spüren lassen. Hier wird die soziale Distanz zwischen der alleinverdienenden Mutter und den Familien mit Doppelverdienern sichtbar. Um die soziale Realität dieser Grenze zu verstehen, ist es sinnvoll, sich den größeren gesellschaftlichen Zusammenhang zu vergegenwärtigen: In den 1960er und 1970er Jahren kann von manchen Arbeiterfamilien die Kultur der Armut und des Verzichts der unmittelbaren Nachkriegszeit überwunden werden.[31] Während der 1960er Jahre verdoppelt sich der private Konsum, breitere Schichten können das „Projekt des bloßen Überlebens" durch das „Projekt des schönen, interessanten und erlebnisreichen Lebens" ersetzen.[32] Die gesellschaftliche Entwicklung bringt jedoch nicht nur die Durchsetzung einer Kultur des Konsums hervor, sondern auch eine Gegenbewegung, die sich auf humanistische Werte wie Bildung beruft und eine kritische Haltung gegenüber der Konsumorientierung einnimmt. Es ist diese Perspektive, mit der es Angelika Weiss gelingt, ihrerseits eine Distanzierung gegenüber Arbeitskolleginnen herzustellen.

„Das möchte ich auch können"

Bis in die 1980er Jahre arbeiten Frauen nur bei den Verpackungsmaschinen als Maschinenführerinnen. Die Strangmaschinen in der Zigarettenproduktion werden von Männern bedient, Frauen arbeiten dort nur als Helferinnen, kümmern sich um die Umfüllung der Zigaretten in die Rahmen, um den Ausschuss und ums Putzen. Nach und nach werden Anfang der 1980er Jahre die modernen Maschinengenerationen in Betrieb genommen, bei denen Strang und Verpackung direkt miteinander verbunden sind. Mit den Direktkopplungen[33] entfällt weitgehend die Arbeit für die Helferinnen.

Die Einführung dieser Maschinengeneration ist ein Schritt in die Automatisierung. Technische Systeme übernehmen jene Arbeitsschritte, die bis dahin noch manuell zu leisten waren. Der händische Transport der Zigaretten zu den Verpackungsmaschinen entfällt. Dies ist eine Entlastung von monotoner Arbeit, jedoch vergrößert sich die Distanz zwischen Arbeit und Maschine sowie zwischen Arbeit und Produkt.[34] Die Arbeit an der Maschine verlangt keine fortlaufenden Eingriffe, sondern wird mehr zur Überwachung von automatisierten Abläufen und dem Aufnehmen von vielfältigen Informationen, aus denen erkennbar ist, ob und welche Störungen sich aufbauen. Phasen der Störungsfreiheit mit wenig Arbeit wechseln sich mit arbeitsintensiven Phasen der Störung und deren Behebung oder Instandhaltung durch die Mechaniker ab. Es habe Tage gegeben, an denen die Maschinen überhaupt nicht gelaufen sind. Bis zu 30 Mal hätten sie abgestellt werden müssen. Und dann habe es wieder Tage gegeben, an denen sie die meiste Zeit durchgelaufen seien und nur fünf oder sechs Mal das Papier zu wechseln war.

Zugleich erwachsen aus dieser Veränderung neue Möglichkeiten für die Arbeiterinnen. Das Unternehmen geht in diesem Prozess dazu über, wegen Pensionierung ausscheidende männliche Maschinenführer durch junge Frauen zu ersetzen, für die es immer weniger Verwendung als „Maschinenmadeln" gibt. Die bisherigen Helferinnen können sich als Maschinenführerinnen anlernen lassen und erfahren damit eine Aufwertung und einen sozialen Aufstieg. Es stellt sich rasch heraus, wer die dafür geeigneten, „geschickten" Frauen sind. Nur durch das Zuschauen haben sich Frauen viele Kenntnisse angeeignet, sind neugierig geworden und haben Interesse entwickelt. Immer nur zusammenräumen und putzen ist langweilig. „Lass mich das probieren, das möchte ich auch können." Angelika Weiss ist eine der Geschickten.

Die männlichen Kollegen reagieren auf den Aufstieg der Frauen zunächst mit Abwehr. Sie befürchten, dass für sie Arbeitsplätze verloren gehen würden und sie machen Frauen dafür verantwortlich, wenn sich bei Maschinen Störungsfälle häufen. Manche Männer nehmen sogar kleine Manipulationen vor, um einen glatten Maschinenlauf zu blockieren, oder bauen bei Schichtwechsel schadhafte Teile ein, um für die nachfolgende Kollegin Schwierigkeiten zu provozieren. Die Frauen wiederum holen sich aus dem Kreis der sozial orientierten Mechaniker technische Hilfe, um den Manipulationen nicht ausgeliefert zu sein. Diese Reibungsfelder bestehen nicht lange und an die Stelle des ängstlichen Vergleichs tritt die solidarische Unterstützung in kritischen Situationen an der Maschine.

Das „Denken" an der Maschine bedeutet, darauf zu achten, ob die Maschine rund läuft oder nicht. Manchmal ist es ganz gut, wenn die Maschine frühzeitig abgestellt wird, bevor eine massive

Störung eingetreten ist. Das spart Ausschuss an Zigaretten oder Packungen und Zeit, weil eine frühe Fehlersuche und -behebung meist unkomplizierter verläuft. Das Hören ist das wichtigste Sinnesorgan zum Erkennen von Störungen, die sich über längere Zeit hinweg aufbauen. Erfahrene MaschinenführerInnen kennen den Klang der eigenen Maschine. Wenn mehrere tausend Zigaretten in der Minute produziert werden, sind die Abläufe nicht mehr mit den Augen zu erfassen. Klang und Takt der Mechanik geben Hinweise, ob alles so läuft, wie es laufen soll. Damit diese akustischen Informationen bei der Maschinenbedienung produktiv verarbeitet und Störungen teilweise vermieden werden können, ist ein Grundverständnis der technischen Abläufe und eine kontinuierliche Aufmerksamkeit für die Maschine erforderlich, auch dann, wenn alles perfekt zu laufen scheint.

Angelika Weiss hat sich beide Fähigkeiten angeeignet. Sie beschreibt sich selbst als Arbeiterin, die nicht nur ihre Arbeit gemacht, sondern sich auch für die Maschinen interessiert und Kenntnisse darüber angeeignet hat. Das erstreckt sich nicht nur auf die technische und die Gebrauchswertseite der Arbeit, sondern auch auf das Bestreben, eine anerkennenswerte Leistung zu bringen. Sie kommt in der Früh bereits ein halbe Stunde vor Arbeitsbeginn in die Fabrik, zieht sich in Ruhe um und erledigt an der Maschine einige Vorarbeiten, so dass sie tatsächlich um sechs Uhr auf den Knopf drücken und die Maschine anfahren kann. Kommt sie an einem Tag nur auf geringe Leistungswerte, weil die Maschine stockt und eine Menge Ausschuss produziert, ärgert sie das. Sie habe gefürchtet, dass die Vorgesetzten denken könnten, sie sei für die Maschine gar nicht geeignet.

Der „Ehrgeiz" in der Arbeit, sagt Angelika Weiss, ist mehrschichtig. Das Fehlen einer Berufsausbildung empfindet sie als Mangel. Umso wichtiger ist es ihr, in ihrer Arbeitsleistung nicht zurückzufallen. Das stärkt ihr Selbstbewusstsein und bestätigt sie darin, „nicht dümmer als die anderen" zu sein.

Fachgerechtes Tun

Ihr Ehrgeiz drängt sie jedoch nicht dazu, Vergleiche anzustellen und ihre Leistung an der von anderen zu messen. Die Bestätigung ist für sie persönlich von Bedeutung und sie braucht keine Anerkennung von Dritten. Hier klingt eine Form der Befriedigung an, die der bulgarisch-französische Philosoph Tzvetan Todorov[35] als „Erfüllung" bezeichnet. Er meint damit den Erfahrungs- und Handlungsbereich jedes Menschen, der sich auf das Verhältnis zu sich selbst bezieht. Es ist die Befriedigung, in jedem der Handgriffe die eigene Erfüllung zu finden und dadurch das eigene Dasein zu beweisen. In ihrer aktiven Form erfolgt Erfüllung durch körperliche und geistige Arbeit. Bei allen diesen Dingen geht es nun aber nicht um die Anerkennung, die mit einer bestimmten Betätigung verbunden sein mag, sondern um die Freude, die aus dem bloßen Tun kommt. Diese Freude ist in sich selbst präsent, braucht keinen Vergleich mit anderen. Sie findet nicht in jenen Handlungsbereichen statt, in denen wir anderen Menschen begegnen, sondern in dem Bereich, in dem wir nur mit uns sind. Erfüllung wirkt nach innen, ist nicht kommunikativ, sondern eher schweigsam. Soziale Anerkennung, zu der wir durch Koexistenz und Vergleich mit anderen kommen, und Erfüllung, die wir durch das individuelle Versinken in Arbeit erfahren, sind keine Gegensätze. Sie verhalten sich nicht wie Einsamkeit und Geselligkeit. Es handelt sich eher um zwei Welten, in denen wir leben. Auf keine können wir verzichten. Die Form der Erfüllung festigt, nach erfolgreich abgeschlossener Arbeit, die Existenz des Ich genau so wie die Anerkennung.

Die Erfüllung als ein Bestreben, die Arbeit um ihrer selbst willen gut zu machen, ist eng verknüpft mit dem Konzept des Handwerks, wie es Richard Sennett diskutiert.[36] Für ihn bezeichnet Handwerk nicht eine antiquierte Form des Arbeitens, sondern die Fähigkeit, Dinge so herzustellen, dass sie wirklich gut sind. Im Rahmen dieser Terminologie lässt sich Handwerklichkeit weder auf ausschließlich manuelle noch auf ausschließlich qualifizierte Tätigkeiten beziehen. Auch bei der Tätigkeit von Ärzten, Eltern oder StaatsbürgerInnen mache es Sinn, sie unter dem Kriterium von Handwerklichkeit zu diskutieren. Sennett geht davon aus, dass die Fähigkeit, gute Arbeit zu leisten, als menschliches Grundbestreben gelten könne. Unter empirischen Gesichtspunkten spricht wenig gegen diese These, weil wir tatsächlich in unterschiedlichsten sozialen und kulturellen Zusammenhängen auf außerordentliche Bemühungen stoßen, sich in Arbeitsaufgaben zu vertiefen und dabei hohe Ansprüche von Qualität zu verfolgen. Ein Hinweis Sennetts ist in unserem Zusammenhang von Bedeutung:[37] Bei dem Wunsch, gute Arbeit zu leisten, handle es sich um kein einfaches oder einheitliches Motiv. Die persönliche Motivation lasse sich nicht von der sozialen Organisation der Arbeit trennen. Das bedeutet, Sozialisation durch die betriebliche Arbeitsorganisation kann den Wunsch fördern und anregen, ihn aber auch behindern und unterdrücken. Für die Austria Tabak Linz lassen sich einige betriebliche Bedingungen nennen, die das Bedürfnis nach qualitätvoller Arbeit unterstützen: Es gibt keinen Boden für neidvolle Vergleiche innerhalb der Belegschaft und es fehlen betriebliche Mechanismen, um kontinuierlich feststellen zu können, wer besser und wer schlechter ist. Das Unternehmen verzichtet darauf, individuelle Leistung zu erheben und materiell abzugelten.

1994 geht Angelika Weiss in Pension und lebt wieder allein. Ihr zweiter Mann starb 1983, im Alter von 62 Jahren. Die Entscheidung zum Rückzug aus der Erwerbsarbeit erwächst nicht aus eigener und freier Entscheidung. Wenn sie geblieben wäre, so meint sie, hätte sie keine gute Zeit im Betrieb gehabt. Innerhalb der KollegInnenschaft habe es einen unausgesprochenen Druck gegeben, das Erreichen des entsprechenden Alters nicht nur als grundsätzliche Möglichkeit für den Pensionsantritt zu interpretieren, sondern als Aufforderung, diese Möglichkeit auch in Anspruch zu nehmen. Oftmals seien die Worte deutlich im Raum gestanden: „Was machst Du noch da? Du kannst doch schon in Pension gehen!" Normative Erwartungen dieser Art entsprechen dem herrschenden gesellschaftlichen Klima dieser Jahre. Das Ende der Vollbeschäftigung in den 1980er Jahren und Neuordnungen der Sozialpolitik in den 1990er Jahren zeigen ihre Wirkungen. Für ältere ArbeitnehmerInnen entsteht ein Druck, sich pensionieren zu lassen.[38] Angelika Weiss beendet ihr Dienstverhältnis als Maschinenführerin, bleibt dem Betrieb aber dennoch in einer anderen Form verbunden. Sie übernimmt im Rahmen eines Werkvertrages die öffentlichen Führungen durch die Austria Tabakfabrik Linz.

Entlohnung und Lohnsysteme in der Austria Tabak

In der Entlohnung konkretisiert sich das Verhältnis von Arbeit und Kapital. Zwei Dimensionen sind in diesem Zusammenhang wichtig: die unmittelbar materielle Seite der Entlohnung, die über den Lebensstandard der Arbeiterschaft entscheidet, und die symbolische Seite, in der Anerkennung und Angemessenheit des Einkommens im Verhältnis zur geleisteten Arbeit ausgedrückt werden. Es gibt keine objektiven Kriterien, wie ein „gerechter" Lohn ermittelt werden könnte. Die Höhe des Lohns ist ein Produkt der Aushandlung zwischen Arbeitgebern und Beschäftigten. Für diesen Prozess der Aushandlung gibt es in den sozialstaatlich organisierten Industriestaaten institutionalisierte Formen: kollektivvertragliche Verhandlungen zwischen den Repräsentanten von Arbeit und Kapital und bewährte und etablierte Lohnsysteme als Mittel, um zu objektivieren, was angemessen ist. Es sind weniger soziale Fragen der Angemessenheit von Entlohnung für eine bestimmte Leistung, die den Verlauf und das Ergebnis der Verhandlungen bestimmen, sondern die sich verändernden Machtverhältnisse zwischen den Parteien.

In den Nachkriegsjahren ist es nur begrenzt möglich, die Löhne der Tabakarbeiterinnen und Tabakarbeiter mit anderen Branchen zu vergleichen. Die Statistiken dieser Jahre änderten sich kontinuierlich hinsichtlich der erhobenen Variablen, die Angaben sind einmal in Stunden, dann wieder in Wochen, oft bleibt unklar, auf welche Gruppe von Arbeitern und Arbeiterinnen sich die Angaben beziehen. Festgehalten werden kann, dass in den 1950er Jahren die Stundenlöhne für angelernte Arbeiter in unterschiedlichen Industriebranchen geringe Differenzen aufweisen.[39] Das Lohnniveau der Industriearbeiter gestaltet sich relativ homogen. Eine stärkere Spreizung der Lohnniveaus entsteht erst in den folgenden Jahrzehnten.

Im Prozess der Lohndifferenzierung ab den 1970er Jahren verbessern sich die Löhne der Austria Tabak deutlich. Im Rahmen der Branche der Nahrungs- und Genussmittelindustrie, der die Tabakindustrie zugehört, sind sie überdurchschnittlich, im Vergleich zu den Löhnen anderer Branchen finden wir sie im höheren Drittel, aber nicht an der Spitze. Aus

Bruttostundenverdienste
für Industriebeschäftigte in Schilling nach Jahren

	1950	1960	1970	1975	1980	1990	1994
Tabakfabrik Linz	4,67[A]	10,65[C]	26,57[C]	44,79[C]	67,65[C]	120,49[C]	139,20[C]
Bergbau	4,65[B]	9,45[D]	27,90	53,30	72,30	127,00	151,60
Chemische Industrie	4,76[B]	8,15[D]	23,20	45,20	63,80	107,10	129,60
Papiererzeugende Industrie	4,49[B]	–	28,00	51,20	73,60	128,70	151,10
Nahrung- und Genussmittel Industrie (inkl. Tabakindustrie)	4,67[B]	–	22,00	42,80	60,10	100,10	123,70
Eisen- Metallwarenindustrie	4,67[B]	8,00[D]	21,50	42,60	58,10	96,60	117,00
Eisenerzeugende Industrie	–	–	27,90	56,60	76,00	128,50	157,00
Textilindustrie	4,51[B]	7,10[D]	18,10	32,30	47,60	81,00	98,20

[A] Schätzung für angelernte Arbeiter nach Hauer 1991   [B] Zeitlohn, angelernter männlicher Arbeiter, für W, NÖ und Bgld.
[C] Wert für einen männlichen Maschinenführer Lohnstufe IV bzw. Lohngruppe 21 bzw. AW 25   [D] angelernte Arbeiter
Quellen: Statistisches Handbuch für die Republik Österreich 1950 (1) – 1995 (46); Hauer 1991: xxi (Anhang); Informationen der Generaldirektion der Austria Tabakwerke A.G. aus dem Projektarchiv.

der Sicht der Belegschaft war in dieser Zeit ein Arbeitsplatz bei der Austria Tabak vor allem wegen der guten innerbetrieblichen Sozialleistungen attraktiv.

Frauenlöhne – Männerlöhne

Bis in die 1970er Jahre ist die vergleichsweise gute Position des Lohnniveaus in der Tabakfabrik, die sich an den Angaben in der Tabelle 1 zeigen, vor allem auf die Gehälter der Männer zurückzuführen. Bei den Löhnen der Frauen (4,35[40] Schilling im Jahr 1950 und 8,71[41] im Jahr 1960) befindet sich die Austria Tabak im Mittelfeld oder darunter und rückt in die Nähe des Lohnniveaus in der Textilindustrie, eine Branche, deren Lohnniveau den hohen Frauenanteil widerspiegelt. Verantwortlich dafür war die geschlechtsspezifische Zuweisung von Arbeitsplätzen, die im Lohnsystem unterschiedlich eingestuft und bezahlt wurden. Mit der Einführung der Direktkopplung Anfang der 1980er Jahre wurde die geschlechtsspezifische Differenzierung, zumindest auf der Ebene der MaschinenführerInnen, aufgehoben.

Die Entwicklung der Lohnsysteme in der Austria Tabak zeigt, wie sich gesellschaftlicher Wertewandel im Hinblick auf die Lohngerechtigkeit zwischen den Geschlechtern auswirkt.[42] In der Nachkriegszeit unterschied das Lohnsystem der Austria Tabak fünf Lohnverdienststufen, die nach Geschlecht differenzierten. Frauen verdienten in jeder Lohnstufe weniger als ihre männlichen Kollegen. Aus einer Lohntafel aus dem Jahr 1955 ist ersichtlich, dass Männer zwischen 5,66 und 8,16 Schilling, Frauen 5,40 bis 6,58 Schilling in der Stunde verdienten.[43] Frauen verdienten bei ähnlicher Tätigkeit zwischen 2,00 und 4,00 Schilling weniger als ihre männlichen Kollegen.

Mit Einführung der 42-Stunden Woche trat ab März 1962 für die Betriebe der Austria Tabak eine neue Lohnregelung in Kraft. Die bisherigen fünf Lohnverdienststufen wurden durch Verwendungsgruppen ersetzt.[44] Das neue Modell unterscheidet acht Verwendungsgruppen für Männer (A – H) und sieben für Frauen (A – G). Die Beschäftigten wurden je nach Tätigkeit und Geschlecht einer bestimmten Verwendungs- und damit Lohngruppe zugeteilt. Die Unterschiede zwischen Frauen- und Männerlöhnen blieben weiterhin bestehen. So war zum Beispiel eine Maschinenführerin an der Verpackungsmaschine im Jahr 1963 in der Gruppe G der Frauen eingestuft, was einen Stundenlohn von 11,10 Schilling bedeutete. Die männlichen Kollegen an der Strangzigarettenmaschine waren hingegen der Gruppe F der Männer zugeordnet und hatten einen Verdienst von 12,60 Schilling. Die Gruppe H (Mechaniker und Maschinisten) gab es für Frauen nicht.[45]

Die Stufen und Gruppen hatten sich im Laufe der Jahre ausdifferenziert. Ab 1969 trat an die Stelle der Verwendungsgruppen das System der „Lohngruppen". Es war in Stufen von 1 bis 25 gegliedert und unterschied weiterhin zwischen Männern und Frauen, da das bisherige Lohnsystem nicht gänzlich erneuert wurde, sondern die früheren Verwendungsgruppen lediglich in entsprechende Lohngruppen transferiert wurden. An der schlechteren Entlohnung von typischen Frauentätigkeiten hatte sich nichts geändert. Beispielsweise galt Maschinenführen an der Verpackungsmaschine als Frauentätigkeit und war in der Lohngruppe 13 mit einem Stundenlohn von 22,13 Schilling, Maschinenführen bei einer Strangzigarettenmaschine war hingegen bei den Männern angeführt und in der Lohngruppe 17 mit 24,25 Schilling.[46]

In den Erzählungen von Leopold Steiner, der ab 1964 als Meister in der Abteilung Verpackung arbeitete, wird nachvollziehbar, wie die Möglichkeiten einer höheren Einstufung von den Beschäftigten benützt wurde, um eine bessere Entlohnung für die Maschinenbedienerinnen zu erreichen. Er fühlte sich auch für die Entlohnung seiner Mitarbeiterinnen verantwortlich. Helferinnen, die nicht an der Maschine tätig waren, bekamen für jene Stunden, in welchen sie an einer Maschine für eine Kollegin einspringen mussten, den höheren Lohn der Lohnstufe für Maschinenarbeit bezahlt. Die ArbeiterInnen nannten diese Besonderheit der Austria Tabak „Schattenlohn". Die offizielle Regelung dazu finden wir in der Arbeitsordnung unter dem Punkt „begünstigter Lohn", hier heißt es: „Arbeiter, die nach Vertretung von beurlaubten oder erkrankten Arbeitern auf ihren niedriger entlohnten Arbeitsplatz zurückversetzt oder die aus betrieblichen oder gesundheitlichen Gründen auf einen niedriger entlohnten Arbeitsplatz versetzt werden, behalten den bisher bezogenen höheren Lohn, wenn sie diesen während der letzten drei Jahre durch 104 Wochen nach Vollendung des 7. Dienstjahres bezogen haben".[47] Leopold Steiner führte deshalb detaillierte Aufzeichnungen über die Zeiten, in denen die Helferinnen an den Maschinen gearbeitet hatten. Wenn eine Frau nahe an die Zeitspanne herankam, die zu einer höheren Einstufung geführt hätte, teilte er sie so lange nicht mehr einem anderen Arbeitsplatz zu, bis durch die Regelung des Schattenlohns die höhere Einstufung gesichert war. Unterstützung bekam er dabei auch von einem Kollegen im Lohnbüro. Die KollegInnen meinten, sie hätten auf diesem Weg informell Lohnpolitik gemacht.

Leistungslöhne

Besonders über die Arbeit an den Maschinen wurden die Debatten um gerechte Leistungslöhne zwischen Arbeitgebern und Beschäftigten kontroversiell ausgetragen. Seitens der Unternehmer gelten Leistungskomponenten als probates Mittel, um Leistungssteigerungen zu erzielen und Leistungszurückhaltung zu verhindern. In der Austria Tabak gab es bereits vor dem Zweiten Weltkrieg eine Form der Leistungsentlohnung an den Strangzigarettenmaschinen.[48] In den 1950er Jahren erfolgte diese über Staffellöhne. Auf Basis der durchschnittlichen Wochen-Tourenzahl einer Maschine wurde eine durchschnittliche Wochenleistung berechnet. Erreichte man in der Produktion mehr als die festgesetzte Leistung, wurden in drei Stufen gestaffelt höhere Löhne ausbezahlt.[49] Im Jahr 1962 wurden die Staffellöhne durch eine neue Form der Leistungsentlohnung ersetzt, indem man die kollektivvertraglichen Lohnverdienststufen mit Leistungsprämien ergänzte.[50]

Diese Leistungsprämien waren nicht für alle Beschäftigten ein Anreiz, ihre Arbeit zu intensivieren. So erzählt Elisabeth Grabner, die in den 1940er und 1950er Jahren als Maschinenbedienerin arbeitete, von ihrem Maschinenführer, der, wie sie sagt, „immer ein paar schiefgefahren" ist. Sie meint damit, dass er auf der Maschine nicht die Leistung gefahren ist, die ihm eigentlich möglich gewesen wäre. Sie habe damals nicht verstanden, was er mit dieser Reduktion von Leistung beabsichtigte, ihr sei nur klar gewesen, dass er sich damit selbst schadete. Er habe schließlich drei Kinder zu ernähren gehabt. Die Maschine hätte es ihm leicht gemacht, eine höhere Leistung zu bringen, aber er habe so „einen Schädel" gehabt. Sie vermutet, dass der Maschinenführer damit weitere Verschärfungen in den Leistungsnormen verhindern oder hintanhalten zu können glaubte.

Die Einführung elektronisch gesteuerter Maschinengenerationen ab den 1980er Jahren erschwert es, nicht „die volle Leistung zu fahren". Auslastungsgrad, Ausfälle und Produktionszahlen waren an jeder einzelnen Maschine genau feststellbar. Die Meister und Abteilungsleiter sahen an einem Monitor anhand von Leistungsdiagrammen genau, welche Maschine wie viel Leistung brachte. Stand eine Maschine still, wurden sie darüber automatisch informiert. Dadurch wuchs die Kontrolle über die Arbeiter und Arbeiterinnen. Ernst Schreiber, der 2000 als Mechaniker in den Betrieb kam, berichtet: „Kaum stand eine Maschine fünf Minuten, hat das Telefon geläutet und der Meister war dran und hat gefragt, was los ist, warum geht das nicht weiter". Man konnte nichts verschleiern, meint auch sein Kollege Klaus Holzinger, weil alles am Computer nachvollziehbar war. Früher hätten die KollegInnen einander geholfen, wenn eine Maschine nicht gut funktioniert hat.

Die Durchsetzung von Leistungskomponenten bei der Entlohnung scheiterte letztlich an den Problemen, die messbaren Leistungsmengen auf konkrete individuelle Arbeitsleistungen zurück zu führen. Die Anzahl der erzeugten Zigaretten war von mehreren Faktoren abhängig, die nicht unmittelbar vom Maschinenpersonal kontrolliert und beeinflusst werden konnten. An den Maschinen wurden unterschiedliche Zigarettenmarken produziert. Je nach Auftragslage konnte eine Maschine auf einer Marke einmal länger und einmal weniger lang durchlaufen. Die Umstellung einer Maschine auf eine andere Marke erforderte das Abstellen, einige Reinigungs- und Manipulationsarbeiten und eine Neueinstellung der Maschine auf die spezifischen Werte der neuen Marke. Die Reparatur- und Umstellungszeiten wurden bei der Berechung der Leistungsfaktoren bis zu einem gewissen Grad eingerechnet, eine Umstellung verursachte jedoch stets Störungen und Leistungsausfall.

Der Einsatz von unterschiedlichsten Maschinen in der Produktion beeinflusste ebenfalls das erzielte Ergebnis. Aufgrund kontinuierlicher Modernisierungsprozesse hatte die Tabakfabrik Linz einen vielfältigen Maschinenpark mit älteren und modernen Maschinen, die unterschiedlich gut funktionierten. Je nach Maschine, dem Maschinenpersonal und den Mechanikern konnte die zu erreichende Produktionszahl stark variieren, erzählt Leopold Steiner. „Ja, da ist einmal ein Leistungsprinzip gewesen und dort hat das Ganze angefangen! Dann ist der erste Unfrieden hinein gekommen. Es ist nicht extrem gewesen, aber es ist ja nicht jeder gleich. Und es hat sich schon angekündigt, die Maschinentypen waren verschieden, und das Personal, der Mechaniker. Weil es ist um die Frage gegangen: Was für einen Leistungsfaktor fährt die Maschine? (…) Also, da hat es schon unterschiedliche Verhältnisse gegeben. Aber es hat natürlich auch unterschiedliche Maschinentypen gegeben. Die Combi Rapid, die von Gevelsberg, die ist halbwegs dahin marschiert. Hingegen die Maschine, die wir von der Hauni gekriegt haben, die hat nicht recht marschieren wollen." Alle diese Faktoren hätten es vielleicht technisch möglich gemacht, Leistungslöhne zu forcieren. Für jeden Maschinentyp hätte man Normalleistungen und entsprechende Abschläge für auftretende technische Gebrechen festlegen müssen. Jedoch hätte eine solche Praxis Unruhe in der Belegschaft verursacht, denn die erzielbaren Leistungen entstanden unter verschiedensten Umständen, von denen viele außerhalb des Einflussbereiches der Arbeiterinnen und Arbeiter lagen. Ein starkes Gefühl von sozialer Ungerechtigkeit wegen der sich ergebenden Lohnunterschiede wäre die Folge gewesen und Unfrieden, wie Steiner es nennt, wäre in die Belegschaft gekommen.

Arbeitsplatzbewertung

In den 1970er Jahren begannen Diskussionen über ein neues Lohnsystem in der Austria Tabak. Es wurde eine Arbeitsgruppe aus Vertretern des Arbeitgebers und der Beschäftigten mit der Aufgabe betraut, ein neues System zur Ermittlung der Löhne zu erarbeiten. Der Aushandlungsprozess zwischen Direktion und Gewerkschaft orientierte sich an einem System der Steyr-Daimler-Puch AG und den damit gemachten Erfahrungen.[51] Man einigte sich auf ein Arbeitsplatzbewertungssystem mit folgenden Anforderungen: Erstens sollte das System ganz allgemein für industrielle Arbeitsvorgänge geeignet sein, die sich in einem kontinuierlichen Wandel befinden, so dass auch Prozesse der Rationalisierung einbezogen werden konnten. Zweitens sollte es in einer differenzierten Form ermöglichen, spezifische Tätigkeiten zu entlohnen, die ein bestimmter Arbeitsplatz verlangt, und nicht auf das Können abgestellt sein, das ein Arbeiter oder eine Arbeiterin mitbringt. Vorgesehen war, dieses Arbeitsplatzbewertungssystem nur für den Arbeitersektor zu implementieren. Für die Angestellten gab es eine Gehaltsordnung nach Verwendungsgruppen.[52] 1976 wurde das System der Arbeitsplatzbewertung eingeführt, das bis zuletzt in Kraft war. Es erschien den Beteiligten als das bestmögliche System, obwohl es angesichts praktischer Probleme fallweise in Frage gestellt wurde.

Die Arbeitsplatzbeschreibung war Grundlage der Arbeitsplatzbewertung. Die erforderlichen Anforderungen für jeden Arbeitsplatz wurden systematisch erfasst. Es gab sieben Bewertungstafeln für die Bewertung eines Arbeitsplatzes: Fachkönnen, Handfertigkeit und Geschicklichkeit, Aufmerksamkeit und Denktätigkeit, körperliche Belastung, Verantwortung für Produkt und Betriebsmittel, direkte Verantwortung für den Arbeitsablauf, Verantwortung für die Gesundheit anderer.[53] Aus diesen Tafeln wurden von der Arbeitsplatzbewertungskommission Punkte für die Bewertung eines Arbeitsplatzes ermittelt und in Lohn umgerechnet. Der ermittelte Arbeitswert wurde mit dem Wert eines einzelnen Punktes – der kollektivvertraglich festgelegt war – multipliziert und zu dem Ergebnis noch der ebenfalls im Kollektivvertrag festgelegte Sockellohn addiert.[54] So ermittelte man den Stundenstammlohn einer Arbeiterin oder eines Arbeiters ohne Dienstalterszulagen. 1984 wurde das Arbeitsplatzbewertungssystem um eine Mehrbereichsentlohnung erweitert. Zusätzlich zu den bestehenden Bewertungstafeln konnten bis zu sieben weitere Punkte vergeben werden. Die Mehrbereichsentlohnung wurde dann angewandt, wenn das übliche Arbeitsplatzbewertungsschema nicht mehr oder zu wenig griff. Das war der Fall, wenn zum Beispiel der Arbeitsbereich einer Mitarbeiterin oder eines Mitarbeiters aufgrund von Rationalisierungsmaßnahmen erweitert wurde oder die persönliche Verantwortung stieg.

Beispielsweise sah 1998 die offizielle Bewertung für eine Maschinenführerin an einer Direktkopplung 1:1 (Strang- oder Verpackungsseite) einen Arbeitswert von 25 Punkten vor. Dieser Wert setzte sich aus unterschiedlichen Gewichtungen der Elemente aus der Bewertungstafel zusammen. Im Bereich

Beispiel Arbeitsplatzbewertung

Nach dem Arbeitsplatzbewertungssystem wurde jeder Arbeitsplatz auf der Grundlage von sieben Bewertungstafeln in seinen Anforderungen beurteilt. Je nach Gewichtung ergab sich eine bestimmte Punktezahl. Die Summe der Punkte aus den sieben Tafeln bildeten den Arbeitswert, der mittels des kollektivvertraglich vereinbarten Punktwertes in den Stundenlohn umgerechnet wurde. Das folgende Beispiel illustriert die Berechnung am Beispiel einer Maschinführerin, die an einer Direktkopplung tätig ist. Die Zahlen beziehen sich auf das Jahr 2002.

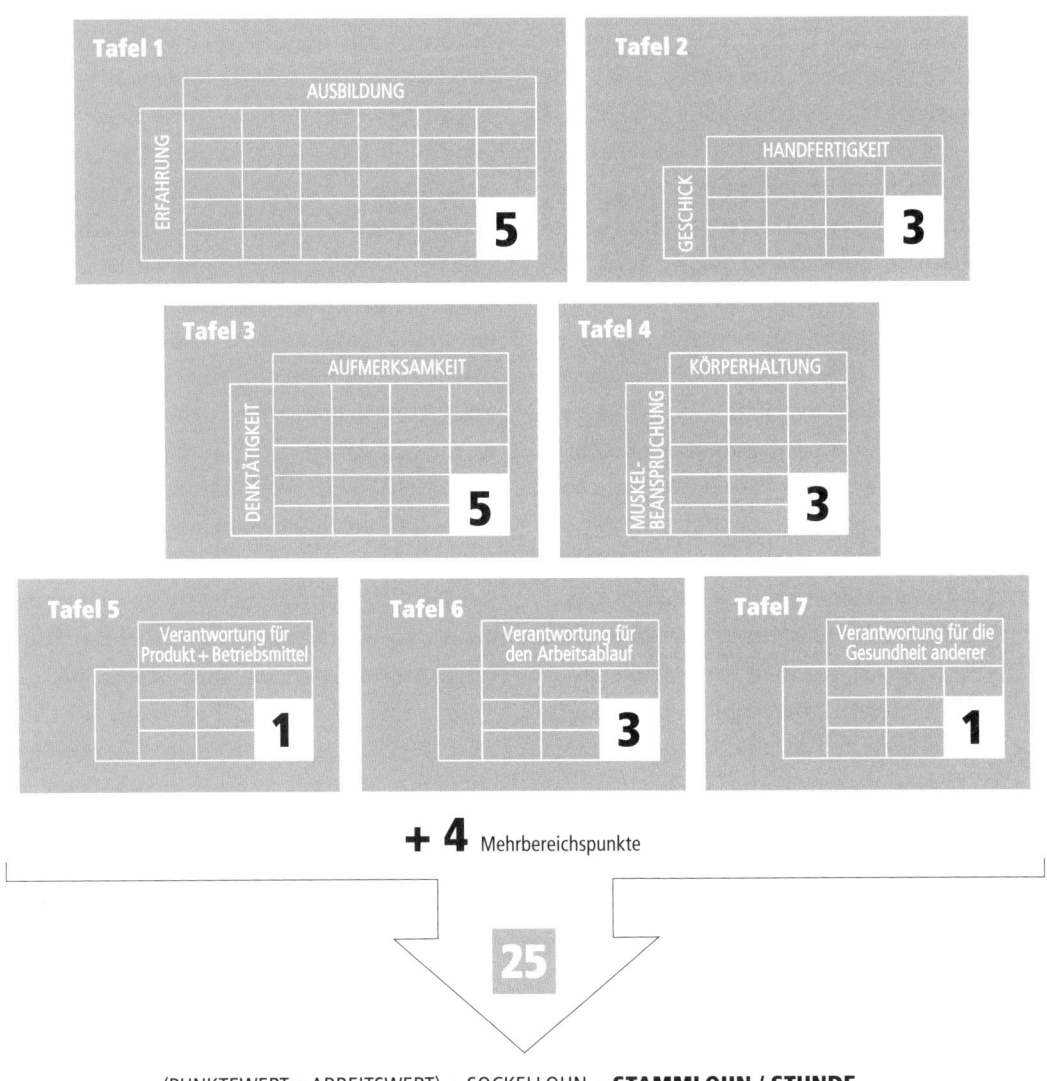

(PUNKTEWERT x ARBEITSWERT) + SOCKELLOHN = **STAMMLOHN / STUNDE**
(0,2727 x 25) + 6,06 = **12,9525 EUR**

Fachkönnen bekam sie fünf Punkte, für Aufmerksamkeit und Denktätigkeit fünf Punkte, jeweils drei Punkte für körperliche Belastungen, Geschicklichkeit und für Verantwortung für Arbeitsabläufe, je einen Punkt für Verantwortung für Produkt und Betriebsmittel sowie für die Gesundheit anderer. In Summe ergab das für die Maschinenführerin in unserem Beispiel einen Arbeitswert von 21 Punkten und 4 zusätzlichen Mehrbereichspunkten.[55]

Aus Sicht der Belegschaft dient das System der Arbeitsplatzbewertung dazu, sachliche Kriterien für Lohnunterschiede darzustellen. Zwei Momente stehen bei dieser Objektivierung im Vordergrund. Erstens setzt die Bewertung nicht an der individuellen Leistung an, die zu messen bei einer hoch arbeitsteiligen und maschinenabhängigen Produktion immer schwirig ist. Zweitens wird mit dem System der Arbeitsplatz und nicht die Person und ihre Qualifikation bewertet. Daher wurde das Lohnsystem innerhalb der Belegschaft akzeptiert.

Rationale Sachkriterien können jedoch nicht verhindern, dass jene Gruppen von Beschäftigten, deren Tätigkeit am unmittelbarsten zu Produktivität und Profit des Unternehmens beiträgt, bei Verhandlungen um „ihren Arbeitswert" eine stärkere Position haben als beispielsweise Reinigungskräfte. Die letzteren können leicht ersetzt werden, die anderen nicht. Vor diesem Hintergrund ist es nachvollziehbar, dass in der Fabrik jene Beschäftigten, die direkt an den Maschinen standen, also Maschinenpersonal und Mechaniker, den höchsten Lohn hatten. Diese Differenz zwischen den Löhnen für unmittelbare Maschinenarbeit und denen für vorbereitende Tätigkeiten bestand bereits vor Einführung des Systems der Arbeitsplatzbewertung. Die „Spitzenlöhne" der Mechaniker wurden von den MitarbeiterInnen oftmals ironisch kommentiert. Darin artikulierte sich ein Gefühl sozialer Ungerechtigkeit angesichts des Lohngefälles innerhalb eines Kollektivs, das wohl arbeitsteilig, aber doch gemeinsam zu einem Arbeitsergebnis beiträgt. Andererseits wurde ihre qualitativ hochwertige Arbeit geschätzt und anerkannt, da sie für den Produktionserfolg der Fabrik wesentlich war.

Eva Hutter:
Einteilen. Koordinieren. Organisieren

Am 28. September 2007 findet in der Linzer Fabrik eine Betriebsversammlung statt, bei der Betriebsleitung und Betriebsrat die Belegschaft informieren, dass der japanische Konzern JTI, seit einigen Monaten neuer Eigentümer der Austria Tabak, die Fabrik 2009 schließen wird. Die Nachricht kommt für die meisten überraschend, auch wenn es zuvor schon viele Gerüchte gab, dass JTI eines der beiden Werke in Österreich aufgeben würde. In Linz sind die meisten Arbeiterinnen und Arbeiter überzeugt, dass es Hainburg und nicht die „eigene" Fabrik treffen würde. Schließlich verfügt Linz über die besseren Produktionsziffern, wäre also, ökonomisch gedacht, der rentablere Betrieb.

Eva Hutter ist 1958 geboren und arbeitet seit 28 Jahren in der Erzeugung, zuerst unmittelbar an den Maschinen, später als „Verlesbuchführerin"; das bedeutet, dass sie für die Angelegenheiten der Dienstplanung für die direkt an den Maschinen eingesetzten Arbeitskräfte zuständig ist. Sie sorgt dafür, dass an allen Maschinen rund um die Uhr Personal bereitsteht: Sie teilt die Schichtgruppen für alle Maschinen ein, berücksichtigt aktuelle Urlaubszeiten und Krankenstände, kümmert sich um Ersatz, wenn kurzfristig jemand ausfällt, führt exakt Buch über geleistete und ausgefallene Stunden, gibt die jeweils aktuellen Daten an das Büro für Zeitwirtschaft weiter, von wo sie zur Lohnverrechnung wandern. Es ist eine verantwortungsvolle Arbeit, weil von der Umsicht der Verlesbuchführerin abhängt, dass alle Maschinen in Betrieb gehalten werden können. Und es ist eine anspruchsvolle Arbeit, weil sie sich bemüht, „es allen Recht zu machen". Sie schildert ausführlich, wie sie versucht, den ArbeitskollegInnen die Gewissheit zu geben, dass es bei der Arbeitseinteilung überlegt und gerecht und nicht willkürlich oder korrupt zugeht.

Am Morgen dieses 28. September, als die Betriebsversammlung angekündigt wird, vermuten sie und ihre KollegInnen, dass die Schließung eines Betriebes bekannt gegeben wird. Sie rechnen aber nicht damit, dass Linz und so sie selbst davon betroffen sind. Sie beschreibt den Schock und den Schmerz von damals: Sie habe es erlebt, als würde ihr ein Messer in den Leib gestoßen und sie müsse nun langsam ausbluten. Ihr wäre lieber gewesen, man hätte von der

Schließung informiert und die Fabrik drei Monate später dicht gemacht und nicht erst nach zwei Jahren. Nein, es seien keine Gefühle von Zorn oder Hilflosigkeit gewesen. Für sie sei extrem gewesen, dass es bis zum Zusperren so lange dauern wird, mehr als 24 Monate. Jeder sage, dass er schnell sterben wolle, sie habe das Hinauszögern nicht verstanden, für einen solchen Leidensweg sei sie nicht gemacht.

Ein Gefühl des Scheiterns stellt sich ein. Sie sei für den Betrieb nun nichts mehr wert, meint sie. Das habe sie total fertig gemacht, weil sie jemand sei, der den Anspruch habe, den Job so auszufüllen, wie sie glaube, dass es erwartet wird. Sie sei eben eine, die sich über Leistung definiere. Eva Hutter beschreibt einen Prozess, der in der Psychoanalyse als soziales Sterben bezeichnet wird.[56] Gemeint ist das Zerfallen aller Rollen, die für eine Person Bedeutung haben, Identität vermitteln und sie an die soziale Welt binden. Sie ist mit der Tabakfabrik eng verbunden, ihre Arbeit stellt nicht nur materielle und soziale Absicherung dar, sondern gibt ihr einen sozialen Ort, an dem sie anerkannt ist, eine soziale Position in der Welt der Arbeit, die für sie die wichtigste Welt ist. Dafür hat sie viele Jahre mit großem Einsatz gearbeitet, sich bemüht, ihre Arbeit für „alle", also für den wirtschaftlichen Erfolg und für die KollegInnen an den Maschinen, gut zu machen. Die angekündigte Schließung entzieht ihr einen großen Teil ihrer sozialen Existenz. Sie kann sich nicht vorstellen, dass sie in dieser Situation von Entwertung noch lange Monate arbeiten könnte; wofür solle das gut sein?

Ihre spontane Reaktion ist die Kündigung. Sie überlegt nicht lange, was und wo sie ansonsten arbeiten könnte, sie will nur weg aus dieser Situation des „Ausblutens". Sie kommt nicht auf den Gedanken, dass der Sozialplan, von dem auch bei der Betriebsversammlung als „Trostpflaster" die Rede war, mehr als Abfertigung und Umschulung bringen könnte. Erst eine Woche später besinnt sie sich eines Besseren. Es gelingt, die Kündigung zurückzuziehen. Nach einigen Monaten stellt sich heraus, dass sie genug Dienstjahre hat und alt genug ist, um in den Vorruhestand zu gehen. Weil die alten, festgeschriebenen Rollen entzogen sind, kann soziales Sterben auch neue Perspektiven eröffnen. Neue Betätigungsfelder können entdeckt und Erfahrungen gesammelt werden.[57] Allerdings ergeben sich diese Perspektiven meist nicht sofort und nicht von selbst. So ist es auch bei Eva Hutter. Den Vorruhestand erlebt sie in keiner Weise als Befreiung. Sie ist noch unsicher, wie sie mit dem neuen Leben umgehen soll und entschließt sich, ein Jahr lang vorerst gar nichts zu tun und sich neu zu orientieren.

Die ersten Jahre in der Fabrik

Frau Hutter lernt ursprünglich das Schneiderhandwerk und arbeitet ab 1977 nach der Lehre in einer Änderungsscheiderei. Es behagt ihr nicht, auch am Samstag arbeiten zu müssen, zudem ist der Lohn gering. Ihre Mutter und ihr Stiefvater arbeiten in der Tabakfabrik. Sie weiß, dass man in der Fabrik auch als Frau gut verdient und sich keine Sorgen um die Sicherheit des Arbeitsplatzes machen muss. Ende der 1970er Jahre ist die Schichtarbeit noch nicht eingeführt. Damit hat sie die Aussicht, am Freitag um zwei Uhr nachmittags die Fabrik zu verlassen und ein arbeitsfreies Wochenende zu haben. Sie bewirbt sich bei der Austria Tabak, nach einem Jahr kann sie als Maschinenbedienerin anfangen.

Als 21-Jährige erlebt sie in dem großen Betrieb nun eine ganz andere Arbeitssituation. In der Lehre ist sie nur mit einem oder zwei anderen Lehrlingen zusammen gewesen, in der Änderungsschneiderei hat sie die meiste Zeit überhaupt alleine gearbeitet. Nun macht sie die angenehme Erfahrung, dass Arbeit als arbeitsteiliger Prozess organisiert ist. Gleichzeitig mit ihr werden noch einige andere junge Frauen aufgenommen. Sie bleiben als Gruppe zusammen, tauschen regelmäßig Erfahrungen aus und besprechen sich, wenn sie Rat brauchen. Neu und verwirrend ist, mit Männern zusammen zu arbeiten. Von ihren bisherigen Arbeitsplätzen kennt sie das nicht, auch nicht von der Schule. Eva Hutter beschreibt sich als wohlbehütetes Kind. Der Umgang mit Kollegen ist anfangs ungewohnt, es ist neu für sie, mit anderen zusammen zu stehen, kurz zu plaudern, auch mit Männern „ganz normal" zu reden und sogar zu lachen.

Da sie und die jungen Kolleginnen zu den nach dem Dienstalter Jüngsten gehören, werden sie abwechselnd verschiedenen Arbeiten und Arbeitsplätzen zugeteilt. Meist ist sie damit beschäftigt, die fertigen Zigaretten aus den Schragen zu nehmen und in Rahmen zu schlichten, in denen jeweils rund 400 Zigaretten Platz haben, und die gefüllten Rahmen auf Wagen für den Transport zur Verpackungsmaschine zu hängen. Oft sind Ausschuss-Zigaretten zu öffnen, um den Tabak wieder der Maschine zuführen zu können. Gibt es weniger zu tun, werden die Frauen auch zum Putzen eingeteilt. Beim Auffüllen der Rahmen mit Zigaretten entwickeln manche Frauen geradezu sportlichen Ehrgeiz. Eva Hutter erzählt, dass sie sich gegenseitig angespornt, jedoch nicht immer alle Rahmen an die Verpackung abgegeben hätten. Die informelle Leistungsnorm sind 280 Rahmen pro Tag. Schaffen sie mehr, werden diese an Kolleginnen weiter gegeben, deren Stückzahl kleiner ist, so dass alle etwa das gleiche Soll erfüllen. Oder sie legen einige gefüllte Rahmen zur Seite, um Reserven für die nächsten Tage zu haben, wenn es vielleicht einmal nicht so gut läuft.

In die Zeit, in der sie in den Betrieb aufgenommen wird, fallen zwei gravierende Veränderungen in der Arbeitsorganisation: eine neue Praxis bei der Besetzung der Maschinen und die Einführung der Schichtarbeit. In der Austria Tabak sind Frauen in der Produktion traditionell an den Verpackungsmaschinen beschäftigt. Bei der Herstellung der Zigaretten, an den Strangmaschinen, arbeiten Männer. Frauen arbeiten dort nur als Helferinnen, die sich um die Umfüllung der Zigaretten in die Rahmen, um den Ausschuss und ums Putzen kümmern.

Anfang der 1980er Jahre werden die getrennt arbeitenden Strang- und die Verpackungsmaschinen durch die Direktkopplungen[58] ersetzt und die Arbeit für die Helferinnen entfällt weitgehend.

Die bisherigen Maschinenhelferinnen können sich nun als Maschinenführerinnen anlernen lassen. Auch Eva Hutter ergreift diese Chance. Etwa vierzehn Tage wird sie von einem erfahrenen Arbeiter an der Maschine eingeschult, lernt die grundlegenden Funktionen und Handlungsmöglichkeiten zur Fehlerbehebung. Wenn es sich um ein komplizierteres Problem handelt, muss sie den zuständigen Mechaniker holen. Die neuen MK-9 Maschinen empfindet sie als kompakt und riesig, den Nachbarn habe sie dann nicht mehr gesehen. Und alle hätten sich gefürchtet, dass sie mit der Schnelligkeit der Maschinen nicht Schritt halten könnten, oder mit dem Einfädeln vom Zigarettenpapier, das in großen Rollen mitgelaufen ist. Doch sie hätten rasch gelernt und seien mit der Schnelligkeit mitgewachsen.

Die zweite Veränderung in der Produktion betrifft die Arbeitszeit. Ende der 1970er Jahre beginnt die Tabakfabrik Linz erstmals eine Zweier-Schicht einzuführen. Vorerst wird nur der dritte Stock auf Schichtbetrieb umgestellt, wo an den modernsten Maschinen bei bestimmten Aufträgen die besten Produktionszahlen erreicht werden können. Eva Hutter ist davon nicht betroffen, weil sie als Neue zunächst an den älteren Maschinen im zweiten Stock arbeitet. Es dauert einige Jahre, bis die gesamte Produktion in diesem Schichtrhythmus läuft. Die Frauen werden nicht gezwungen, im Schichtbetrieb zu arbeiten. Viele steigen nach kurzer Zeit freiwillig ein, weil sie dadurch mehr verdienen. Andere – darunter viele Frauen mit kleinen Kindern – werden an den älteren Maschinen im zweiten Stock beschäftigt. Um die besondere Situation von Frauen im Schichtbetrieb zu berücksichtigen, wird den Frauen angeboten, im Stadtgebiet die Taxikosten für den Heimweg nach Arbeitsschluss um 22 Uhr und für den Weg zur Arbeit vor 6 Uhr morgens zu übernehmen. Damit wird ausgedrückt, dass es dem Arbeitgeber nicht gleichgültig ist, wie die Frauen in der Dunkelheit zur Arbeit oder nach Hause kommen und dass er sich verantwortlich für deren Sicherheit fühlt. Diese Sozialleistung wird über die Jahre immer weniger in Anspruch genommen, bleibt aber bis zur Schließung der Fabrik in Kraft.

Eva Hutter arbeitet nur kurzzeitig im Schichtbetrieb. Sie bringt in den 1980er Jahren drei Kinder zur Welt und möchte deswegen keine Schichtarbeit mehr machen. Diese Situation wird berücksichtigt und sie arbeitet in diesen Jahren als Springerin an Maschinen, die nicht im Schichtrhythmus laufen. Schritt für Schritt wird sie auch mit organisatorischen Aufgaben betraut.

Schneiderin wird Verlesbuchführerin …

Eva Hutter ist eine der Töchter von Angelika Weiss, die wir in diesem Kapitel als Arbeiterin der Austria Tabak kennengelernt haben. Auch ihr Vater arbeitet in der Tabakfabrik. Sie wächst in den 1960er Jahren in der großen Wohnanlage des Betriebs ganz in der Nähe des Werksgeländes auf. Wenn sie von sich selbst sagt, sie habe eine behütete Kindheit gehabt, so trifft das nur auf die ersten zehn Jahre zu. Sie ist elf Jahre alt, als ihr Vater 1969 stirbt. In ihrem Leben stellt das einen

Bruch dar. Vorher war die Mutter zuhause und viel für die Kinder da. Nur ein Jahr, unmittelbar vor der Volksschule, durfte sie in einen Kindergarten gehen. Zu ihrem Bedauern jedoch nicht in den Betriebskindergarten im eigenen Wohnhof; dieser hätte ein kleines Schwimmbad gehabt. Sie musste damals einen nahe liegenden Caritas-Kindergarten besuchen. Der Betriebskindergarten nimmt nur Kinder, deren Mütter berufstätig sind. Nach dem Tod des Mannes beginnt die Mutter selbst in der Fabrik zu arbeiten, um die Werkswohnung für die Familie zu behalten. Für sie und ihre zwei Schwestern bedeutet das einen großen Einschnitt. Heute meint Eva Hutter, dass diese neue Situation kein großes Problem gewesen sei, weil die Geschwister zu dritt und nicht alleine waren. Nach der Schule besuchen sie den nahe dem Kindergarten gelegenen Hort, den der Betrieb für die schulpflichtigen Kinder der berufstätigen Mitarbeiterinnen anbietet. Sie erinnert sich, dass ihnen oft eingefallen ist, hinüber in die Fabrik zu gehen und die Mutter von der Arbeit abzuholen. Anfang der 1970er Jahre ist der Haupteingang der Tabakfabrik an der Donaulände. Vor Betriebsschluss versammeln sich die ArbeiterInnen vor dem verschlossenen Tor, das sich um 16.30 Uhr wie eine Schleuse öffnet. Sie kommt sich ganz klein vor, wie sie da vor dem Tor steht und der ganze Menschenstrom sich über den Gehweg und die Straße ausbreitet und verteilt. Die Kinder müssen gut aufpassen, um die Mutter zu entdecken, denn diese weiß ja nicht, dass ihre Kinder sie abholen. Sie spürt, dass sich ihre Mutter in der Arbeit sehr wohl fühlt. Als die Mutter in den ersten Monaten in der Ordination des Betriebsarztes arbeitet, kommen die Kinder sie öfter besuchen, wenn sie etwas für die Schule brauchen. Sie gehen zum Portier und bitten ihn, die Mutter zu holen, was dieser auch tut. Später, als die Mutter an den Maschinen arbeitet, sind Besuche während der Arbeitszeit nicht mehr möglich. Sie erklärt den Kindern, dass sie von der Maschine nicht so einfach weg kann, auch dann nicht, wenn die Kinder sie brauchen.

Diese Erzählungen über das Arbeiten der Mutter und das Abholen vom Werkstor geben Einblick in das innere Erleben der Tochter. Die Mutter fehlt ihr, aber ihre Abwesenheit ist erträglich, weil sie weiß, dass sie arbeiten muss, um die Familie zu ernähren. Noch ein wichtiges Moment kommt hinzu: Die Mutter empfindet die Arbeit in der Fabrik nicht nur als Notwendigkeit. Ohne viele Worte ist für die Kinder, die sie jeden Tag beobachten, sichtbar, dass sie ihre Arbeit gerne tut, und als Bereicherung erlebt. Eva Hutter sieht auch, dass es Arbeiten gibt, die den Menschen zur Gänze in Anspruch nehmen, so dass die Bedürfnisse von Kindern warten müssen. Und sie lernt, dass diese Arbeiten nicht alleine und individuell, wie bei der Hausarbeit, sondern in einem Kollektiv und in einem großen Fabrikgelände geleistet werden. Das bedeutet, die Mutter gehört nicht nur den Kindern, sondern – zumindest ein Stück weit – auch dem Betrieb. Damit bekommt Arbeit eine eigene Dimension. Sie hat eine bedrohliche und eine anziehende Seite. Es gibt einen Zeitrhythmus, nach dem sich alle richten, auch die Mutter. Zu Arbeitsschluss setzt sie sich mit der Masse von Menschen in Bewegung. Da geschieht etwas Fremdes, etwas Mächtiges, dem gegenüber sie sich als Mädchen klein fühlt. Im Gefüge der großen Fabrik einen Platz zu haben, gibt den Erwachsenen aber auch Bedeutung und Identität. Vermutlich prägen diese kindlichen Erfahrungen nachhaltig die Arbeitsorientierungen von Eva Hutter. Aus der soziologischen Sozialisationsforschung ist bekannt, dass wir die innere Einstellung zur Arbeit und die damit verbundene Emotionalität lange vor dem Eintritt in den Arbeitsmarkt und gesellschaftlichen Produktionsprozess erwerben.[59] Ein wichtiges Moment sind die Erfahrungen, die Kinder mit dem gesellschaftlichen Phänomen Arbeit machen. Das geschieht vor allem dadurch, dass sie erleben, wie die Eltern mit den Zwängen und Belastungen ebenso wie mit den emanzipatorischen Aspekten der Arbeit umgehen. Kinder beobachten, inwieweit diese an Ausbeutung und Unterdrückung leiden und inwieweit sie durch Arbeit an Selbstachtung und Selbstbewusstsein gewinnen. Sie lernen, was es bedeutet, in den gesellschaftlichen Prozess der Produktion eingebunden zu werden und was sie dort erwartet.

Nach der Schule möchte Eva Hutter eine Lehre beginnen. Sie hat in dieser Hinsicht weder große noch feste Pläne, es kommen für sie die typischen Frauenberufe der damaligen Zeit, Friseurin, Schneiderin und Verkäuferin, in Frage. Da sie nicht in den Verkauf möchte, denkt sie, die Schneiderei wird ihr schon zusagen. Sie kommt in einen kleinen Lehrbetrieb, der nur mit Lehrlingen arbeitet und muss früh Verantwortung übernehmen. Schon im zweiten Lehrjahr gehört zu ihren Aufgaben, ein neues Lehrmädchen an- und einzuweisen, weil die Chefin oft krank ist. Nach dem Lehrabschluss findet sie eine neue Arbeitsstelle in einer Änderungsschneiderei. Die Arbeit gefällt ihr, aber immer wieder hört sie in ihrem sozialen Umfeld, dass die Arbeit nichts für sie sei, weil sie dort nichts verdiene, und außerdem in diesem Beruf nur 13 statt 14 Gehälter im Jahr gezahlt werden. Schließlich sagt die Mutter, sie würde sie in der Fabrik anmelden. Nach einem Jahr macht sie die Einstellungstests und beginnt mit Jänner 1979 in der Austria Tabak Linz zu arbeiten.

… und führt einen Haushalt

Obwohl das nicht ihre Idee war und sie sehr gern genäht hat, meint Eva Hutter, dass sie mit dem Wechsel zufrieden war. Anfangs arbeitet sie zuhause noch ein wenig in ihrem eigentlichen Beruf. Dann lernt sie ihren späteren Mann kennen und bekommt ein Kind. Sie nimmt den in den 1980er Jahren möglichen Karenzurlaub von einem Jahr und geht dann wieder in die Fabrik. Der Gedanke, zu kündigen und als Mutter und Hausfrau länger bei dem Kind zu bleiben, taucht zwar auf, wird aber rasch wieder verworfen. In der Fabrik hätte sie dann nicht mehr weiterarbeiten können und für die junge Familie ist der gute Verdienst wichtig. Sie ahnt, dass sie nicht der richtige „Typ für daheim" sei. Das zweite Kind kommt 1983, zwei Jahre nach dem ersten. Sie geht wieder ein Jahr in Karenz. Dieses Mal denkt sie nicht mehr daran, für längere Zeit nur Mutter und Hausfrau zu sein. Auch wenn es für sie anstrengend und „nicht recht nett für die Kinder" sei, sie müsse wieder in die Arbeit, meint sie. Nun, wo feststeht, dass sie auch mit zwei Kindern die Erwerbsarbeit nicht aufgeben möchte, bewirbt sie sich um eine Betriebswohnung, jedoch ist vorerst keine Wohnung mit einem Kinderzimmer frei. Erst 1997, da besteht die Familie schon aus fünf Personen, kann sie eine größere Wohnung in der betriebsnahen Wohnanlage des Unternehmens beziehen, in der sie heute noch lebt.

Im Betrieb wird auf ihre Situation als Mutter Rücksicht genommen. Sie muss keine Schichten übernehmen, kann an Maschinen arbeiten, die tagsüber laufen und wird als „Substitut" eingesetzt. Das ist eine Personalreserve im Maschinenbetrieb für jene Fälle, bei denen KollegInnen kurzfristig zum Arzt müssen, früher weggehen oder später in die Arbeit kommen. Gleichzeitig wird sie der Verlesbuchführerin zum Anlernen zugeteilt und übernimmt es, im Fall von Krankenstand und Urlaub ArbeiterInnen den einzelnen Maschinen zuzuteilen. Auf diese Weise wächst Eva Hutter langsam in den Aufgabenbereich der Verlesbuchführerin hinein, den sie in den 1990er Jahren, als die Kollegin in Pension geht, zur Gänze übernimmt. Sie empfindet es als großes Glück, dass für diesen Tagesarbeitsplatz jemand gebraucht worden ist und meint, das sei ein „Rettungsanker" für sie gewesen. Auf längere Sicht hätte sie wieder in der Zweier-Schicht arbeiten müssen, die nach und nach auf alle Bereiche in der Erzeugung ausgedehnt wird. Ihr Ehemann hätte sie nicht unterstützen können, weil er in einem Beruf mit viel Außendienst arbeitet und manchmal für mehrere Tage unterwegs ist. 1988 bringt sie ein drittes Kind zur Welt. Die Arbeit in der Fabrik und im Haushalt mit den drei Kindern ist zu bewältigen, weil entsprechende soziale Einrichtungen es den Frauen ermöglichen, im vollen Zeitausmaß im Arbeitsprozess zu bleiben. Die drei Kinder besuchen Krippe, Kindergarten und Kinderhort des Betriebs, die in unmittelbarer Nähe der Fabrik gelegen sind und die mit ihren Öffnungszeiten von 6.45 bis 17.15 Uhr auf die Bedürfnisse der Arbeiterinnen abgestimmt sind. Eine zusätzliche Regelung erleichtert es den Beschäftigten der Austria Tabak, Arbeit und Familie unter einen Hut zu bringen. Beide Elternteile haben die Möglichkeit, Pflegeurlaub im Ausmaß von 14 Tagen je Krankheitsfall eines Kindes zu nehmen.

Ohne diese Betreuungsstruktur wäre die Entscheidung von Eva Hutter, in der Erwerbsarbeit zu bleiben, nicht vorstellbar gewesen. Die Austria Tabak stellt seit Beginn des 20. Jahrhunderts Einrichtungen für die Betreuung der Kinder von Betriebsangehörigen zur Verfügung. Säuglingsstation und Kindergarten sind zuerst direkt der Fabrik angeschlossen. Im Jahr 1952 wird auf dem Gelände der neuen Werkswohnungen ein moderner Kindergarten mit einer Kinderkrippe eröffnet, der wenig später um einen Kinderhort erweitert wird. An solchen Einrichtungen fehlt es in der Stadt zu dieser Zeit weitgehend. Die Versorgung mit Kindergartenplätzen in Linz liegt damals bei rund 15 Prozent; öffentliche Kinderkrippen gibt es erst ab 1966.[60] Viele Frauen werden deshalb aus der Erwerbsarbeit gedrängt oder müssen die doppelte Belastung von Beruf und Familie durch Halbtags- oder Teilzeitarbeit ausbalancieren.[61] Es sind die Mängel des Systems der öffentlichen Kinderbetreuung, die die Annahme einer Vollzeitarbeit schwierig machen. Strukturelle Mängel wie fehlende Plätze für die Kleinkindbetreuung, mit Erwerbsarbeit unvereinbare Öffnungszeiten der Kindergärten oder lange Wegstrecken zwischen Wohnung, Kinderbetreuungsplatz und Betrieb führen oftmals zu einem teilweisen oder gänzlichen Rückzug aus dem Arbeitsmarkt. Es geht jedoch um mehr als das Füllen einer Lücke im öffentlichen System von Einrichtungen zur Unterstützung der familialen Reproduktionsarbeit. In der Austria Tabak machen die Beschäftigten die Erfahrung, dass der Arbeitgeber sich zuständig und verantwortlich fühlt für jene Mitglieder der Belegschaft, die Kinder haben. Das Unternehmen unterstützt Entscheidungen von Müttern, als erwerbstätige Frauen zu leben, nicht nur auf einer sozialen, sondern auch auf einer kulturellen Ebene.

Die Bedeutung dieser Praxis wird an den Erfahrungen von Eva Hutter erkennbar. Es ist ihr wichtig, in einem Betrieb zu arbeiten, in dem viele Frauen beschäftigt sind, die Klein- und Schulkinder zuhause haben. Niemals sei in der Garderobe getuschelt worden, „nein, die geht arbeiten". Es ist selbstverständlich, dass auf die Erfordernisse von berufstätigen Müttern nicht ablehnend oder verständnislos reagiert wird. Die skizzierten betrieblichen Strukturen schaffen Raum für eine Kultur, in der es auch für Frauen möglich wird, eine starke Bindung an die Arbeit zu entfalten. Die Austria Tabak ist für Eva Hutter mehr als ein Arbeitsplatz. Sie ist ein soziales Gefüge von Menschen, in dem sie Sinn und Bedeutung finden können.

Schichtordnungen einrichten

Die Arbeit der Verlesbuchführerin – also die Zuteilung von Personal zu den Maschinen und die detaillierte Erfassung der tatsächlich geleisteten Arbeitsstunden – fällt traditionell in den Aufgabenbereich der Meister. Diesen standen allerdings für diese Tätigkeit immer schon Assistentinnen zur Verfügung. Mit der Einführung der Schichtarbeit wird dieser Aufgabenbereich komplexer. Die Position verselbstständigt sich zu einem eigenständigen Arbeitsplatz, der in den Händen von Frauen bleibt. Die Meister distanzieren sich von diesen Aufgaben immer mehr und die Frauen zeigen sich für dieses Arbeitsfeld geeignet und umsichtig. Eigene Verlesbuchführerinnen gibt es nur in der Erzeugung. In anderen Abteilungen wird diese Arbeit von den Meistern gemacht. Auch die Mechaniker werden in der Erzeugung von den Meistern eingeteilt, die Verlesbuchführerin erledigt für sie die Übermittlung der Stundenleistungen an die Programme der Zeitwirtschaft.

Eva Hutter übernimmt die Aufgabe der Verlesbuchführung in jener Periode, in der die elektronische Datenverarbeitung nach und nach alle Bereiche der Verwaltung erfasst. Vorher wurden die Daten der geleisteten Stunden nach Tagen, Wochen und Monaten händisch in große Mitarbeiterblätter eingetragen, die von der Belegschaft *Leintücher* genannt wurden. Dokumentiert wurde für jede einzelne Arbeitskraft die Schicht und die Maschine, der sie zugeteilt war. Nach der Umstellung auf EDV überblickt Eva Hutter auf dem PC die Grunddaten für alle MitarbeiterInnen der Abteilung, in denen für mehrere Monate die Zuteilung zu Schicht und Stammarbeitsplatz verzeichnet ist.

Woche für Woche modifiziert und korrigiert sie diese geplanten Daten nach den realen Gegebenheiten und schafft so die Grundlage für die Lohnverrechnung. Die Anfertigung von Leintüchern hätte sich damit erübrigt. Allerdings führt sie dieses Arbeitsmittel in einer vereinfachten Variante weiter. Sie trägt Urlaube, Schichtzuteilungen und andere Vereinbarungen für jeden Mitarbeiter und jede Mitarbeiterin ein. Damit verschafft sie sich eine Übersicht, aus der Arbeitseinteilungen in der Abteilung über lange Zeiträume unmittelbar zugänglich und ersichtlich sind, Informationen, die ihr in dieser Form in den elektronischen Programmen nicht zur Verfügung stehen. Diese sind wichtig, wenn sie ihre Arbeit „gut", das heißt für alle akzeptabel, machen will. In ihrer Position ist sie mit einer Vielzahl individueller Wünsche für die Arbeitseinteilung konfrontiert. Der anspruchsvollste Teil ihrer Arbeit besteht darin, einen Ausgleich zwischen diesen individuellen Anliegen unter den KollegInnen herzustellen, so dass bei niemandem der Eindruck entsteht, benachteiligt zu werden. Die traditionelle Form des *Leintuchs* ist für sie das wichtigste Instrument, mit dem sie argumentieren kann, wenn es darum geht, ihre eigenen Einteilungen auf einer sachlichen Basis zu legitimieren und Interventionen von KollegInnen zu besprechen.

Bei ihrer Arbeit geht sie von drei fixen Maschinengruppen aus. Ist aufgrund eines Auftrags eine UHS-Maschine in einer 4er-Schicht zu fahren, stellt sie eine vierte Gruppe zusammen. Dabei sind eine Reihe von Kriterien zu beachten: Wer kann die Arbeit machen und wer will sie machen? Wer sind die Dienstältesten, die Vorrechte haben? Wer wird für die Nachtschichten eingeteilt, die wegen der Zuschläge bei vielen KollegInnen begehrt sind? Aber auch bei der Organisierung von kurzfristigem Ersatzpersonal im Fall von Krankenständen oder ähnlichen Ausfällen ist vieles zu bedenken: Wer kommt mit wem in einer Fahrgemeinschaft in die Arbeit? Wer kann wegen der Sorge für Kinder nicht in die Schicht oder in die Frühschicht gehen? Wer will mit wem auf keinen Fall in einer Gruppe sein?

Eva Hutter strebt danach, die Einteilungen im Einvernehmen mit den KollegInnen zustande zu bringen. Wie sie sagt, will sie es „jedem Recht machen". In der Praxis ist das kaum möglich, da die Ansprüche der KollegInnen zu unterschiedlich sind und miteinander konkurrieren. Oftmals ist es undurchführbar, individuelle Anrechte in eine eindeutige Hierarchie zu bringen und damit jedes persönliche Moment bei den Entscheidungen auszuschließen. Die Verlesbuchführerin ist in einer schwierigen Position, weil sie ein Bindeglied zwischen dem Maschinenpersonal und der Produktionsleitung darstellt. In den letzten Jahren nach dem Verkauf der Austria Tabak steigt der Druck, die Ergebnisse in der Produktion zu maximieren: Es ist offensichtlich, dass der britische Konzern Gallaher als neuer Eigentümer ausschließlich an einer Steigerung des Outputs interessiert ist. Nach den Schließungen der Fabriken in Schwaz und Fürstenfeld geraten die verbleibenden Fabriken in Hainburg und Linz in eine Konkurrenzsituation, weil weitere Schließungen erwartet werden müssen. Vor diesem Hintergrund verändert sich die Anforderung an die Verlesbuchführerin, da das System die Durchsetzung von Leistungsdruck gegenüber dem Maschinenpersonal als absolut vorrangig betrachtet.

Eva Hutter fordert viel von sich selbst und verrichtet ihre Arbeit mit großem Einsatz. Wenn sie über die Arbeit spricht, wird deutlich, dass es dabei um zwei unterschiedliche Perspektiven geht. Die eine ist, dass sie sich als Person über Arbeit und Arbeitsleistung definiert; die andere, dass für sie Arbeit immer auch eine kollektive Tätigkeit darstellt und mit Zugehörigkeiten zu tun hat. Man gehört zu einer Gruppe, die gemeinsam eine Maschine fährt, der es wichtig ist, gute Produktionszahlen zu erzielen und die in Konkurrenz zu anderen Gruppen und deren Maschinen steht. In diesem Zusammenhang sieht sie es positiv, dass der Betrieb keine Leistungsprämien für besonders gute MitarbeiterInnen bezahlt. Die Leute seien stolz auf ihre Arbeitsleistungen gewesen und hätten dies auch gezeigt: „Ja, super sind wir heute gefahren." Hier fällt das „Wir" auf, in dem sie denkt. Weil es die Kategorie der individuellen Leistung nicht gegeben habe, sei Zusammengehörigkeit entstanden, hätten sich Kolleginnen und Kollegen gefreut, dazu beizutragen, dass das Gesamtwerk funktioniere.

Im Jahr 2002 wird sie in den Status der Angestellten übernommen. Ihr Arbeitsfeld passt schlecht zu den Kriterien der institutionalisierten Arbeitsplatzbewertung, so dass ein deutliches Missverhältnis zwischen der Entlohnung für ihre Arbeit als Verlesbuchführerin und jener für die Maschinenarbeit entsteht. Die Geschäftsführung löst solche Fälle durch eine Übernahme in das Angestelltenverhältnis, in dem individuell vereinbarte Gehälter möglich sind. Die sozialen Konsequenzen, die mit diesem Status verbunden sind, versucht sie zu negieren. Sie wolle weiterhin zum Kreis der ArbeiterInnen gehören und nicht als Angestellte wahrgenommen werden, vor allem nicht von jenen Kolleginnen, mit denen sie begonnen habe und mit denen sie mitgewachsen sei. Aus diesem Grund trägt sie in der Arbeit weiterhin die Werkskleidung der Austria Tabak, die für die ArbeiterInnen bestimmt ist, während die Angestellten im Werk private Kleidung tragen. Erst im letzten Arbeitsjahr, als die Entscheidung von Japan Tobacco International (JTI) zur Schließung des Betriebs feststeht, trägt sie ihr privates Gewand, als kleines Zeichen des Protestes.

„Warum eigentlich wir?"

Bei der Übernahme der Austria Tabak durch den britischen Konzern Gallaher sind die Hauptfragen der MitarbeiterInnen, welche Umstrukturierungen bevorstünden und ob die Wohnungsgesellschaft Riedenhof übernommen werde. Wie würde sich das Arbeiten unter einem neuen Eigentümer verändern? Eva Hutter sagt, diese konkreten Fragen „sind für alle von Bedeutung gewesen, nicht die Nationalität derjenigen, für die du arbeitest."

Auch sie erlebt es in dieser Weise und hat nicht das Gefühl einer ökonomischen Bedrohung. Der Staatsbetrieb Austria Tabak wollte auch Gewinne machen, das werde unter dem neuen Eigentümer nicht viel anders sein. Es stellt sich schnell heraus, dass mit Gallaher keine gravierenden Neuerungen kommen, außer dass mehr produziert wird. Das Vier-Schicht-Modell wird eingeführt, aber sonst bleibt die Produktion so, wie die Belegschaft es gewohnt ist. Deutlich spürbar ist aber: Es müssen möglichst große Mengen zu möglichst geringen Kosten produziert werden. Werden Ersatzteile benötigt, bestellt man nicht Originalteile, sondern solche, die schnell geliefert werden und billig sind. Bei einem Sortenwechsel in der Zigarettenproduktion wird ohne Abstellen der Maschinen neuer Tabak eingespeist und der Ausschuss im Übergang von der einen zur anderen Tabakmischung weggeworfen.

Die Maxime, dass das kostengünstigste Produktionsergebnis erzielt werden muss, ändert sich grundlegend mit der Übernahme der Fabrik durch den japanischen Konzern JTI. Es werden wieder – wie in den Zeiten der Austria Tabak – Originalteile eingekauft und bei der Sortenumstellung werden die Maschinen abgestellt, alle Rückstände von Tabak und Kleber entfernt und erst dann wird mit dem neuen Tabak „angefahren". So lautet jedenfalls der Auftrag unter JTI, der so bis zu den Meistern in der Abteilung „herunter" kam. Eva Hutter ist nicht sicher, ob diese Direktiven an den Maschinen tatsächlich umgesetzt wurden. Kontrolliert habe es keiner, meint sie, die Japaner seien kaum in die Fabrik gekommen.

Eine weitere Maxime bei JTI sind hohe Sicherheitsstandards. Unter Gallaher haben sie keine Rolle gespielt, unter österreichischer Eigentümerschaft nicht in dem Maße wie unter JTI. Für Schulungen war viel Geld vorgesehen, nicht nur für das Management, sondern für jede einzelne Arbeitskraft. Dazu ist es aber nicht mehr gekommen.

Wie eingangs ausgeführt wurde, kommt die Information über die Schließung des Linzer Betriebs auch für Eva Hutter überraschend. Sie vertraute angesichts der Gerüchte und Debatten fest auf die ökonomische Vernunft. Schließlich galt Linz als der beste Betrieb der Austria Tabak in Österreich, betont sie. Oftmals haben sie bei Produktionen von Hainburg ausgeholfen, weil größere Aufträge dort nicht ausgeführt werden konnten. Viele hätten sich damals gefragt, warum Linz und nicht Hainburg geschlossen wird.

Das verzweifelte Hoffen der Linzer Belegschaft in dieser dramatischen Situation beruht auf diesem Hintergrund: In der neuen Geschäftsstrategie des Unternehmens, die in den 1980er Jahren entwickelt wurde, hatte der Standort Linz große Bedeutung. Die gesamte Produktion des Konzerns, der sich nach dem Fall des Monopols auf dem internationalen Markt behaupten muss, sollte in Linz konzentriert werden. Es war die „Mission" von Heribert Lindle, dem damaligen Linzer Direktor, diesen strategischen Überlegungen gegenüber der Zentrale in Wien durch Produktionssteigerungen Nachdruck zu verleihen. Von ihm betriebene Reformen zur Veränderung traditioneller Strukturen in der Fabrik fanden bei großen Teilen der Belegschaft Zustimmung. Das Ziel für den Prozess der Privatisierung in den 1990er Jahren lautete, der „beste Betrieb" des Konzerns zu sein und zu bleiben.

Direktor Heribert Lindle geht 2001 in Pension. Sein Bestreben ist von einem Großteil der Belegschaft übernommen worden. Und es gelingt tatsächlich, die Manager von Gallaher durch die erbrachten Leistungen zu beeindrucken. Für die Linzer Fabrik sprechen folgende Argumente: Innovationen in der Produktion, etwa bei den Verpackungen, werden in Linz entwickelt, im Hinblick auf das Leistungsniveau wird innerhalb der Belegschaft von einem „West-Ost-Gefälle" gesprochen. Die Schwazer in Tirol seien ebenfalls extrem gut gewesen, aber die Fabrik nicht ausbaufähig. Ihre Kapazität hätte nicht über sieben Milliarden Zigaretten pro Jahr gesteigert werden können. Linz dagegen bringt in diesen Jahren bereits 21 Milliarden pro Jahr, und mit dieser Leistung sei der Plafond noch nicht erreicht gewesen. Die Fabriken in Schwaz und Fürstenfeld werden 2005 geschlossen. Hainburg verbleibt als Konkurrent, den man als schwächer einschätzt. Die maschinelle Ausstattung in Produktion und Tabakaufbereitung sei in Linz besser. Das Gleiche gelte für das Personal im Hinblick auf Ausbildung und Leistungsbereitschaft. Die Fakten sollten ab 2007 auch den neuen japanischen Eigentümer überzeugen. JTI würde nicht ihre beste Kuh schlachten, meinen die OptimistInnen, die SkeptikerInnen verweisen auf die Vorstellung der Konzernleitung, für die nicht denkbar sei, dass eine Fabrik mit fünf Geschoßen produktiver sein könne als eine, bei der alle Produktionsgänge auf einer Ebene liegen. Diese Ansicht erweist sich als stärker als die Orientierung an Leistungszahlen. Im Jahr 2008 ergibt eine Erhebung innerhalb der europäischen Unternehmen von Japan Tobacco International, dass der Standort Linz bei den Produktionskosten je 1.000 Stück Zigaretten an drittbester Stelle liegt. Dennoch wird die Fabrik in Linz und nicht Hainburg geschlossen.

Eva Hutter erinnert sich, dass, entgegen ihrer Erwartung, die Krankenstände nach der Information über die Schließung nicht angestiegen sind. Weiterhin fuhren alle ihre Schichten, so als ob nichts geschehen wäre. Ist es möglich, dass Teile der Belegschaft bis zum Schluss die Realität nicht zur Kenntnis nehmen, weil sie an der Hoffnung festhalten, als ökonomisch effizienter Betrieb nicht geschlossen zu werden? Oder besteht die Erklärung für die – trotz Ankündigung der Schließung – beibehaltene Leistung darin, dass grundlegende Arbeitshaltungen tief verankert sind und von aktuellen Erfahrungen nur wenig modifiziert werden? Die Lebensgeschichte von Eva Hutter könnte ein Beleg dafür sein.

Anna Holzinger:
Frau trifft Industriearbeit

Anna Holzinger hat Zweifel, ob sie mit der Arbeit an den Maschinen zurechtkommen würde, als sie 1979 in der Austria Tabak Linz zu arbeiten beginnt. Ihr Mann, Klaus Holzinger ist seit etwa einem Jahr als Mechaniker in der Tabakfabrik Linz beschäftigt. Das Ehepaar hat eine Tochter von knapp drei Jahren. Anna Holzinger ist 26 Jahre alt und arbeitet nach dem gesetzlichen Karenzjahr wieder an ihrem Arbeitsplatz in einer Linzer Buchbinderei. Die Arbeit gefällt ihr, sie stellt bei Büchern die Fadenbindungen her und führt verschiedene Sonderanfertigungen aus. Während die Eltern ihrer Arbeit nachgehen, betreut eine Tagesmutter das Kind. Eine Lösung, die Anna Holzinger nicht zusagt. Sie würde ihre Tochter lieber in einem Kindergarten sehen. Ihr Mann schlägt ihr vor, die Arbeit zu wechseln und in der Austria Tabak als Maschinenführerin anzufangen. Dort gebe es einen Kindergarten, in dem auch Windeln gewaschen würden, eine Betriebskantine, so dass sie zuhause kaum kochen müsste, und eine Regelung für den Pflegeurlaub, nach der sie mehrfach im Jahr zuhause bleiben könnte, wenn das Kind krank werden sollte. Die sozialen Einrichtungen sind ausschlaggebend dafür, dass sie sich schließlich in der Tabakfabrik bewirbt. 1979 beginnt sie dort zu arbeiten. Sie hat bisher in verschiedenen Buchbindereien immer feinere Handarbeiten gemacht und noch nie an großen Maschinen gearbeitet. Mit ihr werden sechs andere Frauen aufgenommen. Sie sind in einer ähnlichen Situation wie Anna Holzinger. In den Betrieben, in denen sie bisher tätig waren, ist es schwierig, neben Pflege und Sorge für ein kleines Kind weiterhin zur Arbeit zu gehen.

An ihrem ersten Arbeitstag ist von Maschinenarbeit keine Rede. Sie soll vorerst als Kehrerin arbeiten. Als sie in die Halle kommt, sieht sie etwa 25 Maschinen stehen, die mit einer dicken Schicht von Staub bedeckt sind. Eine Frau zeigt ihr, wie die Maschinen sauber gemacht werden, ohne dass der Staub in die Mechanik kommt. Das könnte beim Anlaufen der Maschine leicht zu einer Störung führen. Es ist daher streng verboten, den Staub wegzublasen. Die ganze erste Woche macht sie nur Maschinen sauber. Sie erzählt, dass sie in dieser Woche jeden Tag einen Knödel im Hals gehabt und jeden Abend geweint hätte. Als sie mit der Reinigung der Maschinen fertig ist, muss sie am Sportplatz die Kantine putzen, dann den Speisesaal im Bau 1 der Fabrik. So vergeht Woche um Woche, ihre Einsatzorte wechseln mehrmals. Am Schlimmsten ist das Putzen der Fenster im vierten Stockwerk. Dort befindet sich das Lager für den Schnitttabak, der je nach Bedarf in das Geschoß darunter zu den Strangmaschinen gebracht wird. Das Befüllen und Entleeren der Kisten verursacht Staub. Um das Jahr 1980 sind die Klimaanlagen noch nicht so gut entwickelt, daher sammelt sich an den Fenstern Kondenswasser, das sich mit dem Tabakstaub zu einem ekelerregenden Schlamm verbindet. Viele der Frauen hätten sich bei der Arbeit übergeben oder seien in Tränen ausgebrochen. Der einzige Lichtblick sei ein alter kriegsversehrter Tabakarbeiter gewesen. Er habe den Frauen Tee zubereitet und sie zu trösten versucht: „Ihr dürft das nicht so negativ sehen."

Fast zwei Jahre ist Anna Holzinger als Kehrerin beschäftigt. Jedes Jahr von Dezember bis März wird die ganze Fabrik grundgereinigt, die anderen Monate putzen die Arbeiterinnen an unterschiedlichen Orten. Trotz der anfangs harten Erfahrungen bleibt sie in der Fabrik, weil ihre Tochter gut versorgt ist. Die Familie wohnt etwa 20 Kilometer außerhalb der Stadt. Die kleine Tochter bringt sie vor Arbeitsbeginn in den Betriebskindergarten und holt sie nach Dienstschluss dort wieder ab. Nach und nach werden die Frauen aus der mit ihr aufgenommenen Gruppe den Maschinen zugeteilt. Bei diesen Zuteilungen zu verschiedenen Aufgaben wird strikt nach dem Dienstalter vorgegangen.

Das Dienstalter hat einen großen Einfluss als innerbetriebliches Ordnungsprinzip. Dienstjüngere beginnen im Betrieb mit schlechteren Arbeiten, zumeist dem Putzen, und rücken auf die besseren Positionen nach, wenn Ältere in Pension gehen. Auch Anna Holzinger wird um 1981 erstmals an einer Strangmaschine eingesetzt. Sie muss lange auf den Wechsel vom Putzen zur Maschine warten, weil die ersten Buchstaben ihres Familiennamens in der alphabetischen Reihenfolge nach jenen der anderen Frauen kommen, die mit ihr aufgenommen wurden, und alle über dasselbe Dienstalter verfügen. Anna Holzinger vermutet, dass man 1979 einige Frauen zu viel aufgenommen hat. Für gewöhnlich dauert der „Aufstieg" auf attraktive Arbeitsplätze an den Maschinen nicht so lange. Gegen Ende der 1980er Jahre geht die Direktion mehr und mehr dazu über, die Reinigungsarbeiten von Leasingfirmen durchführen zu lassen.

Das Dienstalter – ein Ordnungsprinzip

Das Dienstalter und die damit verbundenen organisatorischen oder hierarchischen Strukturen werden in der Fachliteratur mit dem Terminus Anciennität gefasst. Der Begriff selbst stammt aus dem Französischen und meint eine Rangfolge von Personen, die sich nach der Dauer der Zugehörigkeit zu einer Organisation richtet.[62] Historisch gesehen spielt die Anciennität in staatlichen

Beamtenapparaten eine Rolle, beispielsweise im Militärwesen oder an den Universitäten. Scheidet der Vorsitzende eines Gremiums aus welchen Gründen auch immer aus, rückt das dienstälteste Mitglied in diese Position nach, bis der in der Satzung vorgesehene Modus wirksam werden kann, nach dem der oder die Vorsitzende bestimmt wird. Das Prinzip der Anciennität wird oft mit dem Senioritätsprinzip verwechselt. Letzteres bezeichnet eine Rangfolge, die sich aufgrund des biologischen Alters ergibt – unabhängig von der Dauer der Zugehörigkeit zu einer Gruppe.

In der Austria Tabak stellt das Dienstalter ein traditionelles Ordnungsprinzip dar. In den Arbeitsordnungen ist geregelt, dass der oder die Dienstältere bei gleicher Qualifikation bei der Zuteilung zu Maschinen und bei der Einteilung für bestimmte Schichten den Vorzug bekommt. Das Dienstalter klärt, wessen Urlaubsansprüche vorrangig und welche nachrangig berücksichtigt werden. In den Erzählungen von Anna Holzinger und in den Gesprächen mit anderen Arbeiterinnen und Arbeitern entsteht der Eindruck, dass jeder Mitarbeiter und jede Mitarbeiterin nicht nur das eigene Dienstalter, sondern auch jenes der Kolleginnen und Kollegen, mit denen unmittelbar zusammengearbeitet wurde, genau kannte. Das war nützlich, um Streit bei Schichteinteilungen oder Urlaubsanmeldungen zu vermeiden, da alle wussten, dass die Wünsche von Dienstälteren vorrangig behandelt werden. Tatsächlich steht die Belegschaft der Anciennität positiv gegenüber. Vermutlich deshalb, weil sie eine einfache und objektive Ordnung zur Verfügung stellt. Die Bildung von Rangordnungen nach der Leistung als Alternative zum Prinzip der Anciennität ist immer subjektiv und hat etwas Willkürliches an sich. Dagegen wird am Dienstalter geschätzt, dass sich auch die Vorgesetzten an die Einhaltung dieser Regelung gebunden fühlen und damit wenig Spielraum haben, KollegInnen, die „ihnen besser zu Gesicht stehen", in entsprechenden Entscheidungssituationen den Vorzug zu geben. Mit dem Dienstalter lassen sich informelle Ordnungen, die durch Freundschaften und aus Bindungen zwischen Familien entstehen, neutralisieren. Ein formales Ordnungsprinzip, das allgemeine Anerkennung genießt, ist geeignet, die Durchsetzung von Begünstigungen und Gefühle wie Missgunst und Neid nicht aufkommen zu lassen.

Zugleich zeigen sich aber auch Dysfunktionalitäten in der Anwendung dieses Prinzips. Häufig lassen ältere Kolleginnen die Jüngeren die durch das Dienstalter definierte Hierarchie spüren. Wenn die Jungen über die Arbeit des Putzens klagten, hätten die älteren Arbeiterinnen sie aufgefordert, still und froh darüber zu sein, dass sie in der Fabrik arbeiten und putzen dürfen. Anna Holzinger schmerzt die Geringschätzung, die in dieser Zurechtweisung der Kolleginnen enthalten ist. Dem Prinzip des Dienstalters und seiner Verwendung im Betrieb kann sie dennoch viele positive Aspekte abgewinnen. Ein spezielles Problem ergibt sich aus dem Kriterium des Dienstalters, wenn der Faktor Qualifikation außer Acht gelassen wird. Es kommt vor, dass MitarbeiterInnen versuchen, sich aufgrund ihres Dienstalters zu besser bezahlten Maschinenarbeiten zuteilen zu lassen, obwohl sie von den technologisch anspruchsvollen Aufgaben überfordert sind. Auch Vorgesetzte versuchen manchmal, schwierigen Entscheidungen über Qualifikationen von MitarbeiterInnen auszuweichen, indem sie mit dem Dienstalter argumentieren. Dadurch können erhebliche Störungen des Produktionsablaufes entstehen. Das ist einer der wesentlichen Gründe, warum das Vorrecht aufgrund des Dienstalters in den letzten Jahren der Tabakfabrik Linz an Bedeutung verliert.

Das Interessante am Ordnungsprinzip des Dienstalters ist, dass es dazu keine Bestimmungen in neueren Kollektivverträgen oder Dienstvereinbarungen gibt. Die Legitimation besteht noch immer in den Formulierungen einer Arbeitsordnung aus dem Jahr 1972. Der Betriebsrat in Linz argumentiert in entsprechenden Diskussionen um das Dienstalter damit, dass es einfach „gelebte Praxis" sei.[63] Nicht in allen Fabriken der Austria Tabak hat das Dienstalter einen ähnlich hohen Stellenwert. In der Fabrik in Schwaz war die praktische Bedeutung dieses Prinzips weitaus geringer. Die Wurzeln der Ancienniät liegen in der Organisationskultur des Beamtenstandes, der im traditionellen k.u.k. Regiebetrieb das Verwaltungs- und Führungspersonal stellte. Dort war Dienstalter auch mit dem Gehalt verknüpft, eine Verbindung, die heute noch in den Biennalsprüngen der Angestellten aktuell ist. Es ist bemerkenswert, dass in der Austria Tabak auch die ArbeiterInnen diesen Mechanismus zumindest partiell übernehmen konnten, wenngleich in deutlich abgeschwächter Form: Für die Löhne der ArbeiterInnen gibt es eine Dienstalterszulage, die jedoch in einer – im Vergleich zu den Biennalsprüngen der Angestellten – minimalen Progression verläuft.

Schichtarbeit und ihre Ambivalenz

Für die ersten Arbeiten an den Zigarettenmaschinen wird Anna Holzinger ab 1981 den alten Strangmaschinen zugeteilt. Bei der Herstellung der Ovalzigaretten müssen noch immer – wie in den 1960er Jahren – die fertigen Zigaretten händisch in die Rahmen eingelegt werden. Es ist eine anstrengende Arbeit, die Konzentration und Schnelligkeit erfordert habe, denn – so sagt sie – die Zigaretten hätten nicht auf sie gewartet. Nach einer Stunde Einlegen gibt es ein halbe Stunde Pause. Damals sei die personelle Besetzung in der Produktion noch großzügig gewesen, sodass es manchmal möglich war, die Pause auf eine Stunde auszudehnen. Später, mit der Einführung der neuen Maschinengenerationen in den 1980er Jahren, verdichtet sich der Arbeitstag. Mit den Direktkopplungen entfällt das Einlegen der Zigaretten in die Rahmen, Personal wird wegrationalisiert und die Frauen sind enger an die maschinellen Abläufe gebunden.

An den neuen Maschinen muss im Zweier-Schicht-Betrieb gearbeitet werden, andere Maschinen laufen weiterhin in der Normalarbeitszeit. Die Frühschicht dauert von 6 bis 14 Uhr, die Spätschicht von 14 bis 22 Uhr. Anna Holzinger kommt 1983 an diese neuen Anlagen. Schon zu Beginn ihres Arbeitsverhältnisses im Jahr 1979 musste sie ein Formular unterschreiben, in dem sie ihre Bereitschaft erklärte, in diesem Zeitrhythmus zu arbeiten, falls es der Produktionsablauf erfordert. Ihre Tochter geht nun schon in die Volksschule, sodass es machbar erscheint, mit der Schichtarbeit zu beginnen. Dazu ist allerdings erforderlich, dass Anna und Klaus Holzinger kontinuierlich in der Gegenschicht arbeiten. So ist immer ein Elternteil in der Früh zuhause und das Schulkind nur am Nachmittag für etwa eine Stunde alleine. Andere Frauen, die schon länger im Betrieb arbeiten, sehen sich wegen Betreuungsverpflichtungen gegenüber kleinen Kindern nicht in der Lage, Schichtarbeit zu leisten. Anna Holzinger ist einverstanden damit, dass die Frauen untereinander regeln, wer von ihnen in das neue Schichtmodell einsteigt und wer bei der Normalarbeitszeit bleibt. Sie möchte allerdings, dass die mit dem Dienstalter verbundenen Vorrechte außer Kraft gesetzt werden, wenn Frauen mit einem höheren Dienstalter wegen ihrer Kleinkinder nicht in der Schicht arbeiten wollen. So sollen sie später auch nicht die Möglichkeit haben, aufgrund ihres höheren Dienstalters jederzeit in Schichtarbeit einzusteigen und Kolleginnen mit einem geringeren Dienstalter zu verdrängen. Schichtarbeit ist verlockend, weil durch die Zuschläge für die Abendstunden der Verdienst merkbar ansteigt. Mit der Forderung, das Prinzip des Dienstalters in diesem Punkt außer Kraft zu setzen, können sich die jungen Frauen jedoch nicht durchsetzen.

Hier deutet sich das Dilemma an, in das Arbeiter und insbesondere Arbeiterinnen durch die Schichtarbeit geraten. Es bricht bereits bei der Zweier-Schicht auf, vertieft sich noch mit der Einführung der Dreier-Schicht gegen Ende der 1990er Jahre. Unter dem Gesichtspunkt der Einkommenssteigerung wollen viele nicht auf Schichtarbeit verzichten, unter dem Gesichtspunkt der Organisation von Familien- und Lebensverhältnissen führt die Schichtarbeit aber zu erheblichen Belastungen und erfordert einiges an organisatorischem Geschick und an Disziplin.

1985 bringt Anna Holzinger eine zweite Tochter zur Welt. Nach einem Karenzjahr geht sie wieder zur Arbeit. Mit den Arbeitszeiten der Zweier-Schicht ist für das Kleinkind der regelmäßige Besuch des Kindergartens nur schwer zu bewältigen. Die Familie organisiert sich eine Struktur, mit der sie mühsam versucht, die Erfordernisse der Schichtarbeit mit den Bedürfnissen des Kindes abzustimmen. In den ersten Monaten bleibt die kleine Tochter manchmal zuhause und geht nicht in den Kindergarten. Da sie und ihr Mann Klaus weiterhin in der Gegenschicht arbeiten, kann am Vormittag immer jemand zuhause beim Kind bleiben, während ein Elternteil zur Frühschicht geht. Zum Schichtwechsel um 14 Uhr nimmt der andere Elternteil das Kind mit. Jener Elternteil, der um 14 Uhr Dienstschluss hat, fährt mit Auto und Kind wieder nach Hause. Als die kleine Tochter älter ist, finden sie eine Alternative. Das Mädchen geht nun manchmal gerne in den Kindergarten der Tabakfabrik. An solchen Tagen übernimmt die ältere Tochter einen Teil der Betreuungsarbeit für die Schwester. Sie fährt früh morgens mit der Kleinen im Zug zur Stadt, bringt das Kind um sieben Uhr in den Kindergarten der Austria Tabak und geht anschließend in das naheliegende Gymnasium. Am Nachmittag, mit dem Ende der Frühschicht, holt einer der Elternteile das Kind vom Kindergarten und fährt mit ihm nach Hause. Im Gespräch mit Anna Holzinger wird heute noch die Anspannung spürbar, die diese Organisation der Versorgung des

Kindes damals mit sich brachte. Sie betont, dass beide Töchter ihren Weg gemacht und eine höhere Ausbildung absolviert haben und nun erfolgreich in ihrem Beruf sind.

Wenn sie aus dem damaligen Blickwinkel über jene Jahre spricht, in denen Kinder zu versorgen waren, wird deutlich, dass sie wenig Freude mit der Schichtarbeit hatte. Sie könnte keiner jungen Frau zur Übernahme von Schichtarbeit raten, meint sie in diesem Zusammenhang. In der späteren Lebensphase, als die Kinder nur mehr wenig Betreuung brauchten, kann sie dagegen der Schicht viel Gutes abgewinnen. Das gilt auch für die Nachtschicht, die ab 1998 mit dem Rhythmus der Dreier-Schicht eingeführt wird. Am Anfang wehrt sie sich, wie viele andere KollegInnen, in der Nacht zu arbeiten. Die Nacht sei zum Schlafen da. Dann wird ihr klar, wie viel sie mit der Nachtarbeit verdienen würde. Der Zuschlag beträgt zuerst 100 Prozent, vier Jahre später wird er auf 70 Prozent reduziert. Unter diesen Bedingungen ist sie zur Nachtarbeit bereit. Die Kinder müssen nicht mehr beaufsichtigt werden. Die jüngere Tochter geht mittlerweile ins Gymnasium, die ältere studiert. Auch der Mann rät ihr, in die Nachtschicht zu gehen, vor allem mit Blick auf die Höhe der Pension, die ihr bei 15 Jahren Schichtarbeit zustehen würde.

In der veränderten Lebenskonstellation bezeichnet Anna Holzinger die Nachtschicht als ihre „schönste Zeit" in der Fabrik. Zwei unterschiedliche Erfahrungen sind damit gemeint: Zum einen gefällt ihr die Arbeit an der Maschine, die ihr Konzentration und Geschicklichkeit abverlangt. Nachtarbeit findet in jenen Stunden statt, in denen das soziale Leben in und außerhalb der Fabrik nahezu zum Stillstand kommt. Gerade diese Situation lässt sie die Auseinandersetzung mit der Maschine als besonders intensiv erleben. Zum anderen genießt sie die zum allgemeinen Tagesrhythmus verschobene Struktur der Nachtarbeit, weil ihr viel Zeit nur für sich bleibt. Dazu gehört in den frühen Morgenstunden die Anfahrt vom Dorf in die Stadt und die Fabrik oder auch umgekehrt von der Fabrik nach Hause. Bis auf wenige Wochen im Winter fährt sie die Strecke mit dem Fahrrad, braucht dafür eine knappe Stunde und ist in dieser Zeit fast alleine auf dem Weg. Zu der Zeit, die sie nur für sich hat, gehört auch der freie Nachmittag zuhause in jenen Wochen, in denen sie in der Nachtschicht arbeitet.

Das zentrale Motiv, die Nachtarbeit auf sich zu nehmen, bleibt der Verdienst. Es geht jedoch um mehr als um die unmittelbar materielle Seite. Der durch die Zuschläge gesteigerte Lohn hat auch eine symbolische Bedeutung. Die Mühe der Schichtarbeit ist für sie auch eine Investition in eine bessere Zukunft. Das verdiente Geld macht die Wichtigkeit der eigenen Arbeit deutlich. Der Verdienst ermöglicht die Teilhabe an einem Erfolg, von dem eine Arbeiterin üblicherweise ausgeschlossen ist. Anna Holzinger spricht davon, sich in diesen Jahren „dumm und dämlich verdient" zu haben. Darin kommt Stolz zum Ausdruck, die Belastungen dieser Jahre in der Vierer-Schicht ertragen und die materielle wie symbolische Anerkennung erhalten zu haben. Allerdings hat dies auch seine Schattenseiten. Sie meint, dass Gallaher die extreme Steigerung der Produktion betrieben habe, um für den bevorstehenden Verkauf den Marktwert des Konzerns zu optimieren. So gesehen, seien sie und die anderen KollegInnen getäuscht worden. Aber letztlich habe dieser

Einsatz auch für sie Vorteile gehabt. Heute habe sie eine gute Pension.

Objektiv betrachtet muss der höhere Lohn aus der Schichtarbeit relativiert werden. Er ist im Vergleich zum Lohn, der in der Normalarbeitszeit erreicht wird, erheblich und erlaubt es ohne Zweifel, den Lebensstandard einer Arbeiterfamilie spürbar zu verbessern und in die Bildung der Kinder zu investieren. Die enorme Beanspruchung der eigenen Arbeitskraft tritt in den Hintergrund, wenn die Belastungen ohne unmittelbare gesundheitliche Folgen bewältigt werden können. Die physiologischen Belastungen, die mit Schichtarbeit verbunden sind, sind bekannt und stellen nicht die einzige Schattenseite dieser Form der Organisation von Arbeitszeit dar. In dieser Hinsicht ist Schichtarbeit eine gesteigerte Form der Selbstinstrumentalisierung und verleitet Arbeiter und Arbeiterinnen zur übermäßigen Ausbeutung der eigenen Arbeitskraft, da der Lohn über die entsprechenden Zuschläge verhältnismäßig hoch ist.

Die Arbeit – eine Heimat in der Fremde

Anna Holzinger stammt aus Čakovec im kroatischen Teil des ehemaligen Jugoslawien. Sie kommt 1953 als jüngstes von vier Kindern eines Maurers und Reserveoffiziers zur Welt. Die Mutter wird mit 30 Jahren taub und lebt zurückgezogen zuhause. Die Erziehung liegt weitgehend in den Händen der Großmutter. Mit 15 Jahren verlässt Anna ohne Wissen der Familie das Zuhause und flüchtet nach München, wo eine Bekannte aus Kroatien lebt. Diese hat ihr bei einem Besuch vom Wohlstand des Westens erzählt und gemeint, sie hätte in Deutschland alle Möglichkeiten zu lernen oder zu arbeiten. Die Wirklichkeit ist ernüchternd und lässt vorerst nur eine Möglichkeit zu. Anna arbeitet als Kindermädchen bei einem Kleinunternehmer, der sie gut behandelt, sie aber sowohl im Haushalt als auch im Lager des Betriebes hart beansprucht. Nach zwei Jahren hat sie grundlegende Kenntnisse in deutscher Sprache, gewinnt damit mehr Selbstständigkeit und findet eine Arbeit in einer Buchbinderei. In dieser Zeit lernt sie Klaus Holzinger, einen jungen Österreicher, kennen, der gelernter Dreher ist und bei einem Autohersteller als Vorrichtungskonstrukteur arbeitet. Weil in seinem Betrieb auf Kurzarbeit umgestellt wird, entschließt er sich, nach Österreich zurückzugehen. Er bietet Anna an, mitzukommen und ein gemeinsames Leben aufzubauen. Sie entscheidet sich dafür, es fällt ihr allerdings nicht leicht. Das Land ist ihr fremd und sie hat wenig Vorstellung davon, was auf sie zukommen wird.

In Österreich begegnet sie bei vielen Gelegenheiten einer Ausländerfeindlichkeit, die sie von Deutschland nicht kennt. Nicht nur in der Öffentlichkeit, auch in der Familie von Klaus Holzinger stößt sie als Kroatin auf Ablehnung. Das Paar heiratet und baut sich ein Haus in einer Landgemeinde in der Nähe von Linz. Anna Holzinger findet Arbeit in einer Linzer Buchbinderei.

Arbeiten zu gehen bedeutet für sie, die Isolation und Einsamkeit in der fremden Kultur aufzubrechen, in der sie außer ihrem Mann und dem, was sie mit ihm teilt, niemanden kennt und ihr nichts vertraut ist. Im Betrieb werden ihr Geschick und ihre Leistungsfähigkeit geschätzt und unter den Arbeitskolleginnen findet sie zwanglosen sozialen Austausch und Kontakt, der ihre nicht österreichische Herkunft in den Hintergrund treten lässt. Diese Erfahrungen stellen eine wichtige Ergänzung zur partnerschaftlichen Bindung und dem familiären Raum dar.

Auch nach der Geburt des ersten Kindes möchte Anna Holzinger auf diese Erfahrungen nicht verzichten. Die Tabakfabrik mit ihren gewachsenen Strukturen zur Unterstützung von Arbeiterinnen mit Kleinkindern bietet eine Reihe von Erleichterungen für die Familie, die Ende der 1970er Jahre nirgends sonst zu bekommen sind. Diese soziale Dimension, so betont sie, hatte sie bewogen, in den Betrieb zu gehen und dort zu bleiben. Ihre zweckbestimmte Haltung ändert sich im Laufe der Jahre. Ihr Arbeitsplatz in der Tabakfabrik wird neben der Familie für sie zu einem zweiten sozialen Nahraum, der ein Gefühl der Anerkennung, Integration und Sicherheit entstehen lässt, das ihr in Österreich lange gefehlt hat. Sie wird zu einer leistungsorientierten Maschinenführerin, die mit Kolleginnen und Kollegen um Spitzenleistungen an der eigenen Maschine wetteifert. Und sie ist gut in vielfältige Beziehungen mit Kolleginnen und Kollegen eingebunden. Die Frauen, mit denen sie 1979 gemeinsam in den Fabrik eingetreten ist, bilden eine dauerhafte soziale Bezugsgruppe und sie zeigt eine große Sensibilität gegenüber Kolleginnen und Kollegen, die Probleme haben und Unterstützung brauchen. So hilft sie immer wieder Leasingarbeitern, in der Mehrzahl Männer mit migrantischem Hintergrund, die wenig Erfahrungen mit Maschinen haben, mit auftretenden Schwierigkeiten fertig zu werden.

Am Beispiel von Anna Holzinger wird eine zusätzliche Dimension der Metapher vom Familienbetrieb sichtbar.[64] Bisher wurde die Charakterisierung als Familienbetrieb mit zwei realen Erfahrungen in Verbindung gebracht, *erstens* mit der Tatsache, dass sich der Betrieb bei der Einstellung von MitarbeiterInnen auf das familiäre Umfeld der Beschäftigten stützte, und *zweitens* mit dem Umstand, dass die Fabrik für die Belegschaft mehr als ein Arbeitsplatz war und mit ihren sozialen Einrichtungen auch eine gemeinsame Wohn- und Lebenskultur hervorbrachte. Die *dritte* Dimension, die sich aus den lebensgeschichtlichen Erfahrungen erschließen lässt, betrifft die Tabakfabrik als sozialen Raum. Mit seiner Struktur von Stammbelegschaft, sozialer Sicherheit und Unterstützung für reproduktive Anforderungen schafft er Voraussetzungen für solidarische und anteilnehmende Kooperationen und kann ebenso positiv besetzt werden wie der familiäre Raum. Bei Anna Holzinger tritt dieser Aspekt deutlich hervor, weil der migrantische Hintergrund sie in eine randständige Position versetzt, in der ihr traditionelle Formen der sozialen Anerkennung verwehrt bleiben. Umso bedeutsamer wird für sie die Anerkennung, die ihr für ihren Beitrag zu Produktivität und zum kollektiv erzielten Produktionsergebnis zuteil wird.

Diese persönliche Erfahrung verdeutlicht einen allgemeinen Aspekt der gesellschaftlichen Stellung von Frauen. Sie sind in einer doppelten Weise in die Strukturen der gesellschaftlichen

Arbeitsteilung eingebunden.[65] Zum einen wird ihnen zugeschrieben, für das Feld der Familien- und Reproduktionsarbeit zuständig zu sein, zum anderen sind sie auch ein unverzichtbarer Teil des gesellschaftlichen Arbeitskräftepotenzials am Arbeitsmarkt. Die Anforderungen im Bereich von Familie und Reproduktion sowie im Bereich Produktion und Erwerbsarbeit sind in kapitalistischen Gesellschaften nicht aufeinander abgestimmt, sondern nach gegenläufigen Mustern organisiert, sodass Frauen, die sich aktiv in beiden Bereichen bewegen, einer enormen Spannung und einer doppelten Belastung unterliegen. Ein Unternehmen wie die Tabakfabrik Linz verfügt über das Potenzial organisatorischer Strukturen, die die reproduktiven Aufgaben der MitarbeiterInnen nicht als Privatangelegenheiten ausblenden, sondern einen wesentlichen Beitrag zu ihrer kollektiven Bearbeitung leisten. Besonders für Frauen kann sich Erwerbsarbeit dadurch von einer Belastung in eine Bereicherung ihrer sozialen Existenz verwandeln.

Warum die Frauen in der Produktion immer weniger werden

Anna Holzinger arbeitet etwa ab 1988 als selbstständige Maschinenführerin an den Aggregaten mit Direktkopplung auf der Strangseite. Das bringt ihr 25 Arbeitswertpunkte und damit den höchsten Lohn für die Bedienung der Maschinen. Ihre Qualitäten in der Arbeit sind bei den Meistern anerkannt. Immer wenn neue und schnellere Maschinen aufgestellt werden, wird sie diesen zugeteilt. Erst in den letzten Jahren verzichtet sie auf dieses Vorrecht und überlässt die Hochleistungsmaschinen den jüngeren Männern. Arbeitsfreude und Arbeitseinsatz von Anna Holzinger zeigen, dass Frauen in der Lage sind, die Herausforderung des steigenden Drucks an den Maschinen zu bewältigen.

Dennoch werden in der Linzer Fabrik gegen Ende der 1980er Jahre immer weniger Frauen und schließlich 1993 die letzten drei Frauen für die Maschinenbedienung in der Produktion neu aufgenommen. Damit verstärkt sich eine Tendenz, die sich seit den 1950er Jahren in den Daten über die Zusammensetzung der Belegschaft im Hinblick auf die Geschlechterverteilung deutlich abzeichnet. 1959 ist der Anteil der Männer erstmals höher als jener der Frauen. Der hohe Frauenanteil der Tabakfabriken betrifft vor allem jene Produktionssparten, die früher auf Handarbeit angewiesen waren, also vor allem die Produktion von Zigarren. In der Zigarettenproduktion arbeiten Frauen bis in die 1970er Jahre als Hilfskräfte bei den Packmaschinen. Mit Einführung der Direktkopplungen entfallen die Arbeitsgänge, die typischerweise von Frauen erledigt werden. Die Arbeiterinnen bekommen Gelegenheit, sich für die neuen Aggregate anlernen und zu Maschinenführerinnen ausbilden zu lassen. Nicht zuletzt bewirkt der Kündigungsschutz in dieser Situation, dass Frauen, die an den neuen Maschinen bleiben wollen, nicht durch Männer ersetzt werden können. Nicht alle ergreifen diese Möglichkeit. Sie bleiben lieber als Helferinnen an den alten Maschinen im zweiten Stockwerk. Arbeiterinnen, die in Pension gehen, werden durch junge männliche Arbeitskräfte ersetzt.

Welche Faktoren sind für die skizzierte Entwicklung bedeutsam? Ist es die technologische Entwicklung, die die Frauen aus der Produktion verdrängt? Bei der Veränderung der Arbeitsbedingungen infolge des technologischen Wandels der Maschinen sind in diesem Zusammenhang drei Aspekte wichtig:

Erstens wird die Leistungsfähigkeit der neuen Maschinen wesentlich höher, was sich in der Bedienung der Maschine vor allem an der Drehzahl bemerkbar macht. Das hohe Tempo macht manchen Arbeiterinnen und Arbeitern Schwierigkeiten.

Zweitens sind die MaschinenbedienerInnen mit den fortschreitenden Rationalisierungen weitgehend auf sich allein gestellt. Die Besetzung der Direktkopplungs-Maschinen bestand ursprünglich für beide Anlagen aus sechs Personen. Es sind dies zwei Mechaniker, drei Personen für die Maschinenbedienung und ein Springer für Zu- und Nebenarbeiten sowie für das Ablösen der Maschinenbedienung. Die Position des Springers wird im Lauf der Jahre wegrationalisiert, sodass für viele ArbeiterInnen das Gefühl entsteht, an die Maschine gefesselt zu sein. Viele klagen darüber, nicht einmal die Freiheit gehabt zu haben, auf die Toilette gehen zu können. Vor allem Frauen, die schon älter sind, wollen sich nicht auf die neuen Maschinen umstellen und bleiben bei den älteren Anlagen.

Diese beiden Faktoren sind geschlechtsunspezifisch und können dazu führen, dass andere, nicht dem hohen Tempo unterworfene Arbeitsplätze vorgezogen werden.

Drittens werden mit den neuen Maschinengenerationen schrittweise die Anlagen immer größer. Damit beginnt die Körpergröße bei der Maschinenbedienung eine Rolle zu spielen. Um die Produktivität zu steigern, laufen diese Maschinen auf zwei Strängen. Damit verdoppelt sich die Kapazität, mit der die Maschine Material verarbeitet. Eine Konsequenz daraus ist die Gewichtszunahme des Materials, das der Maschine zugeführt werden muss. So steigt etwa das Gewicht der Rollen mit Zigarettenpapier von neun auf sechzehn Kilogramm. Die Verpackungsseite bei den DK-Maschinen ist körperlich anspruchsvoller. Das Material umfasst unter anderem Innenkragenrolle, Cellophan, Stangenpapier und die Hebeleistungen überschreiten die Marke von 20 Kilogramm. Wenn möglich, haben Arbeiterinnen versucht, von dort auf die Strangseite zu tauschen.

Die technologische Entwicklung ist nicht geschlechtsneutral. Möglich ist, dass bei der Konstruktion der modernen Maschinengenerationen Männer als das idealtypische Bedienungspersonal gedacht sind und diese Maschinen deshalb eine Reihe von arbeitsplatzrelevanten Details enthalten, die verhindern, dass Frauen für die Bedienung dieser Aggregate eingestellt werden. Aber auch in der Personalpolitik etablieren sich traditionelle Denkweisen wie jene, dass Frauen für die an diesen Arbeitsplätzen anfallenden Belastungen weniger geeignet seien als Männer. Das generelle Nachtarbeitsverbot für Frauen stütze dieses Denken und lieferte ein Argument dafür, Frauen für

Arbeitsplätze in der Produktionsabteilung nicht mehr aufzunehmen. Das Argument verlor seine Grundlage durch das EU-Nachtarbeit-Anpassungsgesetz im Jahr 2002. Ein weiteres Hindernis stellte die Praxis der letzten Jahre dar, den Staplerführerschein zur Bedingung für eine Anstellung als MaschinenführerIn zu machen und zugleich die Ansicht zu vertreten, von Frauen könne diese Qualifikation nicht erwartet werden. Damit kommen Frauen für die Position der Maschinenführerin nicht mehr in Frage.

Bei der Betrachtung und Rekonstruktion der empirischen Daten, zeigt sich, dass eine Verschränkung technischer, gesetzlicher und sozialer Zusammenhänge zur Verdrängung der Frauen aus der Produktion geführt hat.

An den Maschinen sind körperlich schwere Arbeiten wie das Montieren der Materialrollen oder das Beheben von Materialstau an den oberen Bereichen der Anlagen auszuführen. Gesetzliche Bestimmungen begrenzen die erlaubten Hebeleistungen für Frauen auf 20 Kilogramm. Maschinenführerinnen holen sich regelmäßig Mechaniker zu Hilfe, wenn Arbeiten durchzuführen sind, die diese Grenze überschreiten. Diese Praxis führt zu erheblichen Spannungen. Als Lösung des Problems wird vorerst versucht, die Teams an den Anlagen aus Frauen und Männer zusammen zu setzen, wobei die Männer die körperlich anspruchsvollen Arbeiten übernehmen sollen. Diese Lösung funktioniert nicht, weil Frauen mit langjährigen Kolleginnen auch weiterhin zusammenarbeiten möchten. Die nächste Maßnahme besteht darin, eine neue Position des Produktionshelfers zu schaffen, die männlich besetzt ist und an jenen Anlagen eingerichtet wird, an denen Frauen arbeiten. Aber auch dieser Ansatz verursacht Spannungen. Die männlichen Maschinenführer protestieren wegen Ungleichbehandlung. Die Maschinenführerinnen sind von den schweren Hebearbeiten befreit und werden dennoch mit einem Arbeitswert 25 entlohnt, während die Männer für dieselbe Entlohnung schwerer arbeiten müssen. Das sei nicht gerecht.

Für Anna Holzinger ist es nachvollziehbar, dass in den 1990er Jahren die Stimmen unter den Entscheidungsträgern, aber auch innerhalb der Belegschaft lauter werden, die meinen, entweder die Frauen machen die Arbeit und nehmen den Lohn, der dafür vorgesehen ist, oder der Arbeitsplatz soll mit einem Mann besetzt werden, der die damit verbundene Leistung bringen kann. Auch für sie seien die neuen Papier- und Gebinderollen dick und schwer gewesen, aber trotzdem habe sie diese gern verwendet, weil sie länger gelaufen seien und sie mehr Zeit zwischen dem Wechseln der Rollen gewonnen habe. Es sei dabei um wertvolle zehn Minuten gegangen, in denen sie sich anderen Tätigkeiten hatte zuwenden können.

Vor dem Hintergrund dieser Konflikte setzt sich schrittweise jene Praxis durch, die die industrielle Produktion zu einer traditionellen Männerdomäne gemacht hat, die trotz aller technischen Entwicklungen bis heute eine solche geblieben ist.

Zweier-Dreier-Vierer-Schicht-Arbeit

„Da hat sich diese Rede, dass von ‚unserer Firma', und ‚von meiner Maschine' gesprochen wurde, aufgehoben. Je mehr Schichtarbeit du gehabt hast, desto weniger warst du mit deiner Maschine verbunden, desto mehr hast du herumwandern müssen. Die Älteren haben sich die Maschine so hergerichtet, wie sie sie haben wollten. Das war für die Jungen schwer. Die haben keine Zugehörigkeit kennengelernt. Es hat dann zwei Gruppen gegeben: Die einen haben gesagt, ‚nein, ich gehe in die Dreier-Schicht und wechsle die Maschine.' Die anderen haben gesagt, ‚das ist meine Maschine, die geht in einer Dreier-Schicht, das macht mir nichts aus, ich gehe auch in die Dreier-Schicht.' Oder sie haben gesagt: ‚Na ja, jetzt fährt die Maschine nur auf Zweier-Schicht, ist mir egal, das ist vorrangig meine Maschine.' Dann sind die auf der Maschine geblieben. Viele wollten die Gruppe nicht verlassen und sind dann den Schichtrhythmus mitgegangen, den die Maschine vorgegeben hat."

Beate Auer, 1950 geboren und 1975 in die Fabrik eingetreten, beschreibt, wie die Einführung der Schichtarbeit die bisherigen Haltungen zu den Maschinen und den unmittelbaren ArbeitskollegInnen verändert hat. Ihre Erzählung bezieht sich auf die frühen 1980er Jahre. In dieser Zeit wurde in Linz begonnen, in einer Zweier-Schicht zu arbeiten. Das bedeutete eine Maschinenlaufzeit von 6:00 Uhr früh bis 22:00 Uhr in zwei Schichten. Dies galt jedoch nicht für den gesamten Produktionsbetrieb. Bereits im Jahr 1977 begannen die ersten Maschinen periodisch je nach Auftragslage und Produktionsanforderung für bestimmte Sorten im Zweier-Schichtrhythmus zu laufen. In den nächsten Jahren wurde Schichtarbeit nach und nach auf den gesamten Betrieb ausgeweitet. Ab 1998 wurde auf den modernsten Maschinen in Dreier-Schicht gearbeitet und ab 2002 gab es eine Phase, in der viele Maschinen in Vierer-Schicht gefahren wurden. Später gab es nur mehr bei besonderen Auftragsspitzen eine Vierer-Schicht an einzelnen Maschinen.

Diese Schilderung macht deutlich, dass sich durch die Schichtarbeit die Beziehung der Beschäftigten zu den Maschinen veränderte. Viele ArbeiterInnen fühlten sich vor der Einführung des Schichtrhythmus mit ihrer speziellen Maschine verbunden. Jeder und jede hatte „seine" und „ihre" Maschine, an der keiner oder keine sonst arbeitete. Man kannte ihre Besonderheiten, die Anfälligkeiten für Störungen, den Klang der Maschine auf allen Touren. Man konnte sich den Platz an der Maschine ein wenig selbst gestalten, beispielsweise durch das Aufstellen eines Bildes. Mit der Schichtarbeit lösten sich viele dieser Verbindungen auf. Die Maschine wurde nun von wechselndem Personal bedient, auch von LeasingarbeiterInnen.[66] Damit wurde neben der Kooperation mit den KollegInnen derselben Schicht auch jene über Schichten hinweg notwendig. Gertrud Fuchs, die von 1979 bis zu ihrer Pensionierung 2005 als Maschinenführerin in der Fabrik arbeitete, erzählt: „Wenn der Schichtpartner genau so sauber gearbeitet hat wie du selbst und du die Maschine piccobello sauber gekriegt hast, das hat den Spaßpegel schon hinauf getrieben. Dann war das Arbeiten viel schöner. Da waren wirklich manche, die waren so penibel, dass die Maschine wie ein Wohnzimmerschrank war, so sauber alles." Es kam aber auch vor, dass die Maschine „voll Staub und voll Schmiere" übergeben wurde, wo sie das Gefühl hatte, „da hat einer acht Stunden nur Sauwirtschaft darauf getrieben."

Der Schichtrhythmus teilte die ArbeiterInnen in zwei oder drei Gruppen, eine Früh- und eine Spätschicht sowie zusätzlich eine Nachtschicht. Es war die Frage, wer mit wem weiterhin gemeinsam arbeitet, wer mit wem an welcher Maschine steht. Es bildeten sich Teams von Frauen und Männern, denen die gemeinsame Arbeit wichtig war, oft wichtiger als die Einteilung zu einer bestimmten Schicht. Sie folgten als Gruppe dem Rhythmus der Maschine, die je nach Arbeitsanfall einmal in Zweier-Schicht, ein anderes Mal in Dreier-Schicht gefahren wurde.

In der modernen Arbeitswelt nimmt der Anteil an Schichtarbeit zu. Die Zahl der SchichtarbeiterInnen hat sich in Österreich von Ende der 1970er Jahre bis 2008 mehr als verdoppelt: von 294.100 auf 664.100. Vor allem die Zunahme der Schichtarbeit von Frauen hat diesen Anstieg verursacht: 1978 machten weibliche Beschäftigte nur knapp ein Drittel der im Schichtbetrieb Arbeitenden aus, 2008 stieg ihr Anteil bis auf 43 Prozent. Knapp 23,9 Prozent der im Schicht-, Turnus- oder Wech-

Anteil unselbstständiger Erwerbstätiger in Österreich mit Turnus-/Schicht-/Wechseldienst in Prozent

	1978[67]	1998[68]	2000	2005	2008[69]
Gesamt	13,1	15,3	19,3	17,8	18,8
Männer	15,9	16,4	21	19,3	20,1
Frauen	8,3	13,8	17,7	16,2	17,4

seldienst eingesetzten Beschäftigten arbeiten im Wirtschaftszweig Warenherstellung, gefolgt vom Gesundheits- und Sozialbereich mit 23,8 Prozent.[70]

Wie in anderen Industriebranchen wurde in der Austria Tabak Schichtarbeit infolge des technologischen Fortschritts eingeführt.[71]

Durch die Ausdehnung der Maschinenlaufzeiten sollten sich neue und teure Maschinengenerationen schneller amortisieren. In Linz wurden Zweier-Schichten zeitgleich mit der Aufstellung der ersten Maschinen mit Direktkopplung zwischen Strang- und Verpackungsmaschinen eingeführt.

Schichtmodelle in der Tabakfabrik Linz

	Zweier-Schicht	Dreier-Schicht	Vierer-Schicht
Eingeführt	1977/78	1998	2002
Schichtzeiten	MO – DO 06:00 – 14:00 14:00 – 22:00 FR 06:00 – 14:00	SO – FR 22:00 – 06:00 06:00 – 14:00 14:00 – 22:00 (FR nur bis 14:00)	SO – SA 22:00 – 06:00 06:00 – 14:00 14:00 – 22:00
Maschinenlaufzeit/Woche	72 Stunden	112 Stunden	144 Stunden

Im Jahr 1960 wurde ein Kollektivvertrag abgeschlossen, in dem eine Nachtschichtzulage von 100 Prozent vereinbart war. Rudolf Eisenhuber, Leiter der Personalabteilung in der Wiener Generaldirektion der Austria Tabak, berichtet, dass diese Regelung zu einem Zeitpunkt eingeführt wurde, als es Schichtarbeit im Konzern noch nicht gab, jedoch erste Überlegungen dazu angestellt wurden. Unabhängig vom realen Kostendruck wurde damals der 100-prozentige Zuschlag im Kollektivvertrag vereinbart und damit die Zustimmung des Betriebsrates zur Einführung von Schichtarbeit erreicht. Die Gewerkschaft stellte dieses Ergebnis als Erfolg dar, der Betriebsleitung war zu diesem Zeitpunkt die Absicherung der Schichtarbeit wichtiger als die damit verbundenen Kosten. Erst ab 1998, mit Einführung der Dreier-Schicht, wurde einige Jahre lang der 100-prozentige Zuschlag für die Arbeit zwischen 22 Uhr und 6 Uhr ausbezahlt.

Zuschläge zum Normalstundenlohn für Schichtarbeit
laut Kollektivvertrag 1960

	Uhrzeit	Zuschläge zum Normalstundenlohn
ab 1960[72]	18:00 – 22:00 Uhr	+ 25 %
	22:00 – 06:00 Uhr	+ 100 % (Nachtschicht erst ab 1998)
ab 1990[73]	18:00 – 22:00 Uhr	+ 25 %
	22:00 – 06:00 Uhr	+ 100 % (Nachtschicht erst ab 1998)
ab 2002[74]	06:00 – 19:00 Uhr (Mo – Fr)	+ 5 %
	19:00 – 22:00 Uhr (Mo – Fr)	+ 60 %
	22:00 – 06:00 Uhr (So – Fr)	+ 70 %
	06:00 – 19:00 Uhr (Sa)	+ 23 %
	19:00 – 22:00 Uhr (Mo – Fr)	+ 60 %

Die Austria Tabak berücksichtigte bei den Schichtplänen die in den Fachdebatten anerkannten ergonomischen Grundsätze.[75] Drei Kriterien waren dabei wichtig: *Erstens* ein vorwärts drehender Rhythmus für den persönlichen Schichtplan, so dass auf eine Frühschicht eine Nachmittag-, und auf eine Nachmittag- eine Nachtschicht folgte und nicht umgekehrt. *Zweitens* sollten die Zeiten mit Nachtschicht möglichst gering und *drittens* die Freizeitblöcke möglichst lang sein. Weiters sollten Schichtpläne vorhersehbar und für die Beschäftigten überschaubar sein. Kurzfristige Änderungen wurden möglichst vermieden, damit die Belegschaft Freizeit und soziales Leben besser planen konnte. Diese arbeitswissenschaftlichen Empfehlungen für Schichtarbeit waren im Konzern anerkannt, jedoch war es nicht immer möglich, die praktischen Arbeitsabläufe nach diesen Richtlinien zu organisieren. Für das Stammpersonal konnten die Kriterien weitgehend erfüllt werden, jene ArbeiterInnen, die aufgrund ihres geringen Dienstalters als SpringerInnen eingesetzt waren, mussten vor allem nach 2001 unter Gallaher und JTI unter wesentlich schwierigeren Zeitstrukturen arbeiten.

Zweier-Schicht

Die Zweier-Schicht könne – mit Blick auf die danach folgenden Schichtsysteme – als „gemütlich" bezeichnet werden, formuliert Betriebsratsobmann Manfred Brunner. Es gab in diesem Rhythmus ein freies Wochenende, für die Spätschicht ein verlängertes Wochenende von Freitag bis Montag, weil Freitag ab 14 Uhr nicht mehr produziert wurde, da die Maschinen gründlich gereinigt wurden. Aus dieser Praxis ergibt sich für Schichtarbeiter-

Innen eine 36-Stunden-Woche: In der Frühschicht werden 40 Stunden, in der Spätschicht 32 Stunden pro Woche gearbeitet, von Montag bis Donnerstag je 8 Stunden. Im wöchentlichen Wechsel zwischen Früh- und Spätschicht ergibt sich über den Monat eine Wochenarbeitszeit von 36 Stunden.

Grundlage für das Schichtsystem war der Kollektivvertrag aus den 1960er Jahren. Alle Details wurden mündlich und mit Handschlag vereinbart und eingehalten. Eine spezielle Betriebsvereinbarung für die Schichtarbeit wurde erst in den 1990er Jahren bei der Einführung der Dreier-Schicht abgeschlossen. Arbeiter und Arbeiterinnen, die gegen Ende der 1970er Jahre in den Betrieb eintraten, mussten sich am Beginn des Arbeitsverhältnisses schriftlich verpflichten, Schichtarbeit zu leisten. Nach und nach meldeten sich weitere Belegschaftsmitglieder für die Schichtarbeit. Die Zuschläge für die Nachtstunden, die in der Spätschicht anfielen, boten dafür einen Anreiz, ebenso die verringerte Wochenarbeitszeit im Schichtrhythmus. Für Arbeiterinnen gab es ein Entgegenkommen des Unternehmens: Es wurde geregelt, dass die Frauen bei Schichtbeginn und Schichtende um 22 Uhr und 6 Uhr früh ein Taxi für die Heimfahrt oder die Fahrt in die Fabrik nehmen konnten. Nach einiger Zeit wurde diese Sozialleistung durch einen finanziellen Zuschuss zum Lohn abgegolten. Die meisten Frauen akzeptierten diese Ablöse, die Berechtigung auf die Freifahrt existierte aber bis zum Schluss.

Auch wenn dieses Schichtsystem seine „Gemütlichkeiten" hatte, so waren doch die sozialen Konsequenzen gravierend:

Jede Schichtarbeit bewirkt einen Wandel in der betrieblichen Arbeitsorganisation, weil sie die Belegschaft in Gruppen teilt, die nicht miteinander, sondern nacheinander arbeiten. „Der Zusammenhalt und die Gemeinschaft, die früher gegeben waren, haben sich mit dem vermehrten Schichtbetrieb zerschlagen, weil jetzt auf einmal die gemeinsame Freizeit verloren war und sich manche Leute kaum mehr getroffen haben", meint Simon Schachner, der seit den 1980er Jahren im Verwaltungsbereich arbeitete. Schichtarbeit erschwerte es, soziale und kommunikative Erfahrungen zu sammeln. Gerade diese informellen Begegnungen im Rahmen organisierter und kooperativer Arbeitsprozesse werden als sinnstiftend und als Bereicherung erlebt.[76] Der Schichtrhythmus wirkt trennend und begrenzt solche Erfahrungen. Emilie Winkler, Maschinenbedienerin von Mitte der 1950er Jahre bis Anfang der 1990er Jahre, erzählt, dass an den Betriebsfesten nicht mehr alle teilnehmen konnten. Früher wurden dafür die Maschinen abgestellt, nun liefen die Maschinen „rund um die Uhr".

Die ArbeiterInnen erzählten von vielen Problemen für bestehende Fahrgemeinschaften und vor allem von den Hindernissen, die das Schichtsystem für die Aktivitäten in den verschiedenen Sektionen des Sportvereins mit sich brachte. Betroffen waren aber auch die betrieblichen Feuerwehrübungen. Helmut Lentz, Kommandant der Betriebsfeuerwehr, erzählt, dass es durch den Schichtbetrieb immer schwieriger wurde, vor allem die Männer aus der Produktion einzubinden: „Man kann sich gut vorstellen, wenn ein Kollege um zwei

Uhr aufhört, irgendwo im Mühlviertel wohnt und nach Hause fahren möchte, da wird es schwierig sein, wenn er um vier Uhr wieder nach Linz zur Übung fahren soll. Das wird er sich nicht antun". Es wurden deshalb Sonderübungen abgehalten, um Schichtarbeiter auf dem Laufenden zu halten und man versuchte, mit den Abteilungsleitern zu reden, damit die Männer trotzdem zur Übung gehen konnten. Der „harte Kern" der Feuerwehr, wie Helmut Lentz es nennt, waren zum Schluss Männer aus dem Angestelltenbereich oder anderen Abteilungen ohne Schichtbetrieb.

In der Schicht zu arbeiten verlangt, sich den Alltag anders einzuteilen. Sie erzwingt eine persönliche Zeitstruktur, die nicht dem allgemein üblichen Arbeits- und Lebensrhythmus „von 8 bis 17 Uhr" entspricht und deshalb vielfältige Koordinationsprobleme verursacht. Frauen und Männer, die mit ihren PartnerInnen bisher in einem gleichlaufenden Rhythmus von Arbeit und Freizeit lebten, standen plötzlich vor dem Problem, solche gemeinsamen Zeiten „organisieren" zu müssen. Die Koordination wurde noch komplizierter, wenn Kleinkinder im Haushalt lebten. Beate Auer erzählt, dass zwar der Fabrikskindergarten früher als andere Kindergärten öffnete, nämlich schon um dreiviertel sieben, die Frühschicht begann aber bereits um sechs Uhr. Viele Frauen arbeiteten deshalb in der Tagschicht, andere teilten sich die Schicht so mit dem Partner, dass jemand das Kind abholen konnte oder die Großeltern übernahmen diese Aufgaben.

Viele Beschäftigte der Tabakfabrik haben sich gegen eine Arbeit in der Produktion entschieden, weil sie nicht im Schichtsystem arbeiten wollten. Die Sicherheit, viel gemeinsame Zeit mit dem Partner oder der Partnerin und den Kindern haben zu können, erschien ihnen wichtiger als ein Arbeitsplatz, der im Hinblick auf erreichbare Lohnstufen und Arbeitswertpunkte attraktiv war. Josef Wallner, der von 1960 bis Mitte der 1990er Jahre in der Fabrik arbeitete, hat sich im Gegensatz zu vielen anderen männlichen Kollegen im Hinblick auf die Betreuung der Kinder gegen die Schichtarbeit entschieden. Seine Frau war ebenfalls berufstätig. Die Familie konnte viele Sozialleistungen der Austria Tabak in Anspruch nehmen. „Meine Frau hat sich nie kümmern müssen um die Kinder. Um halb acht sind die Kinder mit mir hinunter in den Kindergarten gegangen und um vier oder halb fünf Uhr, wenn ich Arbeitsschluss gehabt habe, habe ich sie abgeholt. Oder wenn die Kinder krank waren, dann bin ich daheim geblieben, weil es bei mir mit dem Pflegeurlaub einfacher war. Das waren schon wesentliche Vorteile", erzählt er.

Es zeigten sich bestimmte Präferenzen für Früh- oder Spätschicht, je nachdem wie das Schichtsystem mit täglichen sozialen Aktivitäten und Verpflichtungen zu vereinbaren war. Viele Frauen berichteten, dass ihnen die Spätschicht lieber gewesen sei, weil diese Zeitstruktur es leichter gemacht habe, den Erfordernissen der Hausarbeit nachzukommen. Wenn sie in der Spätschicht eingeteilt waren, konnten Frauen vormittags einkaufen und vorkochen, sodass der Mann oder die Kinder am Nachmittag und Abend versorgt waren. Elisabeth Grabner, die von 1946 bis zu ihrer Pensionierung Mitte der 1980er Jahre als Arbeiterin in der Fabrik arbeitete, begründet so ihre Entscheidung, in den Schichtbetrieb zu wechseln. Von ihren Kolleginnen wollte keine in die Schicht. „Ich hab mir gedacht, für mich wäre es nicht schlecht, am Vormittag daheim zu sein, mir war die Nachmittagsschicht immer am liebsten, von zwei bis zehn. Weil um halb fünf ist mein Mann heimgekommen, und da habe ich Vormittag einkaufen, für ihn und das Kind kochen können. Wenn mein Sohn mittags von der Schule gekommen ist, war das Essen fertig, und wenn der Mann heimgekommen ist, war auch alles da."

Für Männer war es oft umgekehrt. Besonders wenn sie Schulkinder zuhause hatten, gingen sie lieber in die Frühschicht. Bei Spätschicht sahen sie die Kinder oft eine ganze Woche nicht. Wenn sie in die Arbeit mussten, kamen die Kinder von der Schule, und wenn sie von der Arbeit nach Hause kamen, waren sie schon im Bett. Deswegen zogen Väter die Dreier-Schicht der Zweier-Schicht vor, weil sie durch den Schichtrhythmus nur alle drei Wochen zur Spätschicht eingeteilt waren. Bei der Zweier-Schicht war man mehrere Wochen entweder in Frühschicht oder Spätschicht. Der Mechaniker Ernst Schreiber ist ein Beispiel dafür. Die Dreier-Schicht war ihm lieber als die Zweier-Schicht. „Man muss sich das so vorstellen, wenn man Kinder hat, die in die Schule gehen und man macht die Spätschicht, das heißt man arbeitet von zwei bis um zehn, dann sehe ich die Kinder eine ganze Woche gar nicht. (…) Und bei einer Dreier-Schicht habe ich das nur alle drei Wochen".

Dreier-Schicht

Die Einführung neuer Maschinengenerationen verstärkte den ökonomischen Druck zur Ausdehnung der wöchentlichen Produktionszeiten und führte zur Einführung der Dreier-Schicht Ende der 1990er-Jahre. Auch neue Expansionsbemühungen des Konzerns im Zusammenhang mit dem Eintritt Österreichs in den EU-Markt, der Fall des Tabakmonopols und der Börsengang der Austria Tabak beeinflussten diese Entscheidung.

Innerhalb der Austria Tabak wurde die Dreier-Schicht zuerst in der Fabrik Hainburg eingeführt. Es gab vorerst keine Betriebsvereinbarung zu dieser Umstellung. In den Fabriken Linz und Schwaz bremsten die Gewerkschaftsvertretungen die Einführung der Dreier-Schicht und wollten vorher eine Betriebsvereinbarung abschließen. Ein heikler Punkt dieser Betriebsvereinbarung war die Nachtarbeit von Frauen. Aus finanziellen Gründen hatten viele Frauen großes Interesse, auch in Nachtschicht zu arbeiten. In diesen Jahren galt jedoch noch das Nachtarbeitsverbot für Frauen.[77] In der Betriebsvereinbarung wurde eine Übergangsregelung geschaffen. „Die Frauen wollten auf den Maschinen bleiben und auch das Geld verdienen", erinnert sich Beate Auer. Bevor sie in der Nachtschicht arbeiten konnten, mussten die Frauen beim Betriebsrat eine Erklärung unterschreiben.

In den ersten Jahren der Dreier-Schicht wurde der 100-prozentige Zuschlag für Nachtarbeit bezahlt. Es waren vor allem finanzielle Erwägungen, die die anfängliche Skepsis von vielen Arbeiterinnen und Arbeitern gegenüber dem neuen Schichtsystem aufgebrochen haben. Wir haben viele Erzählungen darüber gehört, wie die Möglichkeit, durch Nachtarbeit beträchtliche Steigerungen des Einkommens zu erzielen, das soziale Klima im Betrieb beeinflusste.

Die Umstellung auf Dreier-Schicht betraf nur die neuesten und teuersten Maschinen, vor allem jene, die im dritten Obergeschoss standen. Im zweiten Obergeschoss wurde an älteren Maschinen meist in Zweier-Schicht produziert. Die jeweilige Auftragslage bestimmte die Arbeitsrhythmen.

Schichtarbeit, insbesondere Nachtarbeit, belastet die Beschäftigten in vielfältiger Weise. Viele von ihnen haben zwar subjektiv das Gefühl, gut mit der Schichtarbeit umgehen zu können und sich an die nächtlichen Arbeitszeiten gewöhnt zu haben, Studien zeigen aber, dass sich der Körper nicht an diesen veränderten Rhythmus anpasst. Die wesentlichen Körperfunktionen sind auf einen Tages- und Nachtrhythmus eingestellt, der Leistung und Aktivität am Tag, Ruhe und Erholung am Abend und in der Nacht vorsieht. Zwischen Mitternacht und sechs Uhr früh sinken Konzentration und Leistungsbereitschaft deutlich ab, die Gefahr für Unfälle steigt.[78] Auch bei vielen aufeinander folgenden Nachtschichten kann diese „innere Uhr" nicht umgestellt werden, Beschäftigte müssen also gegen diesen Rhythmus arbeiten, aber auch Ruhe finden.[79] Die Folge sind gesundheitliche Beschwerden und Erkrankungen. Viele leiden an Schlafstörungen, Appetitlosigkeit, Magen- und Rückenbeschwerden, innerer Unruhe und Nervosität.[80] Franz Brandstetter, der von 1980 bis 2009 als Heiz- und Klimatechniker[81] in der Tabakfabrik Linz arbeitete, berichtet, dass er nach einiger Zeit nicht mehr richtig schlafen konnte. Er ging von der Nachtschicht um sechs Uhr nach Hause, legte sich schlafen und wachte drei Stunden später wieder auf. Als er dann noch Magenbeschwerden bekam, bat er um die Versetzung in die Tagesschicht.

Die Schlafstörungen werden auch durch soziale Faktoren verursacht. Der Schlaf am Tag ist durchschnittlich um ein bis zwei Stunden kürzer, da die Schlafbedingungen wesentlich schlechter sind als in der Nacht. Es ist wärmer und heller und der allgemeine Lärm- und Geräuschpegel ist höher. Notwendige Ruhephasen werden oft hinter das Bedürfnis nach sozialer Teilhabe gestellt. Insbesondere bei Frauen sind es nicht nur soziale Kontakte, die vom Schlafen abhalten, sondern auch die Verantwortung für Haus- und Familienarbeit. In Nachtschichtphasen kann das zu einem großen Schlafdefizit und einer ungleich höheren psychischen und physischen Belastung als bei männlichen Kollegen führen.[82]

Gertrud Fuchs berichtet: Wenn sie Nachtschicht hatte, kam sie erst kurz vor sieben Uhr nach Hause. Auf dem Heimweg weckte sie per Telefon ihre Nichte, für die sie nach dem Tod der Mutter sorgte, damit sie rechtzeitig zum Schulbus kommt. Daheim angekommen, versorgte sie die anderen Familienangehörigen. In Gedanken war sie bereits beim Mittagessen und überlegte, was sie dafür vorbereiten musste. Meistens kochte sie bereits am Vormittag das Essen vor, nur „ganz, ganz selten" ging sie zuerst schlafen „weil meistens, wenn ich zwei Stunden im Bett gelegen bin, war ich wach, weil ich gewusst habe, es wird Mittag, ich muss aufstehen und arbeiten". Meistens schlief sie dann von sechs bis neun Uhr abends. In der Nachtschicht versuchte sie, ihr Schlafdefizit in den Pausen ein wenig auszugleichen. Es gab eigene Ruheräume und Ruhesessel für die ArbeiterInnen. Wenn sie Frühschicht hatte, stand sie oft schon um vier Uhr auf und kochte Essen für Mittag vor. „Ich habe immer abgeschaltet, wenn ich von der Firma hinaus gegangen bin. Wirklich, hinter mir ist eine Klappe gefallen und ich habe gedacht, morgen geht es wieder weiter. Aber daheim ist alles an mir gehängt. Ich habe mich nicht niederlegen können und schlafen, das ist nicht gegangen. Das war nicht möglich, weil keiner da war, der eingesprungen wäre."

Der neue Schichtrhythmus unterbrach soziale Kontakte zu Kolleginnen und Kollegen, viele Gemeinsamkeiten gingen verloren. Manfred Brunner spricht davon, dass es zu einer stärkeren „Cliquenbildung" kam, die durch die Dreier-Schicht gefördert wurde. Aufgrund der unterschiedlichen Schichtzeiten hätten sich viele KollegInnen während der gesamten Arbeitswoche nicht mehr getroffen. Sie sahen sich nur bei einzelnen Feiern, wie Weihnachten.

Vierer-Schicht

Nach dem Verkauf der Austria Tabak an Gallaher wurde erstmals im Jahr 2002 eine Vierer-Schicht eingeführt. Der neue Eigentümer war interessiert daran, die Produktion zu steigern. Bei vielen MitarbeiterInnen entstand in den ersten Monaten unter Gallaher der Eindruck, einen Aufschwung des Betriebes zu erleben. „Vierer-Schicht" bedeutete keinen Durchlauf der Maschinen an sieben Tagen der Woche, sondern eine wöchentliche Laufzeit von 22 Uhr am Sonntag bis um 22 Uhr am Samstag, das waren 144 Stunden in der Woche.

Von Arbeitern und Arbeiterinnen wird berichtet, dass die Vierer-Schicht im Linzer Werk in eine chaotische Situation führte. Die Schichtpläne wurden kurzfristig erstellt, sodass ArbeiterInnen manchmal am Donnerstag noch nicht wussten, in welchen Schichtrhythmus sie in der kommenden Woche eingeteilt waren. Ausfälle durch Krankheit oder andere Verhinderungen waren häufig und bedingten wiederholte Umstellungen der Schichteinteilungen. Rudolf Eisenhuber beobachtete aus der Perspektive der Wiener Generaldirektion, dass die Direktoren der einzelnen Fabriken lange Zeit die Umstellung schlecht bewältigten, weil die Vierer-Schicht ein extrem unflexibles System war, das im Falle unvorhersehbarer Ereignisse nur bei Vorhandensein von personellen Ressourcen aufrecht erhalten werden konnte. Diese Personalreserven fehlten in Linz.

Auftragsschwankungen führten unter Gallaher häufig dazu, dass getroffene Anordnungen umgestoßen wurden. Für den Fall, dass sich nicht genügend Ständig-Beschäftigte zur Besetzung der Schichtpläne meldeten, war es immer möglich, Leasingkräfte zu finden, erzählt der seit Mitte der 1980er Jahre im Betrieb tätige Produktionsleiter Georg Wagner. Leasingkräfte arbeiteten gerne in der Vierer-Schicht, weil sie das höhere Einkommen schätzten. Sie wurden in allen Abteilungen wie Ständig-Beschäftigte bezahlt und erhielten alle Zuschläge laut Kollektivvertrag.

Daher hat sich in der Produktionsabteilung nach dem Jahr 2000 der Anteil der Leasingarbeiter stark vergrößert.

Der Sportverein der Austria Tabak in Linz

In der Forschungsliteratur werden unter dem Begriff Betriebssport jene sportlichen Aktivitäten verstanden, „die ganz überwiegend für die Arbeitnehmer eines Betriebes bzw. von diesen selbst organisiert werden, an denen auch Pensionäre, Angehörige und in Ausnahmefällen auch Betriebsfremde teilnehmen können."[83] Der Betriebssport beruht auf Freiwilligkeit, ist dem Breitensport zuzurechnen und hebt sich dadurch vom Profisport ab. Im Vordergrund stehen Gesundheitsvorsorge und das Bedürfnis nach Gemeinschaft und Geselligkeit, Bewegung und positiver Körpererfahrung.[84]

Ein Betriebssportverein bringt in mehrfacher Hinsicht Vorteile für das Unternehmen. Er wirkt sich positiv auf die Gesundheit der Beschäftigten aus und die Beschäftigten entfalten im Sport ihre persönlichen Potenziale. Sie trainieren gleichzeitig Fähigkeiten wie Einsatzbereitschaft, Durchhaltevermögen und Verantwortungsbewusstsein, was auch dem Betrieb zugutekommt.[85] Ab den 1980er Jahren setzte der ehemalige Generaldirektor der Austria Tabak, Beppo Mauhart, zunehmend auf die öffentlichkeitswirksame Funktion von sportlichem Engagement. Betriebssport und Sportveranstaltungen lenken die öffentliche Aufmerksamkeit auf das Unternehmen und tragen zum positiven Image bei.

Der Betriebssportverein der Austria Tabak Linz wurde am 9. März 1934 unter dem Namen „S.V. Tabakfabrik Linz" gegründet. Die Gründung erfolgte im Zusammenhang mit der Eröffnung des von Peter Behrens und Alexander Popp entworfenen und geleiteten Neubaus der Linzer Fabrik. Der Verein startete mit zwei Sektionen, der Sektion Fußball und der Sektion Faustball. Er wurde von den Beschäftigten selbst organisiert und verwaltet. Mitglieder waren MitarbeiterInnen und PensionistInnen, später konnten auch Angehörige und betriebsfremde Personen beitreten. In einigen Bereichen, wie in der Sektion Tennis, wurden betriebsfremde Spieler und Spielerinnen aufgenommen, um das Leistungsniveau zu heben. In der Sektion Fußball sollten externe Spieler die Chancen auf die Meisterschaft erhöhen. Der Sportverein finanzierte sich aus Beiträgen der Beschäftigten, ein jährlicher Beitrag von rund fünf Euro wurde vom Lohn abgezogen, unabhängig davon, ob man Mitglied im Sportverein war oder nicht, nur wenige verweigerten den freiwilligen Beitrag.[86] Die LeasingarbeiterInnen waren von dieser Bestimmung ausgenommen, es stand ihnen offen, einer Sektion beizutreten. Die finanzielle Unterstützung durch die Austria Tabak wurde nach einem bestimmten Förderschlüssel aufgeteilt, der Fußball bekam traditionell einen hohen Anteil dieser Zuwendungen. Höhepunkte des Vereinslebens waren Wettbewerbe und Turniere, die innerbetrieblich und zwischen den einzelnen Standorten ausgetragen wurden. Wie das jährliche Abteilungsfußballturnier, bei dem jede Abteilung eine Mannschaft stellte. Einmal im Jahr wurde auch ein großes Eisstockturnier vom Betriebsrat veranstaltet. Diese sportlichen Wettkämpfe trugen zur Festigung der Betriebsgemeinschaft bei.

Georg Wagner, Produktionsleiter, betont die Bedeutung der Freizeitangebote: „Das war absolut wichtig und hat meiner Meinung nach zum Arbeitsklima der Austria Tabak Linz beigetragen, das man nicht mit Geld herstellen kann. Du kannst einen gut bezahlen, aber wenn er sich nicht wohlfühlt, fühlt er sich nicht wohl. Da wirst du weit fahren müssen, dass du so ein Klima findest. Dazu zählen natürlich die Erholungsheime in Sattendorf und St. Urban und die Sportaktivitäten. Da hat es Meisterschaften im Fußball gegeben, zwischen Hainburg, Schwaz, Fürstenfeld und Linz. Im Tennis hat es das auch gegeben. Dann ist man zu Arbeiterolympiaden gefahren. Und es fand das jährliche Schitreffen im Jänner in Gastein statt. Es hat dem Unternehmen schon was gekostet, aber es hat auch etwas gebracht."

Auf dem Sportplatz fühlen sich viele zuhause

Die Sportanlage der Tabakfabrik Linz lag in unmittelbarer Nähe des Betriebsgeländes und der Werkswohnungen. Das Grundstück wurde kurz nach der Vereinsgründung vom Unternehmen gekauft und von den Mitarbeitern sporttauglich gemacht. 1935 wurde die Anlage feierlich eröffnet. Vier Jahre später beschlagnahmte die Kriegsmarine das Sportareal und überführte es in Deutsches Eigentum.[87] Nach dem Krieg wurde das Gründstück wieder zurückgegeben und es kostete die Mitglieder des Sportvereins viel Mühe, den Platz instand zu setzen. Nach Arbeitsschluss und an Wochenenden war er Treffpunkt für die Belegschaft. Die Kantine, anfangs eine Holzbaracke, wurde renoviert, sodass sie Platz für große Festlichkeiten bot. Jahresabschlüsse, Sektionsjubiläen, Geburtstage und Siege wurden hier gefeiert. An den Wochenenden traf man sich mit KollegInnen und deren Familien am Sportplatz. Matthias Fellner, von 1984 bis 2009 in der Tabakfabrik Linz, Leiter des technischen Lagers und langjähriges Mitglied der Sektion Fußball, war als kleiner Bub mit seinen Eltern regelmäßig dort und erinnert sich noch lebhaft an diese Zeit: „Die Eltern und alle, die in der Austria Tabak gearbeitet haben, haben sich am Fußballplatz getroffen. Das waren Familientanten, kann man sagen. Da waren die Frauen und die Mütter und die Großmütter unten, und haben sich dort an der Ecke getroffen, sie haben die Kinder in eine größere Badewanne gesetzt und hatten ihren großen Treffpunkt dort. Damals haben die das schon

Sektionen des Betriebssportvereins der Tabakfabrik Linz

Fußball	1934 – 1997	Fischen	1965 – 2009
Faustball	1934 – etwa 1995	Wandern	1977 – 2009
Wintersport	1949 – 2009	Tennis	1981 – 2009
Stockschützen	1953 – 2009	Motorsport	1990er – 2009
Betriebsfußball	1964 – 2009		

gemacht und das ist immerhin schon 40 Jahre her, als das begonnen hat. Da hat eben eindeutig die Familie begonnen. Die Familie Austria Tabak hat eigentlich am Fußballplatz begonnen. Und da hat jeder jeden gekannt, da hast du auch den Direktor gekannt und alle Vorgesetzten, die hast du alle getroffen und mit denen bist tagtäglich zusammen gewesen, weil dort ist auch Faustball gespielt worden". Der Sportplatz hatte für die Beschäftigten große Bedeutung. Dort verbrachte man gemeinsam seine Freizeit, es wurde gekocht, geplaudert und gespielt.

Alexander Reiter, in der Abteilung für Betriebswirtschaft und Controlling beschäftigt und letzter Obmann des Sportvereins, betont, dass im Sportverein neue KollegInnen in die „Familie" der Tabakfabrik integriert wurden. Über die Mitgliedschaft in einer Sektion lernte man schnell andere MitarbeiterInnen kennen. Diese vielschichtigen sozialen Beziehungen, über Betriebshierarchien und Abteilungen hinweg, trugen zur Etablierung eines Gemeinschaftsgefüges bei, das von vielen mit dem Begriff der „Familie" beschrieben wird. Das Schöne war, meint Reiter über diese Zeit, dass immer etwas los war. „Da sind wir mit den Kindern hinunter, das war ein Betrieb, echt super! Dann haben wir gesagt, grillen wir. Das war schön! (…) Ich bin kein Vereinsmeier. Und Vereinssachen sind mir nie gelegen. Aber da unten am Sportplatz habe ich mich wohl gefühlt. Es war, wie gesagt, wie eine Heimstätte. Du bist hinunter und hast dich wohl gefühlt." Hier entstanden wichtige Freundschaften, man konnte sich über familiäre Sorgen austauschen.

Männersport – Frauensport

Im Laufe der Nachkriegszeit gründeten Betriebsangehörige neue Sektionen. Für jeden war etwas dabei, meint Matthias Fellner. „Wenn du in der Austria Tabak warst, hast du einen Sport gemacht. Ob du Fußball oder Tennis gespielt hast, oder ob du mit dem Luftdruckgewehr geschossen hast, ob du gerne Kegeln oder Eisstock schießen gegangen bist oder Schi fahren, es ist dir ermöglicht worden. Es ist geschaut worden, dass du Sport machst, dass du Bewegung hast. Auch Wandern und Faustball hat es zum Beispiel gegeben. Für jede Altersgruppe war etwas dabei. Wenn du dich sportlich betätigen wolltest, hast du irgendetwas gefunden. Und das war schon super, muss man sagen."

Sport ist selbstverständlicher Teil der männlichen Lebenswelt. Die ersten Sektionen Faustball und Fußball waren männliche Domänen, auch die Sektionen Fischen und Motorsport. In den 1950er Jahren waren sportliche Aktivitäten für Arbeiterinnen ungewöhnlich. Lange Arbeitszeiten von bis zu 44 Stunden in der Woche, Hausarbeit und Kinderbetreuung lassen wenig Raum für Anderes. Viele Männer treffen sich nach der Arbeit regelmäßig auf dem Sportplatz. Elisabeth Grabner erzählt davon, wie sich ihr Ehemann, ebenfalls Mitarbeiter der Fabrik, in der Sektion Fußball engagierte und begeisterte: „Wenn sie beim Fußball gewonnen haben, dann haben sie einen ‚Rantantan' gehabt. Ich bin ja nie weg, weil ich immer beim Buben daheim war, und das hat mich auch nicht interessiert, dort bei den Männern, die haben sehr viel geraucht. Und ich habe oft zu meinem Mann gesagt: ‚Musst du denn so lange bleiben, kannst du nicht früher heimgehen?' (…) ‚Ja', hat er gesagt, ‚du weißt ja gar nicht, wie schön das ist, am Samstag Vormittag in die Sauna, Nachmittag ein Spiel und am Abend einen ‚Rantantan'. Dann sind sie beieinander gesessen und haben über das Spiel diskutiert". Für Frauen hatte der Sportplatz eine andere Bedeutung, er war für sie vor allem Ort des Zusammentreffens und des sozialen Austauschs. Man konnte sich unkompliziert mit FreundInnen und KollegInnen treffen, und dann war da noch ein kleines Schwimmbad für die Kinder. Mit den Jahren veränderte sich das Angebot des Sportvereins und zunehmend wurden auch Frauen im Sportverein aktiv. Bei den Stockschützen gab es seit Anfang der 1980er Jahre eine erfolgreiche Damenmannschaft, auch beim Wintersport und im Tennis waren mehr Frauen vertreten. Die Wandergruppe, die 1977 gegründet und von einer Frau geleitet wurde, bestand mehrheitlich aus weiblichen Mitgliedern.

Es sollen drei Sektionen ausführlicher dargestellt werden, die in den Erzählungen der Belegschaft dominierten, und zwar Fußball, Wintersport und Tennis.

Die Austria Tabak und der Fußball

Die Geschichte der Fußballsektion der Linzer Tabakfabrik beginnt im Jahr 1934. Sie nahm 1954 erstmals als „SV Tabakfabrik Linz" an den regionalen Meisterschaftsspielen teil und konnte bereits ein Jahr später den Meistertitel in der dritten Klasse A holen. Auch im darauffolgenden Jahr blieben die Kicker der Tabakfabrik ungeschlagen und konnten aufsteigen. 1961 schafften sie den Einzug in die erste Klasse Ost, mussten im nächsten Jahr aber wieder absteigen.[88] Aufgrund des Meisterschaftsbetriebs stiegen die Anforderungen an die Spieler und externe Fußballer wurden in die Mannschaft geholt. Zugleich hatten fußballbegeisterte Belegschaftsmitglieder, die weniger professionell spielten, nun weniger Möglichkeiten ihrer Leidenschaft nachzugehen. Einigen Kollegen gefiel diese Entwicklung nicht und sie gründeten 1964 eine Sektion Betriebsfußball ausschließlich für aktive Mitarbeiter.

Die Fußballsektion, welche 1970 in „SV Austria Tabak Linz" umbenannt worden war, bewegte sich in den darauffolgenden Jahren im unteren Mittelfeld der Bezirksliga. 1974 war der Verein wirtschaftlich am Ende. Das Engagement des Zentralbetriebsrates bewahrte sie vor der Auflösung. Erst 1980 begann ein Aufschwung. Unter Generaldirektor Mauhart bekam der Verein einen Sponsorenvertrag mit der Austria Tabak, damit war man finanziell abgesichert. 1983 gelang es dem Verein, wieder den Meistertitel in der Bezirksliga Nord zu holen. 1984/85 schaffte der SV Austria Tabak Linz den Aufstieg in die 1. Landesliga.[89] Matthias Fellner war einer der wenigen Mitarbeiter, die in der Kampfmannschaft des Vereins vertreten waren. Bereits sein Vater und sein Bruder hatten für die Austria Tabak gespielt, er selbst stand seit frühester Jugend am Fußballplatz. Er war sehr talentiert, spielte als junger Mann einige Jahre Profifußball und später lange Zeit für den SV Austria Tabak. Er erlebte den Aufstieg der Fußballsektion hautnah. „Wir haben früher ganz unten gespielt und dann ist es immer besser geworden. Ich habe alles mitgemacht: 2. Landesliga, 1. Landesliga, 1. Bezirksliga, Landesliga. Und so sind wir aufgestiegen. Aber dann hat man gemerkt, man kommt mit einem normalen Trainer nicht mehr aus, man braucht einen mit Erfahrung. Und so hat sich das gesteigert, bis wir einen ehemaligen Nationalspieler vom LASK bekommen haben. Also, da hat sich das schon profimäßig entwickelt, mit der Unterstützung von Beppo Mauhart. Ohne den wäre nichts gegangen." Die Fußballsektion der Tabakfabrik Linz hatte sich bis Mitte der 1990er Jahre zunehmend professionalisiert und folgte damit einer allgemeinen Entwicklung im österreichischen Fußballsport.[90] Ehrenamtliche Funktionäre wurden durch professionelle Manager ersetzt, mit dem Ziel, die Organisation der Vereine effizienter zu gestalten. Der Betreuerstab für das Team wurde erweitert, Assistenten, Tormanntrainer, Masseure, Psychologen, Ärzte und Werbe-Leute angestellt.

Diese Entwicklung wurde jedoch 1995 beendet. Im Zusammenhang mit Problemen des Tochterunternehmens Head-Tyrolean-Mares (HTM-Gruppe) zog sich der gesamte Vorstand der Austria Tabak zurück. Die neue Konzernspitze richtete das Unternehmen auf das Kerngeschäft aus. Investitionen für andere Bereiche, wie die Sporteinrichtungen, wurden gestrichen. Die Tennisanlage der Generaldirektion wurde verkauft, die Sportplätze einiger Standorte der Austria Tabak geschlossen und der SV Austria Tabak Linz wurde nicht weiter finanziert. Auch der Firmenname durfte nicht mehr im Vereinsnamen geführt werden. Die Spieler konnten nicht bezahlt werden und die Auflösung des Vereins drohte.

Das weitere Schicksal der professionalisierten Sektion ist eng mit der Fußballgeschichte der Stadt Linz verbunden. Nach der Fusion des FC Linz[91], einst Werksclub der VOEST, mit dem Linzer ASK 1997 waren viele Fans des FC Linz enttäuscht. Sie fühlten sich übergangen und wollten den Verein nicht aufgeben. Als Ausweg erwog man ein Zusammengehen mit dem Fußballverein der Tabakfabrik Linz. „Und da war wirklich der Mister Zufall ausschlaggebend", erzählt Mathias Fellner. Er traf auf dem Sportplatz der Austria Tabak einen Bekannten vom ehemaligen SK Voest und kam mit ihm ins Gespräch. „Genau zum damaligen Zeitpunkt hat der Franz Grad den Voest-Fußballverein beseitigt, und wir sind auch vor dem Nichts gestanden. Und die Voest-Anhänger haben einen Ersatz gesucht, einen Verein, der in einer höheren Spielklasse ist, damit sie nicht wieder von ganz unten bis hinauf müssen, weil wenn du da fusionierst, spielst du in dieser Ebene weiter. Und das hat bei uns gepasst und ich war dann auch Gründungsmitglied des FC Blau-Weiß-Linz. Einige Spielerkollegen und ich, wir haben am 1. August 1997 den Verein FC Blau-Weiß-Linz gegründet." Der neue Verein nahm den Platz des SV Austria Tabak in der ersten oberösterreichischen Landesliga ein. Die beiden Clubs verbanden die Vereinsfarben Blau und Weiß, ihre Verbindung zur Industrie als Werksvereine und die lange Fußballtradition.[92] Einige Spieler des SV Austria Tabak wechselten in den neuen Verein[93]. Man spielte auf dem gut ausgestatteten Sportplatz der Tabakfabrik, der vor wenigen Jahren anlässlich des Jubiläums zum 60-jährigen Bestehen des Sportvereins der Tabakfabrik Linz renoviert worden war. Auf Initiative seines damaligen Obmanns, Ing. Richard Kaiser, wurde eine überdachte Tribünenanlage errichtet, die für knapp 700 Personen Platz bot.[94]

An der Geschichte der Sektion Fußball der Tabakfabrik Linz wird die Kluft zwischen professionellem und Betriebsfußball sichtbar. Professionalisierung und Meisterschaftsbetrieb drängten in den 1960er und 1970er Jahren viele Belegschaftsmitglieder aus der Mannschaft, die Beschäftigten blieben vor allem als ZuseherInnen und AnhängerInnen mit dem Verein verbunden. Mit der Ausgliederung der Fußballsektion und der späteren Fusion ging die Verbindung zur Austria Tabak fast vollständig verloren. Mathias Fellner engagierte sich zunächst noch als Trainer für die Knaben beim FC Blau-Weiß und arbeitete als Spielervermittler, aber dann sei das immer mehr zum SK Voest geworden, erzählt er, und deshalb habe er sich zurückgezogen. Die Fans und der Präsident[95] des heutigen FC Blau-Weiss Linz sehen ihre Wurzeln im SK Voest, was unter anderem an der Bezeichnung der Fanclubs, an den Schlachtgesängen im Stadion und an den Fahnen und Plakaten zu sehen ist. Durch die Fusion ist der Verein der „Tabakler" in Vergessenheit geraten. In den offiziellen geschichtlichen Darstellungen der Vorfälle wird der Fußballverein der Austria Tabak nur am Rande erwähnt, oft gänzlich ausgespart.

Die Idee der Familie und Gemeinschaft lebte bis zur Schließung der Fabrik in der Sektion Betriebsfußball, die den Mitarbeitern vorbehalten war, weiter.

Wintersport

In der Tabakfabrik Linz schlossen sich begeisterte SchifahrerInnen 1949 in der Sektion Wintersport zusammen. Hauptattraktion war das jährliche Schitreffen in Bad Hofgastein, an dem Beschäftigte aus verschiedenen Standorten der Austria Tabak und sogar KollegInnen aus Berlin und München teilnahmen. Das Schitreffen hatte eine lange Tradition[96], in der unmittelbaren Nachkriegszeit veranstaltete die Generaldirektion Ausflüge in die nähere Umgebung Wiens, am Semmering erhielten MitarbeiterInnen ihren ersten Schiunterricht. Ein begeisterter Schifahrer der Generaldirektion regte beim Vorstand an, eine Schiveranstaltung für das gesamte Unternehmen zu organisieren. Im Winter 1949 wurde diese Idee zum ersten Mal verwirklicht. Der Beginn der traditionsreichen Schitreffen war nicht einfach, Bekleidung und Ausrüstung waren schwer zu bekommen und die Verpflegung der Beschäftigten war aufgrund knapper Lebensmittelmarken kompliziert. Eine Gulaschkanone der Schwazer Fabrik verköstigte lange Jahre die TeilnehmerInnen an diesen Wochenenden. Die Sachpreise, die es bei den Wettkämpfen zu gewinnen gab, waren in der Nachkriegszeit wertvoller als Pokale. Die Sektion Wintersport der Austria Tabak Linz wurde zuletzt von Franz Brandstetter, Installateur und Klimatechniker in der Hauswerkstatt und leidenschaftlicher Schifahrer, gemeinsam mit einem Kollegen organisiert.

Das legendäre Schitreffen, bei dem verschiedene Wettbewerbe ausgetragen wurden, dauerte fünf Tage. Es schloss mit einem Fest, bei dem der Vorstand der Austria Tabak und regionale PolitikerInnen eingeladen waren. Die Treffen erfreuten sich großer Beliebtheit, Anfang der 1980er Jahre waren rund 1.200 Kollegen und Kolleginnen samt Gästen dabei.[97] Alle Belegschaftsmitglieder, die an dieser Veranstaltung teilnahmen, bekamen bis 1989 drei Tage zusätzlichen Urlaub. Das Schitreffen förderte die Verbundenheit zwischen den Standorten. Man pflegte informelle Kontakte, machte neue Bekanntschaften und schloss langjährige Freundschaften.

Tennis

Als Anfang der 1980er Jahre die Sektion Tennis entstand, war diese Sportart im deutschsprachigen Raum sehr populär. Die Erfolge der Tennisstars Boris Becker, Steffi Graf und Thomas Muster begeisterten die Menschen. Was bis dahin nur von einer kleinen gesellschaftlichen Oberschicht meist in teuren Sportclubs ausgeübt worden war, wurde nun für viele interessant und zugänglich.[98] 1985 spielten bereits 8,8 Prozent der ÖsterreicherInnen gelegentlich oder regelmäßig Tennis. Zum Vergleich: Im Fußball sind es nur 8,6 Prozent.[99]. Durch die finanzielle Unterstützung der Austria Tabak konnten es sich die MitarbeiterInnen leisten, kostenintensivere Sportarten im Verein auszuüben. Bereits im Gründungsjahr hatte die Tennissektion 108 Mitglieder, Mitte der 1990er Jahre waren es 140 Mitglieder. Ab 2000 wurden ähnlich wie in anderen Sektionen Meisterschaftsspiele bestritten, es gab eine junge Mannschaft und eine erfolgreiche Gruppe der über 35- und über 45-Jährigen. Der Obmann der Sektion Tennis, Alexander Reiter, organisierte Trainingscamps, sorgte für einheitliche Trainingsanzüge, entwarf ein Logo für die Sektion und stellte eine Damenmannschaft zusammen. An den Wochentagen wurde regelmäßig trainiert, jedes Mitglied hatte einen Schlüssel für den Fabriksportplatz und konnte jederzeit spielen. Es gab eine Flutlichtanlage und wenn man Lust dazu hatte, konnte man schon um fünf Uhr morgens oder um Mitternacht spielen „Das haben viele tatsächlich genutzt", erzählt Alexander Reiter.

Highlight des Jahres war das Tennistreffen in Radstadt, vier Tage lang wurde gemeinsam trainiert und auch gefeiert. Diese Veranstaltung war sehr beliebt, oft waren bis zu 70

TeilnehmerInnen dabei. Die TennisspielerInnen schätzten Gemeinschaft und Geselligkeit. Alle erzählen von gemeinsamen Ausflügen und Grillwochenenden.

Betriebssport – nicht mehr modern?

In den 1990er Jahren ging die Teilnahme an den Aktivitäten der Sportsektionen zurück. Nach Einführung des Schichtbetriebs war ein Teil der Belegschaft verhindert oder die Spiel- und Trainingszeiten passten nicht in den veränderten Tagesablauf. Es war schwierig für die Mannschaften den Spielerstand zu halten. Die Mitglieder der Sportsektionen kamen nun hauptsächlich aus dem Angestelltenbereich, und jede Sektion kämpfte mit rückläufigen Mitgliederzahlen.

Die Ende der 1990er Jahre und Anfang 2000 eingetretenen Beschäftigten engagierten sich seltener in den Sportsektionen. Alexander Reiter erläutert die veränderten Interessen am Beispiel Tennis: „Früher sind viele von den Fußballern zum Tennis gegangen. Jetzt war es so, dass viele vom Tennis zum Golf gewechselt sind. Das war auch deutlich. Jeder, den du fragst, der spielt Golf und die meisten wollen auch Golf spielen. Das hat man gemerkt. Und wenn Sie jetzt in den Vereinen schauen, ist eigentlich – bis auf ein paar Ausnahmen – fast jeder überaltert, weil nur mehr Alte spielen. Die, die schon jahrelang Tennis spielen, spielen noch. Das ist überall so! Die Jungen kommen kaum mehr, das hat sich geändert. Tennis ist nicht mehr (…), der Tennisboom ist abgeklungen."

Die Betriebssportvereine waren so wie das Sport- und Freizeitverhalten der Belegschaft einem ständigen Wandel unterworfen. Ihr Angebot konkurrierte mit anderen Sportvereinen in den Städten und Gemeinden und einer wachsenden Freizeitindustrie mit kommerziellen Fitnesscentern. Der allgemeine Trend war, nach der Arbeit an Schönheit und Perfektion des Körpers zu arbeiten. Sportliche Aktivität in der Gemeinschaft verlor an Attraktivität. Einige Sektionen bestanden über Jahrzehnte, andere wurden nach Jahren stagnierender Mitgliederzahlen aufgelöst.[100] Beim Schitreffen in Hofgastein waren in den 1980er Jahren noch über 200 LäuferInnen am Start, Ende der 1990er Jahre nur mehr über 100 und nach 2000 fiel die Zahl auf unter 80 TeilnehmerInnen.[101]

Heinz Benal, Präsident des Sportvereines, hielt 1983 ein Plädoyer für den Betriebssport, das betont, wie wichtig dieser für das Kollektiv der Tabakfamilie war: „Es liegt in der Natur vieler Menschen – nicht umsonst gibt es das Sprichwort ‚aller Anfang ist schwer' – dass man eine gewisse Scheu hat, als Anfänger in einer bestimmten Sportart, einem allgemeinen Sportverein beizutreten und dort mit fremden Leuten, die vielleicht mit besseren Spielern lieber trainieren würden, gemeinsam zu sportlen. Viel angenehmer ist es dagegen, mit einigen bekannten Kolleginnen und Kollegen gemeinsam im Betrieb selbst oder auf einer meist sehr nahegelegenen Anlage Sport zu treiben. (…) Dabei werden Freundschaften geschlossen, man lernt viele Kolleginnen und Kollegen – auch von anderen Betrieben – dadurch näher kennen und schätzen."[102]

Helmut Lentz:
Logistiker und Kommandant der Betriebsfeuerwehr

Bis zur Mitte des 19. Jahrhunderts waren die Zünfte für die örtliche Brandbekämpfung verantwortlich. Als sie durch Industrialisierung und Gewerbefreiheit an Bedeutung einbüßten, musste eine neue Lösung für den Brandschutz gefunden werden. In den Gemeinden und Städten war es schwierig, Freiwillige für den Feuerwehrdienst zu gewinnen. Diese Lücke füllten nach und nach die Turnverbände, die ihre Fähigkeiten in den Dienst der Allgemeinheit stellten. In Steyr gründete der Turnerverband 1863 eine Feuerwehr. Nachdem sich diese bei einigen Bränden bewährt hatte, stellte auch die Gemeinde finanzielle Mittel zur Verfügung.[103] In der zweiten Hälfte des 19. Jahrhunderts entstanden in vielen Gemeinden Freiwillige Feuerwehren. 1869 wurde der oberösterreichische Feuerwehrverband als Dachverband der damals bestehenden 16 Feuerwehren gegründet.[104] In den Feuerwehrtruppen herrschte eine strenge Disziplin wie in militärischen Einrichtungen. Die Kommandanten dieser Zeit erinnerten in ihrem Auftreten und in den Uniformen an Offiziere der k.u.k Armee. Treue zu Traditionen und Heimat, Korpsgeist[105] und Disziplin sind die Tugenden der Feuerwehr.[106] Der Leitspruch „Gott zur Ehr', dem Nächsten zur Wehr" drückt das aus.

Die regionalen Feuerwehren kämpften in den Anfangsjahren mit Geldmangel und die Bevölkerung hatte zunächst wenig Vertrauen in diese Formen des Brandschutzes.[107] Mit öffentlicher Meinungspflege wollte man die Akzeptanz in der Öffentlichkeit erhöhen. Zahlreiche Veranstaltungen wie Fahnenweihen und Ehrungen trugen zur Einbindung der Feuerwehr in das kulturelle Leben der Gemeinden bei. Durch die ausgeprägte Festkultur wurden Kameradschaft und Zusammenhalt gestärkt und zugleich konnte die Feuerwehr für ihr Anliegen werben und zusätzliche finanzielle Mittel lukrieren, um notwendige Geräte für den Brandschutz zu beschaffen.[108]

Betriebsfeuerwehren

Die erste oberösterreichische Betriebsfeuerwehr wurde 1847 im Stift St. Florian gegründet. Wirtschafts- und Industrieanlagen galten wegen der hergestellten Produkte oder der verwendeten Rohstoffe als besonders brandgefährdet, wie der Rohtabak in der Zigarren- und Zigarettenerzeugung oder explosive Chemikalien in der chemischen Industrie. Dafür waren die Freiwilligen Feuerwehren nicht ausgerüstet. Viele Industriebetriebe lagen außerhalb von Städten und Gemeinden und im schlimmsten Falle kam die Löscheinheit zu spät.

Später regelten gesetzliche Vorschriften die erforderlichen Brandschutzmaßnahmen in Betrieben. 1953 wurde eine neue Feuerpolizeiordnung beschlossen, die sowohl für die Freiwilligen Feuerwehren als auch für die Berufs- und Betriebsfeuerwehren galt.[109]

Das Oberösterreichische Feuerpolizeigesetz in der Fassung von 2010 hält zur Notwendigkeit von Betriebsfeuerwehren fest:

„Bei Objekten der Risikogruppe, von denen auf Grund ihrer Beschaffenheit oder der Art ihrer Benützung eine im Vergleich zu anderen Objekten der Risikogruppe überdurchschnittlich hohe Brandgefahr ausgeht, hat die Gemeinde dem Eigentümer mit Bescheid die Einrichtung einer Brandschutzgruppe oder einer Betriebsfeuerwehr vorzuschreiben, soweit dies im Interesse des vorbeugenden Brandschutzes und zu einer raschen und wirksamen Brandbekämpfung erforderlich ist (...)."[110]

Eine Betriebsfeuerwehr zu haben, bringt Vorteile: Guter Brandschutz verringert die Versicherungsprämien und es kann auf manche Schutzmaßnahmen verzichtet werden. Die meisten Betriebsfeuerwehren sind, ähnlich wie in der Tabakfabrik Linz, in den „Betrieb integriert", das heißt, die Feuerwehrmänner sind im Unternehmen beschäftigt. Ausnahmen bilden die VÖEST oder der Chemiepark Linz, die freigestellte Feuerwehrmänner am Werksgelände haben.

Die Betriebsfeuerwehr der Tabakfabrik Linz

Bereits 1853, drei Jahre nach der Errichtung der Tabakfabrik in Linz verfügte diese über eine eigene Feuerlöschordnung.[111] Im Jahr 1873 folgte die offizielle Gründung der Linzer Tabakfabriksfeuerwehr. Die Chronik vermerkt, dass die Ausrüstung zunächst aus Wasserkübeln, Anstellleitern, Feuerpatschen zum Ausschlagen von Bodenbränden und Einreißhaken bestand. Gegen Ende des 19. Jahrhunderts umfasste die Mannschaft bereits 60 Personen. Nach der Jahrhundertwende bekam die Feuerwehr ein eigenes Depot im Rohtabaklager, wo Geräte und Uniformen der Mannschaft aufbewahrt wurden. Kommandant war in den Anfangsjahren ein Beamter. 1906 übernahm erstmals ein Tabakarbeiter das Kommando und hatte dieses Amt insgesamt siebzehn Jahre inne. Es folgten weitere Kommandanten aus der Arbeiterschaft, bis 1929 auf Wunsch der Generaldirektion Wien erneut ein Beamter die Führung der Feuerwehr übernahm. Über die Entwicklung der Betriebsfeuerwehr in den Anfängen des 20. Jahrhunderts ist wenig bekannt. Während des Ersten Weltkriegs wurde die Betriebsfeuerwehr zeitweise aufgelöst und 1920 neu gegründet.[112] In der Zwischenkriegszeit bekam die Feuerwehr ein neues Depot im Hof der Fabrik. Im Zuge der Errichtung des neuen Gebäudes von Peter Behrens und Alexander Popp (1929–1935) entstand eine eigene Brunnenanlage mit vier Pumpen für die Feuerwehr. Auch der Brandschutz fand bei dem neuen Gebäude Berücksichtigung. In allen Stiegenhäusern wurden Wasserrohrsteigleitungen installiert und in jedem Stockwerk ein Hydrant mit Schläuchen eingebaut.[113]

Mit dem „Anschluss" Österreichs an das Deutsche Reich im Jahr 1938 ist das gesamte österreichische Feuerwehrwesen in die Strukturen der deutschen Feuerwehr eingegliedert und die Freiwilligen Feuerwehren sind in Hilfspolizeigruppen umgewandelt worden, die für öffentliche Notsituationen wie Luftschutz und Brandschutz zuständig waren.[114] Die Feuerwehr wurde aufgewertet, man schaffte moderne Geräte an und verstärkte die Motorisierung. Auch die Feuerwehr der Tabakfabrik Linz konnte 1943 das erste Löschgruppenfahrzeug ihr Eigen nennen und neue Schläuche, Gummischutzanzüge und Atemschutzgeräte kaufen. Um den Feuerwehrbetrieb gegen Ende des Kriegs trotz der vielen eingerückten Männer aufrecht zu erhalten, wurden im Jahr 1944 Frauen in die Betriebsfeuerwehr aufgenommen. Sie bekamen eine Uniform und nahmen an Feuerwehrübungen und Alarmbereitschaften teil.[115]

Gegen Ende des Krieges wurde die Tabakfabrik Linz bei einem Bombenangriff getroffen, in Teilen des Rohtaklagers brannte es. In den Nachkriegswirren kamen viele Geräte der Betriebsfeuerwehr abhanden oder wurden entwendet. Die genaueren Umstände blieben ungeklärt.[116] Auch der 1943 gekaufte Rüstwagen LF8 war verschwunden und wurde erst 1947 in völlig desolatem Zustand zufällig gefunden. Nachdem der Wagen wieder repariert werden konnte, musste er auf Anweisung der Generaldirektion an die Tabakfabrik Fürstenfeld abgegeben werden. Trotz mehrerer Ansuchen bewilligte sie für Linz keinen motorisierten Feuerwehrwagen, es wurde lediglich genehmigt, ein gebrauchtes Fahrzeug für diese Zwecke umzubauen. An diesem Vorhaben war vor allem das Kraftwerkspersonal unter der Leitung von Ingenieur Richard Kaiser, Kommandant der Feuerwehr von 1963 bis 1988, beteiligt. „Der Kern der Feuerwehr war immer im Kraftwerk mit der Hauswerkstätte angesiedelt. Und da war dieser Ing. Richard Kaiser eine ganz wichtige Person. Wenn man heute mit älteren Feuerwehrleuten im Linzer Bezirk redet, dann weiß jeder sofort, wer er war. Das war wirklich ein sehr verdienstvoller Kamerad, der sich irrsinnig engagiert hat, nicht nur bei der Feuerwehr, auch bei anderen Vereinen. Die haben dort die Möglichkeiten gehabt, aus alten Anhängern wieder was zu bauen oder einen alten Bus irgendwoher zu bekommen und umzubauen, und für die Feuerwehr die notwendigen Gegenstände, die aufgrund des

Finanzmangels vom Betrieb nicht gekauft werden konnten, in viel Eigenregie herzustellen", erzählt Helmut Lentz, Leiter der Abteilung Rohtabak, Umweltbeauftragter und letzter Kommandant der Betriebsfeuerwehr, über die damalige Zeit.

In den Nachkriegsjahren verlangte der Feuerwehrdienst von den Feuerwehrmännern viel Improvisation und Geschick. 1951 wurde die Betriebsfeuerwehr durch den Erlass einer neuen oberösterreichischen Feuerwehrpolizeiordnung zu einer Körperschaft öffentlichen Rechts, zehn Jahre später wurde sie für den Katastrophenhilfsdienst verpflichtet. Besonders an zwei Großeinsätze erinnern sich Feuerwehrmänner und Belegschaft. Beim Hochwasser im Juli 1954 erreichte die Donau einen Pegelstand von fast zehn Metern, das ganze Fabriksgelände und der Kindergarten waren überschwemmt. Die Feuerwehr der Tabakfabrik Linz unterstützte damals die Rettungsaktionen in den umliegenden Wohngebieten.[117] 1979 brach im Rohtabaklager am Vormittag ein Großbrand aus. Die Betriebsfeuerwehr forderte zusätzliche Unterstützung von der Berufsfeuerwehr Linz und den Freiwilligen Feuerwehren aus der Umgebung. Sie waren bis in die Abendstunden im Einsatz und konnten größeren Schaden an den umliegenden Gebäuden verhindern.[118]

Im Jahr der Betriebsschließung wurde die Ausrüstung der Feuerwehr abgebaut und abtransportiert. Einige Bestände sind an Mitglieder der Betriebsfeuerwehr und an den Oö. Landes-Feuerwehrverband übergeben worden, der Rest kam nach Hainburg. In der letzten Woche vor der endgültigen Schließung brachte Kommandant Lentz mit vier Kollegen das Feuerwehrauto von Linz in die Fabrik Hainburg. Mit dem letzten Arbeitstag endete am 18. Dezember 2009 die über 135-jährige Geschichte der Betriebsfeuerwehr der Tabakfabrik Linz.[119]

Mannschaft und Kultur der Feuerwehr

Die Betriebsfeuerwehr Linz bestand in der zweiten Hälfte des 20. Jahrhunderts aus höchstens 45 aktiven männlichen Belegschaftsmitgliedern. Ab dem Jahr 2000 zählte die Mannschaft noch 39 Feuerwehrmänner. Laut Arbeitsordnung und späterer Betriebsvereinbarung waren alle männlichen Mitarbeiter, welche die „körperliche Eignung" besaßen,[120] dazu verpflichtet, sich zum Feuerwehrdienst zu melden. Diese Vorschrift schuf einen Personalpool, aus dem die Führung auswählen konnte.[121] Vor der Aufnahme in die Truppe fand ein persönliches Gespräch mit dem Kommandanten statt, der beurteilte, ob der Anwärter geeignet war und in die Gruppe passte. Die Anforderungen an die Feuerwehrleute erhöhten sich im Laufe der Jahre. Sie mussten sich alle fünf Jahre einer ärztlichen Untersuchung unterziehen. Besonders die Atemschutzträger hatten strenge Auflagen. Bei Gewichtsproblemen, Bluthochdruck oder wenn sie Kontaktlinsenträger waren, mussten die Feuerwehrmänner ihre Funktion abgeben. Zumeist kam etwa die Hälfte der aktiven

Mannschaft aus dem Kraftwerk oder der Hauswerkstätte. Für die dort Beschäftigten war „zwingend vorgeschrieben", bei der Betriebsfeuerwehr zu sein.

Zu den Aufgaben der Betriebsfeuerwehr gehörten der Brandschutz, also vor allem vorbeugende Maßnahmen und das Handeln im Ernstfall. Es gab regelmäßige Übungen sowie Investitionen in den vorbeugenden Brandschutz. Jeden zweiten Dienstag fand nach der regulären Arbeitszeit eine Übung statt, die ungefähr zwei Stunden dauerte. Die Ausbildung ist immer umfangreicher geworden: Jeder Feuerwehrmann musste einen Erste-Hilfe-Kurs absolvieren, im Anschluss daran einen Ausbildungskurs im Umfang von 120 Stunden, gefolgt von einem Grundlehrgang in der Landesfeuerwehrschule. Mit der Einführung des Schichtbetriebs wurde es schwieriger, den Übungsbetrieb aufrecht zu erhalten. Wenn bei den zwei-wöchentlichen Übungen zehn Personen dabei waren, war das schon zufriedenstellend, meint Kommandant Lentz. Jedes Jahr veranstaltete die Betriebsfeuerwehr eine große Abschlussübung, zur der auch prominente Gäste geladen wurden.

Helmut Lentz spricht vom „Geist", das heißt von der Grundhaltung der Feuerwehr. Doch was steckt hinter dieser speziellen Kultur der Feuerwehr? Er erwähnt drei Gesichtspunkte:

Erstens ein großes Pflichtgefühl gegenüber Betrieb und Unternehmen, das mit der besonderen Betriebskultur der Austria Tabak zusammenhängt. Viele Beschäftigte waren bereit, über die reine Arbeitsleistung hinaus auf vielfältige Weise zum Wohl der Fabrik beizutragen.

Zum Zweiten ermöglichte die Feuerwehr, unabhängig von der betrieblichen Hierarchie eine höhere soziale Position zu erreichen. Die Feuerwehrmänner mussten sich ungeachtet ihrer betrieblichen Position in die Mannschaft einordnen. „Egal ob jemand Abteilungsleiter, Meister oder Vorarbeiter war, jeder hat seine Funktion gehabt und es war nicht unbedingt der Abteilungsleiter, der eine hohe Funktion hatte. Und der Schlosser aus der Werkstatt war vielleicht Gruppenführer, weil er aufgrund seiner Fähigkeit und seiner Ausbildung schon so weit war. Das war nie ein Thema. Und keiner von denen, vom Abteilungsleiter abwärts, hat gesagt: ‚Jetzt schafft mir mein Untergebener im Betrieb bei der Feuerwehr etwas an und das will ich nicht.'" Bei der Feuerwehr hat es keine „Klassenunterschiede" gegeben, betont der Kommandant Helmut Lentz.

Die spezifische Organisationskultur der Feuerwehr bildet den *dritten* Aspekt. Jeder Feuerwehrmann hat sich in eine strenge Hierarchie einzuordnen. Das ist nicht nur für das innere Funktionieren der Feuerwehr wichtig, sondern auch in der Außenwahrnehmung. Eine Feuerwehr muss geordnet und akkurat auftreten, um der Bevölkerung Sicherheit zu vermitteln. Befehlsketten sind einzuhalten, jedes Mitglied hat eine festgelegte Funktion, wie zum Beispiel Brandschutzbeauftragter, Zugkommandant, Brandinspektor. „Dass muss ich akzeptieren, sonst bin ich falsch", meint er.

Neben diesem streng formalen Aufbau der Feuerwehr war die Geselligkeit und „Kameradschaftspflege"[122] ein wesentlicher Baustein dieser Gemeinschaft. Kameradschaft stellt in der Feuerwehr nicht nur ein kulturelles Moment dar, sondern hat auch eine elementare praktische Bedeutung. Feuerwehrleute müssen sich uneingeschränkt aufeinander verlassen können. Der

Zusammenhalt und die Solidarität bilden die Grundvoraussetzungen für Einsätze und gelten darüber hinaus in der Gruppe als handlungsleitende Werte.[123] Die sozialen Beziehungen gehen dabei weit über den Feuerwehrdienst hinaus. Man verbringt auch privat viel Zeit miteinander, hilft und unterstützt einander in schwierigen Lebenslagen. Die Feuerwehr ist traditionsgemäß eine Männergemeinschaft. Bis in die 1950er Jahre waren in der Tabakfabrik Linz mehrheitlich Frauen beschäftigt. Die Feuerwehr stellte einen sozialen Raum dar, in welchem typisch männliche Verhaltensweisen und Werte gepflegt wurden. In einer Gruppe von gleichgesinnten Männern konnte man sich anders verhalten. „Es war dann natürlich auch der Umgangston ein wenig anders, teilweise etwas ruppiger und rauer. Man hat sich gegenüber den Kameraden nicht zurückgenommen, nicht verstellen müssen" und konnte so reden, „wie man im Beisein von Frauen" eben nicht sprechen würde, erzählt er. Vielen war es ein großes Anliegen, diese Tradition beizubehalten, die Anwesenheit von Frauen wurde als Störung empfunden.[124] Einige Männer wollten bei Feuerwehrausflügen ihre Ehefrauen mitnehmen, das führte zu heftigen Auseinandersetzungen. „Wir haben das dann einfach sein lassen und haben dann einen Männerausflug gemacht und haben schöne Tagesausflüge gemacht, mit Aktivitäten und haben den Abend ausklingen lassen."

Vom Land in die Stadt

Eine Entwicklung der 1970er Jahre ist die Zunahme von Arbeitskräften aus dem ländlichen Raum in den Linzer Industriebetrieben. Aus der Perspektive der Stadt wird die Entwicklung als Pendlerproblem mit den damit verbundenen Auswirkungen im Verkehrs- und Straßennetz wahrgenommen. Zwischen 1951 und 1971 stieg die Anzahl der PendlerInnen nach Linz von knapp 20.000 auf rund 53.000 Personen. 1971 waren das 42 Prozent aller in Linz Beschäftigten.[125] Hinter diesen Zahlen steht eine tiefgehende Umstrukturierung der ländlichen Regionen. Bereits ein Drittel der landwirtschaftlichen Betriebe waren Ende der 1960er Jahre auf Zuerwerb angewiesen. Viele kamen aus dem nördlichen Umfeld der Stadt, dem Mühlviertel. Wegen der damaligen Randlage – das Mühlviertel war Grenzregion zur ehemaligen CSSR – blieb das Gebiet in der Entwicklung seiner agrarischen Struktur hinter anderen Regionen zurück und die Einkünfte aus der Landwirtschaft konnten die Bevölkerung nicht mehr ernähren. Zugleich waren Industrie- und Gewerbebetriebe aus dem Ballungsraum auf die zusätzlichen Arbeitskräfte angewiesen. Über die Bauernkammer – aber auch über den traditionellen Urfahraner Markt – wurde damals Personal für die VÖEST angeworben. Diese Entwicklung veränderte nicht nur die soziale Zusammensetzung der Beschäftigten in der Industrie erheblich, sondern beeinflusste mittelfristig auch das soziale und kulturelle Klima der Stadt. Denn viele der Beschäftigten wurden nach einigen Jahren des Pendelns zu neuen Linzer BürgerInnen.

Helmut Lentz, der letzte Kommandant der Betriebsfeuerwehr tritt im Jahr 1974 in die Tabakfabrik Linz ein. Er kommt aus dem Mühlviertel, engagiert sich von Beginn an für die Feuerwehr und überträgt dabei die traditionellen Werte des Dienstes in einer Freiwilligen Feuerwehr oder als freiwilliger Helfer in anderen sozialen Einrichtungen auf das Engagement für die Feuerwehr des Betriebes. So wie der freiwillige Feuerwehrmann der Gemeinde oder der Rettungsfahrer der Allgemeinheit diene, so setze sich der Mann in der Betriebsfeuerwehr für seine Arbeitstelle ein. Er erinnert daran, dass bei repräsentativen Umfragen über die Vertrauenswürdigkeit gesellschaftlicher Gruppen gewöhnlich Feuerwehrmänner an erster Stelle genannt werden. Demnach gewinnt neben dem unmittelbaren Nutzen für das Unternehmen auch jeder Feuerwehrmann ein hohes Ansehen sowohl betriebsintern als auch in der Öffentlichkeit. Mit dieser Sichtweise verknüpfen sich Aspekte der ländlichen Kulturpflege mit industrieller Betriebskultur.

Er wird 1953 geboren und wächst auf einem großen Bauernhof auf. Sein Vater ist nach dem Krieg Bürgermeister der Gemeinde, der Hof der Familie wird zum Treffpunkt der Lokalpolitik. Auch Vertreter der Landespolitik werden hier empfangen. Es herrscht ein ständiges Kommen und Gehen. Neben zwei älteren Halbbrüdern hat er noch drei Geschwister, einen älteren Bruder, eine jüngere Schwester sowie einen jüngeren Bruder. 1959 stirbt der Vater an den Folgen eines Unfalles bei Waldarbeiten. Dieses tragische Ereignis bedeutet für die Frau und die Kinder außer dem Verlust des Familienoberhauptes eine Gefährdung ihrer Existenz. Ein finanzieller Engpass ergibt sich aus dem Umstand, dass Kunden die Situation ausnutzen und sich die Zahlung für die gelieferten Waren stunden lassen. Die Versorgung mit grundlegenden Dingen ist zwar durch die Landwirtschaft sicher gestellt, darüber hinaus aber fehlen die Mittel, um notwendige größere Anschaffungen zu tätigen. Der Hof kommt in wirtschaftliche Schwierigkeiten. Weil die älteren Brüder bereits aus dem Haus sind, müssen die jüngeren Kinder am Hof mithelfen, wo immer es möglich ist. Helmut Lentz übernimmt im Alter von 13 Jahren viele Aufgaben, die früher sein Vater erledigt hatte. Mitte der 1960er Jahre muss ein Großteil der Arbeiten noch händisch verrichtet werden. Er eggt und pflügt mit den Pferden die Felder und hilft der Mutter im Stall. Dann erlebt er den Prozess der Mechanisierung, vom ersten Traktor über das Moped, das erste Auto, letztlich bis hin zum Mähdrescher. Seine Faszination für Technik und Maschinen wächst mit der Entwicklung mit. Er lernt, aus drei alten ein funktionierendes Moped zu bauen, und das Basteln und Reparieren an Autos wird für ihn zu einer Leidenschaft.

Nach der Schule möchte er eine Lehre als Mechaniker beginnen. Aber das Lagerhaus, das ihn als Lehrling nehmen würde, ist zu weit entfernt. Die Mutter verschafft ihm eine Lehrstelle als Einzelhandelskaufmann im Geschäft des Heimatortes. In den zwei Stunden der Mittagspause kann er sich zuhause schon wieder nützlich machen. Es ist von Anfang an klar, dass er nach Abschluss der Lehre nicht übernommen werden wird, aber der Lehrherr vermittelt ihn an eine angesehene Großhandelsfirma in Linz. Viele seiner Freunde und Bekannten sind in einer ähnlichen Situation und gehen in die Stadt, um dort Arbeit zu finden, die meisten in den großen verstaatlichten Industriebetrieben. Für ihn kommt ein Industriebetrieb vorerst nicht in Frage. Die Arbeit im Großhandel gefällt ihm und er orientiert sich auf eine Laufbahn als Handelsvertreter. Er genießt die „Stadtluft", für den Weg zum Arbeitsplatz kauft er sich sein erstes Auto.

Er lernt seine spätere Frau Christine kennen und in den gemeinsamen Überlegungen gewinnen andere Perspektiven eine größere Bedeutung für ihn, er sucht daher nach Möglichkeiten, die ihm einen anderen Berufsweg eröffnen. Die individuelle Berufskarriere als Handelsvertreter ist nun nicht mehr vorrangig, sondern eine Arbeitsstelle, die eine stabile und gemeinsame Lebensführung ermöglicht. Wichtige Kriterien sind jetzt eine geregelte Arbeitszeit, ein guter Verdienst und die Sicherheit der Arbeit, um längerfristig planen zu können. Christines Vater arbeitet als Maschinenführer in der Tabakfabrik und meint, dieser Betrieb könnte auch für den künftigen Schwiegersohn interessant sein. Helmut Lentz ist anfangs von dieser Idee nicht begeistert, weil er einen Handelsbetrieb einem Industriebetrieb vorziehen würde. Dennoch bewirbt er sich. Der damalige Direktor der Tabakfabrik Linz versichert in einem Erstgespräch, Personen mit kaufmännischer Ausbildung könne man in der Verwaltung gut gebrauchen, da noch viele Kriegsinvalide ohne entsprechende Ausbildung beschäftigt seien. Schließlich beginnt er im Mai 1974 in der Fabrik zu arbeiten. Drei Tage vorher haben Christine und er geheiratet.

Leistung und Verantwortung

Wie für alle männlichen Beschäftigten ist auch bei ihm das Rohtabaklager die erste Arbeitsstelle. Die Arbeitshaltung, die er dort antrifft, ist für ihn ungewohnt. Besonders die Tatsache, dass neben den offiziellen Pausen noch zusätzliche Rauch- oder Jausenpausen eingeschoben werden, befremdet ihn. Vom Hof und von der Arbeit im Handel ist er gewohnt, überall anzupacken. Er findet immer etwas zu arbeiten.[126] Diese Haltung bringt er auch in die Tabakfabrik mit. Die Denkweise des Lohnarbeiters ist eine andere, er muss darauf achten, seine Arbeitskraft kontrolliert zu verausgaben, weil sein Lebensniveau nicht nur von der aktuellen, sondern auch von der zukünftigen Belastbarkeit seiner Arbeitsfähigkeiten abhängt. Ob er denn etwas werden wolle in der Fabrik, fragen manche Kollegen ironisch, wenn er wieder einmal besonders tüchtig zugreift. Später arbeitet er in der Vertriebsstelle der Fabrik bei der Auslieferung von Waren an die TrafikantInnen, dann übernimmt er eine Bürostelle im Rohtabaklager. Um 1980 werden im Zuge von Rationalisierungsmaßnahmen im Rohtabaklager einige Stellen der mittleren Führungsebene zusammengelegt. Die neu geschaffene Position eines nicht-technischen Meisters, der für die operative Logistik zuständig und verantwortlich ist, wird ihm übertragen.

In den ersten Jahren als Fabrikarbeiter unterstützt er nach der täglichen Arbeit in der Austria Tabak sehr oft seine Brüder, Schwager oder Freunde, die mit dem Bau von Eigenheimen beschäftigt sind. Für Helmut Lentz ist es selbstverständlich, bei den Bauarbeiten zu helfen. Die Wochenenden verbringt er am Hof der Familie. Kaum angekommen, zieht er sein Arbeitsgewand an und „arbeitet dann eben irgendetwas". Entweder er hilft am Hof, wenn die Ernte einzubringen ist oder Holzarbeiten zu erledigen sind, oder er geht seiner großen Leidenschaft nach und bastelt an Autos herum. Seine Frau hilft ebenfalls in der Landwirtschaft mit oder kümmert sich um die Kinder des Bruders. In diesen Jahren zeigt sich die starke Bindung an seine Herkunftsfamilie. Durch den frühen Tod des Vaters fühlt er sich besonders verantwortlich gegenüber der Mutter und dem Hof. Bei vielen Kindern von bäuerlichen Familien ist es ein Muster, dass am Hof der Eltern die Arbeitskraft der Jungen so lange beansprucht wird, bis diese selber Kinder haben und sich Verantwortung und Aufmerksamkeit auf die eigene Familie verlagern.[127]

1979 wird ein Sohn geboren und die Familie wird nun bei der Vergabe von Werkswohnungen der Austria Tabak berücksichtigt. Sie kann in eine geräumige Wohnung in der Honauerstraße einziehen. Die Nachbarschaftshilfen an den verschiedenen Baustellen müssen eingeschränkt werden, da nun die eigene Wohnung seine Geschicklichkeit benötigt. In der gewonnenen Freizeit unternehmen sie gemeinsame Ausflüge mit dem Kind und besuchen die Familie des Schwagers, die auch ein kleines Kind hat. Christine Lentz arbeitet schon seit Jahren als Sachbearbeiterin bei einer Krankenversicherung und kehrt nach einem Jahr Karenz wieder zurück an den Arbeitsplatz. Das Kind besucht den nahe gelegenen Betriebskindergarten und wird vom Vater täglich vor der Arbeit dorthin gebracht.

Ab den 1980er Jahren entwickelt sich bei Helmut Lentz eine tiefere Bindung an den Betrieb. Er war, wie er erzählt, zum richtigen Zeitpunkt am richtigen Ort. Er ist keiner, der sich vordrängt, aber wenn er gebraucht wird und Möglichkeiten bekommt, dann engagiert er sich. Er rechnet dem Unternehmen hoch an, dass es auch für Beschäftigte ohne höhere Schulbildung Chancen bietet, wenn die entsprechenden Voraussetzungen gegeben sind und es freut ihn, dass seine Leistung und seine Bereitschaft zur Weiterbildung honoriert werden. Für beide Arbeitsbereiche, einerseits Lager und Logistik und andererseits Betriebsfeuerwehr, besucht er Seminare zur weiteren Qualifizierung. Bei der Feuerwehr steigt er Anfang der 1990er Jahre zum Stellvertreter des Kommandanten auf, im Jahr 2000 wird er Kommandant der Betriebsfeuerwehr der Austria Tabak Linz.

Nach der Privatisierung und dem Verkauf des Unternehmens an Gallaher ist seine organisatorische Kompetenz besonders gefordert. Mit der Schließung der Fabrik in Malmö im Jahr 2002 werden viele zusätzliche Maschinen nach Linz verlagert und die expansive Strategie bringt für die Belegschaft viele neue Herausforderungen. Umstrukturierungen und erhebliche Umbauten sind erforderlich. Im Bereich des Rohtabaklagers tun sich vor allem Probleme bei der Einlagerung und Bereitstellung großer Mengen von Rohtabaken auf. Zwei Lösungswege, die bereits ab den 1990er Jahren praktiziert werden, kommen nun verstärkt zum Einsatz. Zum einen wird die Lagerhaltung weitgehend an die Lieferanten delegiert. Die Ernten werden in unterschiedlichen Ländern angekauft, aber nicht sofort, sondern nach Bedarf geliefert. Für die Zwischenlagerung sind die Lieferanten verantwortlich. Der Vorteil dieser Praxis besteht darin, dass weniger Betriebskapital in Lagerbeständen gebunden ist. Zum anderen wirft die Zwischenlagerung bei Orienttabaken, die vor allem aus Bulgarien bezogen werden, Probleme der Qualität auf. In diesen Ländern herrschen schlechte örtliche Lagerbedingungen. Die Tabake werden deshalb nach Linz geholt. Infolge der angestiegenen Verarbeitungskapazitäten durch die modernen Maschinen sind die eigenen Lagerflächen in der Fabrik nicht ausreichend. Immer mehr externe Lagerfläche muss im Donaulager des Linzer Hafens angemietet werden. In den Spitzenzeiten der Produktion unter Gallaher umfasst das Donaulager bis zu zwei Drittel der Lagerbestände der Fabrik. Rückblickend meint Helmut Lentz, er habe damals fast eine Art „Helfersyndrom" entwickelt und überall mitarbeiten wollen. Gerade in turbulenten Zeiten ist es notwendig anzupacken und wenn er gebraucht wird, will er nicht zurückstehen. Das neue Management möchte mit modernen Methoden der Führung vor allem das mittlere Management für seine unternehmerischen Ziele gewinnen und für die neuen Strategien motivieren. Dass das alles schließlich nicht hilft und der Betrieb vom neuen japanischen Eigentümer JTI geschlossen wird, betrachtet er als eine Entscheidung, die in erster Linie mit dem Standort zusammenhängt. Eine Fabrik mit fünf Stockwerken sei in der modernen Zigarettenproduktion unüblich, weil diese Bauweise zu viele innerbetriebliche Transportprobleme mache und die Produktivität belaste. Bei einer idealen Zigarettenfabrik wären Lagerflächen und Maschinen für sämtliche Produktionsabläufe auf einer Ebene, sodass Zu- und Abtransporte mit Staplern erledigt werden könnten. Die Entscheidung ist also für ihn im Rahmen einer betriebswirtschaftlichen Denkweise nachvollziehbar. Dass sie der Eigentümer in dieser Weise trifft, erscheint ihm legitim und unabwendbar.

Auch wenn die Herausforderungen im Arbeitsbereich des Rohtabaklagers von ihm geschätzt werden, bleibt das Arbeitsfeld der Feuerwehr das ihm näherliegende. Er erlebt die Feuerwehr als eine besondere Form der Gemeinschaft, bei der manche Dinge anders ablaufen wie im normalen Leben. Das hohe Ethos der Organisation, deren Aufgabe es ist, in Situationen elementarer Bedrohungen zu helfen und Leben zu retten, überträgt sich auf das Personal. Das gibt der Arbeit und Arbeitsbereitschaft eines jeden Mannes eine Tiefe, die andere Arbeitsbereiche in der Fabrik nicht erreichen. Wenn Helmut Lentz über den „Geist der Feuerwehr" spricht, dann steht die – unausgesprochene – Überzeugung im Raum, dass jeder einzelne Mann an dieser Aufgabe wachsen kann und im Ernstfall wachsen wird. In diesem Geist gearbeitet zu haben, hat für ihn eine bleibende Bedeutung, die von einer Betriebsschließung nicht entwertet werden kann.

Alexander Reiter:
Der Sinn des Lebens
und der Arbeit

Alexander Reiter, geboren 1952, kommt 1983 in die Tabakfabrik Linz. Sein Schwiegervater arbeitet dort als Mechaniker. Er verfügt über einen Lehrabschluss als Bürokaufmann und erwartet früher oder später einen Arbeitsplatz im Verwaltungsbereich des Unternehmens zu bekommen. Vorerst geht es ihm aber um eine sichere Arbeitsstelle.

Am ersten Tag wird er dem Rohtabaklager zugeteilt. Dort werden die frischen Zulieferungen von Tabak ausgeladen und übernommen, die Ware wird auf die unterschiedlichen Klein- und Zwischenlager innerhalb der Fabrik verteilt und Tabakmischungen für die einzelnen Sorten werden vorbereitet. Je nach Saison und Lieferung der Ernten variiert der Arbeitsanfall. Bis 1985 werden die Tabake in den unterschiedlichsten Verpackungen angeliefert, so dass viel Handarbeit und körperliche Kraft für das Auspacken, Umschlichten und Zusammenstellen von Mischungen nötig ist. Später setzt sich in Folge der technischen Entwicklungen der internationalen Containerschifffahrt eine einheitliche Verpackung in Kartons durch, die Aufwand und Personal einspart.

Im Rohtabaklager arbeiten nur Männer. Die Älteren gehören noch der Kriegsgeneration an, darunter auch der Meister. Sie sind geprägt durch die autoritäre Sozialisation in ihrer Jugend während des Nationalsozialismus. Viele sind angelernt und manche von ihnen dem Rohtabaklager zugeteilt, weil sie soziale oder gesundheitliche Probleme haben. Neben dem Stammpersonal sind auch Leasingarbeiter beschäftigt, die fast alle aus dem ehemaligen Jugoslawien kommen. In der Früh bei Arbeitsbeginn veranstaltet der Meister eine „Standeskontrolle", wie man sie beim Militär kennt. Ein Vorarbeiter ruft die Namen der Mitarbeiter auf, um den Personalstand zu kontrollieren. Unter den Arbeitskollegen herrscht ein rauer, oft aggressiver Ton. Die älteren Arbeiter nehmen für sich in Anspruch, die Jüngeren zu erziehen, ihnen Ordnung und Anstand beizubringen. Penibel wird darauf geachtet, dass nach den Pausen niemand ein Jausenpapier, ein Glas oder eine Flasche zurücklässt. Verstöße werden mit Sanktionen geahndet.

Diese autoritären Verhaltensweisen rufen bei Alexander Reiter Irritationen hervor. Sein Vater war unter dem Nationalsozialismus im KZ Mauthausen inhaftiert. Es ist nachvollziehbar, dass das Gehabe der älteren Kollegen ihn an die Täter jenes Regimes erinnert und seine Ablehnung hervorruft.

Unabhängig von diesem zeitgeschichtlichen Zusammenhang wird dort, wo Männer unter sich sind, häufig um die Stellung innerhalb der Hierarchie gerungen, gleichzeitig werden die sozialen Beziehungen von der Verbrüderung Gleichgesinnter bestimmt.[128] Mit Worten und mit Körpern werden Kämpfe darüber ausgetragen, wer viel und wer wenig zu sagen hat, wer zu der Gruppe gehört und wer nicht. Manche bekommen einen Platz in der Gruppe, wenn sie bereit sind, sich zu unterwerfen. Zweifellos handelt es sich bei den körperlichen Strafen, die die Kollegen der älteren Generation im Tabaklager an den jungen Kollegen wiederholt ausübten, um Rituale der Unterwerfung, durch die nicht nur Ausgrenzung, sondern auch Zusammenschluss stattfindet. Allerdings haben die Gemeinschaftsformen, die daraus entstehen, einen hohen Preis, denn sie finden auf Kosten der Erniedrigten statt. Alexander Reiter hat Probleme mit diesen „ernsten Spielen"[129] der Männlichkeit.

Die Differenzen zwischen ihm und dem Milieu der Abteilung lassen sich auch mit der spürbaren sozialen Kluft zwischen ArbeiterInnen und Angestellten, die es bis in die 1980er Jahre in der Fabrik gab, erklären. Nahezu alle ehemaligen Angestellten, die zu dieser Zeit in die Tabakfabrik Linz eingetreten sind, nehmen diese soziale Grenze deutlich wahr. Vor allem jene, die vorher schon in anderen Firmen gearbeitet haben, empfinden die Spannung zwischen den beiden Gruppen von MitarbeiterInnen in der Tabakfabrik als sehr auffällig. Die Angestellten in der unmittelbaren Nachkriegszeit haben offenbar den elitären Habitus des Verwaltungspersonals der Tabakfabriken, das während der Monarchie verbeamtet war, ein Stück weit übernommen. Vermutlich hielten sich die Angestellten für eine bessere Kategorie von Beschäftigten und umgekehrt neigten Arbeiter dazu, Angestellte tendenziell als Gehilfen der Dienstherren zu klassifizieren. Abgesehen von den traditionellen Hierarchien gibt es noch einen anderen Hinweis auf die Präsenz mächtiger symbolischer Grenzen zwischen beiden Gruppen: Mit einem ironischen Unterton wurde häufig auf die mächtige Feuerschutztür in der Fabrik angespielt, die das große Produktionsgebäude Bau 1 vom im Jahr 1983 fertig gestellten neuen Verwaltungsgebäude trennt, wo sich auch Hochregallager und Vertriebsgebäude für die Handelsfirma *tobaccoland* befanden. Diese Tür grenzt die Produktionshallen von den Räumlichkeiten der Verwaltung ab und symbolisiert das Verhältnis zwischen ArbeiterInnen und Angestellten. Nicht die Existenz der mächtigen Tür ist das Trennende, zu einer Grenze wird diese erst durch den Stellenwert, der ihr von der Belegschaft zugeschrieben wird.

Mit den Jahren verliert der Gegensatz an Bedeutung. Es sind die Jüngeren bei den Angestellten und bei den Arbeiterinnen und Arbeitern, die Bewegung in die „Fronten" bringen. Legendär ist in diesem Zusammenhang die unkomplizierte Haltung von Helene Kaiser, die bei ihrem ersten Betriebsausflug als junge Angestellte der Buchhaltung ganz selbstverständlich mit Arbeitern ins Gespräch kommt und auch mit ihnen tanzt. Dieses Ereignis trägt sich Mitte der 1980er Jahre zu. Die jüngeren KollegInnen von beiden Seiten erleben diesen „Tabubruch" als befreiend.

Durchwandern

Anfang der 1980er Jahre, als Alexander Reiter in der Tabakfabrik zu arbeiten beginnt, kommt dem Rohtabaklager neben der Einlagerung der Rohstoffe noch eine andere Funktion zu. Es bildet einen Personalpool für neu aufgenommene Arbeitskräfte, die nach und nach auf unterschiedliche Abteilungen aufgeteilt werden. Auf diese Weise beträgt der Personalstand damals phasenweise bis zu 30 oder 40 Personen, obwohl die Arbeiten mit etwa 20 Arbeitskräften zu bewältigen sind. Mit Ausnahme der Mechaniker wissen männliche Arbeitskräfte, die neu in die Tabakfabrik aufgenommen werden, in den ersten Monaten nicht genau, welchen Arbeitsplatz sie letztendlich einnehmen werden. In einem Vorgespräch mit der Direktion wird je nach beruflicher Erfahrung und Ausbildung nur eine grobe Zuordnung des zukünftigen Tätigkeitsbereiches vorgenommen.

Bemerkenswert ist, dass die Austria Tabak dieses Einstellungsverfahren – jedenfalls bis in die 1980er Jahre – auch für Bewerber mit Qualifikationen für den Verwaltungsbereich angewendet hat. Daher wird auch Alexander Reiter anfangs dem Rohtabaklager zugewiesen. Ausgehend von dieser ersten Station werden neue Mitarbeiter über mehre Monate hinweg je nach Bedarf an unterschiedlichen Arbeitsplätzen eingesetzt. Sie sehen sich „ein wenig ins Schaufenster gestellt" und kommen in vielen Abteilungen herum, etwa als Staplerfahrer in der Tabakaufbereitung, in der Verpackung oder in der Erzeugung. Die Kollegen und Vorgesetzten in den anderen Abteilungen beobachten sie genau.[130] Wir haben diese Praxis als „Durchwandern" bezeichnet. Sie bietet sowohl dem Unternehmen als auch den Beschäftigten Möglichkeiten der Orientierung. Wie bewährt sich der Mann unter unterschiedlichen Arbeitsanforderungen? Wo sieht die Person für sich selbst interessante Aufgaben, die mit den eigenen Voraussetzungen im Einklang stehen?

Nicht alle neu aufgenommenen Mitarbeiter durchwandern die verschiedenen Arbeitsbereiche der Tabakfabrik. Je spezifischer und qualifizierter die Anforderungen eines Arbeitsplatzes, etwa im technischen Bereich, desto spezifischer wird auch bei der Personalauswahl vorgegangen. Die Praxis des Durchwanderns ist dann sinnvoll, wenn es sich um Personal für Anlerntätigkeiten im Produktionsbereich und für unspezifische Aufgaben im Bereich der Verwaltung handelt. Damit das Potenzial einer solchen Personalpolitik wirksam werden kann, müssen zwei Voraussetzungen erfüllt werden: Da die Zuweisung zu einem Arbeitsplatz nicht in erster Linie aufgrund einer bestimmten Qualifikation erfolgt, sondern die Mitarbeiter ihren „richtigen" Arbeitsplatz im Laufe ihres Durchwanderns des gesamten Betriebes finden, bedarf es der Bereitschaft des Unternehmens, die Qualifizierung der neuen MitarbeiterInnen für ihren neuen Arbeitsplatz durch Weiterbildung zu finanzieren. Zudem macht ein solches Vorgehen nur dann Sinn, wenn auf eine stabile Personalstruktur und langfristig an die Fabrik gebundene MitarbeiterInnen gesetzt wird. Beide Voraussetzungen waren bei der Austria Tabak gegeben. Für Alexander Reiter ist die Erfahrung im Rohtabaklager zwiespältig. Die Möglichkeiten, mit dem Durchwandern den Betrieb in seiner Vielschichtigkeit kennen zu lernen, erlebt er durchaus positiv. Das soziale Klima unter den Kollegen im Lager hat jedoch eine abschreckende Wirkung auf ihn. Es zweifelt, ob seine Entscheidung für den Eintritt in die Fabrik klug war.

Insgesamt bleibt er zwei Jahre dem Rohtabaklager zugeteilt. Fallweise arbeitet er in verschiedenen Verwaltungsbereichen als Vertretung für Kolleginnen, die im Urlaub oder im Krankenstand sind. Einige Wochen ist er in der Betriebskrankenkasse tätig, bewährt sich dort und bewirbt sich für den Arbeitsplatz, als wegen einer Pensionierung eine Neubesetzung erforderlich wird. Zuerst wird ihm der Arbeitsplatz zugesagt, dann bekommt jedoch ein Kollege die Stelle, weil dieser ein um einige Tage höheres Dienstalter aufweisen kann. 1985 kann er schließlich in die Controlling-Abteilung wechseln und übernimmt dort die Führung der „technischen Kartei" und die Rechnungsprüfung als seine zentralen Arbeitsaufgaben. Der Übergang vom Arbeiter zum Angestellten ist in der Austria Tabak mit einem Eignungstest und einer ärztlichen Untersuchung verbunden, die in Wien stattfinden. Die neue Arbeit gefällt ihm, sie ist abwechslungsreich und verantwortungsvoll. Nicht ohne Stolz erzählt Alexander Reiter, dass er für die Verwaltung des gesamten Inventars des Betriebes zuständig gewesen ist. Um seine Aufgaben gut zu erledigen, muss er jeden Winkel der Fabrik kennen, sitzt nicht nur am Schreibtisch, sondern schaut Gerät und Maschinen vor Ort an und hält Kontakt mit den verantwortlichen MitarbeiterInnen in den Abteilungen.

Mitte der 1980er Jahre beginnt die elektronische Datenverarbeitung auch die Büroarbeit zu revolutionieren. Er interessiert sich für die neuen Möglichkeiten, Arbeitsgänge mit Hilfe von unterschiedlichsten Verarbeitungsprogrammen auf dem Computer zu reorganisieren. Eine seiner ersten Initiativen in diesem Bereich ist, die technische Kartei digital zu erfassen und Programme zu entwickeln, um regelmäßig anfallende Arbeitsabläufe wie die Rechnungsbearbeitung oder das Bestellen mit Unterstützung der elektronischen Datenverarbeitung zu erledigen. Das erforderliche Wissen für die Softwareentwicklung erwirbt er in Fachkursen im Rahmen der betrieblichen Weiterbildung.

Die neue Position ist auch mit einer Einkommensverbesserung verbunden. Statt des für die ArbeiterInnen gültigen Systems der Arbeitsplatzbewertung gibt es für die Angestellten Gehaltsstufen nach bestimmten Verwendungsgruppen. Die Praxis der individuellen Gehaltsvereinbarungen setzt sich bei den Angestellten ab den 1980er Jahren immer mehr durch, als sich infolge der Einführung der Arbeitsplatzbewertung die Löhne der ArbeiterInnen den Gehaltsstufen der Angestellten annähern.

Unmittelbar nach seinem Wechsel in den Verwaltungsbereich beginnt er sich im betrieblichen Sportverein zu engagieren. Als begeisterter Tennisspieler tritt er dieser Sektion bei, gleichzeitig betätigt er sich beim Betriebsfußball. 1986 übernimmt er die Leitung der Tennissektion, später wird er Obmann des Linzer Betriebssportvereines und füllt diese Position bis zur Schließung des Betriebes 2009 mit großem Engagement aus. Es hat – insbesondere seit Einführung der Schichtarbeit – Tradition, dass die Funktionäre des Sportvereins aus dem Kreis der Angestellten kommen.

Sie haben einen Arbeitstag mit regelmäßigem Zeitrhythmus und können über die Arbeitszeit selbstständiger verfügen.

Kindheit, Jugend, Arbeitsleben

Alexander Reiter wächst in den 1950er Jahren am Stadtrand von Linz in einer Familie mit sechs Kindern auf. Die Mutter hat den ersten Mann im Krieg verloren und heiratet nach dem Krieg ein zweites Mal. Aus der ersten Ehe stammen zwei Söhne, aus der zweiten drei Töchter und der Sohn, Alexander. Die Familie lebt von einer Rente, die der Vater aus Deutschland als Entschädigung für den Aufenthalt im Konzentrationslager bekommt. Die Zeit, die er im Konzentrationslager Mauthausen verbringen musste, hatte seine Lunge angegriffen. Er ist kränklich und nicht arbeitsfähig. Als Kind genießt Alexander Reiter, dass er sich in der wenig verbauten Umgebung frei bewegen kann, er ist viel im Freien und immer mit anderen Kindern unterwegs. Der Vater ist streng, aber die Möglichkeiten einer kontrollierenden Erziehung sind bei sechs Kindern begrenzt. Eine wichtige Regel in der Erziehung ist, dass die Kinder nicht lügen, der wichtigste Wert ist die Ehrlichkeit. Die Schule empfindet er damals als ein notwendiges Übel, dem man nicht entkommen kann. Als er 14 Jahre alt ist, stirbt sein Vater. Da nun dessen Rente wegfällt, muss die Mutter für den Familienunterhalt aufkommen. Er steht am Ende der Schulzeit und hat keine Ahnung, was er beruflich machen könnte. Anderes beschäftigt ihn mehr: Freizeit, Mädchen, die Musik der Beatles.

Die Mutter bemüht sich um eine Lehrstelle für ihn und 1967 beginnt er eine Lehre als Einzelhandelskaufmann in einem Jalousiengeschäft. Nach 18 Monaten bricht er die Lehre ab. Nun habe das Leben für ihn richtig angefangen, so beschreibt er heute sein damaliges Erleben. Die 1960er und 1970er Jahre sind für ihn eine Zeit des Aufbegehrens, des Strebens nach Freiheit und der Ablösung von gesellschaftlichen Zwängen. Er besucht die Kunsthochschule für Schrift- und Werbegraphik und arbeitet nebenbei, wenn er Geld braucht. In dieser Zeit reist er gerne, ist auf der Suche nach dem richtigen Leben und will sich verwirklichen. 1971 wird er zum Wehrdienst einberufen und erlebt und akzeptiert das als einen Einschnitt, der eine grundsätzliche Änderung seiner Lebensform darstellt und ihn dazu veranlasst, seinem Leben eine Wendung zu geben.

Beim Bundesheer macht er unterschiedliche Erfahrungen: Er empfindet die Ausbildung zum Panzergrenadier als ernsthaft und intensiv. Es gibt ein Interesse an ihm und seinen Fähigkeiten. Die Zunahme an Kraft und Ausdauer in den sechs Monaten Wehrdienst erlebt er als befriedigend. Ebenso das Gemeinschaftsgefühl unter den Rekruten, das als Reaktion auf Drill und Disziplinierung durch die Offiziere entsteht. Er muss wegen seiner Widerständigkeit gegenüber den Vorgesetzten viele Sanktionen hinnehmen, dies bringt ihm aber Anerkennung in der Mannschaft.

In den ersten Monaten nach der Rückkehr ins zivile Leben verdient er viel Geld mit Montagearbeiten im Baugewerbe. Er lernt seine spätere Frau kennen, beginnt an eine feste Bindung und an den Wert eines abgesicherten Lebens zu denken. 1974 fängt er im Versand einer Großdruckerei zu arbeiten an. Er heiratet und 1981 wird eine Tochter geboren. Er holt den Lehrabschluss als Einzelhandelskaufmann nach. Aufgrund interner Umstrukturierungen verliert er jedoch 1983 seinen Arbeitsplatz. Alexander Reiter muss sich nach einer neuen Arbeit umsehen, die er schließlich in der Austria Tabak findet.

In welcher Weise kommen ihm strukturelle Momente der Tabakfabrik Linz entgegen? Als Jugendlicher stellt er sich vor, dass das „eigentliche" Leben außerhalb der Erwerbsarbeit stattfindet. Im Rahmen dieses Lebenskonzepts ist eine berufliche Ausbildung nachrangig. Die 1970er Jahre sind eine ökonomisch expansive Phase, am Arbeitsmarkt übertrifft die Nachfrage das Angebot an Arbeitskräften. Auch angelernte Arbeiter werden gesucht und relativ gut bezahlt. „Hauptsache der Lohn für die Arbeit ist zufriedenstellend, mögen muss man sie nicht", ist sein Motto.

Durch Partnerschaft, Heirat und die Geburt der Tochter tun sich neue Perspektiven in seinem Leben auf. Nun ist er auch für andere verantwortlich. Die Familie braucht einen Ernährer, auf den sie sich verlassen kann. Diese traditionelle männliche Moral gilt für ihn, unabhängig davon, dass seine Frau auch nach der Geburt des Kindes im Beruf bleibt. Geregelte Arbeit und berufliche Weiterentwicklung bekommen nun eine Bedeutung. Vorrangig bleibt für ihn die Sicherheit der Arbeit. Deshalb sucht er ein solides Unternehmen.

Die „Instrumentalismusthese"

In den 1970er und 1980er Jahren wurde in der Industriesoziologie das Bewusstsein von ArbeiterInnen, die ein emotional indifferentes Verhältnis zur Arbeit haben, unter dem Begriff des Instrumentalismus diskutiert.[131] Unterstellt wurde, dass ArbeiterInnen dem eigenen Arbeitsvermögen mit jener Gleichgültigkeit gegenüber treten, mit der Karl Marx die Haltung des Kapitals gegenüber der Arbeitskraft charakterisiert.[132] Arbeitskraft wird gegen Lohn getauscht, andere Aspekte seien in diesem Verhältnis nicht enthalten. Das Konzept ist heute umstritten, weil es sich in erster Linie auf die Beschreibung der objektiven Verhältnisse von Arbeit und Arbeitsbedingungen bezieht, die subjektiven Dimensionen, die mit diesen Verhältnissen verbunden sind jedoch nicht beachtet. Die hier skizzierte instrumentelle Haltung von Alexander Reiter bringt nur einen Teil der sozialen Wirklichkeit zum Ausdruck. Unter kapitalistischen Bedingungen ist Erwerbsarbeit notwendigerweise ein Mittel zur Verwertung der eigenen Arbeitskraft, um Zugang zu Einkommen zu erhalten. Diese Tatsache lässt offen, mit welchen subjektiven Erwartungen und Ansprüchen man sich auf konkrete Arbeitstätigkeiten einlässt. Diese können variieren, positiv und leistungsorientiert aufgeladen, aber auch abwertend oder indifferent sein. Völlig auszuschalten sind die subjektiven Bedürfnisse nicht, wir sind dazu gezwungen, unsere Arbeit auch emotional zu besetzen. Ob und in welcher Weise konkrete Arbeitsbedingungen elementare Bedürfnisse wie Anerkennung, Bestätigung oder Selbstbewertung ansprechen, beeinflusst die Emotionen, die dabei aktiviert werden.

Bei Alexander Reiter steht anfangs ein instrumenteller Zugang zur Arbeit im Vordergrund. Er ist Lohnarbeiter im abstrakten Sinn, lässt sich als Arbeitskraft instrumentalisieren, die Vielfalt seiner Bedürfnisse und seines Arbeitsvermögens realisiert er in den Aktivitäten zur Gestaltung seines Lebens in der erwerbsarbeitsfreien Zeit.[133] Mit dem Hineinwachsen in die Tätigkeiten als Angestellter in der Tabakfabrik beginnt sich sein Verhältnis zur Arbeit zu verändern, Arbeit und „wirkliches Leben" sind kein Gegensatz mehr. Ihm sagen sowohl die unmittelbaren Arbeitsbedingungen zu als auch die sozialen Momente des Unternehmens mit den Einrichtungen für sportliche und Freizeit-Betätigung zu. Es bildet sich eine positive emotionale Besetzung von Arbeit und die davor konstruierte Polarität der beiden Bereiche von Arbeit und Leben hebt sich auf. Durch sein Engagement im Sportverein der Fabrik ist ein großer Teil seines Lebens mit dem sozialen Umfeld des Betriebes verbunden. In die Ausführung der konkreten Tätigkeiten am eigenen Arbeitsplatz bringt er nun ein viel breiteres Spektrum seines Arbeitsvermögens ein.

Von dieser Phase seiner Tätigkeit, also von Mitte der 1980er bis zum Ende der 1990 Jahre, erzählt Alexander Reiter mit großer innerer Anteilnahme. In seinen Worten werden Freude an der Arbeit und Verbundenheit mit der Fabrik spürbar, die mit den Erfahrungen gewachsen sind. Wichtig sind dabei die neuen Schwerpunkte, die die Austria Tabak unter Generaldirektor Beppo Mauhart in dieser Periode setzt: Es geht darum, sich auf den Fall des Monopols im Zuge der Europäischen Integration vorzubereiten und eine Strategie für die selbstständige Existenz als kleiner nationaler Konzern zu entwickeln, der unter Bedingungen eines globalen Marktes Bestand haben kann. 1988 übernimmt ein neuer Direktor die Tabakfabrik Linz. Heribert Lindle verfügt über reiche internationale Erfahrungen und schätzt die Besonderheiten des Linzer Betriebs, wie das anerkannt gute Potenzial der Beschäftigten und das Gebäude mit seiner Bauhaus-Architektur. Mit Beharrlichkeit und Umsicht versucht er, Schlüsselkräfte in Produktion und Verwaltung dafür zu gewinnen, den Betrieb innerhalb des Konzerns in eine optimale Position für die Zukunft zu bringen. Besonders wichtig sind ihm verbesserte Formen der Objektivierung bei der Aufnahme von Personal. Bei der Suche nach neuen MitarbeiterInnen stützt er sich nicht ausschließlich auf Bewerbungen aus dem Kreis der bereits Beschäftigten, sondern bedient sich verstärkt öffentlicher Stellenausschreibungen. Er möchte weiters den Einfluss des Betriebsrats auf die Personalauswahl begrenzen. Für Alexander Reiter ist Heribert Lindle „der beste Chef", den die Austria Tabak in Linz je hatte. Seine Personalpolitik spricht ihn an. Der Direktor habe immer gewusst, wer etwas leiste und dafür Anerkennung gezeigt. Direktor Lindle sucht den Kontakt zur Belegschaft. Es gibt viele Anekdoten über seine täglichen Rundgänge durch den Betrieb, bei denen er alle MitarbeiterInnen kennenlernt und sich über aktuelle Sach- und Personalfragen auf dem Laufenden hält.

Wie ein Mitarbeiter die Betriebskultur verkörpert

Aus der Sicht von Alexander Reiter ist ab den 1990er Jahren ein neues Denken im Betrieb erkennbar: Früher wären die Anforderungen nicht besonders hoch und die Strukturen antiquiert gewesen. Was hier thematisiert wird, kann auch aus einer anderen Perspektive gesehen werden. In der Nachkriegszeit beschäftigte die Austria Tabak im Verwaltungsbereich einige Kriegsversehrte, die andere Ausbildungen hatten und nicht gelernt haben, wie man „Schreibtischarbeit" effizient abwickelt. In den 1980er Jahren gingen die letzten Angehörigen der „Kriegsgeneration" in Pension. Die Neueintretenden sind offen gegenüber Modernisierungen und neuen Anforderungen.

Den Umstrukturierungen im eigenen Arbeitsbereich steht Alexander Reiter positiv gegenüber. Er begrüßt es, dass das Unternehmen den Angestellten auch die Mittel zur Verfügung stellt, um den mit den Modernisierungsmaßnahmen verbundenen Anforderungen nachkommen zu können. Das betriebliche Anliegen der Optimierung der Abläufe bei der Führung der Zentralkartei und der Rechnungsprüfung trifft sich mit seinem Interesse, sich in die elektronische Datenverarbeitung zu vertiefen und seine Fähigkeiten zu erweitern. Er ist loyal zur Austria Tabak, die mit einer offensiven Geschäftsstrategie bestrebt ist, sich den Herausforderungen auf den internationalen Märkten zu stellen. Mit Begeisterung beschreibt er die Erneuerung des Maschinenparks mit Aggregaten, die auf der Direktkopplung beruhen, und erzählt von den notwendigen baulichen Veränderungen im zweiten und dritten Stockwerk von Bau 1, um die Tragkraft der Decken für die Aufstellung der neuen Maschinen zu erhöhen. Und er verweist auf die Bedeutung der wiederholten Schulungen der Mechaniker bei den Herstellerfirmen der Zigarettenmaschinen in Bologna und Hamburg. Die damit verbundenen Kosten würden sich durch eine Auslastung der Maschinen von mehr als 80 Prozent rentieren, die andernorts in Europa kaum erreicht werden.

Seine soziale Position in der Fabrik der 1990er Jahre lässt sich mit der Kategorie der *Einfügung* beschreiben.[134] Diese Kategorie wurde für die Untersuchung von Kulturen, auch Betriebskulturen, entwickelt. Die Grundidee ist, dass sich die meisten Menschen in ihrem sozialen Verhalten an den Regeln und Zwängen der jeweiligen Umgebung ausrichten. Das trifft auch auf die betriebliche Organisation zu, bedeutet aber keineswegs, dass dieses Verhalten den eigenen persönlichen Gefühlen und Wünschen entsprechen muss. Wenn Beschäftigte eine hohe Bereitschaft zeigen, alle verfügbaren Fähigkeiten zur Lösung eines Problems einzusetzen, dann sagt das wenig aus über die subjektiven Motive und Antriebe, die dieses Verhalten hervorbringen. Das Leistungsverhalten kann durch Angst hervorgerufen werden, weil Beschäftigte bei Abweichungen von Leistungsnormen um ihren Status oder ihren Arbeitsplatz fürchten. Bei jeder Untersuchung einer Betriebskultur ist davon auszugehen, dass die persönlichen Werte, Überzeugungen und Vorstellungen der Beschäftigten nicht vollständig, sondern nur mehr oder weniger mit den Werten und normativen Handlungsanforderungen des Unternehmens übereinstimmen. Sind die Unterschiede zwischen individuellen Haltungen und kulturellen Mustern des Betriebes groß, können innere Spannungen bei den MitarbeiterInnen auftreten. Dagegen werden sich Personen im Allgemeinen wohl fühlen und ohne situationsbedingte Spannungen leben, wenn eine hohe Übereinstimmung zwischen den sozialen Erwartungen des Kollektivs und ihren persönlichen Bedürfnissen besteht. Wenn ein Mitarbeiter auf konkrete betriebliche Anforderungen so reagiert, dass der Eindruck entsteht, er und die betriebliche Situation würden einander ergänzen, so kann von Einfügung gesprochen werden. Das bedeutet nicht, dass nur die gut eingefügten Beschäftigten auch integriert sein können. Man kann sagen, dass *erstens* jene gut eingefügt sind, die ohne große psychische Belastungen in einer konkreten Betriebskultur leben; und dass *zweitens* über das Verhalten und die Vorstellungen der „Eingefügten" auch die zentralen kulturellen Werte und Muster der untersuchten Kultur zu erschließen sind.

Betriebskulturen ändern sich und die dominierenden kulturellen Muster der Tabakfabrik Linz in den 1950er Jahren sind nicht identisch mit jenen der 1990er Jahre. Im Fall von Alexander Reiter kann für den Zeitraum zwischen 1980 und 2000 von einer Einfügung in die Kultur der Tabakfabrik Linz ausgegangen werden. Er repräsentiert mit seinem Handeln und seinen Überzeugungen wichtige Aspekte der Betriebskultur dieser Periode, den Geist der Modernisierung, ein entsprechendes Leistungsbewusstsein und den Wert der Betriebsgemeinschaft. Zugleich grenzt er sich deutlich von der – wie er es formulierte – sogenannten „Beamtenmentalität" ab, sowie von der forcierten Leistungsorientierung nach dem Verkauf der Austria Tabak an ausländische Konzerne.

Verlust und Ohnmacht

Alexander Reiter bemerkt, wie sich ab Mitte der 1990er Jahre mit dem Börsengang und schließlich dem Verkauf des Unternehmens die Betriebskultur verändert. Er erzählt, wie mit den Veränderungen der Kategorie der Wettbewerbsfähigkeit Ansprüche und Arbeitsanforderungen höher werden. Er anerkennt die Notwendigkeit, die Dreier-Schicht einzuführen, um die Produktivität zu steigern. Zugleich sieht er, dass damit Risse im sozialen Gefüge des Betriebs auftreten. Einige begrüßen die neuen Verdienstmöglichkeiten mit den Nachtzulagen, andere haben Probleme mit den gestiegenen Anforderungen im Hinblick auf Tempo und Produktivität. Diese Differenzierungen, die aus der Einführung der Dreier-Schicht entstehen, beeinträchtigen das soziale Leben und die Betriebsgemeinschaft. Viele KollegInnen treffen sich nur zu besonderen Anlässen und auf den Versammlungen und begegnen einander in der täglichen Arbeit kaum noch. Alexander Reiter bedauert den Rücktritt von Beppo Mauhart und er hält die Strategien des neuen Vorstandes für falsch, sich auf das Kerngeschäft, den Handel und die Produktion von Zigaretten, zurückzuziehen. Dem Börsengang des Unternehmens steht er skeptisch gegenüber. Doch er kauft selbst auch Aktien. Mit dem Verkauf des Unternehmens an Gallaher im Jahr 2001 werden die negativen Entwicklungen verstärkt. Der noch weiter zunehmende Leistungsdruck führt zu Spannungen unter der Belegschaft. Nach und nach werden Prämien für Führungspositionen eingeführt. Kollegen erzählen ihm, dass einige Abteilungsleiter wie „Sklavenhalter" antreiben würden.

Wie radikal sich der Betrieb durch den Wechsel der Eigentümer verändert, registriert er nicht so sehr an den täglichen Abläufen der Arbeit. Diese bleiben – jedenfalls unter Gallaher – weitgehend gleich. Die Form der Kommunikation von oben nach unten, von der Konzernleitung zu den Beschäftigten, macht die völlig neue Kultur deutlich. Unter Beppo Mauhart waren Betriebsbesuche üblich, bei denen der Generaldirektor über zentrale wirtschaftliche Vorhaben des Unternehmens sowie über das eine oder andere kulturelle oder sportliche Ereignis informierte, an dem sich die Austria Tabak beteiligte. Er nahm sich für die Besuche viel Zeit, mischte sich zwanglos unter die Beschäftigten, kannte viele der Gesichter noch vom letzten Besuch. Stets blieb ein Gefühl der gegenseitigen Wertschätzung zwischen Unternehmensspitze und Belegschaft zurück.

Die britischen Manager von Gallaher wählen für Informationen an die MitarbeiterInnen die Form der „Roadshow". Mit mächtigem akustischen und optischen Aufwand werden auf riesigen Monitoren die internationalen Erfolge des Konzerns bejubelt und die Ziele für die nächsten Monate verkündet. Deprimierend daran ist die Erkenntnis, wie klein die Tabakfabrik Linz im Verhältnis zu den gesamten Kapazitäten, über die Gallaher verfügt, ist. Allein die größte Fabrik in England produziert mit 70 Milliarden Zigaretten doppelt so viel wie alle österreichischen Werke zusammen. Andererseits muss sich die Linzer Fabrik mit den Kennzahlen für Produktivität in keiner Weise vor den anderen Werken verstecken. Zu erfahren, welch winziges und leicht vernachlässigbares Teilchen man im Gesamtkonzern ist, lässt Angst aufkommen. Die durchgestylten Informationsshows vermitteln die Macht der Veranstalter und zeigen deutlich, was für das Management an der Fabrik von Interesse ist, nämlich ausschließlich der Output an Zigaretten. Was bleibt der Belegschaft anderes übrig als dieser Macht zu vertrauen?

Wir können Alexander Reiter in dieser Phase der Entwicklung als integriert, aber nicht mehr als eingefügt betrachten. In den Gesprächen nimmt er rückblickend eine kritische Perspektive ein. Es wird jedoch deutlich, dass dies nicht die innere Haltung widerspiegelt, mit der er die letzten Jahre erlebt hat. Sie ist durch ein Nebeneinander von Kritik, Angst und Hoffnung gekennzeichnet. Die aufkeimende Angst angesichts der Bedeutungslosigkeit der Linzer Fabrik wird innerlich mit der Hoffnung bewältigt, dass die guten Leistungszahlen auch von den internationalen Managern nicht übersehen werden können. Vor allem bei den älteren MitarbeiterInnen, die seit Jahrzehnten im Betrieb beschäftigt sind, kann sie als Grundstimmung bezeichnet werden. Ein Großteil meint, der Eigentümerwechsel wird letztlich gut für das Unternehmen sein. Viele erwarten, der Verkauf werde einen wirtschaftlichen Aufschwung bringen. Die Produktionssteigerungen der nächsten Jahre geben dieser Stimmung recht. Alexander Reiter ist skeptisch. Im Prinzip, so sagt er, seien er und einige andere gegen den Verkauf gewesen. Sie hätten gewusst, der Verkauf ist der Anfang vom Ende der Fabrik. Aber auch er wurde von der Hoffnung getragen, dass die Entwicklung letztlich eine gute Wendung finden könne. Es handelt sich um die Hoffnung der Ohnmächtigen, die nicht verzweifeln wollen.

Fabrikhallen ohne Menschen?

Roboter und Automaten begannen sich ab den 1950er Jahren in Produktionshallen, Büros und im Alltag zu verbreiten. Man nahm damals an, dass durch den rasanten technologischen Fortschritt in der Elektronik und der Regelungstechnik menschliche Arbeitskraft überflüssig würde. Die Arbeitgeber hatten Produktivitätssteigerungen im Blick und prophezeiten einen kräftigen Schub für das wirtschaftliche Wachstum. Fortschrittsoptimisten sahen in der Automation eine industrielle Revolution ähnlich der Erfindung der Dampfmaschine und waren begeistert von der futuristischen Vorstellung einer vollautomatisierten Fabrik ohne Arbeiter und Arbeiterinnen. Die Gewerkschaften beurteilten diese Entwicklung ambivalent: Einerseits würden viele Beschäftigte von monotoner Arbeit entlastet, andererseits befürchteten sie Dequalifizierung und wachsende Arbeitslosigkeit, wenn Maschinen die Tätigkeiten von Menschen ersetzten. In einem ausführlichen Bericht der bundesdeutschen Wochenzeitschrift *Der Spiegel* aus dem Jahr 1964 lesen wir über die damals verbreiteten Vorstellungen der Zukunft der Arbeitswelt und die damit verbundenen Ängste: Zu glauben, dass ein Mehr an Maschinen die Beschäftigung an anderer Stelle erhöhen würde, sei eine Illusion, viel mehr zeige sich, dass die neue Technik für die Masse der Arbeiter eine Entwertung ihrer beruflichen Qualifikation bringen werde und sie auf „dem sozialen Abfallhaufen" landen würden. Die Bedienung der Maschinen verwandle sich in bloße Beobachtung mit minimalen Aufgaben und wenig Verantwortung. Vielfach werde der hohe Lohn für Kontrolleure in erster Linie als Entgelt für die am Arbeitsplatz erlittene Einsamkeit betrachtet.[135]

Ähnlich unbehaglich fühlten sich manche ArbeiterInnen angesichts der Einführung neuer Technologien in der Zigarettenproduktion der Austria Tabak Linz. Josef Wallner, der 1959 in die Fabrik eingetreten war und zum Maschinenführer angelernt wurde, erlebte die Umstellung auf eine neue Maschinengeneration Ende der 1970er Jahre als beruflichen Abstieg. „Diese Maschinen waren Monster, du hast gar nicht mehr eingreifen können. Früher haben wir als Maschinenführer in der Zigarettenproduktion noch etwas verändern können.

Da haben wir selbst mitbestimmt. Aber dann war alles nur mehr Elektronik. Wo die Zigarette geschnitten wurde, wo sie sich gedreht hat, ist es so schnell gegangen, dass nur mehr die Elektronik feststellen konnte, ob eine Zigarette schadhaft war." Josef Wallner hatte das Gefühl, dass seine Fähigkeiten bei den neuen Maschinen nicht mehr gefragt waren. Er fühlte sich entwertet und seiner Selbstständigkeit im Produktionsprozess beraubt.

Die Erfahrungen der Arbeiterschaft waren keineswegs homogen. Die Automatisierung von Produktionsabläufen und die damit verbundenen Rationalisierungen in den letzten Jahrzehnten wurden zu einer alltäglichen Erfahrung. Bei den jüngeren Generationen von Arbeitern und Arbeiterinnen veränderte sich die Wahrnehmung der neuen Maschinen und der Zugang zu elektronisch gesteuerten Anlagen. Viele freuten sich auf die neuen Maschinen und waren gespannt, was sie erwartete.

Automatisierung:
Know-how-Transfer

Die MaschinenführerInnen sind gemeinsam mit den Mechanikern für den reibungslosen Produktionsablauf an ihrer Maschine verantwortlich. Die Aufgaben der MaschinenführerInnen bestehen darin, die Maschine mit Material zu versorgen und aufgetretene Störungen zu beheben. Um diese formal definierten Arbeitsaufträge in der täglichen Arbeit optimal zu erfüllen, müssen sie ihren Tätigkeitsbereich erweitern.[136] Die Arbeit eines Automationsarbeiters besteht großteils darin, das Eintreten von Störungen durch vorausschauendes Arbeiten zu verhindern und so Stillstände zu vermeiden. Kleine Abweichungen vom Normalbetrieb der Maschine müssen erkannt und mögliche Auswirkungen auf den Produktionsprozess abgeschätzt werden, um darauf reagieren zu können. Diese Störungen treten manchmal unerwartet auf, aber sie können sich auch über Stunden hinweg aufbauen. Lukas Ortner, ein Maschinenführer von 2002 bis 2009 und damit Angehöriger der jüngeren Generation, berichtet: „Wenn die Maschine problemlos läuft, dann denkst du dir, das ist ein Wahnsinn! Alles ist dann gerannt, das Material hat sich schön automatisch umgebogen und die Maschine hat sich die Rolle selber geholt. Wenn das so war, war das ein super Gefühl. Dann denkst du dir: ‚Ah, die Maschine habe ich jetzt im Griff.' Aber eine halbe Stunde später hat sich das Blatt gewendet." Leim und Staub legen sich in der Maschine an und die Maschinenführer müssen abschätzen, wann es wieder an der Zeit ist, die Maschine zu reinigen. Wenn es nicht gut läuft, kann die Arbeit schon sehr nervenaufreibend sein. „Oft wenn es zu fuchsen anfängt und man hat aber gleichzeitig einen Ausschuss zum Aufmachen und kaputte Sachen zum Wegarbeiten, dann rennt es und rennt es, und du weißt nicht mehr, wo du zuerst anpacken sollst. Du musst wieder nachfüllen und in der Zwischenzeit taucht das nächste Problem auf, weil sich dann der Leim wieder anlegt und du wieder putzen müsstest. Dann sagst du, jetzt will ich aber nicht putzen, jetzt will ich einmal fahren, und irgendwann eskaliert es. Das hat es auch gegeben. Und dann bist du sauer und das baut sich auf über Stunden, dass du dich nicht mehr erfängst. Du möchtest dann auch einmal niedersitzen und Ruhe haben und die Maschine steht schon wieder und du musst … Das war oft stark, und du sagst dir, jetzt muss ich wieder aufstehen und wieder dasselbe tun! Und wieder aufstehen und wieder ausräumen und wieder putzen! Und du hast genau gewusst, wenn du es aber nicht tust, dann rennt es nicht. Und das war oft, das ist einem schon an die Nerven gegangen …"

Es verlangt viel von den MaschinenführerInnen, Störungen frühzeitig zu erkennen. Sie müssen die Anlage gut kennen und wissen, wie der Produktionsablauf in der Maschine vor sich geht, wo sich bestimmte Teile der Maschine befinden und wie sie miteinander verbunden sind. Wichtig dabei ist die in langen Jahren erworbene Erfahrung der Arbeiter und Arbeiterinnen an einer Maschine. Sie sollten mit der Anlage gut vertraut sein, alle Eigenheiten und jede kleine „Macke" der Maschine kennen. Eine erfahrene Arbeiterin weiß, wie sie eine Maschine in Gang bringen muss: „Beim Anfahren der Maschine bin ich nicht gleich volle Tube gefahren, sondern es müssen zuerst das Bügeleisen in der Maschine und das Öl langsam warm werden. Sie muss die Temperatur vom Papier annehmen. Und wenn das einer nicht weiß und frisch hinkommt, der denkt sich: ‚Super, die rennt weg, da drehe ich voll auf!' Die Maschine steht eine halbe Stunde später, weil das nicht funktioniert. Und das haben wir Älteren gewusst", meint Anna Holzinger, eine Maschinenführerin. Die sinnliche Wahrnehmungsfähigkeit beim Erkennen und Lokalisieren von Störungen ist unerlässlich. In der Zigarettenproduktion kommt es vor allem auf das feine Gehör an. ArbeiterInnen, die lange an einer Maschine tätig sind, hören sofort, wenn etwas nicht in Ordnung ist. Die Maschinen weisen auf den Bildschirmen zwar kontinuierlich Messwerte aus, die Rückschlüsse auf den Zustand der Maschine geben, aber ausschließlich darauf kann man sich nicht verlassen. Die Anzeigen können defekt sein oder nicht genügend Informationen geben. Eine geschickte Maschinenführerin nutzt auch nichtdigitalisierte Daten, wie Geräusche oder Gerüche, um daraus Prognosen abzuleiten.[137] Ohne Selbstständigkeit und Eigeninitiative funktioniert es nicht. Die technischen Konstruktionen der Ingenieure müssen sich erst in der Praxis des Produktionsprozesses bewähren. Es kommt vor, dass Maschinen unterschiedliche Papiersorten oder Verpackungsmaterial nicht gleich gut verarbeiten. Erfahrene Arbeiter und Arbeiterinnen entwickeln im Arbeitsprozess Lösungen für diese Probleme: „Wir haben dann schon gewusst, welche Sorte gut geht. Wenn wir zum Beispiel Sorten mit Vanillegeschmack gekriegt haben, dann haben wir gleich gewusst, das Zeug geht nicht, weil das so wenig gemacht wird. Oder wenn ich gemerkt habe, die Form für die Zigarettenpackung ist schon alt, steht oft schon ein Jahr im Lager, weil man sie so wenig braucht, habe ich in jede Schachtel, die ich genommen habe, Luft hinein gelassen und sie gebogen. Da hast du dir eben Zeit nehmen müssen." Nahm man sich dafür keine Zeit, verspießte sich das Papier schnell in der Maschine und ein hoher Ausschuss war die Folge.

Auch wenn man sich das anfangs vielleicht so vorstellte, ist das Maschinenpersonal nicht zu „Knöpfedrückern" verkommen. Auch in automatisierten Produktionsprozessen benötigten die Arbeiter und Arbeiterinnen Geschick und Engagement, Wissen und Erfahrung, um einen „guten Lauf" zu schaffen. Sie agieren selbstständig, greifen schnell ein und treffen unter Druck wichtige Entscheidungen. Für viele Situationen fehlen genaue Vorschriften und Handlungspläne, jedes neue Ereignis erfordert eine aktuelle Bewertung der Konsequenzen und Handlungsmöglichkeiten. Erfahrung ist unerlässlich, um die Arbeit an der Maschine zu beherrschen. Die Arbeit an automatisierten Anlagen besteht nicht nur aus der Erledigung weniger Kontroll- und Zuführungsarbeiten von Material. Die formalen Arbeitsaufträge müssen in eine Folge von Arbeitsschritten an der Maschine „übersetzt" werden, was eine anspruchsvolle Tätigkeit ist, die Konzentration und Geschicklichkeit verlangt.

Das Paradoxe daran ist, je mehr die ArbeiterInnen ihr Erfahrungswissen einsetzen, um einen reibungslosen Ablauf zu gewährleisten, desto mehr entsteht der Eindruck, dass die technische Anlage wie von selbst funktioniert.[138] Für Außenstehende hat es den Anschein, als ob die MaschinenführerInnen nur der Maschine zuschauten, wie sie Zigaretten produziert.[139]

Automation als Gegenstand der Wissenschaft

Die Vision der menschenleeren Fabrik folgt einem allgemein verbreiteten Verständnis von technologischer Entwicklung. Sie geht von einem weitgehenden Ersatz menschlicher Arbeit durch technischen Fortschritt aus, dessen Ziel die vollautomatisierte Fabrik ohne Arbeitskräfte ist. Eine voll ausgereifte Technik, so die „technizistische"[140] Sichtweise der Ingenieure, brauche die menschliche Arbeitskraft nicht mehr, weil für alle Arbeitsgänge mechanische Lösungen gefunden sind. Hinter dieser Ideologie mag auch ein widersprüchliches Misstrauen des Kapitals gegenüber den Lohnabhängigen stehen, von deren Eigenwilligkeit es sich möglichst unabhängig machen will, obwohl es auf deren Arbeitskraft immer angewiesen bleiben wird.[141]

Die Berliner Projektgruppe Automation und Qualifikation versuchte in den 1970er Jahren, neue Wege in der wissenschaftlichen Auseinandersetzung zu beschreiten und die konkreten Auswirkungen der Automatisierung auf die Beschäftigten in den Betrieben zu untersuchen.[142] Sie erkannte, dass Maschinen zwar menschliche Arbeitskraft ersetzen, zugleich aber neue Tätigkeiten hervorbringen. Dies war nicht neu und kein spezifisches Merkmal der Automatisierung. Doch lenkte die Projektgruppe die Aufmerksamkeit auf die notwendigen manuellen Eingriffe in den Produktionsprozess. Denn keine Anlage funktioniert ganz unabhängig von menschlichem Einwirken, für jede Maschine sind Eingriffe von Menschenhand notwendig. Defekte und Ausfälle gehören zur technologischen Realität und es gilt, Prozesse zu optimieren oder neue Verfahren zu entwickeln.[143] Aufgabe der Beschäftigten ist es, je nach Arbeitsbereich Störungen zu beheben und zu vermeiden, bei Ausfällen von Hand zu fahren, Maschinen zu reparieren, Programme umzuschreiben oder neue Anlagen einzufahren. Bei vielen dieser Tätigkeiten ist zwar vorstellbar, sie von einer Maschine erledigen zu lassen, gleichzeitig entstehen dann wieder neue Situationen, die menschlichen Zugriff nötig machen. Dazu zählen Eingriffe, die nicht durch Verfahrensregeln vorgegeben sind, sondern in der konkreten Situation kreativer Lösungen und Interventionen bedürfen. Die ersten Einschätzungen der TheoretikerInnen über der Zukunft der Automatisierung waren aufgrund mangelnder empirischer Erkenntnisse in der Nachkriegszeit unrealistisch, die Tragweite des Phänomens wurde überschätzt und der Stellenwert von menschlicher Tätigkeit in automatisierten Produktionsprozessen verkannt.[144]

Johannes Berger:
Die vielen Gesichter der Arbeit

Im Herbst 2000, wenige Monate vor Übernahme der Austria Tabak durch den britischen Konzern Gallaher, bewirbt sich Johannes Berger in der Tabakfabrik als Mechaniker. Er ist zu diesem Zeitpunkt 25 Jahre alt, hat eine Facharbeiterausbildung als Betriebsschlosser in der EBG Transformatoren, einem Elektro-Anlagenbetrieb, absolviert und ist in einem Maschinenbaubetrieb bei Wels beschäftigt. Die Familie lebt in Linz und schon seit einigen Jahren bemüht er sich um einen passenden Arbeitsplatz in Linz, weil das Pendeln viel Zeit und Geld kostet. Die Tabakfabrik kennt er, weil er in unmittelbarer Nähe der Fabrik aufgewachsen ist. Auch hat er sich bereits nach der Lehre, Mitte der 1990er Jahre, dort beworben, aber eine Absage bekommen. Den Grund dafür sah er damals im fehlenden familiären Kontakt zu jemandem, der in der Fabrik arbeitet. Im Sommer 2000 erzählt ihm eine Nachbarin, die er vom gemeinsamen Spielplatz der Kinder kennt, dass in der Fabrik Facharbeiter gesucht werden und dass eine Empfehlung durch Familienmitglieder wahrscheinlich nicht mehr erforderlich sei.

Die Reaktion auf die Bewerbung ist positiv. Er wird von einem Personalberatungsinstitut eingeladen, einen Aufnahmetest zu machen. Den Test fürchtet er etwas, weil er eine Rot-Grün-Sehschwäche hat. Sicher ist er dagegen, dass seine Bewerbungsunterlagen einen guten Eindruck hinterlassen werden. Mit seinen Zeugnissen kann er stets auf sehr gute Beurteilungen verweisen, in denen zum Ausdruck kommt, dass er sich ab der Lehrzeit theoretisch und fachlich weiter entwickelt hat. In der Tabakfabrik Linz findet das Bewerbungsgespräch statt, an dem der Direktor, ein Abteilungsleiter und ein Meister aus der Produktionsabteilung teilnehmen.

Der Dienstvertrag, den Johannes Berger bekommt, weicht in einem wichtigen Punkt von früheren Verträgen ab. Im Hinblick auf seine Verwendung ist festgehalten, dass er als *Maschinenbediener und Mechaniker* eingesetzt wird. Diese Bestimmung kommt in den nächsten Jahren bei allen Mechanikern zur Anwendung. Der Betrieb stellt damit sicher, dass Mechaniker bei Bedarf einen vorübergehenden Einsatz als Maschinenführer nicht ablehnen können. Er nimmt diese Formulierung anfangs nicht als ernsthaftes Problem wahr. Doch im Jahr 2003 gibt es eine öffentliche Diskussion über die Herabsetzung des Berufsschutzes beim Bezug des Arbeitslosengeldes.[145] Bis dahin galt die Regel, dass ArbeitnehmerInnen für die gesamte Dauer der Arbeitslosigkeit nicht gezwungen werden konnten, eine Arbeitstelle anzunehmen, die nicht dem bisherigen Berufsbild entspricht. Diese Regel sollte in Hinkunft nur mehr für die ersten 100 Tage der Arbeitslosigkeit anwendbar sein. Im Jahr davor wurde das Werk in Malmö geschlossen. Unter dem neuen Eigentümer der Austria Tabak, Gallaher, meinen viele, dass in Schwaz und in Fürstenfeld Betriebsschließungen bevorstehen. In diesem Zusammenhang sieht Johannes Berger eine Gefahr, die mit dem Passus zu seiner Verwendung verbunden sein könnte. Sollte der Linzer Betrieb geschlossen werden, wäre er auch auf Hilfstätigkeiten zur Bedienung von Maschinen mit den entsprechenden Einbußen bei der Entlohnung vermittelbar. Gemeinsam mit anderen Kollegen, die ebenfalls betroffen sind, versucht er den Betriebsrat für das Anliegen zu gewinnen, dass die Betriebsleitung die überwiegende Verwendung als Mechaniker schriftlich bestätigt. Das gelingt nicht. Niemand kann sich zu diesem Zeitpunkt vorstellen, dass der Fabrik Linz eine Schließung bevorsteht und der Berufsschutz tatsächlich relevant werden könnte. Als das Undenkbare 2009 eintritt, ist in seinem Dienstzeugnis zu lesen, dass er ausschließlich als Mechaniker eingesetzt war.

Die offene Formulierung des Dienstvertrages im Hinblick auf die Verwendung als Mechaniker hat nicht nur für den unmittelbar Betroffenen Bedeutung. Exemplarisch kommt in diesem Detail auch ein allgemeiner Prozess der Transformation traditioneller Industriekultur zum Ausdruck. Die Position der Facharbeiter, die in der Nachkriegszeit bis in die 1980er Jahre die Elite der FabrikarbeiterInnen repräsentieren, kommt von zwei Seiten unter Druck.[146] Im Zusammenhang mit betrieblichen Rationalisierungserfordernissen erodiert die Grenze zu den angelernten ArbeiterInnen und es kommt zu vielfältigen Durchmischungen der beiden Gruppen. Facharbeiter müssen es akzeptieren, auch an Maschinen oder Bändern auszuhelfen. Das bedeutet für sie gegenüber dem Höhepunkt der Industriekultur in den 1960er und 1970er Jahren einen Verlust an Status. Damals wäre es undenkbar gewesen, ihnen eine Arbeit von Angelernten zuzuweisen. Außerdem legt die gesellschaftliche Diskussion über Bildung und Ausbildung den Kindern aus der Arbeiterklasse und ihren Eltern nahe, dass in Zukunft ein sozialer Aufstieg nur über höhere Bildung möglich sei. Diese Entwicklung entwertet den Status von Facharbeit. Viele Kinder aus Arbeiterfamilien wollen keine Lehrausbildung absolvieren, sondern streben einen Abschluss an einer höheren Schule an. Allerdings müssen sie nach der Ausbildung nicht selten die Erfahrung machen, dass die höhere Bildung keine Garantie für einen entsprechenden Arbeitsplatz darstellt.

Der Wandel
des gesellschaftlichen Kontextes …

Johannes Berger ist 1975 geboren und gehört damit im Vergleich zu Anna Holzinger, Helmut Lentz, Alexander Reiter oder Eva Hutter einer neuen, jüngeren Generation an. Alle Frauen und Männer, deren Lebens- und Arbeitsgeschichten in Verbindung mit der Tabakfabrik Linz skizziert werden, streben danach, sich als junge Erwachsene in die Arbeitswelt und in die Gesellschaft zu integrieren. Je nach Geschlecht und Bildung haben sie jedoch unterschiedliche Voraussetzungen und je nach persönlicher Lebensgeschichte stehen verschiedene Lebensprobleme im Vordergrund. Bei der Geschichte von Johannes Berger wird deutlich, wie sich die gesellschaftlichen Rahmenbedingungen für seine Generation verändert haben.

Die in den 1950er Jahren geborenen Kolleginnen und Kollegen wachsen in einer Zeit auf, die von den materiellen und sozialen Zerstörungen des Zweiten Weltkrieges gekennzeichnet ist.[147] Das Lebensniveau ist bescheiden, der Normalarbeitstag länger und der Jahresurlaub kürzer, der Wohnungsmarkt ist begrenzt, die öffentlichen Betreuungseinrichtungen für Kinder berufstätiger Eltern sind erst im Entstehen. Das gesellschaftliche Klima ist geprägt von der Überzeugung, dass der Staat mit wirtschaftlichen und sozialen Aktivitäten eine aktive Rolle beim Ausgleich von Interessengegensätzen zwischen Unternehmern und Gewerkschaften einnehmen soll. Der Sozialstaat befindet sich noch im Aufbau, der politische Kompromiss zwischen den Kräften der Sozialdemokratie und der Volkspartei ist intakt. Diese Phase der Nachkriegsentwicklung wird von vielen HistorikerInnen und SozialwissenschaftlerInnen als *Goldenes Zeitalter*[148] bezeichnet. Zwar geht die Erfolgsgeschichte des Wirtschaftsaufschwungs nach 1945 mit den 1970er Jahren zu Ende und national wie auch international zeigen sich erste Probleme bei der Fortsetzung der expansiven kapitalistischen Entwicklung. Dennoch besteht für diese Jahre noch die Aussicht, dass die Arbeits- und Lebensverhältnisse für die jungen Menschen besser werden. Für das gesellschaftliche Klima, in dem Johannes Berger 30 Jahre später nach einer stabilen sozialen Position innerhalb der Gesellschaft sucht, trifft das nicht mehr zu. Die Zukunftshoffnungen sind geschwunden. Den sozialen Wandel seit Mitte der 1980er Jahre charakterisiert die französische Historikerin und Schriftstellerin Viviane Forrester als *Terror der Ökonomie*.[149] Dominante Strömungen sind der Abbau des Sozialstaates, eine Hegemonie des Neoliberalismus als Klassenkampf von Oben, ein Prozess des wirtschaftlichen Strukturwandels von der klassischen Industrieproduktion zu einer Dienstleistungsgesellschaft, begleitet von einer Schrumpfung der Arbeiterschaft, sowie die Wiederkehr von Arbeitslosigkeit, Prekarisierung und Armut.

… für einen jungen Facharbeiter

Johannes Berger ist der älteste Sohn einer alleinerziehenden Mutter aus der ländlichen Arbeiterschaft. Um 1980 übersiedelt seine Mutter mit ihren zwei Söhnen von Schärding nach Linz. In Schärding gibt es als einzige Arbeitsmöglichkeit für Arbeiter nur eine Schuhfabrik. Sie hofft, dass ihre Söhne in der Stadt bessere Chancen für Ausbildung und Arbeit finden. Sie verdient den Lebensunterhalt für sich und die Kinder durch ihre Arbeit als Hausmeisterin. Er lernt früh, neben der Schule der Mutter bei der Arbeit ein wenig zu helfen. Ein Onkel vermittelt ihm die Lehrstelle bei der EBG. Das sei eine gute Firma, in der man alt werden könne, hat es geheißen. Am Ende seiner Facharbeiterausbildung lernt Johannes Berger den ersten Sozialplan kennen. Die EBG verlagert den Transformatorenbau nach Tschechien. Er bekommt eine Abfertigung und verlässt die Firma, danach wird er zum Bundesheer einberufen. In der Folge lernt er seine Frau kennen, sie ist geschieden und bringt drei Kinder mit in die Ehe. Gemeinsam bekommt das Paar zwei weitere Kinder.

Die Arbeit bei dem Welser Maschinenbauer, die er nach dem Bundesheer annimmt, ist vielseitig und anstrengend, aber sie gefällt ihm. Der Betriebsleiter ist fachlich versiert, legt bei schwierigen Problemen selbst mit Hand an und achtet darauf, die Arbeitsbedingungen für die Arbeiter zu verbessern. Körperlich ist Johannes Berger enorm gefordert. Pro Schicht sind einige Tonnen Blech in eine Abkantpresse zu heben, es fallen eine Menge Überstunden an. Eine schwere Verletzung an der Hand in der Spätschicht und an einem Tag, an dem die Normalarbeitszeit bereits weit überschritten war, veranlasst ihn, an Weiterbildung zu denken. Er macht die Werkmeisterprüfung und es entsteht der Wunsch, in einer Berufsschule Werkstattlehrer zu werden. Zugleich bemüht er sich, eine Arbeit in Linz zu finden. Zwei Mal versucht er es in einer anderen Firma, bleibt in beiden Betrieben jedoch nicht lange, weil ihm das Klima nicht behagt. Dass er in der Austria Tabak anfangen kann, freut ihn. Er weiß, es handelt sich um ein stabiles und soziales Unternehmen mit einer langen Tradition. In den ersten Wochen erlebt er besonders die Mischung zwischen alten und jungen KollegInnen, die dort nebeneinander arbeiten, als etwas Interessantes. Man könne dabei die verschiedenen Erfahrungen austauschen. Und fast entschuldigend fügt er hinzu, er sehe sich eben „noch ein wenig vom alten Schlag". Johannes Berger fühlt sich der traditionellen Arbeiterkultur zugehörig, ist sich der in der Nachkriegszeit erkämpften Rechte und Verbesserungen bewusst und sensibel gegenüber den Verschlechterungen des Arbeitsmarktes und dem Abbau sozialer Leistungen seit den 1990er Jahren. Aus dieser persönlichen Haltung heraus schätzt er die Arbeitsbedingungen, die er in der Linzer Fabrik erlebt. Da er erst kurz in der Austria Tabak Linz ist, nimmt er die mit Privatisierung und Verkauf verbundenen Veränderungen der betrieblichen Organisation und Abläufe auf andere Weise wahr als die dienstälteren KollegInnen. Er ist frei von der inneren Verpflichtung, das beste und produktivste Werk der Austria Tabak zu sein, die

die Stammbelegschaft in den 1990er Jahren aufgebaut hat. Seine Bindung an den Betrieb ist nicht durch jahrelange positive Erfahrungen gewachsen.

Gallaher: Die Produktionsbereiche im zweiten und dritten Stockwerk

Ursprünglich ist Johannes Berger als Mechaniker an den Strangmaschinen vorgesehen. Um sich mit diesen vertraut zu machen, wird er die ersten fünf Wochen einer Maschine zugeteilt. Zwei Wochen dauert das Anlernen durch einen erfahrenen Maschinenführer, die nächsten drei Wochen muss er selbstständig fahren. Seine Hitzeempfindlichkeit erschwert ihm die Arbeit an den Strangmaschinen. Er empfindet sie als extrem heiß und laut im Vergleich zu den Verpackungsmaschinen. Heizstäbe in der Maschine, die den Leim auf dem Zigarettenpapier rasch zum Trocknen bringen sollen, erzeugen rund um die Maschine eine deutlich spürbare Wärme.

Während der Anlernzeit ändert sich die Disposition für seinen Einsatz. Er soll nun zum Verpackungsmechaniker ausgebildet werden und deshalb noch einige Wochen an diesen Maschinen eingesetzt werden. Für ihn ist das eine gute Nachricht. Die Arbeit bei der Verpackung reizt ihn mehr, weil sie abwechslungsreich und anspruchsvoll ist. Im Prozess der Verpackung werden die einzelnen Zigaretten in vielen verschiedenen Drehbewegungen durch die Maschine geführt. Es handelt sich um ein sehr komplexes System, da jede Maschine eigentlich aus zwei Maschinen besteht. Die eine macht aus einzelnen Zigaretten die Packung, die andere aus vielen Packungen einen Karton. Er hofft, in Hinkunft an den kühleren Maschinen arbeiten zu können. Allerdings muss er bei den Verpackungsmaschinen wegen der Verwendung von unterschiedlichen Materialien wie Papier, Cellophan und Karton mit einer höheren Anfälligkeit für Störungen rechnen.

Weil es einen aktuellen Personalengpass bei den Mechanikern gibt, entfällt das Kennenlernen der Maschine und die ansonsten übliche Anlernzeit über die Arbeit eines Maschinenführers. Johannes Berger steigt mit einem erfahrenen Mechaniker direkt in die Ausbildung an der Maschine ein. Nach sechs Wochen steht er als selbstständiger Mechaniker an den Maschinen. Er erzählt, dass er in der ersten Zeit bei der Arbeit Blut geschwitzt habe. Erst nach zwei oder drei Jahren habe er das Gefühl gehabt, nun erfahren und sicher und ein guter Mechaniker geworden zu sein. Seine Devise lautet: Er arbeitet nicht nur dafür, dass die Maschine bei ihm gut läuft, sondern auch in der nächsten Schicht konstant die Leistung macht. Dazu gehört eine Arbeitsweise, die manche Meister nicht sofort anerkannt haben. Oftmals hilft es, einen Schritt zurück zu machen, an ein Problem unter einer ganz neuen Perspektive heranzugehen, also anders als üblich zu denken, und auch experimentelle Schritte an der Maschine zu versuchen. Mit dieser Vorgangsweise habe er einige erfolgreiche Lösungsansätze gefunden.

Vor allem bei der Produktion im dritten Stockwerk herrscht ein großer Leistungsdruck. Die Laufleistung der Maschinen liegt dort bei 80 bis 85 Prozent der maximalen Auslastung. Störungen werden als Katastrophe betrachtet. Sobald es Leistungsabfälle gibt, kommen die telefonischen Anfragen der Meister, warum nichts weiter gehe. Im zweiten Stockwerk stellt sich die Situation anders dar. Dort gibt es weniger Druck, der Freiraum, einmal ungewöhnliche Lösungen für ein Problem auszuprobieren, ist größer.

Im zweiten und dritten Stockwerk bilden sich in den 1990er Jahren mit der Einführung des Dreischicht-Betriebes unterschiedliche Produktionsabläufe und -normen heraus. Die produktivsten Maschinen, die in Dreier-Schichten gefahren und für die Hochleistungsproduktion eingesetzt werden, befinden sich im dritten Stock. Im zweiten Stock laufen ältere Maschinen, an denen kleinere Sonderaufträge bearbeitet werden. Gearbeitet wird dabei in der Zweier-Schicht. Hier werden dienstjüngere KollegInnen angelernt. Sie können dort ihre ersten Erfahrungen im Umgang mit den Maschinen sammeln. Bei den dort produzierten Aufträgen geht es nicht um maximale Mengen, sondern um besondere Formate bei Zigaretten oder Verpackungen im Rahmen von Aufträgen mit kleineren Stückzahlen. Der Produktionsbereich im zweiten Stockwerk repräsentiert auf symbolischer Ebene zwei Aspekte: Zum einen steht er für die traditionelle Politik der Austria Tabak, für alle Beschäftigten einen angemessen und guten Arbeitsplatz zu finden. Zum anderen wird hier eine spezifische Geschäftsstrategie der Austria Tabak als kleiner nationaler Konzern umgesetzt: Diversifikation der Produktion mit vielen unterschiedlichen Geschäftsfeldern – beispielsweise werden Zigaretten für Großmarktketten oder für Airlines, so genannte Handelsmarken, produziert. Diese Aufträge sichern dem Unternehmen eine stabile Auftragslage über längere Zeit.

Nach der Übernahme des Unternehmens durch Gallaher verstärkt sich die Differenzierung in zwei Produktionsbereiche, insbesondere nach der Schließung der Fabrik in Schweden. Die Fabrik Linz übernimmt im Jahr 2002 die Produktion für die skandinavischen Länder. Johannes Berger erzählt von den schwierigen Verhältnissen, die damals in Linz herrschten. Acht Maschinen aus Malmö werden im zweiten Stockwerk aufgestellt. Sie sind völlig unterschiedlich und jede läuft anfangs in einer anderen Schicht oder wird überhaupt nur tageweise in Betrieb genommen. Den MaschinenbedienerInnen und Mechanikern sind die Maschinen nicht vertraut, es kommt zu häufigen Störungen und längeren Stillständen. Erst langsam etabliert sich ein geordneter Betrieb, in dem die meisten der neuen Maschinen wieder in einer Zweier-Schicht und nur ab und zu in einer Dreier-Schicht fahren. Wegen der Steigerung der Produktion für den Export müssen die Maschinen häufiger auf wechselnde Sorten umgestellt werden, jetzt wird es üblich, zumindest einmal pro Schicht umzustellen. Fallweise erlebt er Schichten, in denen zwei bis drei Umstellungen zu machen sind.

In diese Zeit fällt auch die Einführung einer Vierer-Schicht, mit der durch eine nochmalige Verlängerung der Maschinenlaufzeiten die Produktion gesteigert werden soll. Auf vier der acht Maschinen im dritten Stockwerk wird von Sonntag ab 22 Uhr bis Samstagmittag gearbeitet. Allerdings können die Produktionsziele mit diesem Schichtrhythmus nicht erfüllt werden, weil die Produktivität der Vierer-Schicht unter den Werten der Dreier-Schicht liegt. Die Maschinenlaufleistungen sinken in der Vierer-Schicht auf 60 Prozent. Johannes Berger erklärt das damit, dass die Vierer-Schicht ein Abgehen von einem bewährten Konzept für die Maschinenwartung erfordert. Die in der Dreier-Schicht laufenden Maschinen werden wöchentlich am Freitagnachmittag ab 14 Uhr abgestellt, geputzt und gewartet. In der Vierer-Schicht ist dieses Intervall für gründliche Überholungen nicht vorgesehen, sondern es wird unregelmäßig gewartet. Wenn es der Produktionsablauf erlaubt, wird eine Maschine für vier Stunden abgestellt und eine Reinigung sowie Wartung durchgeführt. Nach etwa einem Jahr wird die Vierer-Schicht reduziert und nur mehr fallweise gefahren.

Die Produktionseuphorie, die mit Gallaher den Betrieb erfasst, und die damit verbundenen Leistungsansprüche verändern die Wahrnehmung und Bewertung der beiden Stockwerke aus der Sicht des Unternehmens. Die bloße Unterscheidung von zwei Produktionsbereichen verbindet sich schleichend mit der Zuschreibung einer sozialen Wertung: das dritte Stockwerk bildet das Zentrum der betrieblichen Dynamik; das zweite Stockwerk stellt die Peripherie der Produktion dar. Es entsteht eine abwertende Stimmung gegenüber Kollegen und Kolleginnen, die aus unterschiedlichen Gründen keine Nachtschichten machen und in Zweier-Schichten an den älteren Maschinen im zweiten Stock an kleineren Sonderaufträgen arbeiten. MitarbeiterInnen werden nach ihrem individuellen Beitrag zu den Produktionszielen klassifiziert und damit entsteht eine Tendenz, die Belegschaft zu spalten. Diese Prozesse der Abwertung entsprechen einer Logik, die in der Steigerung von Produktionszahlen einen absoluten Wert sieht.

Johannes Berger erlebt die Jahre unter Gallaher auch noch unter einem anderen Gesichtspunkt als schwierig. Da es seine ersten Dienstjahre sind, wird er als Mechaniker keiner festen Maschine zugeteilt, sondern arbeitet nach der Anlernzeit einige Monate als Reservemechaniker. In dieser Position arbeitet er als Maschinenführer im zweiten Stockwerk, muss aber als Springer in den dritten Stock wechseln, wenn dort ein Mechaniker kurzfristig ausfällt. Sein Verdienst liegt dabei geringfügig über jenem der MaschinenführerInnen, jedoch deutlich unter dem der Mechaniker. Durch seinen Einsatz als Springer hat er es immer wieder mit anderen Maschinen zu tun. Diesem Aspekt kann er viel Positives abgewinnen. Er sieht darin wichtige Erfahrungsmöglichkeiten und die Chance, zu lernen und sich als Mechaniker weiterzuentwickeln. Belastend dagegen ist, dass er als Springer oftmals am Ende eines Tages nicht weiß, was und wo er am nächsten Tag arbeiten wird. Besonders gravierend sind für ihn die Folgen der Einführung der Vierer-Schicht, in der er die Position des ersten Springers hat. Oftmals ist es so, dass er am Donnerstag der laufenden Woche seinen Schichtplan für die kommende Woche nicht kennt. Als Vater von fünf Kindern hat er Betreuungspflichten in der Familie, sodass diese Unsicherheiten die zeitliche Koordinierung stark beeinträchtigen. Eine weitere negative Auswirkung der Arbeit in der Vierer-Schicht sind Einkommenseinbußen gegenüber der Dreier-Schicht, weil dieser Rhythmus meistens mit Überstunden verbunden ist und bei der Vierer-Schicht um etwa acht Stunden pro Monat weniger anfallen.

Dazu kommt, dass im Jahr 2004 infolge der ungünstigen Formulierungen im Dienstvertrag das Problem des fehlenden Berufsschutzes auftritt, der im Falle eines Arbeitslosengeldbezuges sowie für die Zumutbarkeit einer künftigen Beschäftigung wichtig wäre. Weil er beim Betriebsrat in keiner dieser Fragen eine Unterstützung findet, tritt er aus der Gewerkschaft aus. Als der Betriebsrat ihm einige Monate später bei einem Konflikt mit einem Meister hilft, kommt es zu einer Aussprache und einem Wiedereintritt in die Gewerkschaft.

JTI: „Wasser und sonst nichts …"

Die Übernahme von Gallaher durch den japanischen Konzern JTI im Jahr 2007 sieht Johannes Berger nüchterner als seine KollegInnen, die schon seit Jahrzehnten in der Tabakfabrik arbeiten. Er ist skeptisch, dass die ausgezeichneten Leistungsdaten des Linzer Betriebs viel helfen werden und erinnert sich an die Schließungen von Schwaz und Fürstenfeld kurz nach dem Kauf des Unternehmens durch Gallaher. Damals hatte er bereits ein „mulmiges Gefühl" und das macht sich nun bei der Übernahme durch JTI wieder bemerkbar.

Empört reagiert er auf die neuen Vorstellungen, die von JTI zur Gestaltung der betrieblichen Abläufe und Arbeitsplätze kommen. In der japanischen Betriebskultur haben Sauberkeit und Sicherheit einen hohen Stellenwert. So wird ab 2007 großer Wert auf die tägliche Reinigung der Produktionshallen gelegt, die unter Gallaher wenig beachtet und eher als ein Posten für Einsparungen betrachtet wurde. Unter die Kategorie Sicherheit und Sauberkeit fällt allerdings auch, dass an den Maschinen nur mehr Wasser getrunken werden darf: Kaffee oder Limonade sind verboten, ebenso jede Form von Esswaren, gleichgültig ob es sich um Wurstsemmeln oder um Schokolade handelt. Und: an den Maschinen darf auch nicht gesessen, sondern es muss gestanden werden. Im Umfeld der Maschinen dürfen keine Sessel und Tische stehen.

Johannes Berger findet es akzeptabel, dass ein ausländischer Konzern, der die Firma übernimmt, die lokalen Gepflogenheiten in Frage stellt. Aber dabei müssten die Relationen gewahrt bleiben. Wieso soll er an der Maschine zum Stehen verpflichtet sein, wenn er eine gute Arbeit macht, die Maschine läuft und er genauso gut sitzen könnte? Er empfindet diese Anordnungen als degradierend, als Rückschritt zu Arbeitsbedingungen wie vor 50 Jahren und damals hätten sich die Arbeiter solche Praktiken auch nicht gefallen lassen. Tatsächlich wird den Anweisungen des neuen Eigentümers von den ArbeiterInnen kaum Folge geleistet, freilich gibt es niemanden, der ernsthaft ihre Durchführung kontrollieren würde.

Die heftige emotionale Reaktion macht deutlich, dass mit den Anweisungen für die Arbeitsplatzgestaltung eine elementare moralische Frage aufgeworfen ist. Er fühlt sich in seinen Rechten und in seiner Würde als Arbeiter verletzt. Ältere industriesoziologischen Studien verweisen auf die Bedeutung von Anerkennungsordnungen in kapitalistischen Unternehmen, die vielfach nicht formell geregelt sind, sondern eine vorrechtliche Basis in alltagsweltlichen Vorstellungen von Moral und Gerechtigkeit haben.[150] Auch wenn es in der Erwerbsarbeit um Steigerung von Gewinnen und nicht primär um Anerkennung geht, ist dennoch eine gewinnorientierte Produktion auf Dauer nicht ohne wechselseitige Anerkennung möglich. Warum richtet sich sein Zorn gegen die Anweisungen der neuen Eigentümer zur Arbeitplatzordnung und nicht gegen die Entscheidung, den Betrieb in Linz fallen zu lassen? Die Entscheidung des JTI-Managements für die Betriebsschließung in Linz kann als grundsätzliche Missachtung von existenziellen Bedürfnissen der ArbeitnehmerInnen gesehen werden, in den gesellschaftlichen Diskursen erscheint sie jedoch durch die krisenhaften Entwicklungen der globalen Marktwirtschaft legitimiert. Das gilt keinesfalls für die Anordnung des Managements, den ArbeiterInnen die Sitzgelegenheit an der Maschine zu entziehen. JTI mag das Recht haben, in Verfolgung seiner als legitim betrachteten Konzernstrategien eine Fabrik zu schließen, das Unternehmen hat aber nicht das Recht, einen Arbeiter, der täglich gute Leistungen für den Betrieb erbringt, mit kleinlichen Vorschriften zu schikanieren.

Der auf den ersten Blick erstaunliche Umstand, dass die Leistungszahlen nach der Bekanntgabe der Schließung im September 2007 nicht gefallen sind, ist für Johannes Berger nicht verwunderlich. Er erklärt ihn mit der paradoxen Logik der Maschinenarbeit. Solange die Anlage läuft, sind alle froh. Gefordert sind sie, sobald die Maschine steht. In der Firma seien gute Leute mit einem hohen Maß an Leistungsfähigkeit und Geschicklichkeit gewesen. Die MaschinenführerInnen hätten gewusst, wie die Anlagen zu bedienen sind und Mechaniker hätten gewusst, wie sie zu überwachen sind. Also, wieso solle man sich selber die Arbeit schwerer machen? Die Reaktionen auf die bevorstehende Schließung sind gerade nicht im Normallauf, sondern bei den Störungsfällen zu beobachten. Vielen Mechanikern fehlt bei den Reparaturen der Eifer und den Maschinenführern beim Putzen die Sorgfalt.

Abschied nehmen

Die schwierigste Zeit im Prozess der Schließung sind die Monate ab der MitarbeiterInnen-Information im September 2007 bis zum Frühjahr 2008. Für alle Beschäftigten ist ungewiss, wie es bei ihnen weitergehen wird. Sicher ist für sie nur, dass alle den Arbeitsplatz verlieren werden. Ende März 2008 liegt der Sozialplan auf dem Tisch. Er bietet für MitarbeiterInnen, die bereits lange Jahre in der Austria Tabak beschäftigt sind und ein gewisses Alter erreicht haben, einen Vorruhestand an. Johannes Berger kennt Kollegen, die diese Bedingung um wenige Jahre oder Monate nicht erfüllen. Einige bekommen die Möglichkeit, im Werk Hainburg das Dienstverhältnis fortzusetzen. So pendeln sie wochenweise zwischen Linz und Hainburg. Die Übernahme schließt allerdings keine Garantie ein, in Hainburg entsprechend ihrer Ausbildung und ihrer Position im Linzer Betrieb beschäftigt zu werden. Mechaniker müssen dort als Maschinenbediener arbeiten. Für die Dienstjüngeren in der Austria Tabak ist zusätzlich zu der gesetzlich geregelten eine freiwillige Abfertigung vorgesehen, sowie die Möglichkeit, im Rahmen einer Arbeitsstiftung an Qualifizierungsmaßnahmen teilzunehmen. Bei den Kollegen, die wie er aus Altersgründen nicht in die Regelungen für den Vorruhestand fallen, beobachtet er, dass Arbeiter mit einer Lehrausbildung durchwegs konkrete Pläne haben, wie sie im Rahmen der Stiftung ihre Kenntnisse vertiefen oder auffrischen können. Dagegen wissen angelernte MaschinenbedienerInnen oft nicht, wie es für sie weitergehen könnte.

Johannes Berger hat fest umrissene Vorstellungen darüber, wie er den Sozialplan nutzen kann. Er greift eine Idee, die er bereits vor 10 Jahren hatte, wieder auf und möchte versuchen, in einer HTL als Werkstattlehrer zu arbeiten. Im Mai 2008 bekommt er die Einladung zu einem Vorstellungsgespräch in der berufsbildenden Schule. Dieses verläuft grundsätzlich positiv, allerdings stellt sich heraus, dass ihm zwei Voraussetzungen fehlen. Die eine sind vertiefte Kenntnisse im Bereich von CNC-Maschinen, die andere ist die Reifeprüfung. Noch während seines Dienstverhältnisses finanziert ihm der Betrieb einen halbjährigen Kurs zur Ausbildung als CNC-Techniker. Im Rahmen des Sozialplans beginnt er im September 2009, nach Beendigung seines Dienstverhältnisses, einen Berufsreifeprüfungskurs beim WIFI, den er nach einem Jahr erfolgreich mit der Matura abschließt.

Im Rückblick betrachtet ist es ein Glücksfall, dass der Verlust des Arbeitsplatzes für ihn zu einer Chance für eine persönliche Umorientierung wird, mit der er sich schon längere Zeit gedanklich beschäftigt hat. In den letzten Jahren hat seine Frau eine Ausbildung zur Altenfachbetreuerin absolviert. Sie wollte die Freiräume nutzen, die sich daraus ergeben haben, dass die Kinder älter wurden. Sie schließt die Ausbildung gerade zu der Zeit ab, als bekannt wird, dass die Tabakfabrik geschlossen werden wird. Seither arbeitet sie in Teilzeit. Ihr Einkommen kann die Familie gut brauchen, weil die beruflichen Pläne von Johannes Berger mit erheblichen Einschränkungen seines Einkommens verbunden sein werden.

Im Mai 2008 klären sich für ihn die offenen Fragen im Zusammenhang mit dem Sozialplan. Er hat eine Vorstellung, wie die Zukunft aussehen wird. Die letzten Monate in der Fabrik bekommen für ihn ein wenig den Charakter des Abschiednehmens. In diesem Sommer macht er noch einmal mit der Familie Urlaub in Sattendorf, dem Gästehaus der Austria Tabak am Ossiachersee, und nimmt am jährlichen Turnier der Sektion Stockschießen teil. Ihm ist bewusst, dass er einen guten Arbeitsplatz verliert. Andererseits wäre er vermutlich unter JTI nicht auf Dauer in dem Unternehmen geblieben.

Die Schließung der Tabakfabrik Linz wird für ihn zu einer Chance, weil er in der kritischen Situation eine neue berufliche Perspektive entwickeln kann.

Kapitel 5
Privatisierung – Verkauf – Schließung

Der Fall des Monopols

Das Ende des Tabakmonopols in der bisherigen Form zeichnete sich Mitte der 1980er Jahre als Begleiterscheinung der Bemühungen Österreichs um den Beitritt zur Europäischen Union ab. Dieser bedeutete zunächst, dass das Vollmonopol auf Importe und den Großhandel abgeschafft werden musste, das Einzelhandelsmonopol[1] und das Produktionsmonopol konnten aufrecht erhalten werden.[2] Die Austria Tabak war gefordert, sich auf diese Teilliberalisierung des Marktes vorzubereiten. Ziel der Konzernspitze war es, die Austria Tabak als österreichisches Unternehmen weiterzuführen, das sich international behaupten und auf dem Weltmarkt agieren konnte. Für diese strategische Neuausrichtung standen dem prosperierenden Betrieb finanzielle Rücklagen zur Verfügung, die er rechtzeitig aufgebaut hatte. Das offizielle Unternehmensleitbild, auf das auch die MitarbeiterInnen eingeschworen wurden, lautete: „Wir wollen im Europa von Morgen ein erfolgreiches und eigenständiges Unternehmen sein".[3] Beppo Mauhart war seit 1972 im Aufsichtsrat der Austria Tabak und wechselte 1979 in den Vorstand, dessen Vorsitzender er als Generaldirektor von 1988 bis 1995 war. Er setzte auf eine Doppelstrategie. Einerseits sollte das Stammgeschäft gestärkt, andererseits die Geschäftsbasis durch Diversifikation erweitert und internationalisiert werden.[4] Mauhart fand im Bild des „Vierkanthofs" ein Symbol für eine neue Unternehmensorganisation und für die Zukunft der Austria Tabak. In einem Geschäftsbericht heißt es dazu: „(...) so untergliedert sich unsere langfristige Unternehmensstrategie in vier Kernbereiche: Produktion und Vermarktung von Tabakwaren, Handel mit Tabakwaren, Aktivitäten am Sportartikelsektor und im Immobilienbereich".[5] In diesen vier Geschäftsbereichen entwickelte die Austria Tabak erfolgreiche Strategien und versuchte, sich auch durch die Besetzung von Marktnischen im internationalen Wettbewerb zu behaupten.

Bereits Ende der 1970er Jahre begann die Austria Tabak, sich mit Blick auf den Prozess der EU-Integration eine gute Position im Großhandel[6] aufzubauen. Sie kaufte systematisch die regionalen Tabakverleger in Österreich auf und errichtete ein flächendeckendes Distributionsnetz.[7] Das Unternehmen investierte verstärkt in Österreich, gleichzeitig expandierte es ins Ausland. Mauhart gelang 1991 der Einstieg bei *tobaccoland* Deutschland, dem Marktführer im deutschen Tabakwarengroßhandel. Die Austria Tabak erwarb 49 Prozent, bis 1997 konnte sie die Firma zur Gänze übernehmen.[8] Bis zum tatsächlichen Eintritt in die Europäische Union 1995 hatte die Austria Tabak im österreichischen Großhandel eine Monopolstellung erreicht, der Geschäftsbereich wurde Ende 1994 gemäß europäischem Gemeinschaftsrecht in das Tochterunternehmen *tobaccoland* ausgegliedert, das den Einzelhandel, die Trafiken und andere zugelassene Verkaufsstellen belieferte.[9] Mit der Sicherung des Klein- und Großhandelsmonopols kontrollierte die Austria Tabak das Vertriebsnetz in Österreich. Sie hatte die Marktführerschaft in Deutschland inne und war zu einem tonangebenden Handelspartner für die gesamte europäische Tabakindustrie aufgestiegen.

Im Bereich der Produktion waren neben der Herstellung der eigenen Sorten die Lizenz-

und Handelsmarkenproduktion für den wirtschaftlichen Erfolg des Unternehmens wichtig. Aufgrund des staatlichen Monopols durften in Österreich nur Marken angeboten werden, die von der Austria Tabak zugelassen waren. Bereits seit den 1960er Jahren baute die Austria Tabak als erstes Monopolunternehmen in Europa ein Lizenzgeschäft auf.[10] Zigaretten begehrter internationaler Hersteller, so Marlboro für Philip Morris[11], wurden in den Betrieben der Austria Tabak produziert und über ihre VerlegerInnen vertrieben. Spezielle Sorten, bei welchen sich eine eigene Produktion nicht gelohnt hätte, wurden hingegen importiert. Durch die Lizenzproduktion lernte die Austria Tabak die Produktionsweise und Strategien der Großkonzerne kennen und nutzen. Eine weitere Marktnische erschloss sich die Austria Tabak ab den 1990er Jahren mit der Produktion von so genannten Handelsmarken und baute diese Erzeugung kontinuierlich aus. Handelsmarken sind Zigaretten, die große Supermarkt- und Kaufhausketten, vor allem in Deutschland, als preisgünstige Eigenmarken in ihren Geschäften verkaufen. Die Produktion dieser Marken bringt zwar eine relativ kleine Gewinnspanne, dafür aber ein konstantes Produktionsvolumen in den eigenen Betrieben, das für die Ausrichtung eines nationalen Konzerns wie die Austria Tabak durchaus interessant war.[12]

Ein dritter Bestandteil der Strategie zur Behauptung der Selbstständigkeit angesichts der globalen Marktdynamik war die Entwicklung eines professionellen Portfolios im Immobiliengeschäft, das zunächst nur als Geldanlage genutzt worden war. Ein Teil der erwirtschafteten Gewinne wurde in die Errichtung und Vermietung von Bauprojekten investiert. Ein lokales Beispiel dafür war das direkt gegenüber der Linzer Fabrik gelegene IBM-Gebäude in der Gruberstraße. Darüber hinaus setzte die Generaldirektion unter Mauhart Anfang der 1990er Jahre Aktivitäten in einem vierten Bereich, bei der Unternehmensbeteiligung im Sportartikelsektor. Der Vorstand der Austria Tabak hatte also das Unternehmen auf die bevorstehende Liberalisierung des Tabakmarktes vorausschauend vorbereitet und neu positioniert. Im unmittelbaren Kerngeschäft war die Austria Tabak sehr erfolgreich, die Produktivität lag weit über dem europäischen Durchschnitt und die Ertragslage war hervorragend. Für das angestrebte Ziel, sich zu einem mittleren Industriekonzern in Europa mit österreichischen Wurzeln und weltweiter Perspektive zu entwickeln, der gegen die Übernahme durch einen *big player* der Tabakindustrie gewappnet war, fehlte neben dem Immobilienbereich noch das große Standbein außerhalb der Tabakwirtschaft. Für den Vorstand der Austria Tabak stand außer Zweifel: Auf Dauer würde sich die Austria Tabak gegenüber den internationalen Großkonzernen nicht behaupten können, wenn sie sich nur auf das Kerngeschäft konzentrierte. Jedoch waren es gerade diese Erweiterungen der Geschäftsbereiche, die von der Politik abgelehnt wurden.

Kauf und Verkauf von HTM: das Ende der Diversifikations-Strategie

Am 5. März 1993 schloss der Vorstand der Austria Tabak den Kauf des Sportartikelkonzerns HTM (Head, Tyrolia und Mares) ab. Die EU-Kommission stellte anlässlich ihrer Untersuchung der Rechtmäßigkeit von staatlichen Subventionen für HTM fest: „Dieser Diversifizierungsschritt, der in ähnlicher Weise auch bei anderen Holdinggesellschaften im Tabaksektor wie Philip Morris oder der Amer-Gruppe zu beobachten war, wurde durch die rückläufige Entwicklung auf dem Tabakmarkt und das absehbare Verbot des staatlichen Tabakmonopols nach dem Beitritt zum EWR ausgelöst."[13]

Der Kauf von HTM, einem der führenden Sportartikelhersteller und -vertreiber mit einem attraktiven Sortiment und dominierenden Marktpositionen im Tennis (3. am Weltmarkt), bei Alpinschi (3.), Schibindungen (2.), Schischuhen (4.) und Tauchausrüstungen (1.), schien eine gute Investition zu sein. Die HTM-Gruppe erwirtschaftete operativ gute Ergebnisse, war aber von teurem Fremdkapital abhängig und praktisch pleite. Das renommierte St. Gallener Management Zentrum hatte in seinem Gutachten eine Kaufempfehlung abgegeben. Austria Tabak erwarb HTM um rund 200 Millionen Schilling, erhielt aber im Gegenzug einen Schuldennachlass von den Banken in selber Höhe. Das österreichische Tabakunternehmen übernahm die Verbindlichkeiten seiner Akquisition von knapp vier Milliarden Schilling (290 Millionen Euro) und rechnete mit Sanierungskosten von einer weiteren Milliarde.[14] Der *turnaround* sollte sich aber schwieriger als erwartet gestalten.

Im Zuge der Wirtschaftsrezession, des weltweiten Einbruchs im Sportartikelgeschäft und am Schimarkt, aber auch infolge von Fehlern des HTM-Managements, das beim Kauf weitgehend übernommen wurde, schrieb HTM so hohe Verluste, dass eine radikale Wertberichtigung notwendig wurde. Die Austria Tabak bilanzierte 1994 trotz hoher Gewinne im Kerngeschäft erstmals negativ. Der Jahresfehlbetrag machte nach zunächst berechneten 200 Millionen Schilling[15] schließlich 800 Millionen aus.[16] Die übliche 14-prozentige Dividende – 308 Millionen Schilling – musste dennoch an den Staat abgeführt werden.[17] Im Laufe des Jahres 1995 kristallisierte sich ein weiterer hoher Zuschussbedarf für HTM heraus. Daraufhin erstellte der Vorstand in Zusammenarbeit mit der Londoner Investmentfirma UBS Warburg und ihrem Managing Director Michael Treichl, die bereits beim Kauf beratend eingebunden waren, einen Sanierungsplan, dem der Aufsichtsrat am 4. August zustimmte: Die Abberufung des HTM-Managements und die Bestellung der Nachfolger wurden in die Wege geleitet. Mit den Banken standen Verhandlungen für einen nennenswerten Schuldennachlass in der Höhe von 630 Millionen Schilling vor dem Abschluss. Über mehrere Jahre verteilt wollte die Austria Tabak 1,5 Milliarden Schilling für die Sanierung aufwenden, um HTM bis 1997 in die schwarzen Zahlen zu führen.[18]

Der Druck der Politik im Sommer 1995 auf Generaldirektor Mauhart war enorm, seine Absetzung das Ziel. Vom Beschluss des Sanierungskonzepts für die HTM-Gruppe durch den Aufsichtsrat bis zur Absetzung Mauharts und zum Verkauf von HTM dauerte es nur sechs Wochen. Finanzminister Andreas Staribacher (SPÖ) als Eigentümervertreter der

Austria Tabak torpedierte in Kooperation mit Finanzstaatssekretär Johannes Ditz (ÖVP) den Sanierungskurs. Ditz forderte den Verkauf von HTM,[19] Staribacher stellte öffentlich eine Insolvenzgefahr von HTM in den Raum und machte die Zustimmung zur Milliardeninvestition von einem gemeinsamen Beschluss mit dem Koalitionspartner ÖVP im Ministerrat abhängig. In Vier-Augen-Gesprächen legte er dem Vorstand mit Generaldirektor Mauhart den Rücktritt nahe, der von der ÖVP gefordert worden wäre. Bei einer Weigerung stellte er die Anfechtung der erworbenen finanziellen Rechte der Vorstandsmitglieder vor Gericht in Aussicht. Am 11. August 1995 reichten Generaldirektor Mauhart und der Vorstand ihren Rücktritt ein, der im Aufsichtsrat mit lediglich sechs zu fünf Stimmen angenommen wurde.[20] Der Finanzminister berief zwei seiner Vertrauensleute interimistisch an die Spitze des Unternehmens, darunter seinen Kabinettchef Herbert Kornfeld; ein Monat später war HTM abgestoßen. Michael Treichl fädelte den Verkauf als Manager der Londoner Investmentfirma Warburg an eine ausländische Investorengruppe unter Führung des ebenfalls in London ansässigen schwedischen Investors Johann Eliasch ein, mit dem er befreundet war. Nach Abschluss des am 14. September 1995 im Aufsichtsrat beschlossenen Deals, bei dem ansehnliche Provisionen flossen, verließ Treichl Warburg und zog in den Aufsichtsrat von HTM ein. Im Zusammenhang mit dem Börsegang des Unternehmens gehörte Viktor Klima (SPÖ; 1996/97 Finanzminister, 1997–2000 Bundeskanzler) seit dem Jahr 2000 dem Aufsichtsrat an.[21] Die Gutmann Bank begleitete den Verkauf und wurde ihrerseits von Ferdinand Lacina beraten, der wenige Monate vorher als Finanzminister zurückgetreten war.[22] Eliasch bezahlte einen symbolischen Kaufpreis von 10 Millionen Schilling und erhielt als Zugabe ein ausgereiftes Sanierungskonzept samt 1,2 Milliarden Schilling von der Austria Tabak, das ist jener Betrag, mit dem das Unternehmen selbst HTM sanieren wollte. Darüber hinaus hatte die Austria Tabak bereits im April 1995 HTM eine Kapitalspritze von 400 Millionen Schilling zugeführt.[23]

Der Rechnungshof kritisierte den „übereilten Verkauf" der HTM, der dem Steuerzahler unnötig mehrere hundert Millionen Schilling gekostet habe.[24] Zum selben Schluss kam eine spätere Untersuchung der EU-Kommission: „Mit Hilfe der Kapitalzuführungen von AT konnte HTM den größten Teil der erlittenen Verluste (von 1995; d. Verf.) ausgleichen, das Eigenkapital wieder ins Plus bringen und die Schuldenlast auf ein erträgliches Maß reduzieren. (…) Im Gegensatz zu den österreichischen Behörden ist die Kommission der Auffassung, daß die Veräußerung von HTM nicht die kostengünstigste Alternative für AT darstellte. (…) Die Kommission ist überzeugt, dass HTM auf der Grundlage des vorgelegten Umstrukturierungsplanes seine langfristige Überlebensfähigkeit wiederherstellen wird."[25]

Der Gang an die Börse

„Ich war der Auffassung, daß diese Branche außerordentlich schwierig ist. Und für mich lag nicht auf der Hand, warum man ausgerechnet dorthin geht. Die Austria Tabak hat von dieser Sache nie etwas verstanden – das konnte man wohl auch nicht verlangen. Das mußte schiefgehen, weil man einfach zu wenig Know-how im Management hatte", stellte Ferdinand Lacina, Finanzminister bis April 1995, fest.[26] Seine Kritik angesichts der hohen Investitionen, welche die Austria Tabak zu diesem Zeitpunkt bereits geleistet hatte, ohne dass sich die angespannte wirtschaftliche Lage von HTM verbessert hätte, kann sachlich diskutiert werden. Aber auch ohne Hinweis auf das milliardenschwere Geschenk an die Investorengruppe um Eliasch ist festzustellen, dass die entscheidenden Hintergründe des Verkaufs woanders zu suchen sind: Wenngleich mit verschiedener Gewichtung, so waren sich SPÖ und ÖVP darin einig, die Austria Tabak zu privatisieren und mit den Einnahmen die Schulden der ÖIAG angesichts eines aus den Fugen geratenen Budgets zu senken. Hervorzuheben ist, dass beide Parteien unter „Privatisierung" den Verkauf des Unternehmens verstanden.

Eine mögliche Privatisierung der Austria Tabak war bereits Jahre vor dem tatsächlichen Schritt immer wieder Thema. Der Vorstand der Austria Tabak lehnte im Jänner 1989 einen derartigen Schritt dezidiert ab. Der Zentralbetriebsrat sandte einen gleichlautenden Brief an Vizekanzler Alois Mock (ÖVP). Finanzminister Lacina (SPÖ) stellte klar, dass ein Verkauf der Austria Tabak als Staatsmonopol wenig Sinn mache und keine optimale Anlage von Risikokapital darstelle. Bundeskanzler Franz Vranitzky hielt ausdrücklich fest, dass es sich bei der Austria Tabak um „einen der wichtigsten Gewinnbringer für den Staat handelt, weshalb eine Veräußerung eine ganz besondere Kapriole wäre."[27] Der Zentralbetriebsratsobmann sprach sich 1992 ein weiteres Mal gegen jede Absicht aus, das Unternehmen zu privatisieren. Auch Herbert Kornfeld, einer der interimistischen Nachfolger des abgelösten Vorstandes, meinte noch 1995, dass eine „Cash-Cow wie die Austria Tabak weder privatisiert noch für einen Börsengang vorbereitet werden sollte".[28] Erste konkrete Anzeichen dafür gab es dennoch bereits 1993, als die ÖIAG endgültig den Weg einer Privatisierungsagentur einschlug. In einer Novellierung des ÖIAG-Gesetzes wurde erstmals die mehrheitliche oder vollständige Privatisierung von Staatsunternehmen festgelegt. „Die Gesellschaft ist verpflichtet, die ihr unmittelbar gehörenden Beteiligungen an industriellen Unternehmungen in angemessener Frist mehrheitlich abzugeben". Allerdings fühlte man sich damals noch daran gebunden, gesamtwirtschaftliche Aspekte zu berücksichtigen: „Dabei ist darauf Bedacht zu nehmen, daß österreichische Industriebetriebe und industrielle Wertschöpfung, soweit wirtschaftlich vertretbar, erhalten bleiben".[29] Die Austria Tabak war zu diesem Zeitpunkt noch nicht in die ÖIAG eingegliedert.

Seit Anfang der 1990er Jahre drängte die ÖVP vehement auf eine Privatisierung von Staatsunternehmen; speziell Johannes Ditz in seiner Eigenschaft als Finanzstaatssekretär, Wirtschaftsminister und ab 1999 als ÖIAG-Vorstand, sowie Martin Bartenstein, Staatssekretär im Ministerium für öffentliche Wirtschaft und Verkehr und Nachfolger von Ditz im Wirtschaftsministerium. Die SPÖ stand zunehmend unter Druck. Da die ÖIAG vor dem Hintergrund der Auswirkungen der Verstaatlichten-Krise seit Ende der 1970er Jahre mehrere Milliarden Euro Schulden angehäuft hatte, war der öffentliche Sektor in die Defensive geraten. Die Forderungen nach einem Rückzug des Staates und nach der Veräußerung öffentlichen Eigentums bekamen immer mehr Gewicht. International hatte sich dieser neoliberale Kurs im Gefolge der Regierungen von Margret Thatcher in Großbritannien und Ronald Reagan in den USA in den 1980er Jahren längst durchgesetzt. Die SPÖ lieferte ein Rückzugsgefecht und suchte den Ausweg in einem politischen Kompromiss, der Teilprivatisierungen verfolgte und den Staat als Kernaktionär sichern sollte. Vernachlässigt wurde, eine differenzierte Grundsatzdiskussion über die Rolle des Staates als Eigentümer von Wirtschaftsunternehmen zu führen. Der Privatisierungsweg wurde unter Bundeskanzler Franz Vranitzky (SPÖ) schon 1987/1989 mit der Abgabe von 25 Prozent der Aktien der OMV beschritten, ab 1992 stieg das Privatisierungsvolumen enorm. Bis 1997 war die Mehrheit der Konzerne verkauft, wobei die ÖIAG allerdings strategische Anteile am Aktienkapital behielt. Allein in den sechs Jahren von 1994 bis 1999 betrug der Erlös aus dem Verkauf von Staatsunternehmen bzw. -beteiligungen knapp 4,8 Milliarden Euro. Im Vergleich dazu machten die Privatisierungserlöse in den sieben Jahren der ÖVP/FPÖ/BZÖ-Regierungen von 2000 bis 2006 6,4 Milliarden Euro aus.[30]

Diese Entwicklung stand in Gegensatz zum Versuch des Staatsbetriebs Austria Tabak, sich wie ein privates Unternehmen zu verhalten, zu expandieren und seine Geschäftsfelder zu diversifizieren, um sich langfristig auf einem globaler werdenden Markt zu behaupten. Was den Anforderungen an die Privatwirtschaft entsprach, erschien bei einem Staatsbetrieb, der ähnliche Strategien verfolgte, nicht angemessen. Längst war das ideologische Urteil gefällt, dass staatliche Unternehmen in einem ungeschützten Umfeld nicht wettbewerbsfähig waren und verkauft gehörten. Der SPÖ fehlte es angesichts der tiefen Krise der Verstaatlichten an Mut und Zuversicht sowie an gestaltenden Zukunftskonzepten, ihre Entscheidungsträger agierten immer entpolitisierter, verwaltend und defensiv. Dazu kamen nicht enden wollende Budgetnöte als Last der Vergangenheit und die Auswirkung einer weltweiten Wirtschaftsentwicklung. Diese Form der Wirtschaftspolitik entsprach in einer etwas abgeschwächten Form der Angleichung an eine Politik des neoliberalen Mainstreams. Von 1992 auf 1993 verdoppelte sich das Budgetdefizit der Republik Österreich von 2,1 Prozent auf 4,5 Prozent, 1994 betrug es 5,0 Prozent und 1995 stieg es auf 5,8 Prozent des Bruttoinlandsprodukts.[31] Neben dem Schnüren von Sparpaketen und Steuererhöhungen war die Regierung auf Dividenden florierender Staatsbetriebe wie die Austria Tabak und auf Privatisierungserlöse erpicht. Die Austria Tabak führte dem Staat jährlich Erträge von mehreren hundert Millionen Schilling ab. Kein noch so potentes Privatunternehmen zahlte eine Dividende von mindestens 14 Prozent. In der ersten Hälfte der 1990er Jahre forderte Finanzminister Lacina vom Unternehmen Sonderdividenden, die das Mehrfache dieser bereits weit über dem Durchschnitt liegenden Ausschüttung betrugen. Allein zwischen 1991 und 1995 überwies die Austria Tabak über drei Milliarden Schilling an den Staat – und dies in der schwierigsten Phase des Konzerns.[32]

Diese unverhältnismäßige Belastung des Unternehmens war einer der Gründe für die Entfremdung zwischen Generaldirektor Mauhart und Finanzminister Lacina. Mauharts Widerstand war es auch, an dem die Pläne Lacinas, den Steuerberater Andreas Staribacher als Wirtschaftsprüfer bei der Austria Tabak einzusetzen, scheiterten. Zwei Monate später trat Staribacher die Nachfolge Lacinas als Finanzminister an, in der entscheidenden Phase der HTM-Krise.[33] Die an den Tag gelegten Vorbehalte des Vorstandes gegenüber Andreas Staribacher entzweiten die beiden Seiten von Anfang an.

Das Unverständnis der Finanzminister Lacina und Staribacher gegenüber den ungewohnten unternehmerischen Aktivitäten des Vorstandes der Austria Tabak und die Zwänge der Abdeckung des explodierenden Budgetdefizits erweiterten den Handlungsspielraum der ÖVP mit ihrer Forderung nach Privatisierung des Staatseigentums. Zu dem Zeitpunkt, als die Finanzprobleme der Austria Tabak mit HTM einen ersten medialen Höhepunkt erreichten, forderte die ÖVP im Juli 1994 ausdrücklich die Privatisierung der Austria Tabak. Wenige Wochen nach den Nationalratswahlen vom Oktober 1994 wollte Vizekanzler Erhard Busek (ÖVP) den Totalrückzug aus der Verstaatlichten ins Regierungsprogramm aufgenommen wissen.[34] Am 4. Mai 1995 löste Wolfgang Schüssel Erhard Busek als ÖVP-Obmann und Vizekanzler ab und verschärfte die Privatisierungsdiskussion. Nun trat die ÖVP offen gegen Generaldirektor Mauhart auf und forderte seinen Rücktritt. Wieder einmal habe sich gezeigt, so ÖVP-Wirtschaftsminister Ditz, dass der Staat ein „ganz schlechter Eigentümer" sei.[35] Er forderte im August zunächst den Verkauf von Beteiligungen der Austria Tabak, vor allem der HTM, und schließlich der gesamten Austria Tabak.[36] Eine weitere innenpolitische Entwicklung verschärfte die Privatisierungsdiskussion: Im Streit um die Budgetsanierung hatte Wolfgang Schüssel auf Neuwahlen hingearbeitet, die dann ein halbes Jahr später stattfanden. In diesem aufgewühlten innenpolitischen Klima des Vorwahlkampfes wurden die Austria Tabak und Generaldirektor Beppo Mauhart desavouiert und seine Ablöse war zwischen den Regierungsparteien bereits akkordiert. Die ÖVP trat mit dem so genannten „Schüssel-Ditz-Kurs" an, der die Kürzung von Sozialleistungen sowie einen schlanken Staat und ein Programm für „mehr Markt" forderte. Nach dem Rücktritt Beppo Mauharts war der Weg frei zur Veräußerung der HTM, die im Zeitraffer durchgeführt wurde, und schließlich für die Teilprivatisierung der Austria Tabak selbst.

Mitte September 1995 verkündete Finanzminister Staribacher den bevorstehenden Verkauf der HTM als Voraussetzung dafür, die Austria Tabak erfolgreich an die Börse bringen und möglichst budgetwirksame Einnahme erzielen zu können. „Mehr privat" und „mehr privatisieren" war nun auch der offizielle Kurs der SPÖ im Wahlkampf, nicht zuletzt mit Blick auf die Austria Tabak.[37] Wie aus einer Entscheidung der EU-Kommission hervorgeht, hatte das neue Management der Austria Tabak den Verzicht auf die eigenständige Umstrukturierung der HTM damit begründet, „nicht über die erforderlichen Fähigkeiten zur Leitung von HTM zu verfügen. Im Übrigen würde ein langwieriger Umstrukturierungsprozess die österreichische Regierung zwingen, die geplante Privatisierung von Austria Tabak zurückzustellen oder den Ertrag aus der Privatisierung durch Herabsetzung des am Markt gebotenen Preises zu schmälern. (...) Die letzte Entscheidung, HTM mit einer ‚Mitgift' zu verkaufen, anstatt die Gesellschaft aufzulösen oder umzustrukturieren, scheint hauptsächlich durch den Wunsch begründet zu sein, die Austria Tabak rasch zu privatisieren."[38] Nach Meinung der EU-Kommission sei aber keine Eile geboten gewesen, da „dem Staat durch eine aufgeschobene Privatisierung von Austria Tabak kein Verlust, sondern eher ein Gewinn" entstanden wäre.[39]

Am 1. August 1996 wurden die Kapitalbeteiligungen des Bundes an der Austria Tabak an die ÖIAG übertragen. Im Gesetzestext heißt es dazu: „Die Anteilsrechte des Bundes an der Austria Tabakwerke Aktiengesellschaft, vormals Österreichische Tabakregie, Wien, (...) gehen zum Zweck der Umstrukturierung und Privatisierung in das Eigentum der Österreichischen Industrieholding Aktiengesellschaft (ÖIAG) über".[40] Der neue Vorstand setzte dem Diversifikations-Modell von Mauhart ein Ende und konzentrierte sich wieder völlig auf das Stammgeschäft: Tabakproduktion und Handel. Das bedeutete den Rückzug aus weiteren bis dahin strategisch aufgebauten Geschäftsfeldern wie Immobilien oder Sportartikeln. Mit Blick auf den anstehenden Gang an die Börse war der Vorstand bemüht, das Unternehmen in bestem Licht zu präsentieren. Der neue Generaldirektor Heinz Schiendl stellte dazu fest: „Von Beratern aus der Bankenszene wurde uns nahegelegt, uns von nicht betriebsnotwendigen Bereichen zu trennen. (...) Daher haben wir noch vor dem ersten Privatisierungsschritt einen Großteil unseres Häuser- und Grundstücksbesitzes veräußert."[41]

Bei HTM die Notbremse zu ziehen und das Unternehmen zu verkaufen, weil der Einstieg der Austria Tabak in diesen Sektor als zu risikoreich beurteilt wurde, könnte als wirtschaftspolitische Entscheidung von SPÖ und ÖVP gesehen werden, um den Betrieb vor Schaden zu bewahren – unabhängig davon, ob diese Einschätzung richtig oder falsch war. Das Aufgeben der Diversifikation bedeutete aber jedenfalls, dass ein Unternehmen von der Größe der Austria Tabak es schwer haben würde, seine Eigenständigkeit im Wettbewerb mit den großen Tabakkonzernen längerfristig zu sichern.

Der Börsengang erfolgte im Herbst 1997, begleitet wurde dieser Prozess von zwei Investmenthäusern, Goldman Sachs und Creditanstalt Investmentbank. 49,5 Prozent des Grundkapitals der Austria Tabak wurden in Form von Aktien an der Wiener Börse an institutionelle und private Investoren aus dem In- und Ausland verkauft, die restlichen Anteile blieben im Besitz der ÖIAG. Der Ausgabekurs der Aktie betrug 505 Schilling (36,70 EUR).[42] Der Erfolg war außerordentlich, die Aktien waren fast sechs Mal überzeichnet, sodass es sich um das höchste Nachfragevolumen in der österreichischen Börsengeschichte handelte. Dabei ist zu berücksichtigen, dass sich die Börsen wegen der Südostasienkrise im Sinkflug befanden.[43] All dies bewies zwar das gerechtfertigte Vertrauen der AnlegerInnen in das äußerst profitable Unternehmen, konnte aber nicht verdecken, dass der Zeitpunkt des Börsenganges ungünstig gewählt war und der Verkaufserlös in Anbetracht des realen Wertes der Austria Tabak bescheiden blieb. 1999 wurden von der ÖIAG weitere 9,4 Prozent der Aktienanteile abgegeben, nun waren 58,9 Prozent in Streubesitz. Zu diesem Zeitpunkt war die Austria Tabak also bereits mehrheitlich privatisiert. Der Gesamterlös belief sich auf 512 Millionen Euro.[44]

Am 4. Februar 2000 nahmen ÖVP und FPÖ unter Bundeskanzler Wolfgang Schüssel (ÖVP) die Regierungsgeschäfte auf, am 29. Februar beschloss der Ministerrat die Totalprivatisierung von sieben Staatsunternehmen. Die Bundesregierung verabschiedete daraufhin ein neues ÖIAG-Gesetz zur Umsetzung des Regierungsprogramms, das die Tilgung der bestehenden Verbindlichkeiten der ÖIAG in der laufenden Legislaturperiode vorsah. Oberstes Ziel war ein ausgeglichenes Budget („Nulldefizit"). Finanzminister Karl-Heinz Grasser erteilte deshalb in der Hauptversammlung der ÖIAG am 17. Mai 2000 den Auftrag, sieben Unternehmen zu 100 Prozent zu verkaufen, darunter die Austria Tabak.[45] Damit sollte auch das „Dogma" aufgegeben werden, dass der Staat in wichtigen Unternehmen der ÖIAG Kernaktionär bleiben müsse. Nicht nur die Aufgaben der ÖIAG wurden neu geregelt, auch ein neuer Aufsichtsrat wurde bestellt. Fünf Arbeitnehmervertretern, die AK und ÖGB entsandten, standen zehn Unternehmervertreter gegenüber, die auf Vorschlag von Finanzminister Grasser bestellt wurden. Entpolitisierung der Verstaatlichten lautete das Argument der schwarz-blauen Bundesregierung, welche die SPÖ-VertreterInnen aus der Verstaatlichten drängten.[46] Mit 31. Jänner 2001 trat Rudolf Streicher (SPÖ) als Vorstand der ÖIAG zurück. Vorstandskollege Johannes Ditz beschleunigte gemeinsam mit dem Vorsitzenden des Aufsichtsrates, dem Papierindustriellen Alfred Heinzel, die Privatisierung von Staatsunternehmen in einem Tempo, das der ehemalige Vorstandsvorsitzende für unverantwortlich hielt. Streicher vertrat eine Kernaktionärsphilosophie, durch die Konzernzentralen und wichtige Funktionen in Österreich gehalten werden sollten.[47] Für die ÖVP-FPÖ-Regierung war es nicht vorstellbar, dass ein Staatsbetrieb ökonomisch erfolgreich geführt werden konnte. Die Bundesregierung lehnte eine Privatisierung mit dem Staat als Kernaktionär ebenso ab wie eine Privatisierung durch Überführung der Aktien in Streubesitz oder die Suche nach einem strategischen Partner für die Austria Tabak, da sie nicht an ihre Überlebensfähigkeit am globalen Markt glaubte. Neben ideologischen und budgetären Gründen bevorzugten ÖVP und FPÖ deshalb den Verkauf des Unternehmens an einen ausländischen Großkonzern, innerhalb dessen der Fortbestand der Austria Tabak gewährleistet wäre. Das Unternehmen sollte zu einem guten Preis verkauft werden, solange dies noch möglich war und es in einem immer härter umkämpften Tabakmarkt noch schwarze Zahlen schrieb.

Die Führungsspitze der Austria Tabak stellte im Sommer 2000 ihre Vorstellungen über die Zukunft des Unternehmens vor, die sich mit jenen des Eigentümervertreters deckten. Die Vorstände Jörg Schram und Heinz Schiendl sprachen sich für ein rasches Vorgehen beim Verkauf aus.[48] Vorstand und Aufsichtsrat der ÖIAG beschlossen eine Vorverlegung des für 2002 geplanten Verkaufs der Austria Tabak auf das erste Halbjahr 2001. In einer kurzfristig in der Nacht zum 21. Juni 2001 einberufenen außerordentlichen Aufsichtsratssitzung gaben der verbliebene ÖIAG-Vorstand Johannes Ditz und die zehn Unternehmervertreter des Aufsichtsrates dem einzigen Bieter Gallaher – trotz des Protestes von Betriebsrat und Gewerkschaft – den Zuschlag. Zur gleichen Zeit überreichte Finanzminister Grasser den Vorständen der Austria Tabak, Schram und Schiendl, das Große Goldene Ehrenzeichen der Republik Österreich.[49] Auch materiell zahlte sich der Verkauf für die beiden aus. Sie erhielten eine eigene Privatisierungsprämie, die der Rechnungshof angesichts ihrer gesetzlichen Unterstützungspflicht für entbehrlich hielt.[50]

Der britische Tabakkonzern Gallaher erhielt mit seinem Angebot von 85 Euro pro Aktie den Zuschlag. Das staatliche Aktienpaket der Austria Tabak von 41,13 Prozent wechselte 2001 für 769,22 Millionen Euro den Besitzer. Auch die übrigen AktionärInnen nahmen das Angebot an. Die ÖIAG konnte die Öffentlichkeit darüber informieren, dass ihr Schuldenstand durch die vorgenommenen Privatisierungen 2000/2001 von 6,3 auf 2 Milliarden Euro gesunken war. Zwischen den Zinszahlungen für die Verbindlichkeiten und den Dividendeneinnahmen aus den verbliebenen Unternehmensbeteiligungen war nunmehr die Balance hergestellt.[51]

Die Regierung brachte rasch voran, was ÖVP und FPÖ seit langem gefordert hatten, den Totalausverkauf der Verstaatlichten zur Entlastung des Steuerzahlers und die Ausschaltung des Staates als Unternehmer und Eigentümer. Ein Nebeneffekt war, dass die SPÖ entscheidend an wirtschaftspolitischem Einfluss verlor. Vom finanziellen Standpunkt aus gesehen war die Austria Tabak eine Perle für die angestrebte ausgeglichene Bilanzierung der ÖIAG und für das anvisierte „Nulldefizit". Nur die Verkäufe der Postsparkasse und von Anteilen der Telekom Austria hatten dem Finanzminister mehr Geld eingebracht. Dennoch ist es ein Mythos, ÖVP und FPÖ alleine dafür verantwortlich zu machen, den Ausverkauf der Austria Tabak betrieben zu haben. Sicherlich, durch das Ausscheiden der SPÖ aus der Regierung konnten die neuen Koalitionspartner ungebremst ihre Privatisierungspolitik durchziehen. Sie mussten nicht mehr darauf achten, den Kernaktionär in Österreich zu behalten. Doch die Weichen waren unter der Kanzlerschaft der SPÖ gestellt worden. Den Anfang setzten die Privatisierungsgesetze von 1993/1996 und die Überstellung der Austria Tabak an die ÖIAG. Vor der Angelobung der Regierung Schüssel im Jahr 2000 waren bereits fast 60 Prozent der Austria Tabak verkauft.

Halten wir fest: Die SPÖ-Finanzminister Lacina, Staribacher und Klima befürworteten den Weg einer Diversifikation der staatseigenen Aktiengesellschaft Austria Tabak nicht, von ÖVP/FPÖ war dies nicht zu erwarten. Vor dem Hintergrund der immensen Konzentrationsprozesse am internationalen Tabakmarkt kam diese Orientierung, bei der noch dazu hohe Dividendenzahlungen am wichtigsten waren, über kurz oder lang einer Liquidierung der Austria Tabak gleich. Die HTM-Krise brachte die Konzeptlosigkeit der SPÖ zum Vorschein, die nun Mitte der 1990er Jahre offen auf den Kurs der ÖVP einschwenkte und zur Teilprivatisierung schritt. Generaldirektor Mauhart, der der Reduktion auf das Kerngeschäft entgegenstand, wurde zum Rücktritt gezwungen und durch einen Vorstand ersetzt, der das Unternehmen, noch dazu unter dem Vorwand der Entpolitisierung, regierungskonform ausrichtete. Die Bestellung und Abberufung des Vorstandes und seines Vorsitzenden obliegen nach dem Aktiengesetz dem Aufsichtsrat. Die Regierung hatte gegenüber der EU-Kommission 1995 ausdrücklich festgehalten, dass die Austria Tabak „vollkommen autonom sei" und „stets unabhängig von der Regierung" handle. Dies gelte auch für die Ernennung der Mitglieder des Aufsichtsrates. Das Unternehmen „bestehe in der rechtlichen Form einer Aktiengesellschaft, was ein Höchstmaß an Unabhängigkeit von den Eigentümern gewährleiste."[52] Im vorliegenden Fall wurde also das Aktienrecht und die Organhoheit von Vorstand und Aufsichtsrat der Austria Tabak umgangen, und es wurde politisch in das operative Geschäft und die personelle Zusammensetzung des Unternehmens interveniert. Von der sonst vielbeschworenen Entpolitisierung von Unternehmen im staatlichen Eigentum war seitens der ÖVP nichts zu vernehmen.

Mit der Eingliederung der Austria Tabak in die ÖIAG 1996 war eine Dynamik vorgegeben, die kaum mehr aufzuhalten war: Teilprivatisierung, Verkauf ins Ausland, Schließung aller Tabakfabriken in Österreich, unabhängig von ihrer Produktivität und ihrer Rentabilität. So bewahrheitete sich innerhalb eines Jahrzehnts, was auf mitgeführten Transparenten von MitarbeiterInnen der Austria Tabak bei einer Demonstration vor der ÖIAG-Zentrale in Wien im Dezember 2000, wenige Monate vor Übernahme durch den Gallaher-Konzern, zu lesen stand: „Der Staat – die Wende; Austria Tabak – das Ende".[53]

Ungereimtheiten bei der Privatisierung der Austria Tabak

Der Rechnungshof kritisierte, dass der Aufsichtsrat in der entscheidenden Sitzung am 21. Juni 2001 seiner aktienrechtlich vorgeschriebenen Kontrollfunktion nicht nachkommen konnte und sich ausschließlich auf die Darstellung und Einschätzung des Vorstandes Johannes Ditz verlassen musste. Die Einladung zur Sitzung war kurzfristig erfolgt, die notwendigen Unterlagen wurden erst während der Sitzung zur Verfügung gestellt und den Mitgliedern wurde der unzutreffende Eindruck vermittelt, dass mehrere verbindliche Angebote vorlägen. Damit waren Mitglieder des Aufsichtsrates vorsätzlich getäuscht worden. Die fünf Arbeitnehmervertreter verließen daher vor der Beschlussfassung die Sitzung. Der gesetzlich vorgeschriebene Privatisierungsausschuss, der die Privatisierungsmaßnahmen des Aufsichtsrates mit vorzubereiten und zu überprüfen hatte, wurde nicht eingerichtet.[54] Die ÖIAG verteidigte sich damit, dass eine Ablehnung der Anträge des Vorstandes durch die Arbeitnehmervertreter vorhersehbar war und die Geschäftsordnung des Privatisierungsausschusses Einstimmigkeit bei Beschlüssen verlangte. Aus „Gründen der Zeitökonomie" sei daher auf einen Ausschuss verzichtet worden.[55]

Der Rechnungshof bemängelte die Abwicklung des Verkaufs durch eine Investmentbank, sei doch das Privatisierungsmanagement wesentliche Aufgabe der ÖIAG selbst. Die Austria Tabak hatte gute Marktanalysen und Privatisierungsalternativen erstellt, auf die aber nicht zurückgegriffen wurde.[56] Die beauftragte Investmentbank Credit Suisse First Boston berechnete für ihre Tätigkeit 8,38 Millionen Euro und war damit um 2,39 Millionen Euro teurer als die zweitgereihte Bank in der Ausschreibung. Insgesamt wären laut Rechnungshof rund drei Millionen Euro an Einsparungen möglich gewesen. Er kritisierte auch, dass ein Partner der zunächst lediglich mündlich beauftragten Rechtsanwaltskanzlei, die für ihre Beratung fast eine Million Euro lukrierte, Mitglied des ÖIAG-Aufsichtsrates war.[57]

Von fünf Kaufinteressenten wurden drei zum zweiten Verfahrensschritt zugelassen. Doch kurz vor der Entscheidung zogen sich zwei der drei Interessenten zurück. So lag am 18. Juni 2001 nur mehr das verbindliche Angebot der Gallaher Group vor. Besonders gravierend war, dass die ÖIAG kein Bewertungsgutachten über die Angemessenheit des Kaufangebots einholte und diese Angemessenheit nur aufgrund des Börsenkurses bewertete. Zum einen wies der Jahresabschluss 2000 der Austria Tabak aus, dass das Unternehmen beachtliches nicht betriebsnotwendiges Vermögen, etwa Kunstbesitz, hatte. Zum anderen war die Unterbewertung der Aktie bekannt. Für erschwerend hielt der Rechnungshof, dass der ursprüngliche Beschluss des Aufsichtsrates, den Börsengang 2002 zu unternehmen, zugunsten einer Vorverlegung um ein Jahr revidiert wurde. Der niedrige Kurs der Austria Tabak-Aktien hätte eher für den ursprünglich vorgesehenen Termin gesprochen.[58]

Der in der Hauptversammlung der ÖIAG vom 17. Mai 2000 erteilte Privatisierungsauftrag enthielt keine konkreten Ausführungen zu den im Gesetz verankerten Zielen der Berücksichtigung der Interessen des Unternehmens und der Republik Österreich. Nur die Vorgabe, den bestmöglichen Erlös zu erzielen. Die vertragliche Ausgestaltung zur Bereitschaft des Käufers, die Austria Tabak fortzuführen, mittelfristig die Unternehmenszentrale in Österreich zu belassen und die Anzahl der Beschäftigten zu stabilisieren, war vage und blieb für eine Durchsetzung dieses Ziels unzureichend. Nicht einmal eine laufende Informationsverpflichtung wurde vereinbart.[59] „Im Ergebnis folgerte der RH, dass für die ÖIAG bei der Privatisierung der Austria Tabak wegen der konkurrierenden Zielvorgaben die Erzielung eines möglichst hohen Verkaufserlöses im Vordergrund stand."[60]

Seit Juli 2010 prüft die Staatsanwaltschaft alle Privatisierungen aus der Amtszeit des ehemaligen Finanzministers Grasser. Die Hinweise aus dem Bericht des Rechnungshofes stellen dabei eine wichtige Grundlage dar. Auffällig ist eine Parallele zur BUWOG-Affäre. Die Abwicklung der Privatisierung der BUWOG besorgte die 2008 in die Insolvenz geratene Investmentbank Lehman Brothers mit Karlheinz Muhr, einem Freund Grassers, als Subauftragnehmer. Ein Kreis um Karl-Heinz Grasser wird verdächtigt, die Privatisierung manipuliert und in die eigenen Taschen gewirtschaftet zu haben; es gilt die Unschuldsvermutung. Auch für die Credit Suisse First Boston, die mit der Abwicklung der Privatisierung der Austria Tabak beauftragt war und ein höheres Honorar als die zweitgereihte Bank kassierte, arbeitete Muhr in leitenden Positionen. Allerdings gibt es ein Problem, auf das der Rechnungshof bereits hingewiesen hatte. Nicht nur die Unterlagen, aus denen eine Begründung für die auffällige Vorverlegung des Verkaufs der Austria Tabak zu entnehmen wäre, fehlten, sondern alle Dokumente, die Entscheidungen von nachhaltiger Bedeutung rund um den Verkauf der Austria Tabak nachvollziehbar machen. Laut Mitteilung der ÖIAG waren bei ihrer Übersiedlung „als entbehrlich erachtete Aufzeichnungen aus Platzgründen entsorgt worden."[61]

Der Schließung erster Teil: Die Entwicklung der Austria Tabak unter Gallaher

„Alle österreichischen Standorte sind erhalten geblieben (...)! Die Austria Tabak hat profitiert (...). Reden Sie mit den Betriebsräten dort, reden Sie mit dem Vorstand! Die sagen: Das ist erfolgreiche Privatisierung zum Wohle des Unternehmens, zum Wohle der Beschäftigten, gerade am Beispiel der Austria Tabak"[62] (Finanzminister Karl-Heinz Grasser, 2003).

Die Integration der Austria Tabak bereitete der Gallaher Group kein Problem, da der Konzern vorwiegend in Großbritannien, Irland und Russland operierte und die Austria Tabak ihr Auslandsgeschäft verbreitete. Die Austria Tabak war nicht nur Marktführer in Österreich und Schweden, sondern dominierte auch den Großhandel in Deutschland, hatte ein Standbein in Ungarn und öffnete das Tor nach Zentral- und Osteuropa. Gallaher sicherte sich den Zugang zum starken Vertriebs-Know-how des österreichischen Unternehmens und steigerte seine Markenvielfalt durch die Übernahme der marktgängigen Sorten der Austria Tabak. Der britische Tabakkonzern konnte dementsprechend kräftige Steigerungen bei Umsatz und Gewinn melden. Im ersten Halbjahr 2002 verbesserte sich der unbereinigte Gewinn (EBITA) von 30,1 auf 104,8 Millionen Britische Pfund. Dafür war fast ausschließlich die Austria Tabak mit 72 Millionen verantwortlich. Im gesamten Geschäftsjahr 2002 trug das österreichische Unternehmen rund 30 Prozent zum Konzernergebnis bei. Die Synergie-Effekte schienen auf beiden Seiten gegeben zu sein. Gallaher nutzte die Produktivität der Austria Tabak, um in Malmö, Schweden, ein Werk zu schließen und die Produktion der dort jährlich erzeugten vier Milliarden Zigaretten nach Österreich, das heißt vor allem nach Linz, zu verlagern. Auch die Zigarrenfabrik in Fürstenfeld konnte durch eine neue Zigarre für den französischen Markt Zuwächse verzeichnen. Zudem wurde auch die Produktion von Zigaretten der Marken Benson & Hedges nach Österreich verlegt. In Linz wurden daher fünf Milliarden und in Hainburg drei Milliarden Zigaretten mehr produziert als im Vorjahr. Auch in Schwaz nahm die Erzeugung um 800.000 Stück zu. Von 2001 bis 2003 stieg die Anzahl der ArbeitnehmerInnen in den österreichischen Tabakfabriken um 74 Personen von 1.318 auf 1.392 Personen.[63]

Doch bereits 2005 mussten die österreichischen Tabakfabriken erfahren, was es hieß, einem internationalen Konzern mit der Zentrale außerhalb des Landes anzugehören. Ende 2004 lief die dreijährige Standortgarantie, welche die Gallaher Group bei der Übernahme des österreichischen Unternehmens abgegeben hatte, aus. Obwohl die heimische Zigarettenproduktion der Austria Tabak von 2001 bis 2004 von 27,9 auf 41,5 Milliarden Zigaretten erheblich gesteigert werden konnte und alle österreichischen Fabriken gewinnbringend waren, wurden die Standorte Schwaz mit rund 90 und Fürstenfeld mit rund 50 Arbeitsplätzen geschlossen, weitere 30 ArbeitnehmerInnen mussten die Großhandelsgesellschaft *tobaccoland* verlassen. Die Zigarrenproduktion wurde ins Ausland verlagert, die Zigarettenerzeugung übernahmen Linz und Hainburg. Die Begründungen für diese Maßnahme sollten sich in den nächsten Jahren wiederholen: Schließungen sind das Ergebnis der Überprüfung aller europäischen Produktionsstätten für eine strategische Neuausrichtung. Die Konzentration komme den anderen Standorten zugute, die modernisiert würden. Austria Tabak-Chef Stefan Fitz unterstrich das „Ziel, den Standort Österreich zu sichern und die verbleibenden österreichischen Fabriken zu stärken". Die Standorte Linz und Hainburg würden künftig mit „zusätzlichen Investitionen" unterstützt.[64] Der frühere Generaldirektor Beppo Mauhart stellte zu dieser Entwicklung im Jänner 2005 fest: „Fürstenfeld ist Nostalgie, jetzt wird die Virginia in Polen oder Wales erzeugt. Schwaz schmerzt betriebswirtschaftlich: Nirgends in Europa gibt es eine Fabrik, die bei der Flexibilität über so hohe Produktivität und Qualität verfügt. Das ist der Preis, den man zahlt, wenn man keine Eigentümerrechte mehr hat. (…) Hätten wir einen unternehmerisch denkenden Eigentümer gehabt, hätte man die Austria Tabak mit einem Kernaktionär in Österreich halten und internationalisieren können." Unter den gegebenen Umständen sah auch er keinen Weg, der an den Schließungen vorbeigehen hätte können. Dennoch zeigte er sich für die Zukunft zuversichtlich und meinte auf die Frage nach dem Lohndruck auf die österreichischen Tabakfabriken: „(…) der österreichische Produktivitätsvorsprung zu den Billiglohnländern ist noch gewaltig. Bis der Osten das aufholt, ist der Kostenunterschied nicht mehr so dramatisch. Und eines hat der neue britische Eigentümer rasch erkannt: Dass die Austria Tabak ein Juwel ist und in allen Bereichen besser als Gallaher selbst: in der Produktentwicklung, bei der Qualität, im Vertriebssystem und internationalen Auftritt. Da schmerzt es besonders, dass die Austria Tabak verkauft wurde und nicht der umgekehrte Weg versucht wurde. (…) Austria Tabak ist Weltspitze in Forschung und Entwicklung; das könnte jetzt belohnt werden."[65]

Veränderungen der Weltmarktanteile von 1998 bis 2007

- die Pfeile drücken Übernahmen kleinerer durch größere Konzerne aus
- die Anteile des europäischen Marktes 1998 entsprechen nicht direkt proportional den Weltmarktanteilen

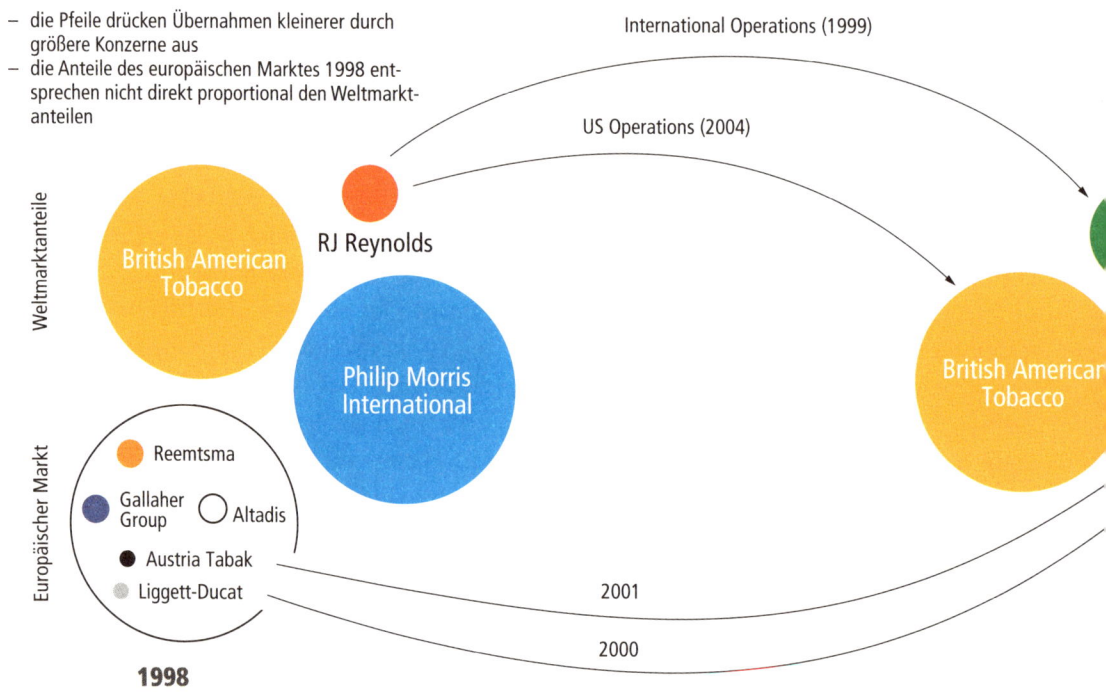

Anteile internationaler Tabakkonzerne am globalen Zigarettenmarkt im Jahr 2011

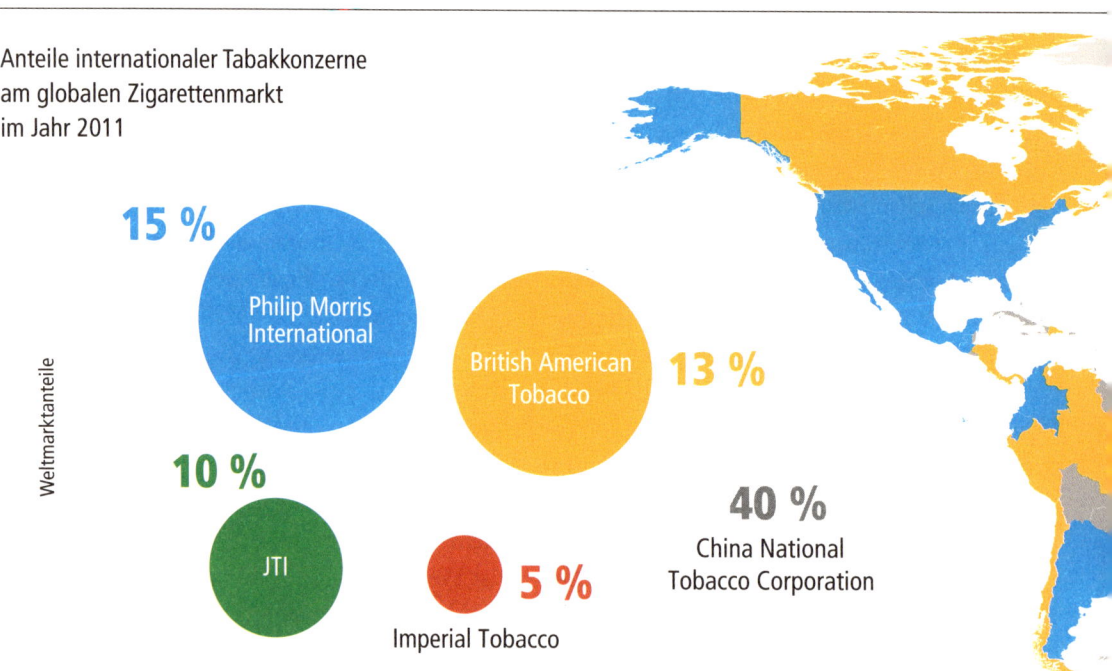

PRIVATISIERUNG – VERKAUF – SCHLIESSUNG | 213

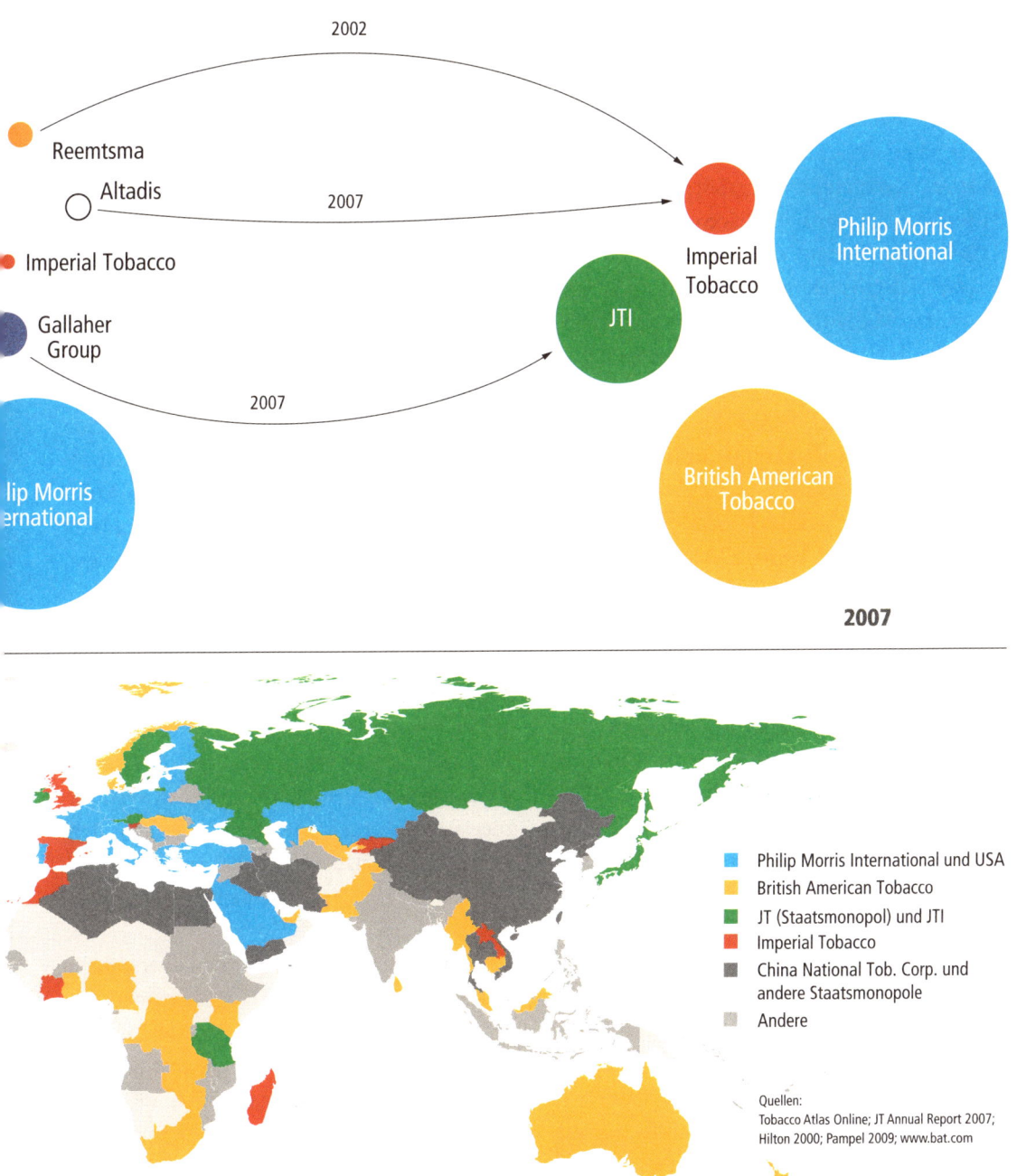

Der Schließung letzter Teil: Die Übernahme durch Japan Tobacco International

Im Dezember 2006 berichtete die Financial Times über eine mögliche Übernahme von Gallaher durch einen der größten Tabakkonzerne der Welt, Japan Tobacco International (JTI).[66] Drei Monate später genehmigte die EU-Wettbewerbsbehörde die Übernahme um rund 11,2 Milliarden Euro.[67] Am 18. April 2007 war JTI offiziell neuer Eigentümer von Gallaher und damit auch von Austria Tabak.[68] Austria Tabak-Chef Stefan Fitz zog in den Vorstand von JTI als Verantwortlicher für die Region Central Europe / Nordic[69] ein, die von Wien aus geleitet wurde. Fünf Monate später, am 28. September, wurden Belegschaft und Öffentlichkeit nach wochenlangen Gerüchten über die schrittweise Schließung der Tabakfabrik Linz und den Wegfall von 275 Arbeitsplätzen bis Ende 2009 informiert. In der Zentrale in Wien sollten weitere 30 Jobs abgebaut werden. Am 25. September 2009 wurden in Linz die letzten Zigaretten produziert, am 18. Dezember schloss die Tabakfabrik Linz endgültig ihre Tore. In der Zwischenzeit hatte JTI eine große Zigarettenfabrik in Stary Gostków nahe Lódz errichtet und im Juni 2009 in Betrieb genommen.[70] Dorthin wurden die hochmodernen Maschinen abtransportiert.

Mit seiner Expansion hatte der japanische Konzern beschlossen, seine Produktion konzernweit zu straffen und eine Standortanalyse durchzuführen. Das Ergebnis war die Konzentration der gesamten Tabakerzeugung in Österreich auf einen Standort: Hainburg. Austria Tabak-Chef Fitz argumentierte mit dem gestiegenen Rationalisierungsdruck auf den Märkten. „Umbrüche und Veränderungen – auch schwierige – sind notwendig, um die Zukunft des Unternehmens und seiner Mitarbeiter zu sichern. Jetzt nicht zu handeln wäre am Ende wesentlich teurer", schloss Robert Seibezeder, Mitglied der Geschäftsführung von Austria Tabak und ehemaliger Direktor der Fabrik in Linz. Wie schon zwei Jahre zuvor bei der Schließung der Fabriken in Fürstenfeld und Schwaz wurde dennoch eine frohe Botschaft verkündet: „Ein Standort ist gesichert", und: „JTI bekennt sich klar zur Produktion in Österreich, zusammengefasst an einem Standort", in den mit einigen Dutzend Millionen Euro kräftig investiert würde. Hainburg sollte zu einer „mid-size GFB-Fabrik" ausgebaut werden, betonte Seibezeder. Gemeint war damit eine mittelgroße Fabrik, die global vertriebene Top-Zigarettenmarken erzeugte (Global Flagship Brands – GFB).[71] Dass gerade der Linzer Betrieb, das größte und modernste Werk der Austria Tabak, das über die am besten ausgebildeten FacharbeiterInnen verfügte, zugesperrt werden musste, wurde mit dem denkmalgeschützten Fabriksbau begründet: Die Kosten für die geplanten Erweiterungen wären einfach zu hoch.[72]

Ab September 2009 wurden aber auch in Hainburg 100 der 360 MitarbeiterInnen entlassen. JTI bekräftigte, weiterhin hohe Investitionen bis 2010 zur Sicherung dieses Standortes leisten zu wollen. Der japanische Konzern verschlechterte die Bedingungen für Altria/Philip Morris, den Kooperationspartner der Austria Tabak-Tochter *tobaccoland*, es wurden nur mehr Verkaufsförderungen für JTI zugelassen.[73] In erster Linie wurden die eigenen internationalen Marken von JTI – wie Camel, Winston oder Benson & Hedges – gefördert. Dies hatte zur Folge, dass die Lizenzverträge mit Altria/Philip Morris nicht länger haltbar waren und auch die starken österreichischen Marken in dem scharfen Konkurrenzkampf Jahr für Jahr Anteile verloren. Im Jahr 2000, ein Jahr vor dem Verkauf der Austria Tabak ins Ausland, hielt Memphis in Österreich einen Marktanteil von 29 Prozent, zehn Jahre später waren es nur mehr 14 Prozent, 2011 war die Marke auf etwas über acht Prozent abgestürzt. 2010 verlor die Austria Tabak zudem ihre Marktführerschaft an Philip Morris.[74]

Im Mai 2011 gab JTI bekannt, mit Hainburg die letzte österreichische Tabakfabrik bis Ende 2012 zu schließen. 240 ArbeitnehmerInnen in Hainburg und 80 MitarbeiterInnen in der Wiener Zentrale, welche die Produktion unterstützt hatten, wurden gekündigt. Die Produktion wurde nach Polen und Rumänien verlagert. Die Begründung entsprach der Argumentation bei der Auflassung von Fürstenfeld, Schwaz und Linz. Nur dass dieses Mal nicht mehr die Ankündigung der Absicherung eines anderen Standortes der Austria Tabak bemüht werden konnte. Nach 230 Jahren war die Tabakproduktion in Österreich nun endgültig Geschichte. In der zweiten Jahreshälfte 2012 wurden alle sieben Standorte des Großhandelsunternehmens *tobaccoland* außerhalb von Wien geschlossen und 135 Menschen entlassen. Der wichtigste Kunde, Philip Morris, hatte das Auslaufen seiner seit 1995 bestehenden Kooperation mit der Austria Tabak bis 2013 angekündigt. Übrig bleiben noch knapp 400 Beschäftigte in der Koppstraße in Wien, wo der Sitz des Headquarters der Region Central Europe von JTI, das von hier aus den heimischen Markt betreut und 18 weitere Länder leitet, mit der Tochtergesellschaft *tobaccoland* und der Forschungs- und Entwicklungsgesellschaft Ökolab angesiedelt ist.[75]

JTI verwies auf die sorgfältige Prüfung der Entwicklung der EU-Märkte, die zur Schließung der Fabrik in Hainburg genötigt hätten. Der Konzern stellte „dramatisch geänderte Umweltfaktoren" fest: Rückgang des Zigarettenkonsums, Erhöhung der Tabaksteuer und Zunahme des Zigarettenschmuggels, sowie die hohen Standortkosten. Dazu der Sprecher der Austria Tabak: „Hohe Lohnkosten, die Arbeitszeitregelung, andere Auflagen – da unterliegt Österreich gegenüber anderen Ländern."[76]

Am selben Tag, als JTI die Schließung des Werkes Hainburg und das Ende der Tabakindustrie in Österreich meldete, verlautbarte der Klubobmann der ÖVP, Karlheinz Kopf, in einer Presseaussendung, dass die in den 1980er Jahren eingeleiteten Privatisierungen staatseigener Unternehmen zu einer nachhaltigen Existenzsicherung zahlreicher Betriebe geführt hätten: „Die Gesundung der Staatsfinanzen und Rückführung der Verschuldung haben absoluten Vorrang. Dafür müssen alle verfügbaren Potenziale ausgeschöpft werden. Für die Budgetsanierung müssen wir auch wieder den Mut haben, den Privatisierungsprozess des letzten Jahrzehnts aufzugreifen. Die Privatisierungen von ÖIAG-Beteiligungen sind ein gutes Beispiel, wie erfolgreich eine strukturelle und eigentümerseitige Neuaufstellung von Unternehmen vorgenommen werden kann, um zum einen die Staatsschulden zu reduzieren und zum anderen den Unternehmen eine neue Perspektive zu geben".[77]

Mit dem Verkauf der Austria Tabak ins Ausland war der Verlust über die Kontrolle der Unternehmensentwicklung verbunden. Internationale Tabakkonzerne wie Gallaher und JTI operieren mit einer anderen Logik, die die MitarbeiterInnen der Austria Tabak bis dahin nicht kannten. „Leistung lohnt" bedeutet in dieser Logik, die Motivation und Leistungsbereitschaft der ArbeitnehmerInnen für Produktivitätssteigerungen zu nutzen. Die Bedeutung der Leistungsbereitschaft tritt jedoch in den Hintergrund, wenn sich lukrativere Investitionsmöglichkeiten bieten, und seien sie noch so kurzfristig. Der flexible Kapitalismus als Wettbewerbsregime fordert und fördert nicht nur die Konkurrenz mit anderen Betrieben, sondern auch zwischen den Standorten des eigenen Unternehmens. Er verspricht als Belohnung die Sicherung des eigenen Standorts und Arbeitsplatzes, muss sich aber nicht daran halten. Im Ernstfall kann er stets mit einem quasi naturgegebenen Rationalisierungsdruck der globalen Märkte argumentieren, der keine andere Entscheidung zulasse. Der Erhalt der Arbeitsplätze und die Folgen für die Volkswirtschaft, die Regionen und die Menschen haben keine Priorität, sondern die Gewinnmaximierung, der shareholder value. Als Staatsbetrieb verfolgte die Austria Tabak eine Politik der Nachhaltigkeit. Es gab grundsätzlich keine Bonus-Zahlungen und wichtige Entscheidungen wurden auf ihre langfristigen Perspektiven hin überprüft. Unter Gallaher ging es vorrangig um Zahlen, Produktionsoutput und Bilanzen. Die Quartalsberichte waren wichtig, um Boni auszahlen zu können. Erfolg wurde an kurzfristigen Erscheinungen gemessen. Im Vordergrund standen eine Befriedigung der AktionärInnen und die Auszahlung der Prämien für das Management.

Dass keines der Werke der Austria Tabak defizitär wirtschaftete, war kein Kriterium. Ebenso wenig, dass der Standort Linz gemessen an seiner Produktivität der drittbeste Betrieb im Weltkonzern JTI war. Ein multinationaler Konzern zieht dorthin, wo er sich noch höhere Gewinnspannen, noch stärkere Senkung der Kosten verspricht, vor allem beim Personal. Unter JTI wurden die Konsequenzen, nur ein kleiner Teil eines großen internationalen Konzerns zu sein, noch stärker spürbar als unter Gallaher. Der Verkauf verlief über die Köpfe der MitarbeiterInnen der Austria Tabak hinweg. Von einem Tag auf den anderen hatten sie es mit einem neuen Eigentümer zu tun, der keine Mitsprache zuließ, den Informationsfluss kontrollierte und seine Strategien nach den Möglichkeiten und der Dynamik im globalen Konkurrenzkampf der Tabakkonzerne ausrichtete.

Gallaher und damit Austria Tabak brachten JTI bedingt durch die neue Größe und die erweiterte geographische Präsenz eine stärkere Marktposition und weitere Wachstumsmöglichkeiten.[78] Die Großkonzerne kaufen auf diese Weise Märkte und sichern sich Marktanteile. Diesem Ziel ordnen sie alles unter. Der Aufkauf Gallahers durch JTI ist symptomatisch für den hohen Konzentrationsprozess der Tabakindustrie. Die kontinuierlichen Übernahmen erreichen seit Ende der 1990er Jahre einen Höhepunkt. Sieht man vom größten Tabakkonzern der Welt, der staatlichen China National Tobacco Corporation ab, der ein Drittel des Marktes beherrscht, so dominieren nunmehr lediglich vier private Unternehmen Tabakproduktion und Handel mit einem Marktanteil von 50 Prozent.[79] Die zahlreichen Fusionen in der Tabakindustrie führten und führen zu dem immer gleichen Ergebnis: zur Konzentration der Zigarettenproduktion auf wenige, große Standorte mit immer weniger ArbeitnehmerInnen.[80] In diesen Prozess mit dem absehbaren Ende war die Austria Tabak durch ihre Entstaatlichung und den Verkauf an einen ausländischen Konzern geraten.

Hätte es eine Alternative gegeben?

2011 bewahrheitete sich, was der frühere Generaldirektor Beppo Mauhart zehn Jahre zuvor mit Blick auf den bevorstehenden Börsengang der Austria Tabak prophezeite: „Was unter Privatisierung läuft, ist ein Verkauf, der nahezu zwangsläufig auf das Ende der Austria Tabak abzielt". Das Unternehmen hätte genug Substanz, um eigenständig oder in Form einer nachhaltigen Partnerschaft durch Eigentumsverschränkung oder einer fusionierten Gesellschaft weiterzumachen.[81] Der Vorstand der Austria Tabak war bereits in den 1980er Jahren davon ausgegangen, dass der Fortfall des Tabakmonopols, die enormen Steigerungsraten bei der Produktivität aufgrund technologischer Neuerungen und die Auswirkungen des steigenden Gesundheitsbewusstseins auf den Zigarettenkonsum langfristig die Konzentration auf einen Standort in Österreich erzwingen würde. Und dafür hatte Linz die besten Karten. Die daraufhin eingeleiteten Maßnahmen, welche die Austria Tabak in einen internationalen Konzern verwandelten, sind bekannt. Ebenso die Auswirkungen der finanziellen Probleme mit HTM, die den Eigentümer schließlich dazu bewogen, der Diversifikation der Austria Tabak Einhalt zu gebieten und stattdessen ihre Teilprivatisierung in Angriff zu nehmen. Die Notwendigkeit zur Diversifikation hatte aber nicht nur Mauhart erkannt, auch die *big player* der Tabakindustrie beschritten diesen Weg. Philip Morris kaufte ein Brauunternehmen, erwarb Luxushotels und stieg in die Mobiltelefonie und den Medienbereich ein, Reynolds ins Lebensmittelgeschäft. Altadis wurde zum größten Logistikunternehmen, Japan Tobacco investierte in Pharmaprodukte, Nahrungsmittel und Immobilien.[82]

Bei der Übernahme Gallahers durch JTI stellte sich heraus, dass der britische Konzern finanziell darniederlag und von seinen Schulden erdrückt wurde. So hatte er in beträchtlichem Maße Fremdmittel aufnehmen müssen, um die Austria Tabak erwerben zu können.[83] Die Austria Tabak wäre wohl eher in der Lage gewesen, den Gallaher Konzern aufzukaufen, und hätte damit in großem Stil in Großbritannien und Russland präsent sein können.

Die ÖIAG erzielte 2001 aus dem Verkauf des Aktienpakets der Austria Tabak einen Erlös von 769,22 Millionen Euro; nach Abzug der Privatisierungskosten und des Buchwertes verblieb ein Gewinn von 693,33 Millionen Euro, also über 9,5 Milliarden Schilling.[84] In Relation dazu ist festzuhalten, dass die Austria Tabak von 1991 bis 1995 gezwungen worden war, neben der Dividendenzahlung auch noch Sonderdividenden für den Staatshaushalt bereitzustellen, sodass sie in diesem Zeitraum mehr als 200 Millionen Euro (über drei Milliarden Schilling) abführte, zwischen 2000 und 2010 deutlich über 300 Millionen Euro (rund 4,6 Milliarden Schilling).[85] Zu berücksichtigen ist weiters der Nutzen der Investitionen des Unternehmens in seine Standorte, die vorhandenen Arbeitsplätze, Steuern für Staat und Kommunen sowie den Auftragswert von dutzenden Millionen Euro, den die Tabakwerke jährlich an rund 500 österreichische Firmen vergaben.[86] Bei einem Umsatz von 3,7 Milliarden Euro (51,4 Milliarden Schilling) betrug im Jahr 2000 der Gewinn der Austria Tabak (EGT – Ergebnis aus gewöhnlicher Geschäftstätigkeit) 193,5 Millionen Euro (2,7 Milliarden Schilling). Die erfolgreiche Entwicklung der Austria Tabak vor dem Verkauf ist daran zu erkennen, dass sie von 1998 auf 2000 ihren Gewinn vor Abzug der Steuer um 30 Prozent steigern konnte.[87] Diese Zahlen belegen, dass die Totalprivatisierung und Veräußerung der Austria Tabak ans Ausland ökonomisch nicht sinnvoll war.

Kapitel 6
Ohne Filter

Die Fragen von Privatisierung, Verkauf und Schließung der Austria Tabak wurden nicht unter dem Gesichtspunkt einer ökonomischen Vernunft entschieden. Die Analyse der politischen Prozesse im vorhergehenden Kapitel, die zum erzwungenen Rücktritt des Vorstandes und zum Totalverkauf des Unternehmens führten, zeigt, dass ökonomische Überlegungen weitgehend Fassade waren und in Wahrheit politische Ideologie die Strategien und Entscheidungen bestimmten. Das Dogma, dass der Staat als Eigentümer von Unternehmen über keine Wirtschaftskompetenz verfüge, war direkt oder indirekt handlungsleitend.

Die gesellschaftlich etablierte Überzeugung von der Unfähigkeit des Staates, Betriebe in seinem Eigentum angemessen führen zu können, verbreitete sich als Ausdruck eines ökonomistischen Denkens seit Ende der 1980er Jahre. Heute ist kaum mehr erkennbar, dass dies keineswegs einer „natürlichen" Logik entspricht, sondern als Ergebnis langfristiger politischer Strategien von der öffentlichen Meinung übernommen wurde und wie eine stabile Währung ohne Zögern akzeptiert wurde.[1] So hielten im Jahr 2001 viele Mitarbeiterinnen und Mitarbeiter den Verkauf der Austria Tabak an die britische Gallaher Group für unproblematisch. Viele glaubten, dass der Eigentümerwechsel die Existenz des Unternehmens sichern würde. Gallaher galt als aufstrebender Konzern mit großem Interesse an einer hohen Produktionsauslastung und Steigerung der Produktivität. In dieser Hinsicht, so die mehrheitliche Meinung und Hoffnung innerhalb der Belegschaft, würden Gallaher und die Tabakfabrik Linz gut zusammen passen. Manche fühlten fast so etwas wie Stolz, nun zu den großen *players* am europäischen Markt zu gehören. Zunächst profitierte der Standort Linz als neuer Tochterbetrieb der Briten. Gallaher erweiterte den Maschinenpark und tätigte beachtliche Investitionen; das Produktionsvolumen erhöhte sich deutlich. Einsparungen bei der Reinigung, bei Büromitteln und der Qualität der Ersatzteile von Maschinen waren langfristig nicht förderlich, wurden aber nicht als Hinweise auf strukturelle Schwächen des neuen Eigentümers interpretiert.

In der Belegschaft gab es kritische Stimmen, doch sie blieben isoliert und wurden nur im engeren Freundeskreis geäußert. Produktionsleiter Georg Wagner überlegte, den Betrieb zu wechseln, da er befürchtete, dass unter der Führung eines großen Konzerns Schließungen unausweichlich wären. Letztlich wollte er sich nicht von negativen Gefühlen leiten lassen und lieber doch dem Optimismus seines Umfeldes vertrauen.

Gewerkschaft, Betriebsrat und die Belegschaftsvertreter im Aufsichtsrat der ÖIAG formulierten im Vorfeld der geplanten Totalprivatisierung deutlich ihren Protest. Der Betriebsrat warnte in einer Resolution vor den drohenden Folgen eines Verkaufs und der Schließung von Fabriken. Die Interessenvertretung und der Personalchef der Austria Tabak Linz verhandelten zwei Mal mit Finanzminister Karl-Heinz Grasser. Dieser gab sich „locker und lässig", aber auch herablassend und war nicht zugänglich für Bedenken und kritische Argumente, erzählt Betriebsratsobmann Manfred Brunner. Der Verkauf sei das Beste für die MitarbeiterInnen und das Unternehmen. Sollte das kein Erfolg werden, würde er sich „ins Knie schießen". Dieser Ausspruch Grassers ist tief im kollektiven Gedächtnis der Linzer Belegschaft verankert. Vor der ÖIAG-Zentrale in Wien schwenkten Belegschaftsmitglieder der Austria Tabakwerke Transparente mit der Aufschrift „Austria Tabak Beschäftigte gegen Wirtschaftsdilettantismus" und wiesen auf das vorhersehbare Ende des Unternehmens hin.[2] Die Aktivitäten blieben auf den Kreis der Gewerkschaftsfunktionäre begrenzt. Der Betriebsrat Alfred Mittermaier berichtet, dass es kaum möglich war, einen vollen Bus von Linz zur Demonstration nach Wien zu organisieren, die Belegschaft habe die Gefahr nicht wahrhaben wollen.

„Wie sie im Fernsehen gezeigt haben, dass die Regie verkauft wird, bin ich da gestanden und sind mir die Tränen herunter geronnen. Ich habe mir gedacht, so ein Betrieb, der dem Staat so viel Geld bringt!" Die Maschinenarbeiterin Elisabeth Grabner, seit 1984 in Pension, ist fassungslos, ihre Äußerung repräsentiert die Einstellung vieler MitarbeiterInnen, die bereits aus dem Erwerbsleben ausgeschieden sind und der älteren Generation angehören. Für sie stellte der Verkauf der Austria Tabak eine Tragödie dar und ihre Argumente beruhen auf einer politischen Haltung: Es würden viele Leute nicht begreifen können, meint Angelika Weiss, die seit 1999 in Pension ist, dass man einen Betrieb, der von Beginn an so sozial war, abstoße. Der Verkauf bedeute den Verlust jeder Kontrolle über das Unternehmen. Man solle nicht aufgeben, was man sich kollektiv aufgebaut und wofür man lange und hart gekämpft habe, so der ehemalige Maschinenführer und Betriebsrat Josef Wallner. Die ältere Generation der TabakarbeiterInnen lässt sich nicht beeindrucken vom jüngeren neoliberalen Denken, hat Vertrauen gegenüber dem Staat als sozialen und kompetenten Wirtschaftstreibenden und misstraut dem Privateigentum. Das staatliche Eigentum versteht sie als Form des kollektiven Eigentums, das jenen zur Existenzsicherung dienen könne, die nicht in der Lage sind, sich durch Privateigentum abzusichern.[3] Hier steht auch die Frage im Raum, wem die Fabrik eigentlich gehören sollte oder müsste. Einem ausländischen Großkonzern oder jenen, die Jahrzehnte lang in ihr gearbeitet und sie zu einem florierenden Unternehmen gemacht hatten. Für viele ältere und langjährige MitarbeiterInnen war die Tabakfabrik Bestandteil ihres Lebens und ihrer Identität, etwas, auf das sie stolz waren.

Lohnt sich Leistung?

Mitte April 2007 kaufte Japan Tobacco International die Gallaher Group. Die Beschäftigten erhielten von einem Tag auf den anderen einen neuen Eigentümer und bekamen rasch zu verspüren, dass der japanische Großkonzern eine andere Unternehmenskultur hatte. Die neuen Manager mischten sich weitaus mehr in die Betriebsführung ein als die Gallaher Group, die lediglich an *output* und Gewinn interessiert war. In einem Bericht des Betriebsratsvorsitzenden Manfred Brunner wird die Geringschätzung spürbar, die JTI gegenüber der Linzer Fabrik zum Ausdruck brachte. „Man hat sofort den Eindruck bekommen, dass sie davon ausgehen, dass wir überhaupt keine Ahnung haben. Deshalb wollten sie uns ständig alle möglichen Anweisungen aufs Auge drücken."

Das japanische Management hatte zum Zeitpunkt des Kaufes keine konkreten Pläne, wie es mit den erweiterten Produktionskapazitäten verfahren wollte. Die Motive des Kaufes bezogen sich auf etwas Anderes: auf die Eroberung neuer Märkte in Osteuropa und Russland. Es ging um eine verbesserte Position im weltweiten Konkurrenzkampf der großen Tabakkonzerne. Nur wenigen MitarbeiterInnen der Linzer Tabakfabrik war bewusst, dass für die Bewertungen der Führungsgruppe von JTI die Produktionsziffern der österreichischen Betriebe, die Qualifikation und die Leistungsbereitschaft der Beschäftigten nur zweitrangig waren. Die meisten glaubten weiterhin: „Wenn wir der beste Betrieb innerhalb der Austria Tabak bleiben, dann ist der Bestand unseres Standortes sicher."

Als JTI kurz nach der Übernahme die Schließung eines Standortes und somit die Konzentration der Tabakindustrie in Österreich auf eine Fabrik ankündigte, war dies zwar beunruhigend, doch die Belegschaft in Linz war überzeugt, dass sie die Überlebenden sein würden. Gegenüber Hainburg hatte der Linzer Betrieb eine deutlich höhere Produktivität aufzuweisen. Schon in den 1980er Jahren unter Direktor Heribert Lindle hatten sie sich das Ziel gesetzt, innerhalb der österreichischen Fabriken zum produktivsten Werk aufzusteigen. Damals wäre auch bei einer Eigenständigkeit der Austria Tabak damit zu rechnen gewesen, dass die Standorte in Österreich reduziert werden müssten. Ein Standortwettbewerb zwischen den Fabriken der Austria Tabak existierte schon vor dem Verkauf, allerdings unter anderen Bedingungen. Bei einem staatlichen Unternehmen konnte davon ausgegangen werden, dass die Erhaltung österreichischer Produktionsstätten ein explizites Ziel des Managements ist. Der Wettbewerb schien in den 1990er Jahren die Belegschaften in den verschiedenen Bundesländern nicht zu entzweien. Viele kannten sich von gemeinsamen Sportveranstaltungen, Urlauben in den Gästehäusern und anderen Kontakten in einer Unternehmenskultur, die den Austausch auf vielfältige Weise förderte.

Mit der Vollprivatisierung und dem Verkauf der Austria Tabak wurden neue Verhältnisse geschaffen. Die Existenz der österreichischen Betriebe und Arbeitsplätze rückte in der Wahrnehmung und Denkweise der neuen Konzernspitzen immer mehr an den Rand. Die Kriterien für jene Entscheidungen, nach denen Produktionsstätten in unterschiedlichen Regionen Europas entweder neu errichtet oder geschlossen wurden, hatten mit der Produktivität einer Zigarettenfabrik wie Linz nichts zu tun. Die Linzer Beschäftigten, die an das eigene Überleben glaubten, wurden „eines Besseren belehrt". Im Wettstreit der global agierenden Konzerne verloren diese Stärken, die Selbstbewusstsein vermittelten, Schritt für Schritt an Bedeutung. Unter Gallaher gab es noch realistische Gründe, zu hoffen, weil für diesen Konzern tatsächlich die Produktivität der Betriebe ein Teil der Geschäftsstrategie war. Unter JTI war dies nicht mehr der Fall. Die Regeln hatten sich geändert. Mit der für viele überraschenden Bekanntgabe der Schließung der Tabakfabrik Linz am 28. September 2007 brach die Devise, dass Leistung sich lohne, in sich zusammen. Die Entscheidung traf die Belegschaft unvorbereitet und rief große Bestürzung hervor. Es müsste doch so sein, dass man die beste Firma behält, meinte Eva Hutter. In ihrer Einschätzung spiegelte sich die generelle Erwartungshaltung der ArbeitnehmerInnen. Die wenigen, die sich skeptisch über die Zukunft der Tabakfabrik Linz geäußert hatten, wurden nicht ernst genommen und als Pessimisten oder Spinner abgetan, so wie der Mechaniker Klaus Holzinger. Ihm gegenüber meinten die Arbeitskollegen: „Was redest du da. Wieso soll denn Linz zugesperrt werden? Wir investieren, wir haben gerade alles neu gemacht. Vor zwei Jahren wurden Millionen in eine neue Klimaanlage gesteckt. Jetzt wird doch der Betrieb nicht zugesperrt werden!"

Die erste Reaktion auf die offizielle Information über die Schließung war Verstummen. In vielen Berichten der Mitarbeiterinnen und Mitarbeiter taucht die Verlautbarung des Endes der Tabakfabrik Linz, gerade weil kaum jemand damit gerechnet hatte, als traumatisches Erlebnis auf, das den Menschen in alle Glieder fährt, sie betäubt, fassungslos macht, paralysiert, die Sprache verlieren lässt, weil, so der Mechaniker Johannes Berger, „damit jegliche Illusion genommen worden ist." Mucksmäuschenstill sei es bei der MitarbeiterInnenversammlung geworden, eine Stille breitete sich aus, an der man zu ersticken drohte: „Ein paar haben geweint. Aber die meisten haben ein Gesicht gezogen, wie wenn gerade die Welt untergegangen wäre." Für die Frauen und Männer, die schon länger in der Austria Tabak tätig waren und im Vorfeld den Schließungsgerüchten keinen Glauben schenken konnten, war diese Nachricht niederschmetternd.

Viele fühlten sich enttäuscht und betrogen. Produktionsleiter Georg Wagner hatte im Sommer 2007, also nach der Übernahme durch JTI und vor der Information über die Schließung, im Auftrag der Direktion noch an neuen Projekten zur Steigerung der Produktivität gearbeitet. Er äußert unverhohlen seine Gefühle: „Noch nie bin ich mir so verarscht vorgekommen, wie in den letzten drei Monaten. Wir haben fast Tag und Nacht gearbeitet und im Endeffekt war klar, dass oben in der Direktion schon alle gewusst haben, dass wir zusperren." Helene Kaiser erzählt, dass einige krank wurden, in eine Depression fielen. 20 Jahre und mehr hatten sie mit viel Engagement in der Fabrik gearbeitet und an ihrem Aufschwung teilgehabt. Wie in einer Familie wäre es im Betrieb gewesen, tiefe Freundschaften hätten sich entwickelt – und nun würden sie aus all dem herausgerissen. Die wenigsten Schwierigkeiten hatten die Jüngeren, sie hätten das Positive ihrer Erfahrungen in der Fabrik – den guten Verdienst, die sozialen Leistungen – sehen können. Die Arbeiter, die nach dem Jahr 2000 eingetreten sind, hatten die Schließungsgerüchte eher realisiert und waren besser auf die Information vom Ende der Linzer Fabrik vorbereitet. Sie waren gezwungen, sich schnell auf die neue Situation einzustellen und auf die weitere berufliche Laufbahn zu orientieren. Der Maschinenführer Lukas Ortner, ein gelernter Automechaniker, absolvierte im Rahmen der Arbeitsstiftung, die der Sozialplan einrichtete, die Meisterprüfung. Er meint zurückblickend: „Bei mir war es so, ich habe es dann eigentlich als Chance gesehen."

Der Verlust des Arbeitsplatzes und mehr noch die Zerschlagung jener Fabrik, die sie als „Familienbetrieb" empfunden haben, stellten einen gravierenden Einschnitt in der Biographie vieler Beschäftigter dar. Partnerschaften und Ehen zerbrachen infolge dieser Belastung, psychische Erkrankungen und körperliche Beschwerden traten auf. Demoralisierend und demütigend, so erlebten viele die Schließung.

Um die MitarbeiterInnen in dieser kritischen Situation psychosozial zu begleiten, aber auch um Unmutsäußerungen nicht eskalieren zu lassen, engagierte die Austria Tabak professionelle Hilfe. Ein Sozialverein stand MitarbeiterInnen für Beratungen, Hilfestellungen bei der weiteren Zukunftsgestaltung, bei der Neuorientierung am Arbeitsmarkt und für individuelle Erläuterungen des Sozialplans zur Verfügung. Diese Unterstützung half manchen, den biographischen Bruch zu bearbeiten. In der Betriebswirtschaft wird dies als Management für *outplacement* und Trennungsprozesse[4] bezeichnet. Der Terminus bekommt im Zusammenhang mit der Tabakfabrik Linz eine Doppeldeutigkeit: Die Rede von „Trennungsprozessen" produziert eine trügerische Nähe zu Erfahrungen von Intimität und Familie. Die Verwendung dieser Begriffe aktiviert also die Metapher des Familienbetriebs gerade in jenem Moment, in dem der Betrieb definitiv zerschlagen wird.

Der Sozialplan

Betriebsrat und Gewerkschaft handelten mit JTI einen Sozialplan aus. Der Betriebsrat setzte sich dafür ein, den Schließungsprozess für die ArbeitnehmerInnen möglichst gut abzuwickeln und in erster Linie ihre Existenz abzusichern.

Das elementare Modell des Sozialplans war, den langjährig beschäftigten MitarbeiterInnen einen Vorruhestand anzubieten. Für alle anderen war eine einmalige Abfertigungszahlung zusätzlich zur gesetzlich geregelten Abfertigung vorgesehen sowie das Angebot an einer Arbeitsstiftung teilzunehmen, die die berufliche Neuorientierung mit Qualifizierungsmaßnahmen unterstützen sollte. Die Regelung führte zu einer Spaltung zwischen den langjährig und den kürzer Beschäftigten. In den Erzählungen unserer GesprächspartnerInnen kommt dies zum Ausdruck. Auf der einen Seite gab es Personen wie Helmut Lentz, die mit dem Sozialplan zufrieden und froh waren, sich um die Zukunft weniger Sorgen machen zu müssen. Auf der anderen Seite standen MitarbeiterInnen, denen wenige Monate fehlten, um in den Genuss der Vorzüge des Sozialplans kommen zu können. Die Jüngeren stiegen aufgrund mangelnder Dienstjahre deutlich schlechter aus. Entsolidarisierung und Gefühle, hintergangen worden oder zu kurz gekommen zu sein, kamen auf. Ein Mechaniker, der seit 2001 in der Austria Tabak war, erzählt über seine Sorge um die Familie und die eigene berufliche Zukunft: „Man will irgendwie schauen, okay, was hole ich jetzt heraus."

Trotz der sichtbar werdenden Unterschiede waren solidarische Verhaltensweisen möglich. Helene Kaiser bewirkte bei der Direktion, dass in den Dienstzeugnissen Qualifikationen hervorgehoben wurden, mit denen am Arbeitsmarkt zu reüssieren war, für die Jüngeren war dies nicht unerheblich.

Die InterviewpartnerInnen berichteten, dass sie die erste Phase nach Bekanntgabe der Schließung als Katastrophe, als Zeit der großen Verunsicherung und Ängste empfunden haben. Nach der zügigen Ausarbeitung des Sozialplans beruhigten sich die Gemüter, auch wenn es Härtefälle gab. Das Wissen, welche Angebote und welche Möglichkeiten offen standen, half dabei, sich in dieser Situation zurechtzufinden und die Lage rational und nüchtern einschätzen zu können. Rudolf Eisenhuber wusste bei der Ausarbeitung des Sozialplans seinen Erfahrungsreichtum und sein großes Pouvoir, das ihm JTI zugestanden hatte, zugunsten der Belegschaft bestens einzusetzen. Die Tabakbranche ist sehr finanzstark und macht hohe Gewinne, daher fallen die Kosten der Sozialpläne für die Konzerne nicht ins Gewicht. Noch dazu kommen in Österreich die gesetzlichen Regelungen und Auflagen den Unternehmen in größerem Maß entgegen als etwa in Deutschland.[5]

Sozialpläne bringen für die Unternehmen Vorteile: Sie kanalisieren den Unmut der Betroffenen und schwächen deren Widerstandspotenzial. Der ehemalige Direktor der Tabakfabrik Linz, Heribert Lindle, erläutert aus der Sicht des Managements das Kalkül eines Sozialplans bei Betriebsschließungen, wie er es von vielen Beispielen kennt: Zunächst gehe es darum, die MitarbeiterInnen zu besänftigen und sich Leute „einzukaufen". Das Hauptaugenmerk gelte dabei jenen, die in der Belegschaft einflussreich sind. Deren Wohlverhalten könne durch Abfertigungen und so genannte golden handshakes gesichert werden. Auf diese Weise werden Widerspruch und Protest vermieden und eine Schließung kann in Ruhe vor sich gehen.

Die MitarbeiterInnen der Tabakfabrik Linz haben deutlich erkannt, dass auch der beste Sozialplan nicht die sinnstiftende Bedeutung von Arbeit ersetzt. Am gesellschaftlichen Arbeitsprozess teilzuhaben, vermittelt mehr als ein Einkommen, nämlich wichtige soziale Erfahrungen wie die Möglichkeit, sich im Rahmen von Kooperationen zu anderen in Beziehung zu setzen. Die Erwerbsarbeit fördert eine spezifische Form der Bewährung an der Realität. Den Arbeitsplatz zu verlieren, weil die herrschenden Marktmechanismen individuell unkontrollierbar sind, bringt beträchtliche Unsicherheiten. Viele der in den Vorruhestand versetzten ArbeitnehmerInnen fühlten sich von einem wichtigen Bereich ihrer sozialen Identität abgeschnitten und waren damit konfrontiert, mit dem Bruch in ihrer Biographie umgehen zu müssen. Die Austria Tabak war – wie es Betriebsratsobmann Manfred Brunner formuliert – ein gut funktionierendes und ertragreiches Unternehmen, das Generationen und Familien ernährt habe. Nicht eine wirtschaftliche Krise oder wirtschaftliches Fehlverhalten hätten das Unternehmen ruiniert, sondern es sei aus politischen Motiven zerstört worden.

Wirklichkeiten so erzählen, dass sie erträglich werden

Die Schließung stand im Widerspruch zu dem im Bewusstsein tief verankerten Grundsatz, dass Leistung sich lohne: In den Zeiten der Austria Tabak gab es eine stillschweigende Übereinkunft, mit der alle Beteiligten gewinnen konnten: Die ArbeitnehmerInnen stellten ihre Arbeitskraft und darüber hinaus auch ihr subjektives Arbeitsvermögen und Engagement zur Verfügung und sorgten für die außerordentliche Produktivität des Betriebs. Das Unternehmen zahlte für die Verausgabung von Arbeitskraft einen anerkannten Lohn und gab darüber hinaus auch Sicherheit, Anerkennung und Unterstützung, das heißt, es garantierte den Bestand der Fabrik und würdigte die ArbeitnehmerInnen.

In der Arbeitssoziologie wird von Anerkennung als *Würdigung* gesprochen, wenn ein Unternehmen Leistung und Engagement durch langfristige Einbindung in den Betrieb, durch Rücksichtnahme auf ältere MitarbeiterInnen oder allgemeine Sozialleistungen belohnt.[6] Im Unterschied dazu bezieht sich Anerkennung als *Bewunderung* darauf, individuelle Qualifikation oder besondere Erfolge zu honorieren. Würdigung beruht auf dem Verständnis von Leistung als Gegenseitigkeit. Das Unternehmen bietet Gegenleistung dafür, dass die MitarbeiterInnen ein Engagement zeigen, das über einen „Dienst nach Vorschrift" hinausgeht.

Die Erfüllung der formalen Rechte und Verpflichtungen aus dem ökonomischen Kontrakt war die eine Seite. Die andere Seite war die wechselseitige Anerkennung und Bindung zwischen Direktion und Vorstand sowie der Stammbelegschaft im Rahmen einer bewährten Tradition als staatliches Unternehmen.

Mit dem Verkauf an ausländische Konzerne waren die Traditionen der Austria Tabak und die besonderen Bindungen gegenstandslos. Einer der Akteure in dem Verhältnis von Arbeit und Kapital war ein anderer geworden. Auf der Seite der Arbeit ging die Mehrzahl der MitarbeiterInnen davon aus, dass die alten Regeln nach wie vor Gültigkeit haben würden. Die Seite des Kapitals – die neuen Eigentümer und globalen *player* – agierte nach anderen ökonomischen Regeln. An der Leistung der Linzer Belegschaft und ihrer Bereitschaft zu besonderem Engagement war Gallaher kurzfristig und JTI gar nicht interessiert. JTI verfügte an anderen europäischen Standorten über ausreichend Produktionskapazitäten. In Österreich wollte der Konzern vorerst einige Sonderanfertigungen produzieren, wofür die Linzer Fabrik ironischerweise zu groß war.

Die Enttäuschung der Beschäftigten lässt sich nicht erklären, wenn wir diese Erfahrungen mit Begriffen wie „Kündigung" oder „Auflösung" von Dienstverhältnissen zu beschreiben versuchen. Die Bindung zwischen Unternehmen und Mitarbeiterinnen und Mitarbeitern beruhte auf einer langfristigen Übereinkunft, die sich nicht nur auf materielle Güter wie Arbeitsplatz oder Wohnung bezog, sondern auch kulturelle und symbolische Dimensionen einschloss. Bei der Austria Tabak beschäftigt zu sein, bedeutete, einem wirtschaftlich erfolgreichen und sozialen Unternehmen anzugehören. Mit der Schließung der Tabakfabrik Linz wurde nicht nur ein Vertragsverhältnis gelöst, sondern eine soziale Welt zerstört. In den Monaten nach der Information über die bevorstehende Schließung schien es so, als wollten viele diese Hiobsbotschaft nicht zur Kenntnis nehmen. Manche äußerten die Hoffnung, dass die Entscheidung des Managements revidiert werden würde, da es undenkbar schien, dass die Leistungszahlen von Linz übergangen werden könnten. Andere versuchten, sich die Schließung irgendwie verständlich zu machen. Besonders häufig waren zwei Schilderungen zu den Hintergründen für die Schließung von Linz zu hören: Der japanischen Betriebskultur entspreche es, in Hallen zu ebener Erde zu produzieren, nicht aber in einem Gebäude mit fünf Stockwerken, weil sich damit die betriebsinternen Transportwege zu aufwändig gestalten würden. Als zweite Begründung wurde der Denkmalschutz genannt. Dieser sei eine ökonomische Belastung. Er mache alle Umbauten für Erweiterungen der Produktion zu kostspielig. Allen drei Strategien mit der Wirklichkeit umzugehen, ist der Versuch gemeinsam, eine Erklärung für das Unbegreifliche zu finden. Die erstgenannte Strategie lässt die Hoffnung bestehen, dass sich letztlich doch die Vernunft der traditionellen Ökonomie durchsetzen werde. Die zwei anderen Strategien nehmen die Information zur Kenntnis und erklären sich die dramatische Wahrheit damit, dass andere ökonomische Parameter höher bewertet wurden als die Zahlen zur Produktivität.

Viele Geschichten, die wir in Alltag oder Beruf mit Kolleginnen und Kollegen austauschen, haben einen ähnlichen Charakter wie die hier skizzierten Erklärungen. Wirklichkeiten, die sich nicht ändern lassen oder die wir nicht ändern wollen, werden in Versionen erzählt, in denen sie uns erträglich erscheinen.[7] Um das zu erreichen, müssen das eine Mal Tatsachen wegerzählt und ein anderes Mal Ursachen oder Gründe für unerträgliche Ereignisse und Handlungen umerzählt werden. Unbegreifliche Realitäten werden damit ein Stück weit korrigiert, so weit, dass es leichter fällt, ein kollektives Handlungsprinzip der letzten Jahrzehnte nicht sinnlos erscheinen zu lassen und Gefühle der Ohnmacht und Verunsicherung zu kontrollieren. Wenn es möglich wird, sich von den Identifikationen mit der Fabrik zu lösen und Trennungsarbeit zu leisten, ist es nicht mehr notwendig, die Realität umzukonstruieren. Doch dies benötigt Distanz und damit Zeit. Wie in einer zu Ende gegangenen langjährigen Liebesbeziehung, an die das Verhältnis zwischen Belegschaft und Austria Tabak als „Familienbetrieb" zweifellos erinnert.[8]

Kapitel 7
Spuren

SIND

MITTAGESSEN !
7.5.1991

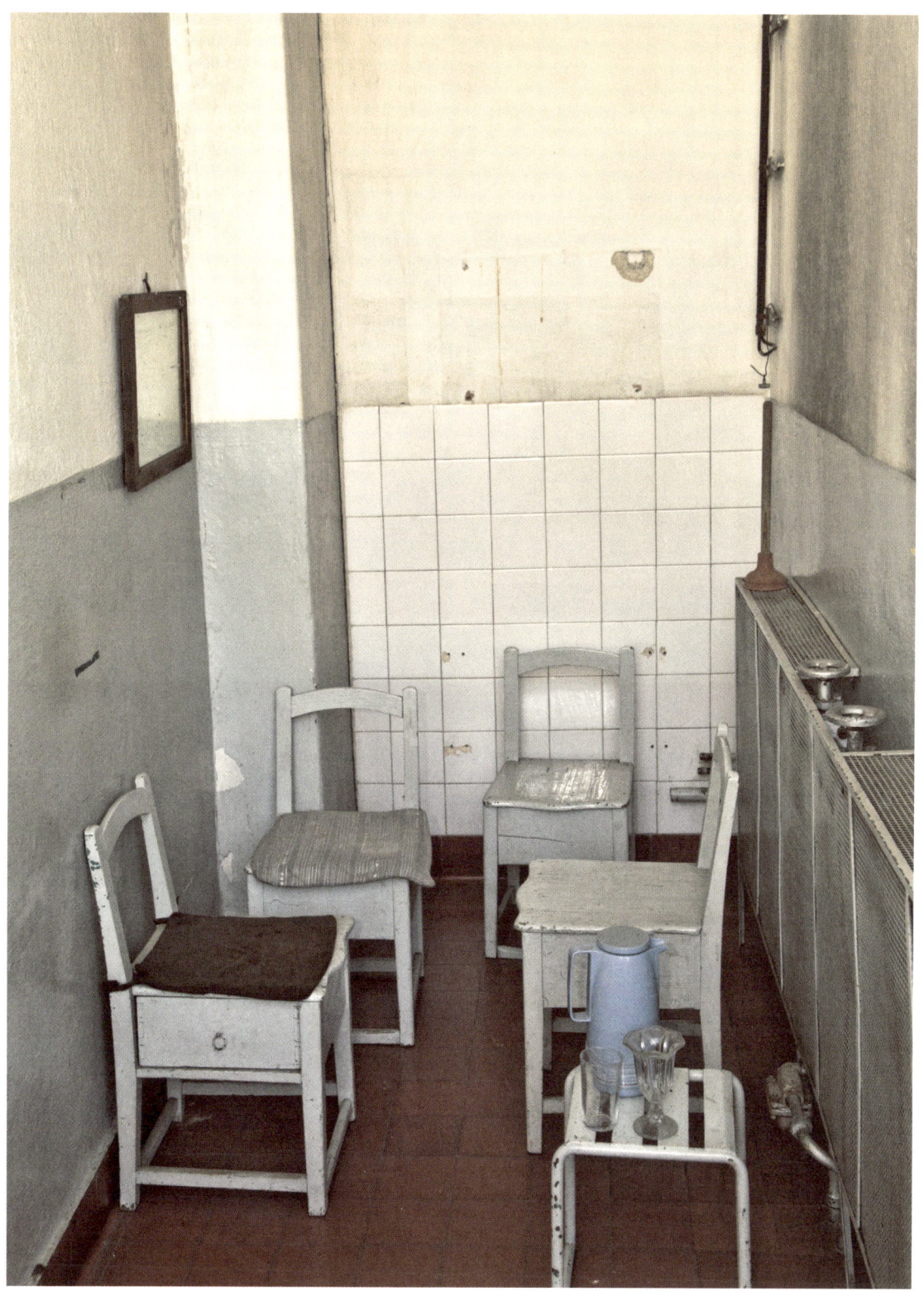

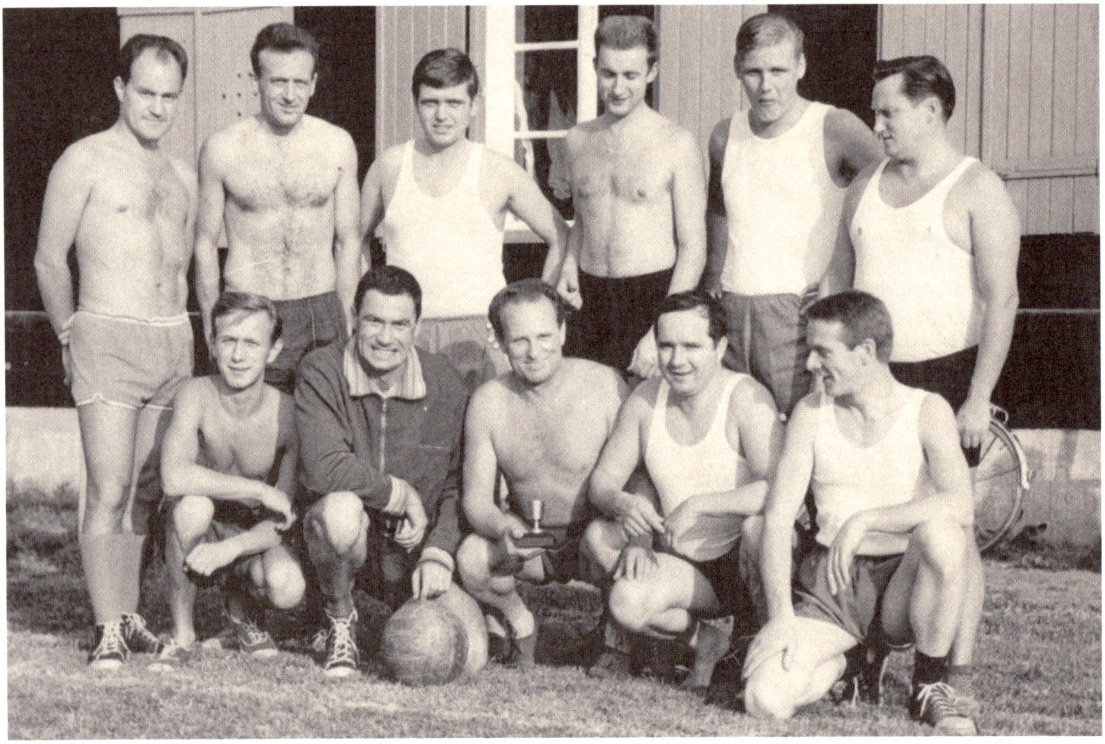

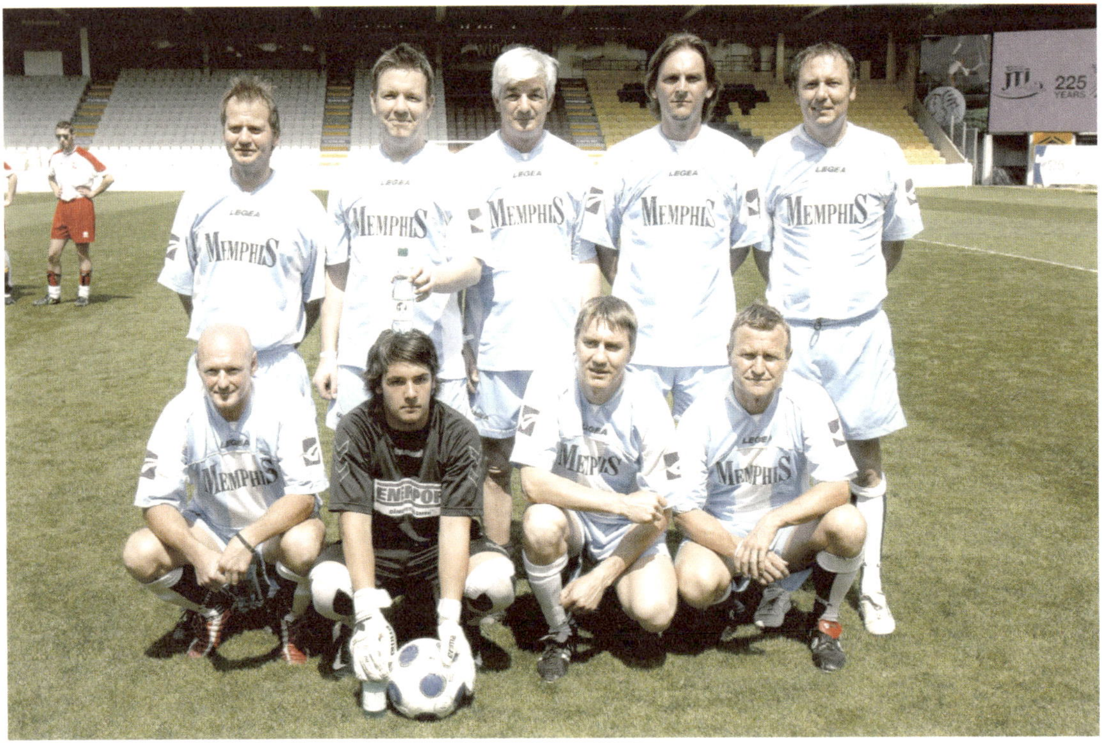
LEGEA
MEMPHIS
225
YEARS

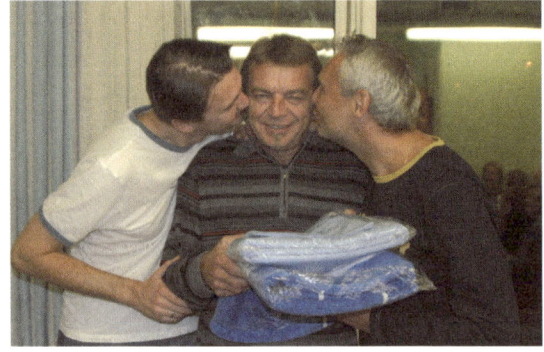

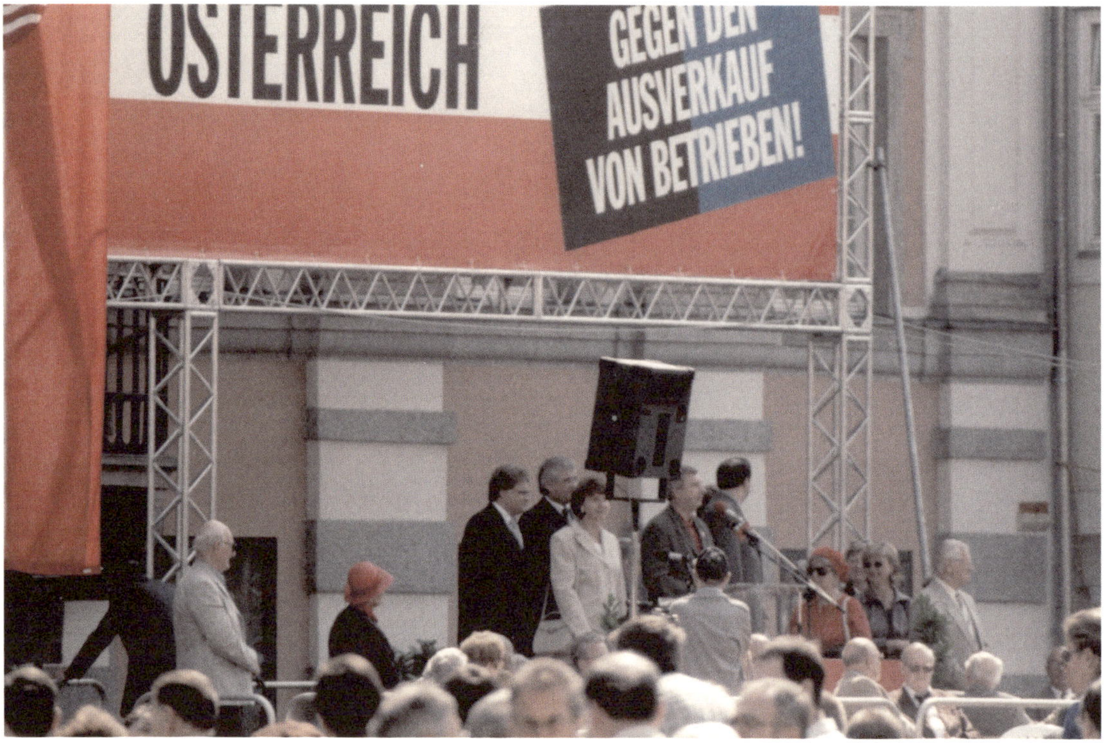
OSTERREICH
GEGEN DEN
AUSVERKAUF
VON BETRIEBEN!

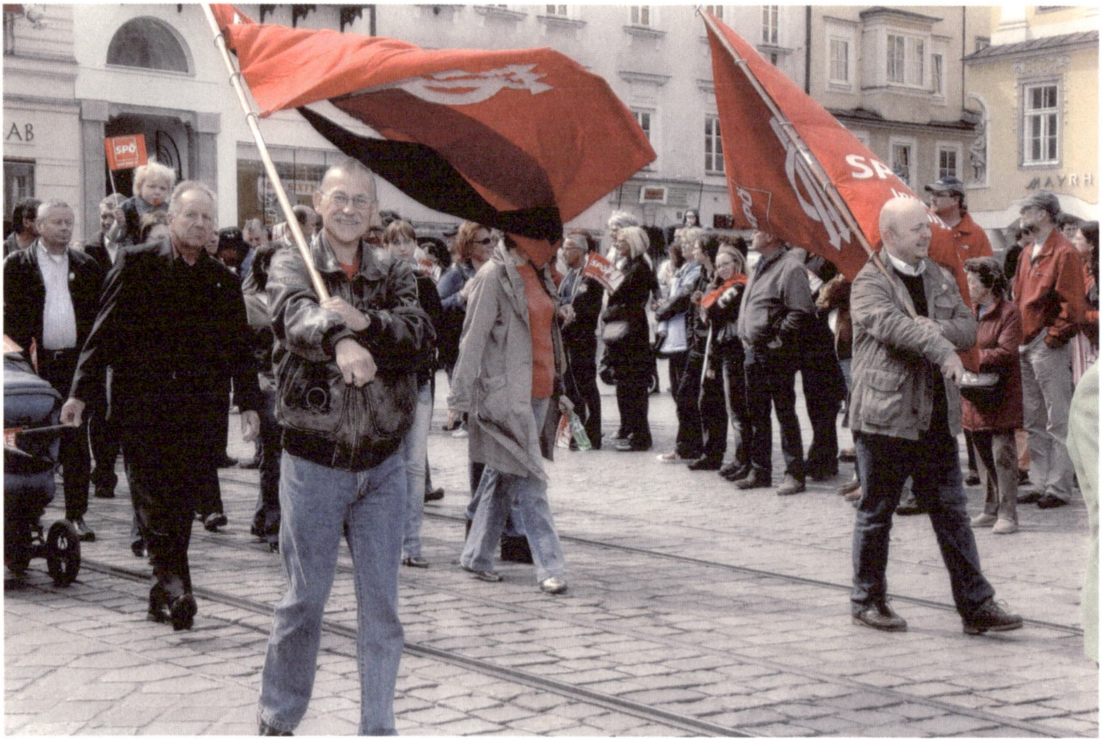
SPÖ
MAYRH

DK 1
3109
DK 1
3118

FEUERWEHR

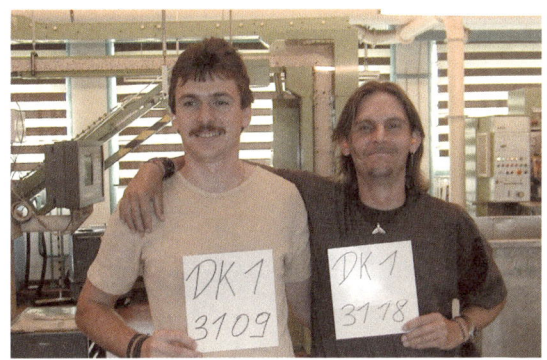

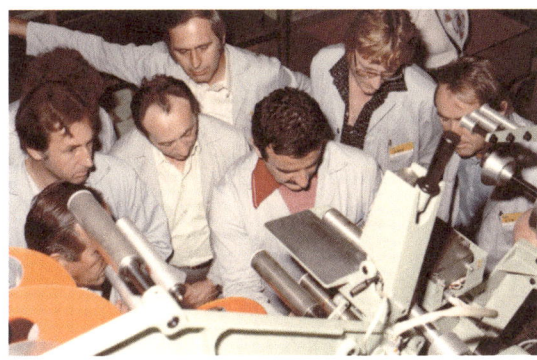

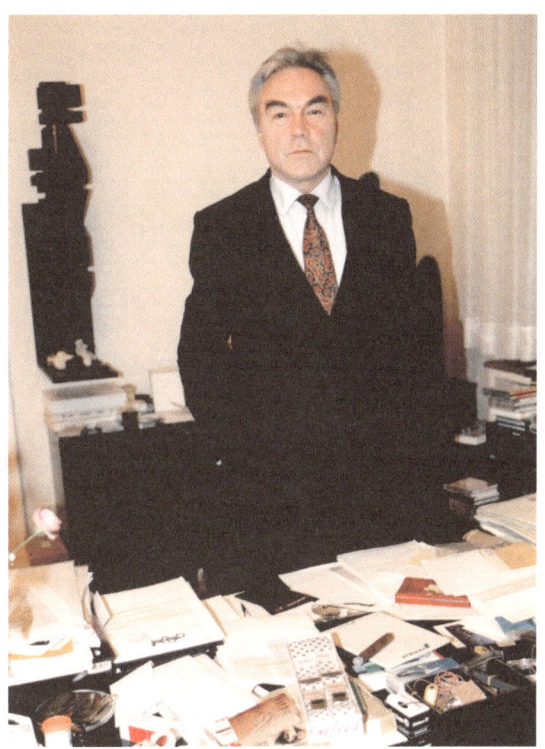

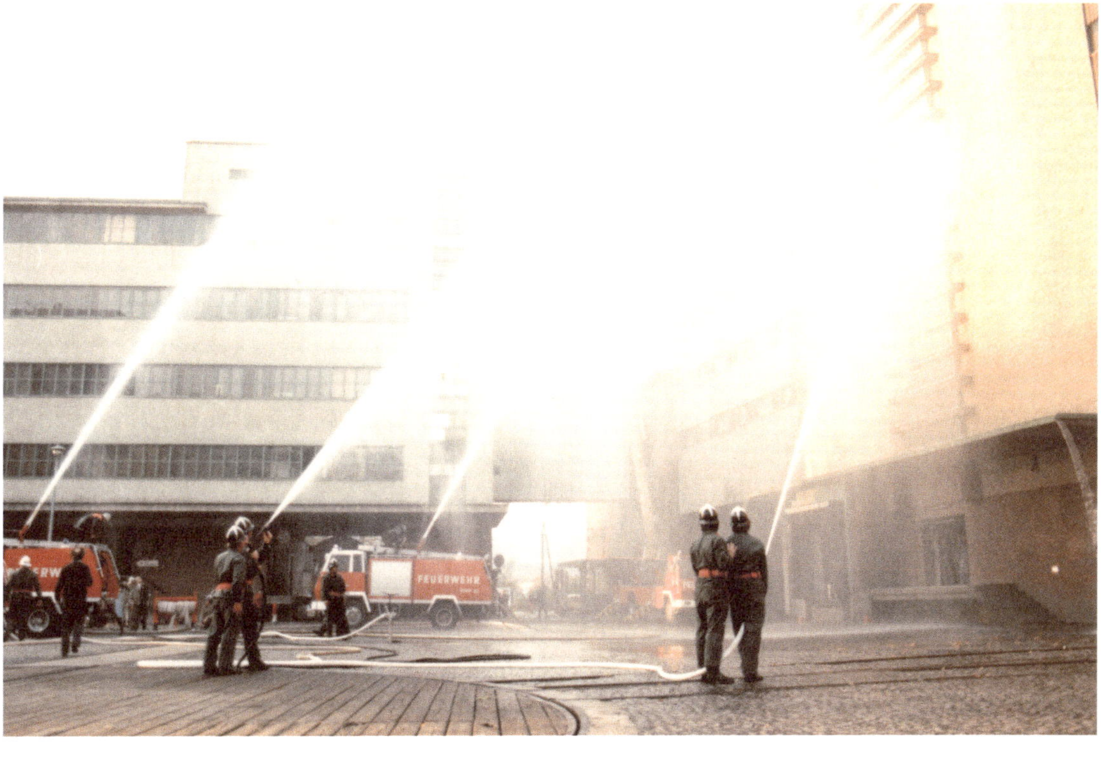

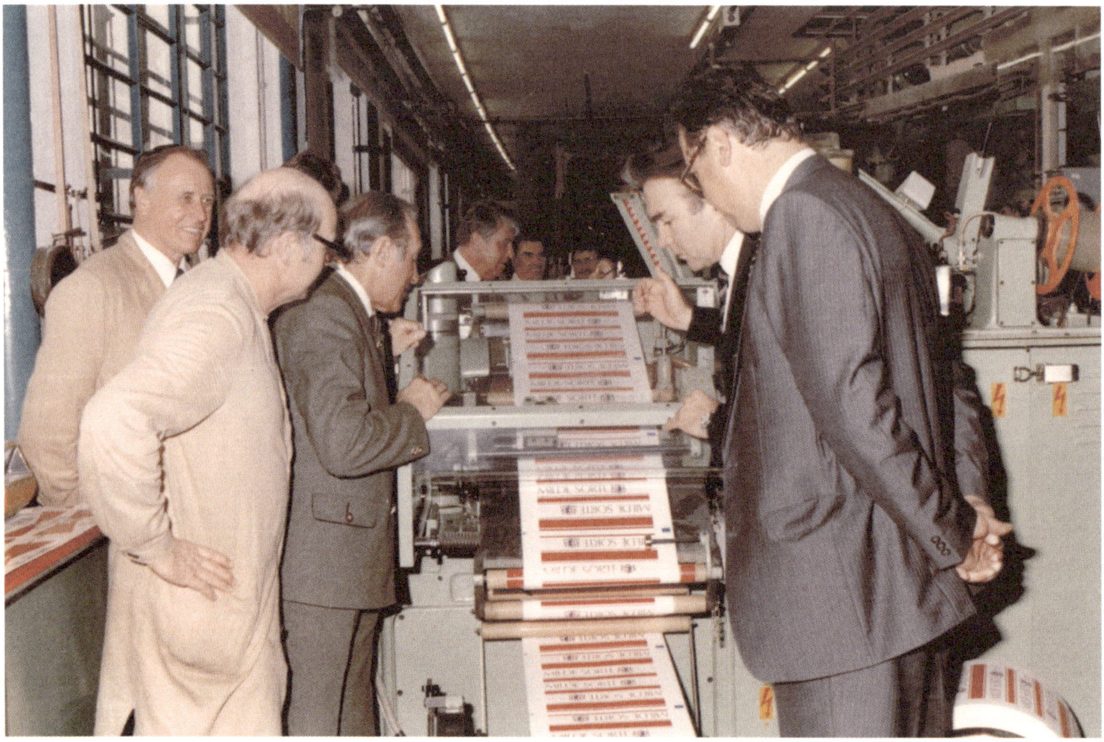

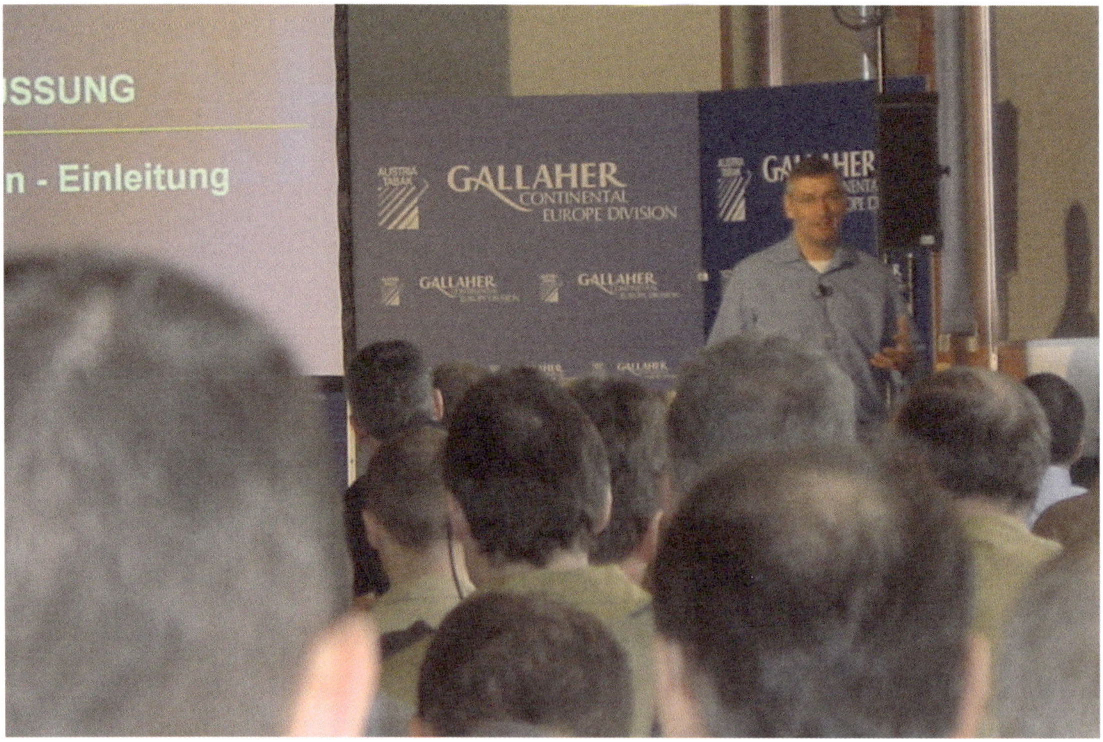

SSUNG
n - Einleitung
AUSTRIA TABAK
GALLAHER
CONTINENTAL
EUROPE DIVISION

Kapitel 8
Chronologie

Preußen sieht ein Dreiklassenwahlrecht vor, das die Vermögenden begünstigt.	1850	In der aufgelassenen Wollzeugfabrik Linz wird eine Tabakfabrik eingerichtet. Am 26. Juni nimmt die Tabakfabrik Linz den Betrieb mit 30 Zigarrenpuppenmacherinnen, 40 Zigarrenspinnerinnen und vier Beamten auf; produziert werden Pfeifentabak, Kautabak und Zigarren.
Die Westbahnstrecke von Wien nach Salzburg wird fertiggestellt. Kaiser Franz Joseph stellt die Weichen in Richtung einer konstitutionellen Monarchie.	1860	Errichtung eines Arbeiterkrankenvereins in der Tabakfabrik Linz. Dieser finanziert sich über Beiträge der Belegschaft, im Krankheitsfall erhalten sie finanzielle Unterstützung für Medikamente oder Arztbesuche.
In den USA wird die Sklaverei abgeschafft. Die erste Nummer der „Tages-Post" erscheint in Linz.	1865	Die Österreichische Tabakregie bringt mit der „ordinären Doppelzigarette" die erste Zigarette auf den Markt.
Gründung der Arbeiter-Kranken- und Invalidenkasse in Linz Das Verfassungsgericht für Österreich-Ungarn geht in Betrieb.	1869	Einstellung eines Betriebsarztes in der Tabakfabrik Linz
1873 – 1896 Langzeitrezession in der Weltwirtschaft	1873	Gründung einer Betriebsfeuerwehr in der Tabakfabrik Linz
Erfindung der ersten Zigarettenmaschine (James A. Bonsack) Erste Pferdetramway in Linz Gründung der Parti Socialiste in Frankreich	1880	Einrichtung einer Unfallversicherung für Tabakarbeiterinnen und Tabakarbeiter
Das Deutsche Kaiserreich verliert den Kulturkampf gegen den Vatikan.	1887	Errichtung einer Wärmeküche in der Tabakfabrik Linz
Einführung der allgemeinen Kranken- und Unfallversicherung Hainfelder Einigungsparteitag der Sozialdemokratischen Arbeiterpartei Österreichs; Forderungen sind u.a. die Einführung des Wahlrechts und eines Arbeitsschutzgesetzes. Bertha von Suttner veröffentlicht „Die Waffen nieder!".	1889	Die Krankenvereine an den Standorten der Tabakregie werden in eine Betriebskrankenkasse umgewandelt. Zwei Drittel werden von der Belegschaft, ein Drittel vom Staat finanziert.

Frauen sind in Wien erstmals als ordentliche Hörerinnen an den Universitäten zugelassen. Aus der österreichischen Wahlrechtsreform zum Reichsrat bildeten sich drei Massenparteien heraus.	**1897**	Die Tabakregie bringt die Zigarettenmarke „Memphis" auf den Markt.
Seit 1902 hat der Urfahraner Markt seinen festen Platz an der Donaulände.	**1902**	Erste Reichskonferenz der Tabakarbeiterinnen und Tabakarbeiter mit 47 Delegierte aus 15 Standorten (Österreich, Tschechien, Slowenien), auch die Tabakfabrik Linz ist vertreten Die Gründung einer Reichsorganisation wird beschlossen.
Gründung des „Arbeiter-Turnvereins Linz" Die Internationale Währungskonferenz festigt das Wertverhältnis zwischen Silber- und Goldwährungen.	**1903**	Erste Generalversammlung der „Reichsgewerkschaft der Tabakarbeiterinnen und Tabakarbeiter" Konstituierende Generalversammlung des „Vereins der Linzer Tabakarbeiterinnen und -arbeiter"
Gründung des „Weltbundes für Frauenstimmrecht" Verbot der Kinderarbeit in Deutschland	**1904**	Gründung der sozialdemokratischen Zentralorganisation „Gewerkschaft der Tabakarbeiterinnen und -arbeiter Österreichs" In der Tabakfabrik Linz werden neben Zigarren erstmals Zigaretten produziert: die Sorten „Sport" und „Drama".
Der Linzer Sport Klub (LSK) wird gegründet. Frauen erhalten das Recht, politischen Parteien und Gewerkschaften beizutreten.	**1908**	TabakarbeiterInnen haben erstmals Anspruch auf Erholungsurlaube; bei 10 Dienstjahren 3 Tage, bei 20 Dienstjahren 6 Tage.
Erster Dieselmotor für Kraftwagen	**1910**	Einführung der 51-Stunden Woche mit einem freien Samstagnachmittag in der Austria Tabak
Zerfall der Monarchie und Ausrufung der Republik Deutschösterreich Karl Renner Staatskanzler Verstaatlichung von Großindustrie und Bahnen in der Sowjetunion	**1918**	Einrichtung einer Stillstube für 30 Säuglinge in der Tabakfabrik Linz

Einführung des Frauenwahlrechts in Österreich Inkrafttreten der Sozialgesetze: Arbeiterurlaubsgesetz, Arbeitslosenversicherung u.a. Die Sozialistin Maria Beutlmayr ist die erste Frau im OÖ. Landtag.	**1919**	Nach dem Ersten Weltkrieg wird aus der k.u.k Tabakregie die Österreichische Tabakregie. Gründung des Zentralverbands der Christlichen Nahrungs- und Genussmittelarbeiter
Erste Wahl zur Kammer für Arbeiter und Angestellte in Oberösterreich Erste Wiener Messe Adolf Hitler wird Vorsitzender der NSDAP.	**1921**	Eintritt der Gewerkschaft der Tabakarbeiterinnen und Tabakarbeiter in den „Zentralverband der Lebens- und Genussmittelarbeiter und -arbeiterinnen Österreichs" als Fachgruppe Tabakindustrie Erster Kollektivvertrag zwischen Tabakgewerkschaften und der Tabakregie: Festlegung der 44-Stunden Woche und des freien Samstagnachmittag
Putschversuch der Nationalsozialisten in Deutschland Hyperinflation in Österreich und Deutschland Die Christlichsozialen gewinnen die Nationalratswahl unter Ignaz Seipel. Die Österreichische Nationalbank beginnt ihre Arbeit.	**1923**	Einstellung der Zigarrenproduktion in der Tabakfabrik Linz 560 Beschäftigte, vor allem Frauen, verlieren ihren Arbeitsplatz.
Beginn der Weltwirtschaftskrise, ausgelöst durch Börsenabsturz in New York Errichtung des Parkbades in Linz, das erste Hallenbad in Österreich	**1929**	Wohnbau: Entstehung von rd. 130 Wohnungen für die Beschäftigten der Tabakfabrik Linz zwischen 1923 und 1929
Auflösung der Freien Gewerkschaften Februarkämpfe zwischen Schutzbund und Heimwehr in Linz NS-Machtübernahme in Deutschland „Maiverfassung" des austrofaschistischen Ständestaates Ermordung von Bundeskanzler Engelbert Dollfuß	**1934**	Anlässlich des Jubiläums zum 150-jährigen Bestehen der österreichischen Tabakregie wird in der Tabakfabrik Linz ein Relief beim Portiervorbau an der Donaulände von Bildhauer Wilhelm Fraß angefertigt. Es steht für Arbeit und Handel. Gründung des Sportvereins „S.V. Tabakfabrik Linz" am 9. März 1934 mit den Sektionen Faustball und Fußball
Wiedereinführung des Zunftwesens im austrofaschistischen Ständestaat	**1935**	Feierliche Eröffnung des neuen Fabrikationsgebäudes nach dem groß angelegten Umbau (1929–1935) der Tabakfabrik Linz nach den Plänen der Bauhaus-Architekten Peter Behrens und Alexander Popp. Das neue Gebäude gilt als erster größerer Stahlskelettbau Österreichs.

„Anschluss" Österreichs an das Deutsche Reich Errichtung des Konzentrationslagers Mauthausen Novemberpogrom – „Reichskristallnacht" Spatenstich zum Bau der Hermann-Göring-Werke in Linz	**1938**	Der Sportverein der Tabakfabrik Linz wird aufgelöst.
Deutscher Angriff auf Polen, Beginn des Zweiten Weltkriegs Erste Ausgabe von Lebensmittelkarten Gründung der Stickstoffwerke in Linz	**1939**	Eingliederung der Österreichischen Tabakregie in die deutsche Tabakwirtschaft und Umwandlung in eine Aktiengesellschaft (Austria Tabakwerke A.G.). Alle Aktien sind im Besitz des Deutschen Reichs. Im selben Jahr wird auch der Beamtenstatus für die Angestellten der Austria Tabak abgeschafft. Die Tabakfabrik Linz stellt die Rauchtabakproduktion ein und produziert seither ausschließlich Zigaretten. Errichtung eines Kinder- und Säuglingshauses, in dem eine Kindergärtnerin und Helferinnen die Kinder betreuen
Errichtung des Konzentrationslagers Auschwitz	**1940**	Gründung einer Betriebskrankenkasse für alle Betriebe der Austria Tabak
Einmarsch der Deutschen Truppen in der Sowjetunion	**1941**	Austria Tabak erwirbt das gemeinnützige Wohnungsunternehmen Riedenhof.
Sieg der Roten Armee über die deutsche Wehrmacht in Stalingrad Moskauer Deklaration (Absichtserklärung der Alliierten zur Wiederherstellung der Souveränität Österreichs)	**1943**	Errichtung einer Lehrwerkstätte in der Tabakfabrik Linz; Ausbildungsmöglichkeiten: Maschinen- und Betriebsschlosser, Elektriker und Dreher Einrichtung einer Werksküche in der Tabakfabrik Linz Der Linzer Tabakspeicher wird von einer Bombe getroffen, die Tabakvorräte werden deshalb an verschiedenen Stellen außerhalb der Stadt in Sicherheit gebracht.
Kapitulation Deutschlands und Ende des Zweiten Weltkriegs Ausrufung der 2. Republik Landeshauptmann von OÖ: Heinrich Gleißner (1945–1971) Beginn des Weltwährungssystems „Bretton Woods"	**1945**	Bei den Luftangriffen wird das Magazin der Tabakfabrik Linz von einer Bombe getroffen. Von 5. bis 22. Mai stehen die Maschinen still. Die ArbeiterInnen kehren bald zurück und beginnen mit den Aufräumarbeiten, am 23. Mai kann die Produktion wieder aufgenommen werden. Direktor der Fabrik Linz: Ing. Eduard Peintner (1945–1964)

Erstes Verstaatlichungsgesetz, ein Fünftel der österreichischen Industrie ist betroffen Winston Churchill ruft zur Gründung der „Vereinigten Staaten von Europa" auf.	1946	Rauchen für den Wiederaufbau: Werbekampagne der Austria Tabak für die Sorte „A" mit dem Slogan „Raucht A Zigaretten für Österreichs Wiederaufbau!" Durch eine bessere Rohstoffversorgung normalisiert sich die Zigarettenproduktion.
Leopold Figl (ÖVP) Bundeskanzler Gründung des VdU Abschaffung der Raucherkarten VÖEST: Entwicklung des LD-Verfahrens BRD, DDR, Europarat, und die VR China entstehen.	1949	Die Austria Tabak wird als Aktiengesellschaft weitergeführt, alle Aktien sind im Besitz der Republik Österreich. Das Tabakmonopolgesetz betraut die Austria Tabak mit der Verwaltung des Monopols von Tabak und Tabakwaren. Vorübergehende Schließung der Lehrwerkstätte in der Tabakfabrik Linz Sportverein Tabakfabrik Linz: Reaktivierung der Sektion Fußball und Faustball
Abschaffung der Todesstrafe in Österreich Oktoberstreik in Österreich Wohnungsnot in Linz: Fehlstand von knapp 25.000 Wohnungen	1950	Die Produktion der Tabakfabrik Linz deckt zwei Drittel des österreichischen Zigarettenbedarfs. Bundeskanzler Leopold Figl besucht anlässlich der 100-Jahre-Feier die Tabakfabrik Linz.
Eröffnung des Linzer Stadions (Gugl) Smog-Katastrophe in London fordert tausende Tote.	1952	Eröffnung des neuen Säuglings- und Kinderheimes der Tabakfabrik Linz
Julius Raab (ÖVP) Bundeskanzler Abschaffung der Lebensmittelkarten Chruschtschow folgt Stalin. Niederschlagung des DDR-Volksaufstandes	1953	Wohnbau: Fertigstellung der Werkswohnanlage in der Honauerstraße Sportverein Tabakfabrik Linz: Gründung der Sektion Stockschießen
Hochwasserkatastrophe in OÖ Eröffnung der Linzer Volkshochschule Frankreich verliert Indochinakrieg.	1954	Aufgrund des Hochwassers sind das gesamte Gelände der Tabakfabrik Linz und der Kindergarten überschwemmt. Die Betriebsfeuerwehr ist im Betrieb und in den umliegenden Gebieten im Einsatz.
Unterzeichnung des Staatsvertrags Verfassungsgesetz über die Neutralität Österreichs	1955	Der Fußballverein der Austria Tabak Linz holt seinen ersten Titel in der 3. Klasse A.
Österreich nimmt Ungarnflüchtlinge nach dem niedergeschlagenen Volksaufstand auf.	1956	Streik in der Tabakfabrik Ottakring: Der Betriebsrat wirft der Generaldirektion parteipolitische Besetzung eines Postens vor. Die Hainburger Belegschaft schließt sich aus Solidarität dem Streik an.

„Römische Verträge": Gründung von EWG und EURATOM Einführung eines neuen Mutterschutzgesetzes „Sputnik-Schock" der USA	**1957**	Die amerikanischen Zigaretten mit süßlichem Virginia Tabak erfreuen sich Ende der 1950er Jahre auch in Österreich immer größerer Beliebtheit.
AUA: Aufnahme des Betriebes; erster Flug von Wien nach London	**1958**	Die Austria Tabak führt mit der „Smart" die erste runde Filterzigarette ein; bis dahin hatten Zigaretten eine ovale Form und waren filterlos.
Einführung der 45-Stunden Woche Die Kronenzeitung wird mit Hilfe des ÖGB gegründet.	**1959**	Der Direktor der Hainburger Tabakfabrik wird unter dem Verdacht des illegalen Zigarettenhandels festgenommen. Wohnbau: Errichtungen von 48 Werkswohnungen in der Ludlgasse
Österreich wird Mitglied der EFTA Der sowjetische Ministerpräsident Chruschtschow besucht Oberösterreich. Viele afrikanische Kolonien erhalten die Unabhängigkeit.	**1960**	Generaldirektion Wien: Alois Musil wird Generaldirektor der Austria Tabak. Einführung der 42-Stunden Woche in der Austria Tabak Die bislang händische Arbeit der Arbeiterinnen in der Lösehalle der Tabakfabrik Linz wird von einer maschinellen Löseanlage ersetzt.
Bundeskanzler Alfons Gorbach (ÖVP) Einführung des bezahlten Karenzurlaubs Bau der Berliner Mauer Ende der Rassentrennung in den USA	**1961**	Die stückweise Abgabe von Zigaretten in den Trafiken wird eingestellt. Es gibt nur mehr Päckchen zu kaufen.
Kuba-Krise Deutschland führt einen Mindesturlaub von 15 Tagen ein	**1962**	Neues Lohnsystem: Ersetzung der Lohnverdienststufen durch Verwendungsgruppen Wohnbau: Errichtung von 19 Werkswohnungen am Bachlbergweg
Antibabypille in Österreich erhältlich	**1963**	Die Austria Tabak bringt die Zigarettensorten „Falk" und „Jonny Filter" auf den Markt.
Bundeskanzler Josef Klaus (ÖVP) Welthochkonjunktur	**1964**	Direktor der Fabrik Linz: Ing. Ernst Köhler (1964–1975) Sportverein Tabakfabrik Linz: Gründung der Sektion Betriebsfußball
Zweites Vatikanisches Konzil (1962–1965) Beginn der Kulturrevolution in China	**1965**	Sportverein Tabakfabrik Linz: Gründung der Sektion Fischen

Erste Alleinregierung in Österreich: Bundeskanzler Josef Klaus (ÖVP) Eröffnung der Hochschule für Sozial- und Wirtschaftswissenschaften in Linz	**1966**	Die Austria Tabak stellt die neue Zigarettenmarke „Hobby" vor.
Gewaltsame Beendigung des „Prager Frühlings" durch sowjetische Truppen Aufhebung des „Goldstandard" als Währungsdeckungssystem Das Massaker von My Lai kippt die Stimmung gegen den Vietnamkrieg.	**1968**	Letzte Novellierung des Tabakmonopolgesetzes vor dem Beitritt Österreichs zur EU
Erste Mondlandung Einführung des Euroscheck und der IWF-Sonderziehungsrechte Der Online-Dienstleister CompuServe wird in den USA gegründet.	**1969**	In der Tabakfabrik Linz wird die Fabrikkaserne gesprengt und mit dem Neubau der Zwischenmagazine A und B begonnen. Neues Lohnsystem: Die Verwendungsgruppen werden durch Lohngruppen ersetzt und die Verrechnung mit dem Computer durchgeführt.
Erster SPÖ-Bundeskanzler in Österreich: Minderheits-Regierung Bruno Kreisky; Finanzen: Hannes Androsch (SPÖ)	**1970**	Virginia und Burley aus Amerika ersetzen zunehmend die Orienttabake. Die Filterzigarette setzt sich mehr und mehr durch. Die Austria Tabak beginnt Leichtzigaretten zu produzieren.
Beginn der SPÖ-Alleinregierung: Bundeskanzler Bruno Kreisky; Finanzen: Hannes Androsch (SPÖ) Landeshauptmann von OÖ: Erwin Wenzel (1971–1977)	**1971**	Bekanntgabe der Schließung der Fabrik in Stein an der Donau bis zum Jahr 1991
Einführung der 42-Stunden Woche Entspannung zwischen den USA und China, SALT1-Vertrag UdSSR – USA	**1972**	Generaldirektion Wien: Beppo Mauhart wird Mitglied des Aufsichtsrates der Austria Tabak.
Erste Ölpreiskrise Gründung des Europäischen Gewerkschaftsbundes Aufgabe des Wechselkurssystems von „Bretton Woods": Übergang zu flexibleren Wechselkursen	**1973**	Errichtung einer neuen Portierloge in der Tabakfabrik Linz
Eröffnung des Brucknerhaus Linz Hochkonjunktur in Österreich, trotz Ölpreisschocks und internationaler Rezession	**1974**	Reaktivierung der Lehrlingsausbildung in der Tabakfabrik Linz in Kooperation mit der Linzer Schiffswerft; Aufnahme von 5 Betriebsschlosserlehrlingen

Einführung der 40-Stunden Woche Einführung der Fristenlösung Umbenennung der Linzer Hochschule in Johannes Kepler Universität Weltwirtschaftskrise; erstmals nach 1945 Rezession und Inflation in Österreich Microsoft-Gründung	**1975**	Neues Lohnsystem: In der Tabakfabrik Linz wird ein neues System zur Lohnermittlung für die Arbeiterschaft eingeführt, die sogenannte Arbeitsplatzbewertung. Direktor der Fabrik Linz: Ing. Herbert Leimer (1975–1988)
Einführung einer bezahlten einwöchigen Pflegefreistellung Apple-Gründung	**1976**	Im Zuge der Einführung des Arbeitsplatzbewertungssystems wird die frühere Arbeitsordnung durch eine neue Betriebsvereinbarung ersetzt.
Landeshauptmann von OÖ: Josef Ratzenböck (1977–1995) McDonald's kommt nach Österreich.	**1977**	Einführung des Zwei-Schichtbetriebs in der Tabakfabrik Linz Der Betriebskindergarten der Tabakfabrik Linz wird in Kooperation mit dem Kindergartenverein der oberösterreichischen Landesregierung weitergeführt. Sportverein Tabakfabrik Linz: Gründung der Sektion Wandern
Einführung des Gleichbehandlungsgesetzes Thatcher bringt den Neoliberalismus nach Europa. Erste Direktwahl zum Europäischen Parlament	**1979**	Generaldirektion Wien: Beppo Mauhart wird Vorstandsmitglied der Austria Tabak. Im Juli wird in der Tabakfabrik Linz die erste Direktkopplungseinheit aus Strang- und Verpackungsmaschinen in Betrieb genommen. Großbrand im Magazin I der Tabakfabrik Linz
Rücktritt von Finanzminister Hannes Androsch (SPÖ) Start des ORF Regionalradios „Radio Oberösterreich" Friedens-, Umwelt-, Anti-AKW- und Hausbesetzungsbewegung gewinnen international an Bedeutung.	**1981**	Eröffnung des neuen österreichischen Tabakmuseums in Wien Für den Neubau der Verkaufsleitung am Gelände der Tabakfabrik Linz wird die Gruberstraße um rund 20 Meter nach Westen versetzt. Sportverein Tabakfabrik Linz: Gründung der Sektion Tennis
Sprunghafter Anstieg der Arbeitslosigkeit in Österreich	**1982**	Die Austria Tabak erhält ein neues *corporate design*, mit einem einheitlichen Firmenauftritt und neuem Logo. Die Tabakfabrik Linz bekommt eine Skulptur in Form eines Zigarettenturms von Karl-Heinz Klopf und Gerhard Knogler.

Ende der „Ära Kreisky"; kleine Koalition von SPÖ und FPÖ unter Bundeskanzler Fred Sinowatz (SPÖ)	**1983**	Generaldirektion Wien: Nachfolger von Generaldirektor Musil wird Kurt Leidinger. Feierliche Eröffnung der neuen Verkaufsleitung samt Fertigwarenlager, Lieferlager, Endverpackung, Verwaltung, Ambulanz und Vorführsaal auf dem Areal der Tabakfabrik Linz an der Gruberstraße.
Franz Vranitzky (SPÖ) wird Finanzminister. Eröffnung des Kulturzentrums im Linzer Posthof	**1984**	Erste öffentliche Führungen in der Tabakfabrik Linz
Höhepunkt der Krise in der Verstaatlichten Industrie (VÖEST-Krise) Intertrading-Skandal, Glykol-Weinskandal Eröffnung Neues Rathaus in Linz	**1985**	Einführung der „Memphis Light" Generalinstandsetzung der Gleisanlage und der Drehscheibe im Hof der Tabakfabrik Linz samt Hofsanierung; Errichtung eines neuen Feuerwehrdepots
Jörg Haider putscht sich an die Spitze der FPÖ. Wiederaufnahme der Großen Koalition unter Führung der SPÖ: Bundeskanzler Franz Vranitzky Finanzen: Ferdinand Lacina (SPÖ) Kurt Waldheim wird Bundespräsident. Die Grünen ziehen ins Parlament ein.	**1986**	Bekanntgabe der Schließung der Fabrik in Ottakring bis zum Jahr 1995 Installation von Biofiltern in der Tabakfabrik Linz
Erstes Sparpaket der Bundesregierung unter ÖVP-Einfluss Erster internationaler Börsenkrach der Nachkriegszeit	**1987**	In Wien finden die 6. Europäischen Betriebssportspiele statt. Die Austria Tabak-Einkaufs- und Handelsorganisation feiert ihr 60-jähriges Jubiläum.
Franz Dobusch (SPÖ) wird Bürgermeister in Linz.	**1988**	Generaldirektion Wien: Beppo Mauhart wird Generaldirektor der Austria Tabak. Direktor der Fabrik Linz: Ing. Heribert Lindle (1988–2002)
Österreich beantragt den EU-Beitritt Fall der Berliner Mauer Abbau des „Eisernen Vorhangs" in Wullowitz (OÖ)	**1989**	Arnold Schwarzenegger zu Gast im Messepavillon der Austria Tabak bei der Grazer Herbstmesse

500 Jahre Landeshauptstadt Linz Hauptziel der Großen Koalition: Budgetkonsolidierung	**1990**	Austria Tabak erwirbt 49 Prozent des Großhandelsunternehmens *tobaccoland* Deutschland. Neue Produktionsmaschinen in der Tabakfabrik Linz machen aufgrund ihres Gewichts eine Deckenverstärkung im 3. Stock notwendig.
Zerfall der Sowjetunion Kriege in den Gebieten des ehemaligen Jugoslawien Letzte Ausgabe des Linzer „Tagblatts" und der „Arbeiter-Zeitung"	**1991**	Die Gewerkschaft der Lebens- und Genussmittelarbeiter, in der auch die Tabakindustrie vertreten ist, fusioniert mit der Gewerkschaft Land-Forst-Garten zur neuen Gewerkschaft Agrar-Nahrung-Genuss (ANG). Wohnbau: Errichtung von 25 Eigentumswohnungen in der Ferdinand-Markl-Straße
Verbot von Tabakwerbung in der EU Unterzeichnung des Maastricht-Vertrags als Basis für eine Wirtschafts- und Währungsunion und die Gemeinsame Außen- und Sicherheitspolitik der EU	**1992**	Veränderungen in der Konzernstruktur der Austria Tabak: Neben den traditionellen Geschäftsbereichen von Tabakproduktion und Handel setzt das Unternehmen zukünftig auf Diversifikation und investiert auch in Immobilien und in der Sportartikelbranche.
Umsetzung des Europäischen Binnenmarktes	**1993**	Austria Tabak kauft die Unternehmensgruppe Head-Tyrolia-Mares (HTM). Einführung der 38-Stunden Woche für die Betriebe der Austria Tabak Sportverein Tabakfabrik Linz: Errichtung einer neuen Zuschauertribüne am Sportplatz
Volksabstimmung: JA zum Beitritt Österreichs zur EU Eröffnung des Linzer Design Center Beginn der ersten Privatisierungswelle bis 1999 (VA tech, OMV, VAE, AMS, AT&S, Böhler-Uddeholm, VA Stahl, Böhler Wohnbau, Schiffswerften, ATW)	**1994**	Austria Tabak erweitert ihren Anteil an *tobaccoland* Deutschland auf 80 Prozent. Der Sportverein der Tabakfabrik Linz feiert sein 60-jähriges Jubiläum.
Andreas Staribacher (SPÖ) wird Finanzminister. Österreich tritt der EU bei. Landeshauptmann von OÖ: Josef Pühringer Großes Sparpaket zur Erfüllung der Maastricht-Konvergenzkriterien 35-Stundenwoche in der deutschen Metallindustrie	**1995**	EU-Beitritt: Es kommt zu einer Liberalisierung des Großhandelsmonopols, Einzelhandels- und Produktionsmonopol bleiben aufrecht. Der Aufsichtsrat der Austria Tabak beschließt die finanziell angeschlagene HTM-Gruppe zu verkaufen. Generaldirektion Wien: Vor dem Hintergrund der Verluste beim Kauf der HTM-Gruppe tritt der Vorstand rund um Beppo Mauhart zurück. Interimistische Vorstände werden Herbert P. Kornfeld und Jörg Schram. Bekanntgabe der Schließung des Standortes Berlin

Viktor Klima (SPÖ) wird Finanzminister. Errichtung des Ars Electronica Center in Linz EU-Betriebsratsgesetz schränkt ArbeitnehmerInnenrechte in Inner-EU-Firmengeflechten ein.	**1996**	Anpassung des Tabakmonopolgesetzes an EU-Richtlinien Der Nationalrat beschließt die Teilprivatisierung der Austria Tabak. Die Anteilsrechte des Bundes werden zum Zweck der Privatisierung an die ÖIAG übertragen. Generaldirektion Wien: Jörg Schram und Heinz Schiendl bilden den neuen Vorstand der Austria Tabak. Reduktion der Unternehmenstätigkeiten auf das Kerngeschäft (Produktion und Handel) Einstellung der Lehrlingsausbildung in der Tabakfabrik Linz; seit 1974 wurden insgesamt 25 Lehrlinge ausgebildet.
Bundeskanzler Viktor Klima (SPÖ), Finanzen: Rudolf Edlinger (SPÖ) Beginn der „Asienkrise" auf den Finanzmärkten	**1997**	Die Austria Tabak übernimmt 100 Prozent der Anteile von *tobaccoland* Deutschland. Über die ÖIAG werden am 5. November 49,5 Prozent der Austria Tabak Aktien zu einem Emissionspreis von 37 Euro über die Börse verkauft. Gründung des FC Blau-Weiss Linz aus dem ehemaligen SK Voest und dem SV Austria Tabak
Eröffnung OK (Offenes Kulturhaus) in Linz Gründung der Europäischen Zentralbank	**1998**	Einführung des Drei-Schichtbetriebes in der Tabakfabrik Linz Wohnbau: Errichtung von 36 Eigentumswohnungen in Urfahr
Kosovo-Krieg FPÖ unter Jörg Haider wird zweitstärkste Partei. Vertrag von Amsterdam und Einführung des Schengenabkommen ins EU-Recht	**1999**	Der japanische Tabakkonzern Japan Tobacco erwirbt die Auslandsgeschäfte des US-amerikanischen Tabakunternehmens R.J. Reynolds und bildet daraus Japan Tobacco International (JTI), welche den internationalen Markt betreut. Austria Tabak erwirbt die Zigarettendivision von Swedish Match (Fabrik Malmö) für 560 Millionen Dollar. Abgabe weiterer 9,4 Prozent der Austria Tabak Aktien an der Börse; damit befinden sich 58,9 Prozent der Aktien im Streubesitz, das Unternehmen ist nun mehrheitlich privatisiert.

2000

Erste ÖVP-FPÖ-Regierung in Österreich: Bundeskanzler Wolfgang Schüssel (ÖVP), Finanzen: Karl-Heinz Grasser (FPÖ)

EU-Sanktionen gegen Österreich

Start der zweiten Privatisierungswelle bis 2006: Vollprivatisierungen (AMC, ATW, Böhler-Uddeholm, Dorotheum, Flughafen Wien, PSK, Staatsdruckerei, Postbus, Siemens, SGP, Strohal, VA Tech, voestalpine, Telekom)

Großes Sparpaket

Am 29. Februar beschließt der Ministerrat die vollständige Privatisierung der Austria Tabak. Gewerkschaft und Betriebsräte leiten Protestmaßnahmen ein.

Im Dezember wird die Schließung eines Standortes in Österreich bis 2002 bekannt gegeben.

Die Tabakfabrik Linz feiert ihr 150-jähriges Jubiläum.

2001

Staatliches Nulldefizit in Österreich (vorwiegend wegen Einmaleffekten)

Terroranschläge auf das World Trade Center in New York

Die ÖIAG beschließt im Juni den Verkauf der Austria Tabak an den britischen Tabakkonzern Gallaher für 10,6 Mrd. Schilling.

Bekanntgabe der Schließung der Fabrik in Malmö (Schweden) bis 2002; Verlagerung von Maschinen und Produktion nach Linz

Generaldirektion Wien: Neue Vorstände Heinz Schiendl, Rudolf Wagner und Nigel Simon

2002

Hochwasserkatastrophe in OÖ

Einführung des Euro als Bargeld

Einführung eines Vier-Schichtbetriebes in der Tabakfabrik Linz; Übernahme der Produktion für die skandinavischen Länder; Verstärkte Aufnahme neuer Mitarbeiter für die Produktion

Direktor der Fabrik Linz: Robert Seibezeder (2002–2009)

2003

Sprengung der Wohnanlage am Harter Plateau am Stadtrand von Linz

Eröffnung des Kunstmuseums Lentos in Linz

Generaldirektion Wien: Vorstände Rudolf Wagner und Nigel Simon

2004

Eröffnung des neuen Linzer Hauptbahnhofs

Facebook startet

In der Tabakfabrik Linz werden drei neue Ultra-High-Speed-Maschinen installiert, die bis zu 16.000 Zigaretten in der Minute produzieren.

2005

Spaltung der FPÖ: Jörg Haider gründet BZÖ

Internationale Konzerne streichen (auch bei Gewinnen) massiv Arbeitsplätze.

Schließung der Fabrik in Schwaz und der Zigarrenfabrik Fürstenfeld; Verlust von rd. 140 Arbeitsplätzen

2006

Österreich übernimmt die EU-Ratspräsidentschaft.

Teilprivatisierung der Post AG

Gallaher bestätigt bestehende Übernahmeverhandlungen mit JTI. Mit Jahresende genehmigt die EU-Wettbewerbsbehörde die Übernahme um rund 11,2 Milliarden Euro.

Große Koalition: Bundeskanzler Alfred Gusenbauer (SPÖ), Finanzen: Willhelm Molterer (ÖVP) Aus der US-Immobilienkrise entsteht eine weltweite Finanzkrise. Vertrag der EU-27 von Lissabon wird unterzeichnet.	**2007**	Mit 18. April ist JTI offiziell der neue Eigentümer von Gallaher und damit auch von Austria Tabak. Umstellungen im Schichtbetrieb in der Tabakfabrik Linz aufgrund niedriger Auftragslage; Abbau von Leasingmitarbeitern Betriebsversammlung in der Tabakfabrik Linz am 28. September: Die Schließung des Standortes bis Ende 2009 wird bekannt gegeben.
Bundeskanzler Werner Faymann (SPÖ), Finanzen: Josef Pröll (ÖVP) AUA-Vollprivatisierung („Notprivatisierung"): finanzielle Verluste für Staat, Verluste an Arbeitsplätzen Ausbreitung der Weltfinanzkrise	**2008**	In Maria Ellend (NÖ) wird eine illegale Zigarettenfabrik, die „Memphis Classic" produzieren und vertreiben wollte, entdeckt; Zollbeamte konfiszieren 20 Millionen Zigaretten.
Linz ist europäische Kulturhauptstadt. Internationale Notverstaatlichungen: Banken und Industrieunternehmen	**2009**	Im Juni beschließt der Linzer Gemeinderat den Kauf des 38.148 Quadratmeter großen Areals der Tabakfabrik Linz. Am 25. September 2009 werden in Linz die letzten Zigaretten produziert, am 18. Dezember wird die Tabakfabrik Linz geschlossen.

Anhang

Glossar

Aromatisieren Beigeben von aromatischen Stoffen zum geschnittenen Tabak

Aufreißfaden Aufgeschweißter Faden zum Öffnen einer → cellophanierten Zigarettenpackung

Beschickungsanlage Beschickt die → Strangzigarettenmaschinen mit Schnitttabak

Bobine Spule oder Trommel, auf der Verpackungspapier oder → Cellophan aufgewickelt ist

Casing (Sauce) Flüssige Aromastoffe, die mit Wasser dem Blatttabak beigegeben werden (casieren oder saucieren)

Cellophan, cellophanieren Umhüllen der Zigarettenpackung mit einer dünnen Kunststoff-Folie

Compi Rapid Verpackungsmaschine des deutschen Herstellers Niepmann (120 Touren); Einsatz in der Tabakfabrik: 1950er und 1960er Jahre

CNC-Technik Computerized Numerical Control: eine elektronische, computergestützte Steuerung und Regelung von Werkzeugmaschinen, wie zum Beispiel für Fräs- oder Bohrmaschinen

Direktkopplung Eine direkte Verbindung zwischen → Strang- und Verpackungsmaschinen ohne dazwischenliegende Transportwege

EW-Maschine Verpackungsmaschine (120–130 Touren); Einsatz in der Tabakfabrik: 1950er und 1960er Jahre

F20er-Maschine Verpackungsmaschine (50–60 Touren); Einsatz in der Tabakfabrik: 1950er und 1960er Jahre

Fahren Eine Maschine bedienen oder anfahren (einen Produktionsprozess starten)

Filtromat Maschine, welche die → Strangzigarettenmaschine mit Filtern versorgt

Flavourisierung → Aromatisierung des geschnittenen Tabaks

Focke & Co Deutscher Hersteller von Zigarettenverpackungsmaschinen

G. D. Italienischer Hersteller von Zigarettenverpackungs- und Produktionsmaschinen mit Sitz in Bologna; entwickelte in den 1970er Jahren die ersten Highspeed-Maschinen für → Weichpackungen

Gallaher Group Britischer Tabakkonzern, 1857 von Tom Gallaher gegründet; 1928

erster Gang an die Börse; 2000 Kauf des russischen Herstellers Liggett-Ducat; 2001 Kauf der Austria Tabak; 2007 → JTI übernimmt Gallaher

GD X1 und X2 Zigarettenverpackungsmaschinen des italienischen Herstellers → G. D. (400 Touren); Einsatz in der Tabakfabrik: ab den 1970er Jahren.

Gebinde Eine Stange Zigaretten

Gebindepacker Maschine, die aus einzelnen Zigarettenpackungen eine Stange Zigaretten erstellt

Hauni Maschinenbau AG 1946 in Deutschland gegründet; 1979 Hauni übernimmt den französischen Zigarettenmaschinenhersteller Decoufle

Jagenberg Maschine Erste → Cellophanier-Maschine der Nachkriegszeit

JTI Japanischer Tabakkonzern Japan Tobacco erwirbt 1999 die Auslandsgeschäfte des US-amerikanischen Tabakunternehmens R. J. Reynolds und gründet JTI (Japan Tobacco International) zwecks Agieren auf dem internationalen Markt; 2007 JTI übernimmt → Gallaher Group

Kartonfüller Maschine, die in Stangen verpackte Zigaretten in Kartons füllt

Kehrerin Reinigungsfrau mit einem bestimmten Rayon

Konditionieren Behandeln des Tabaks mittels Feuchtigkeit und Wärme zur weiteren Verarbeitung

LOG → Strangzigarettenmaschine des französischen Herstellers Decoufle (4.000 Zigaretten/Min.); Einsatz in der Tabakfabrik: 1970er Jahre

Maschinenmadl Gebräuchliche Bezeichnung für die weiblichen Arbeitskräfte an den Strangzigarettenmaschinen, die dem meist männlichen Maschinenführer zuarbeiteten; Direktkopplung ersetzt diesen Arbeitsplatz

Molins 1912 in Großbritannien gegründet, spezialisiert auf Zigarettenverpackungsmaschinen

Molins Mark (MK) 9-5 → Strangzigarettenmaschine des englischen Herstellers Molins (4.000 Zigaretten/Min.); Einsatz in der Tabakfabrik: ab den 1980er Jahren

Niepmann Deutscher Hersteller von Verpackungsmaschinen (Compi Rapid) mit Sitz in Gevelsberg (NRW)

Ordinäre Doppelzigarette Erste Zigarette der Austria Tabak; doppelte Länge gegenüber heutigen Zigaretten, mit „ordinärem", also billigem Pfeifentabak gefüllt; Mundstück an beiden Enden; vor dem Rauchen wurde Zigarette in der Mitte durchgeschnitten

Protos 90-S Strangzigarettenmaschine des deutschen Herstellers Hauni; ersetzt zwei → Molins MK 9-5 (8.400 Zigaretten/Min.); Einsatz in der Tabakfabrik: ab Mitte der 1990er Jahre

Rahmen Vor Einführung der → Direktkopplung: Lose Zigaretten aus Strangmaschinen wurden von Maschinenbedienerinnen in Rahmen aus Holz gesammelt; gefüllte Rahmen wurden auf Wagen in zweiten Stock zur Verpackung transportiert

Regie (Tabakregie) Alte Organisationsform von Unternehmen in staatlichem oder kommunalem Eigentum; organisatorisch Teil der öffentlichen Verwaltung; hat keine eigenständige Rechtspersönlichkeit, in der Regel von Beamten geleitet

Riedenhof Gemeinnütziges Wohnungsunternehmen, wurde 1921 gegründet und 1941 von der Austria Tabak erworben; errichtete im Raum Linz Wohnungen in der Honauerstraße, Ludlgasse, am Bachlbergweg und Ferdinand-Markl-Straße

Sasib Hersteller von Verpackungsmaschinen für die Tabakindustrie, 1915 in Bologna (Italien) gegründet, seit 1957 von unterschiedlichen Maschinenbaukonzernen bzw. Holdings aufgekauft, zuletzt 2006 von italienischer Holding Paritel

Schief fahren Ausschuss machen, die vorgesehene Leistung nicht erbringen

Schmermund Deutscher Hersteller von Verpackungsmaschinen mit Sitz in Gevelsberg (NRW)

Schuss fahren Produktion mit viel Ausschuss, „man fährt einen Schuss"

Signetten Steuermarken, dienen auch als Verschluss von Zigarettenpackungen

Silber Alufolie, in die Zigaretten in der Schachtel eingeschlagen sind

Sonntagsschule Bis 1869 obligatorischer Unterricht an Sonntagnachmittagen für Knaben und Mädchen nach Absolvierung der Schulpflicht bis zum 18. Lebensjahr; starker Einfluss der Kirche durch Zuständigkeit der örtlichen Seelsorger (neben den Schulaufsehern) für den Unterricht

Strang Mit Papier umhüllter Tabakstock, wird im weiteren Verarbeitungsprozess auf die Größe einer Zigarette geschnitten

Strangzigarettenmaschine Maschinen, die einzelne Zigaretten produzieren (auch Zigarettenerzeugungsmaschinen)

Tabakmonopol 1784 stellte Kaiser Joseph II. die Produktion, Anbau, Verkauf und Vertrieb von Tabakwaren unter staatliche → Regie; Begründung des österreichischen Tabakmonopols

Tabakverschleiß Tabakverkauf; Tabaktrafik; Tabakverkaufsstelle

Verschleißerin Frau, die in einer Tabaktrafik arbeitet

tobaccoland tobaccoland Handels GmbH & Co KG, ein österreichisches Großhandelsunternehmen; entstand 1995, im Zuge des EU-Beitritts, nach dem Fall des Großhandelsmonopols, Ausgliederung der Vertriebssparte der Austria Tabak; neben Tabakwaren werden auch Autobahn-Vignetten oder Handy-Wertkarten vertrieben

UHS Abkürzung für Ultrahighspeed; interne Bezeichnung für die letzte Maschinengeneration in der Tabakfabrik Linz mit hohen Drehzahlen (16.000 Zigaretten/Min.); am Standort Linz: zwei derartige Direktkopplungseinheiten mit Maschinen von Hauni (Typ Protos 2-2)

USIA-Läden USIA verwaltet in Österreich jene Betriebe, die nach dem 2. Weltkrieg in sowjetisches Eigentum überführt worden waren; ab den 1950er Jahren: Errichtung von Verkaufsläden, Angebot von billigen Zigaretten und Alkohol; da sich diese Läden außerhalb des österreichischen Gewerberechts befanden: Entgang von wichtigen Steuereinnahmen

Weichpackung Zigarettenverpackung aus dünnem Papier (*soft pack*); preisgünstiger, weil Zigaretten nicht durch Kartonschachtel geschützt sind

Wohlfahrtsverein Verein der Beschäftigten der Austria Tabak, nach 1945 gegründet, verwaltete die im Besitz der Austria Tabak befindlichen Ferienhäuser am Ossiacher See und andere Objekte; organisierte auch vergünstigte Tarife in anderen attraktiven Hotels und Gästehäusern in Österreich

Zigarettensorten der Austria Tabak
1946–1949: Sorte A, Sorte B, Sondermischung, Austria Spezial, Austria 1, Austria 2, Austria 3, Austria C, Vindobona, Smart, Memphis, Sport, Donau, Probemischung
Nach 1950: Arktis, Sport, Smart, Belevedere, Mirjam, Melody, Donau, Austria 2, Austria 3, Austria C, Jonny ohne Filter, Jonny Filter, Flirt, Egyptische III. Sorte, La Favorite, Falk, Memphis, Casablanca, Hobby, Dames, Milde Sorte, Nil

Zuschnitt Rohmaterial für Schachteln

Anmerkungen

Einleitung

1 Zu den industrie- und architekturgeschichtlichen Aspekten der Tabakfabrik Linz vgl. Lackner/ Stadler 1990; Lackner 1991.
2 Vgl. etwa Janko 2011; Patsch 2011.
3 Vgl. Benjamin 1940: 146.
4 Vgl. Freimüller 1984.
5 Über die psychosoziale Bedeutung reflexiver Erinnerungsarbeit vgl. Freud 1914.
6 Vgl. Bourdieu 1997.
7 Schultheis 1997: 831.
8 Zum ethnographischen Konzept der dichten Beschreibung vgl. Geertz 1973 und Ziegler 1998.
9 Vgl. Ziegler 2010.

Kapitel 1
Sozialhistorische Einordnung der Tabakproduktion in Österreich

1 Vgl. Trost 1984: 30ff.
2 Ebd.: 38.
3 Ebd.: 7.
4 Vgl. Sandgruber 1986: 151f.
5 Vgl. Trost 1984: 16ff.
6 Vgl. Zoll- und Staats-Monopols-Ordnung. Wien 1835. (Monopolverwaltung GmbH: online abrufbar unter www.mvg.at/index.php?fid=520; Zugriff am 2.2.2012)
7 Vgl. Lackinger/ Stadler 1990: 243f.
8 Vgl. Sauer 1984
9 Vgl. Bauer 1988: 217f.
10 Vgl. Rupp 1986: 41.
11 Vgl. dazu das Manuskript von Franz Wieser, damals Direktor in Schwaz, von 1905; zit. nach Trost 1984: 110ff.
12 Vgl. Rebhandl 1991: 23.
13 Vgl. ebd.
14 Zit. nach Rebhandl 1991: 27.
15 Vgl. Rupp 1986: 17
16 Huber 1975, zit. nach Trost 1984: 109
17 Vgl. „Organische Bestimmungen" 1877, zit. nach Rebhandl 1991: 51f.
18 Vgl. Rebhandl 1991: 59.
19 Der nachstehende Abschnitt bezieht sich auf Rupp 1986: 45–48 sowie Rebhandl 1991: 73–86.
20 Vgl. Popp 1912: 108.
21 Vgl. Rupp 1986: 37.
22 Vgl. Rigele 1928: 6f.
23 Vgl. ebd.: 8.
24 Vgl. Hauer 1991: 94f.
25 Vgl. Rigele 1928: 2.
26 Vgl. dazu Kargl 1902.
27 Vgl. Rigele 1928: 6.
28 Vgl. Rupp 1986: 94.
29 Vgl. Hintze 1911.
30 Castel 2000: 215.
31 Vgl. Saage 2002: 35-60.
32 Vgl. Castel 2000: 216ff.
33 Ebd.: 224f.
34 Vgl. Rebhandl 1991: 112.
35 Beilage zum Verordnungsblatt 1893, GdZ 3877 ex 1893, zit. nach Rebhandl 1991: 78.
36 Vgl. Rebhandl 1991: 66; vgl. Trost 1984: 125.
37 Vgl. Berka 1952: 31.
38 Vgl. Bauer 1988: 200.
39 Vgl. Hauer 1991: 96
40 Im Jahr 1899 wurde in Sternberg ein Fachverein der Tabakarbeiterinnen mit 196 Mitgliedern gegründet, davon waren mit Ausnahme eines Mannes nur weibliche Arbeiterinnen vertreten (vgl. dazu Arbeiterinnen-Zeitung vom 21. Dezember 1899: 7).
41 Vgl. Bauer 1988: 199ff.
42 Vgl. Bauer 1988: 201.
43 Vgl. Bauer 1992.
44 Vgl. Hauer 1991: 104.
45 Vgl. Arbeiterinnen-Zeitung vom 21. Dezember 1899: 6.
46 Vgl. Trost 1984: 156ff.
47 Vgl. ebd.: 157.
48 Vgl. Hauer 1991: 12–15.
49 Vgl. Hauer 1991: 34–41.
50 Vgl. Broschüre „100 Jahre Tabakfabrik Linz"; Projektarchiv.
51 Vgl. Hauer 1991: 43.
52 Vgl. Trost 1984: 174.
53 Vgl. Behrens/ Grimme 1930
54 Behrens 1935: 4.
55 Vgl. Lackner/ Stadler 1990: 255.
56 Vgl. Hauer 1991: 44.
57 Lackner/ Stadler 1990: 625.
58 Vgl. Ehmer/ Meißl 1984: 29ff.
59 Leichter 1932: 35.

60 Vgl. ebd. 1932: 48.
61 Vgl. Peintner 1950; Trost 1984: 174; Hauer 1991: 17-21.
62 Vgl. Trost 1984: 174.
63 Vgl. Trost 1984: 174; Hauer 1991: 46ff.
64 Vgl. Broschüre „100 Jahre Tabakfabrik Linz"; Projektarchiv.
65 Peintner 1950: 31.
66 Vgl. Betriebsordnung aus dem Jahr 1944; Projektarchiv.
67 Vgl. Trost 1984: 176.
68 Vgl. Wiederaufbau a (ohne Autor) 1951.
69 Vgl. Wiederaufbau b (ohne Autor) 1951: 17f.
70 Vgl. Austria Tabakwerke AG 1947: 57.
71 Vgl. Trost 1984: 182.
72 Vgl. Wiederaufbau a (ohne Autor) 1951: 24.
73 Vgl. Wiederaufbau b (ohne Autor) 1951: 18.
74 Vgl. Hauer 1991: 21.
75 Vgl. BGBl Nr.186/1949.
76 Vgl. Trost 1984: 183.

Kapitel 2
Eintritt in die Fabrik.
Ein Arbeitsplatz auf Dauer ...

1 Vgl. Bourdieu 2000: 113.
2 Vgl. Beck 1986: 220ff.
3 Vgl. Bourdieu 1998: 97
4 Vgl. ebd.: 98f.
5 Vgl. Lackinger 2010.
6 Vgl. Österreichisches Statistisches Zentralamt 1977: 205.
7 Vgl. Lackinger 2010: 238f.
8 Vgl. Castel 2011; Matthes 1983.
9 Vgl. Ehmer/ König 1996: 239f.
10 Vgl. Aufgliederung der ArbeiterInnen sämtlicher Betriebe der Tabakregie/ Austria Tabak mit Stichtag vom 1.1.1959; Projektarchiv
11 Das Invalideneinstellungsgesetz wurde am 25. Juli 1946 (BGBl. Nr. 163) erlassen und sieht eine Beschäftigungspflicht für Invalide vor. Private und öffentliche Dienstgeber wurden per Gesetz verpflichtet, ab einer bestimmten Beschäftigtenzahl Invalide einzustellen. Für Betriebe des Bundes, der Länder und Gemeinden sind die entsprechenden Quoten höher als für die privaten Dienstgeber, nämlich mindestens 5 Prozent der Arbeitsplätze.
12 Siehe dazu das Kapitel „Sozialhistorische Einordnung der Tabakproduktion in Österreich
13 Vgl. Arbeitsordnungen aus den Jahren 1954, 1961, 1972 sowie Betriebsvereinbarung aus dem Jahr 1976; Projektarchiv.
14 Interview mit Manfred Brunner, Vorsitzender des Arbeiterbetriebsrats der Fabrik Linz und des Zentralbetriebsrats der Austria Tabak, im November 2011.
15 Interview mit Alexander Reiter im August 2011.
16 Vgl. Betriebsvereinbarung für die nach dem 31.8.1991 aufgenommenen Arbeitnehmer; Projektarchiv
17 Vgl. Interview mit Karl Schachinger, ehemaliger Chef der Personalabteilung in der Generaldirektion der Austria Tabak, im Mai 2011.
18 Vgl. Trost 1984: 194f.
19 Interview mit Produktionsleiter Georg Wagner im Februar 2011.
20 Vgl. Projektgruppe Automation und Qualifikation 1987: 19ff.
21 Vgl. Sennett 2002: 189ff.
22 Vgl. Hirschman 1974.
23 Vgl. Negt 2003; Sennett 1998.

Kapitel 3
Die Tabakfabrik –
ein „Familienbetrieb"?

1 Vgl. Weber 1973.
2 Vgl. Nöth 1998: 184ff.
3 Arbeitsordnung 1920: § 6; Projektarchiv.
4 Vgl. dazu das Interview mit Heribert Lindle vom 25. November 2011.
5 Vgl. Ganz/ Helfen/ Tombeil 2002.
6 Vgl. Hartmann 2002: 119ff.
7 Ganz/ Helfen/ Tombeil 2002: 23.
8 Vgl. Hartmann 2002.
9 Vgl. Hauer 1991: 93 sowie Austria Tabak Information 1998 (4).
10 Vgl. Statistisches Amt der Stadt Linz 1947: 24 sowie 1952: 7f.
11 Vgl. Statistisches Amt der Stadt Linz 1952: 153 sowie 1962: 66.
12 Vgl. Magistrat der Landeshauptstadt Linz 1984/85: 128.
13 Vgl. Hauer 1991: 93.
14 So äußert sich Rudolf Eisenhuber, Personalverantwortlicher der Wiener Generaldirektion der Austria Tabak, bei einem Interview vom 25. August 2010.
15 Der „Schattenlohn" regelt die Entlohnung bei Veränderungen des Aufgabenbereichs; vgl. dazu den Abschnitt „Entlohnung und Lohnsysteme", Kapitel 4.
16 Vgl. Marx/ Engels 1891.
17 Vgl. dazu Bauman 2004: 28f.
18 Beck 1986: 224f.
19 Vgl. Sennett 1998.
20 Bauman 2004.
21 Vgl. dazu Castel 2011: 303f. im Hinblick auf die sozialstrukturelle Analyse und Honneth 2002 im Hinblick auf die kulturtheoretische Interpretation.
22 Bauman 2004: 32.

Kapitel 4
Die Tabakfabrik nach 1945 im Spiegel von Lebensgeschichten

1 Vgl. dazu Negt 2001: 170ff.; Lohr 2003; Becker-Schmidt 2007.
2 Zu unterschiedlichen Formen des soziologischen Porträts vgl. Bude 2007.
3 Der Kunstkritiker Wilhelm Pinder (1926) hat auf dieses Phänomen erstmals hingewiesen. Der Soziologe Karl Mannheim hat es in einer auch heute noch relevanten Arbeit (1928) über Probleme des kulturellen Wandels aufgegriffen und für die Sozialwissenschaften bekannt gemacht.
4 Vgl. Broschüre „100 Jahre Tabakfabrik Linz" 1950; Projektarchiv.

5 Krünitz 1824: 82f.
6 http://legacy.library.ucsf.edu/tid/gjo27a00/pdf (Zugriff am 6.6.2012).
7 Vgl. Leffingwell/ Young/ Bernasek 1972: 7; 53–60.
8 http://tobaccodocuments.org/rjr/506523494-3505.html (Zugriff am 6.6.2012).
9 Vgl. Fellner/ Thiel 2009: 60-71.
10 Die Ovalzigaretten gab es in zwei Ausführungen. Einmal mit 4,8 und 6,2 mm Durchmesser. Und eine zweite Version mit 9 und 8 mm Durchmesser.
11 Einige ausgewählte Packungen wurden in einem weiteren Arbeitsschritt in Cellophan verpackt. In der Nachkriegszeit war dies eine Besonderheit, der Vorgang sehr aufwändig und störanfällig.
12 Vgl. Broschüre „150 Jahre Tabakfabrik Linz" 2000: 60f.; Projektarchiv.
13 Vgl. Austria Tabak Information 1980 (1): 12–17.
14 Vgl. Austria Tabak Information 1980 (3): 6.
15 Vgl. Austria Tabak Information 1980 (1): 12–17.
16 Vgl. Broschüre „150 Jahre Tabakfabrik Linz" 2000: 61; Projektarchiv.
17 Im zweiten Stock wurden im Gegensatz dazu kleinere Aufträge an älteren Maschinen produziert. Dazu gehörten spezielle Aufträge, besondere Schachteln oder Handelsmarken für Firmen. Auch Maschinen, die 2001 nach der Schließung des Werks in Malmö (Schweden) nach Linz transportiert wurden, befanden sich im zweiten Stock.
18 Zur Lehrlingsausbildung in der Tabakfabrik Linz vgl.: Austria Tabak Informationen 1983 (2): 29–31 und 1996 (3): 18–19.
19 Vgl. dazu Projektgruppe Automation und Qualifizierung 1987: 69ff.
20 Vgl. Sennett 2008: 321ff.
21 Vgl. Hurrle 1992: 12f.
22 Vgl. dazu Freitag 1988; Ziegler 2005; König/ Ehmer 1996: 137ff.
23 Vgl. dazu Kannonier-Finster 2004.
24 So das bekannte Konzept des Psychoanalytikers Erik H. Erikson, vgl. dazu Keupp u.a. 1999.
25 Vgl. König/ Ehmer 1996: 231ff.
26 Fürstenberg 1962: 13.
27 Vgl. ebd.: 13ff. und Alheit/ Schömer 2009.
28 Vgl. dazu etwa Lutz 2005.
29 Vgl. Alheit/ Schömer 2009: 417f.
30 Diese These ist systematisch entwickelt in: Projektgruppe Automation und Qualifikation 1987.
31 König/ Ehmer 1996: 231; Hanisch 1994: 456ff.
32 Hanisch 1994: 458.
33 Vgl. dazu den Abschnitt „Wie eine Zigarette entsteht".
34 Vgl. Mikl-Horke 2007: 144.
35 Todorov 1998: 163ff.
36 Sennett 2008.
37 Vgl. ebd.: 321f.
38 Vgl. König/ Ehmer 1996: 244f.
39 Vgl. Statistisches Handbuch für die Republik Österreich 1951 (2): 181.
40 Vgl. Hauer 1991: xii (Anhang).
41 Vgl. Rundschreiben der Austria Tabakwerke A.G. vom 30. Dezember 1960; Projektarchiv.
42 Vgl. Stammlöhne vom 1. Jänner 1980; Projektarchiv.
43 Vgl. Rundschreiben der Austria Tabakwerke A.G. vom 17. März 1955; Projektarchiv.
44 Vgl. Information des Arbeiterbetriebsrates vom 9. März 1962; Projektarchiv.
45 Vgl. Lohntafeln zum Rahmenkollektivvertrag vom 1. Jänner 1963; Projektarchiv.
46 Vgl. Bruttostundenlöhne vom 19. Oktober 1970; Projektarchiv.
47 Vgl. Arbeitsordnung für die Arbeiter der Austria Tabakwerke Aktiengesellschaft vorm. Österreichische Tabakregie 1972; Projektarchiv.
48 Vgl. Information der Austria Tabakwerke A.G. vom 11. März 1960; Projektarchiv.
49 Vgl. Information der Austria Tabakwerke A.G. vom 5. Dezember 1952; Projektarchiv.
50 Vgl. Vereinbarung zwischen der Generaldirektion der Austria Tabakwerke A.G. und dem Betriebsrat der Tabakfabrik Linz vom 11. März 1960; Projektarchiv.
51 Vgl. Austria Tabak Information 1974 (1): 9.
52 Vgl. Verbandskollektivvertrag für die Angestellten des Verbandes der österreichischen Tabakwarenindustrie vom 1. Jänner 2002; Projektarchiv.
53 Vgl. Austria Tabak Information 1974 (1), 1974 (3), Sonderbeilage der Austria Tabak Information 1975; Projektarchiv.
54 Der Sockellohn ist jener Lohnbetrag pro Arbeitsstunde, der von der Punktezahl unabhängig ist.
55 Vgl. Unterlagen der Arbeitsplatzbewertungskommission der Tabakfabrik Linz vom 22. Jänner 1998, Projektarchiv.
56 Vgl. Erdheim/ Nadig 1979.
57 Vgl. Erdheim 1984: 102.
58 Vgl. dazu den Abschnitt „Wie eine Zigarette entsteht".
59 Vgl. Becker-Schmidt 1983.
60 Vgl. Statistisches Amt der Stadt Linz 1947–1990.
61 Vgl. Fischer 2007.
62 Vgl. Weber 1973.
63 Gespräch mit dem Betriebsratsvorsitzenden der Tabakfabrik Linz im November 2011.
64 Diese Deutung verdanken wir Regina Becker-Schmidt, mit der wir im Rahmen eines Workshops im Februar 2012 über die Metapher des Familienbetriebes diskutiert haben.
65 Vgl. dazu Regina Becker-Schmidt 1987.
66 Diese wechselnde Nutzung der Maschine von verschiedenen Beschäftigten oder Arbeitergruppen ist auch Grundlage für die gesetzliche Definition von Schichtarbeit. Diese liegt dann vor „wenn ein Arbeitsplatz an einem Arbeitstag von mehreren einander abwechselnden ArbeitnehmerInnen eingenommen wird bzw. wenn Arbeitsgruppen in bestimmten Betriebsabteilungen einander

zeitlich nachfolgend ablösen" (vgl. http://www.arbeitsinspektion.gv.at – Zugriff am 17.4.2012).
67 Vgl. Statistisches Handbuch für die Republik Österreich 1981: 148; Die Zahlen gelten nur für Schichtarbeit ohne Wechsel oder Turnusdienste.
68 Für die Zahlen von 1998 bis 2005 vgl. Eichmann et al 2010: 57.
69 Vgl. Statistik Austria 2009.
70 Vgl. Statistik Austria 2009.
71 Vgl. Mikl-Horke 1980.
72 Vgl. Anhang zum Rahmenkollektivvertrag der Nahrungs- und Genußmittelindustrie für die Tabakindustrie, Stand vom 29. März 1963; Projektarchiv.
73 Anhang Tabakindustrie zum Rahmenkollektivvertrag der Nahrungs- und Genußmittelindustrie, Stand vom 1. Jänner 1991; Projektarchiv.
74 Anhang Tabakwarenindustrie zum Rahmenkollektivvertrag der Nahrungs-Genussmittelindustrie; Stand vom 8. April 2002; Projektarchiv.
75 Vgl. dazu Knauth/ Hornberger 1997; Beermann 2005: 12–17.
76 Vgl. Jahoda 1966.
77 Der EuGH stellte bereits 1991 fest, dass ein grundsätzliches Frauennachtarbeitsverbot dem Gleichbehandlungsgrundsatz widerspricht. Durch den EU-Beitritt Österreichs 1996 hätte eine Anpassung der nationalen Gesetzeslage erfolgen müssen, Österreich hat sich aber vorbehalten, diese Regelung bis 2001 aufrecht zu erhalten (vgl. u.a. Rosenberger 1996).
78 Vgl. Seibt et al 2006.
79 Vgl. Beermann 2005: 12f.; Fergen 2007: 102.
80 Vgl. Seibt et al 2006.
81 Im Kraftwerk des Betriebes wurde im Gegensatz zu den ArbeiterInnen in der Produktion in einer Zwölf-Stunden-Schicht gearbeitet.
82 vgl. Beermann 2005: 23f.
83 Tofahrn 1991: 26f.
84 Laut einer IFES-Studie aus dem Jahr 2010, bei der rund 7.000 Beschäftigte in 112 Betrieben in Österreich befragt wurden, gibt es nur für 21 Prozent der Beschäftigten Angebote für Betriebssport.
85 Vgl. Tofahrn 1991: 33.
86 Vgl. Interview mit Alexander Reiter, Juni 2011.
87 Vgl. Austria Tabak Information 1994 (3): 22.
88 Vgl. Archiv des OÖ Fußball Verband (URL: http://www.fussball-oesterreich.at/ooefv – 7.12.2011).
89 Vgl. Broschüre „60 Jahre SV Austria Tabak 1994"; Projektarchiv.
90 Vgl. John 2008.
91 Vormals FC Stahl Linz, SK Voest und SK VÖEST.
92 Hermann Schellmann im Interview mit Wolfgang Irrer, November 1997.
93 Beispiel: Samir Hasanovic, Spieler beim SV Austria Tabak und später Trainer des FC BW von 2007 bis 2008; Richard Grammer, Tormann beim SV Austria Tabak später beim FC BW; Helmut Klaffenböck, gegenwärtiger Zeugwart des FC BW war auch Zeugwart des SV Austria Tabak.
94 Einige Funktionäre aus Wien meinten, dass das Geld bei der Wiener Austria besser investiert gewesen wäre.
95 Hermann Schellmann im Interview mit Laola1, 12.7.2011.
96 Vgl. Austria Tabak Information 1999 (1): 26–29.
97 Vgl. Austria Tabak Information 1983 (1).
98 Vgl. Haut 2011: 133f.
99 Vgl. Statistik Austria 2001: 34 (Freizeitaktivitäten, Mikrozensus).
100 Vgl. Tofahrn 1991: 26.
101 Vgl. Austria Tabak Information 1983 (1); 1999 (1); 2002 (1).
102 Vgl. Austria Tabak Information 1983 (1).
103 Vgl. Wagner 1985: 61ff.
104 Vgl. ebd.: 63–67.
105 Mit Korpsgeist, auf französisch „Esprit de corps", ist ein besonderes Wir-Gefühl einer Gruppe gemeint, laut Brockhaus bezeichnet der Begriff „die tätigste Teilnahme jedes einzelnen an dem gemeinschaftlichen Wohl aller" (vgl. Brockhaus 1911: 535).
106 Vgl. Wagner 1985: 74.
107 Vgl. ebd.: 105.
108 Vgl. ebd.: 71ff.
109 Vgl. OÖ Landes-Feuerwehrverband 2004: 86.
110 Oö. Feuerpolizeigesetz, Fassung vom 23.01.2012, § 18 (7).
111 Der folgende Abschnitt stützt sich auf die Chronik der Betriebsfeuerwehr der Tabakfabrik Linz aus dem Jahr 2009 sowie auf Carrington/ Reiter 2010a: 93f.
112 Vgl. Carrington/ Reiter 2010a: 95.
113 Vgl. ebd.: 93.
114 Vgl. Walter 1985: 94f.
115 Vgl. Chronik der Betriebsfeuerwehr der Tabakfabrik Linz 2009. Auch bei den freiwilligen Feuerwehren wurden ab 1942/43 zunehmend Frauen ausgebildet, sie mussten die gleiche Prüfung ablegen wie ihre männlichen Kameraden und verrichteten in den letzten Kriegsjahren unter gefährlichsten Bedingungen ihre Arbeit. In Rohrbach und St. Florian gab es die ersten oberösterreichischen Frauenfeuerwehren, die von der Reichsstatthaltung Oberdonau angeordnet wurden. Unterstützt wurden sie von Helferinnen vom Bund deutscher Mädel und Löschgruppen der Hitlerjugend (vgl. Walter 1985: 96ff.).
116 Vgl. Chronik der Betriebsfeuerwehr der Tabakfabrik Linz 2009; Projektarchiv.
117 Vgl. ebd.; Carrington/ Reiter 2010b.
118 Vgl. Austria Tabak Information 1997 (4): 9.
119 Vgl. Chronik der Betriebsfeuerwehr der Tabakfabrik Linz 2009; Projektarchiv.
120 Vgl. Arbeitsordnung der Tabakfabrik Linz aus den Jahren 1921, 1954 und 1972 sowie die Betriebsvereinbarung von 1982; Projektarchiv.

121 Aus der Broschüre zum 125-jährigen Bestehen der Betriebsfeuerwehr in der Tabakfabrik Linz geht zum Beispiel hervor, dass in den 1960er Jahren insgesamt 10 neue Mitarbeiter und in den 1970er Jahren 2 Personen für den Feuerwehrdienst verpflichtet wurden.
122 In der Dokumentation zum 135-jährigen Jubiläum des oberösterreichischen Landes-Feuerwehrverbands aus dem Jahr 2004 heißt es: „Der Dienst in der Feuerwehr basiert auf demokratischen Prinzipien, die zusätzlich in der vaterländischen Gesinnung, in der Pflege des Brauchtums, in der Teilnahme an religiösen Feiern, in der Mitwirkung bei geselligen Veranstaltungen und in der feuerwehrinternen Kameradschaftspflege zum Ausdruck kommt" (ebd.: 308).
123 Horwath 2010: 193.
124 Ilona Horwath (ebd. 196) thematisiert in ihrer Studie die Befürchtung vieler Feuerwehrmänner, dass durch die Aufnahme von Frauen die Gemeinschaft gestört werde und die üblichen Umgangsformen zwischen den Kameraden bedroht sind. Die Feuerwehr stellt für viele Männer einen „homosozialen Rückzugsraum für traditionelle Männlichkeit" dar, die Integration von Frauen wird als Prestigeverlust gewertet.
125 Daten zur Umstrukturierung der ländlichen Regionen und des Pendlerwesens entnehmen wir König/ Ehmer 1996: 254ff. sowie dem Statistischen Jahrbuch der Stadt Linz 1975: 256.
126 Zur spezifischen Arbeitsmoral im ländlichen Milieu vgl. Sandgruber 2002: 293.
127 Vgl. Bertaux-Wiame 1993.
128 Vgl. Meuser 2003; Cohen 1961: 105f.
129 Als „ernste Spiele" bezeichnet Pierre Bourdieu jene Prozesse, mit denen in bestimmten sozialen Feldern um Macht und Einfluss

gerungen wird; vgl. Krais/ Gebauer 2002: 58ff.
130 Mit ähnlichen Worten beschreibt Helmut Lentz, der letzte Leiter des Rohtabaklagers, die Vorteile des damaligen Systems.
131 Vgl. dazu die systematische und grundsätzliche Auseinandersetzung mit der These des Instrumentalismus bei Gudrun-Axeli Knapp (1981).
132 Marx 1858: 217ff.
133 Zur detaillierten Diskussion der Begriffe „Arbeitsvermögen" und „Arbeitskraft" vgl. Gudrun-Axeli Knapp 1987: 241f.
134 Diese Kategorie verdanken wir einer Forschungsidee von Marie Jahoda (1961).
135 Automation: Einzug der Roboter. In: Der Spiegel, Nr. 14/1964: 30-48, hier 43.
136 Vgl. Projektgruppe Automation und Qualifikation 1987: 20.
137 Vgl. Projektgruppe Automation und Qualifikation 1987: 50f.
138 Vgl. Krenn/ Flecker 2000: 10.
139 Vgl. Interview mit Matthias Fellner vom 10. Mai 2010.
140 Projektgruppe Automation und Qualifikation 1983: 179.
141 Vgl. ebd. 1987: 27.
142 Die Projektgruppe wählte in ihrem Zugang zur Automatisierung einen Ansatz, der nicht dem damaligen wissenschaftlichen Mainstream entsprach. Das ist auch der Grund, warum ihre Thesen in der Arbeits- und Industriesoziologie bis heute nur wenig rezipiert und erst in den 1980er Jahren fallweise aufgegriffen wurden (vgl. Beckenbach 1991: 114).
143 Vgl. Hirschhorn 1984: 37 sowie Projektgruppe Automation und Qualifikation 1987: 24-28.
144 vgl. Beckenbach 1991: 114
145 Vgl. http://www.arbeiterkammer.com/online/page.php?P=128&-IP=47635. Download am 29.4.2012.
146 Vgl. dazu Beaud/ Pialoux 2004: 99ff.

147 Anregungen für diese Überblicksskizze entnehmen wir Stumberger 2010.
148 Vgl. Hobsbawm 1995.
149 Forrester 1997.
150 Vgl. dazu beispielsweise Gouldner 1954 und Moore 1987 sowie zusammenfassend Kotthoff 2000.

Kapitel 5
Privatisierung – Verkauf – Schließung

1 Mit dem Kleinhandelsmonopol ist seit Josef II. eine soziale Funktion verbunden, nämlich die Versorgung von Invaliden oder Witwen. Aufgrund dieser sozialen Komponente konnte dieses Monopol nach dem EU-Beitritt beibehalten werden (vgl. Trost 2003: 210). Die Verwaltung des Einzelhandelsmonopol der Tabak-Trafiken wurde nach dem EU-Beitritt von der Austria Tabak an eine eigene Gesellschaft übertragen, welche direkt dem Finanzministerium unterstellt ist (vgl. Austria Tabak Information 1996 (2): 7).
2 Vgl. Austria Tabak Information 1995 (4): 6.
3 Vgl. Austria Tabak Information 1994 (4): 3.
4 Vgl. Trost 2003: 200.
5 Zit. nach Trost 2003: 207.
6 Der Begriff Kleinhandel bezeichnete früher den Gegensatz zum Großhandel. Dieser Terminus wurde aber zu Beginn des 20. Jahrhunderts als diskriminierend bewertet und Anfang der 1920er Jahre durch den Begriff Einzelhandel ersetzt. Das Einzelhandelsmonopol geht auf Kaiser Joseph II. zurück und bedeutet, dass Tabakwaren ausschließlich über Trafiken verkauft werden dürfen. Der Großhandel wiederum beliefert die Trafiken und Verkaufsstellen mit diversen Rauchwaren.
7 Informationen aus einem Interview mit Rudolf Eisenhuber vom 25. August 2010.

8 Vgl. Interview mit Beppo Mauhart vom 9. Dezember 2011.
9 Vgl Austria Tabak Information 1995 (2): 2f.
10 Trost 2003: 197.
11 1962 schloss die Austria Tabak ihren ersten Lizenzvertrag mit Philip Morris ab, der in dieser Form der erste in ganz Europa war (vgl. Austria Tabak Information 1991 (1): 9).
12 Um das Jahr 2003 herum betrug der Anteil der Handelsmarken mehr als 16 Prozent des deutschen Marktes und die Austria Tabak produzierte rund 60 Prozent dieser Zigaretten (vgl. Trost 2003: 229ff.).
13 Entscheidung der EU-Kommission vom 30.7.1996. Beihilfen der österreichischen Regierung zugunsten des Unternehmens Head Tyrolia Mares in Form von Kapitalzuführungen. http://eur-lex.europa.eu/LexUriServ/LexUriServ.do?uri=OJ:L:1997:025:0026:0043:DE:PDF (Zugriff 2.4.2012).
14 Trost 2003: 216.
15 Kurier, 27.10.1994.
16 Interview mit Rudolf Eisenhuber vom 25. August 2010.
17 Trost 2003: 213.
18 Trost 2003: 220.
19 KURIER, 6.8.1995.
20 Wirtschaftsblatt, 6.4.1996 und Kurier, 10.8.1995.
21 Die Presse, 5.9.2003; http://www.head.com/corporate/biographies.php (Zugriff 3.4.2012).
22 KURIER, 15.9.1995.
23 Trost 2003: 222; Entscheidung der EU-Kommission vom 30.7.1996. Beihilfen der österreichischen Regierung zugunsten des Unternehmens Head Tyrolia Mares in Form von Kapitalzuführungen. http://eur-lex.europa.eu/LexUriServ/LexUriServ.do?uri=OJ:L:1997:025:0026:0043:DE:PDF (Zugriff 2.4.2012).
24 Wirtschaftsblatt, 29.4.1997.
25 Entscheidung der EU-Kommission vom 30.7.1996. Beihilfen der österreichischen Regierung zugunsten des Unternehmens Head Tyrolia Mares in Form von Kapitalzuführungen. http://eur-lex.europa.eu/LexUriServ/LexUriServ.do?uri=OJ:L:1997:025:0026:0043:DE:PDF (Zugriff 2.4.2012).
26 KURIER, 9.8.1995.
27 Austria Tabak Information 1989 (1): 5.
28 Austria Tabak Information 1995 (3): 3.
29 Bundesgesetzblatt für die Republik Österreich. Jahrgang 1993. Ausgegeben am 30. Dezember 1993.
30 Berechnet nach http://www.oeiag.at/upload/OIAG_Privatisierungserlöse_2009_d.pdf (Zugriff 2.4.2012).
31 http://www.statistik.at/web_de/statistiken/oeffentliche_finanzen_und_steuern/maastricht-indikatoren/oeffentliches_defizit/019649.html (Zugriff 1.4.2012).
32 Entscheidung der EU-Kommission vom 30.7.1996. Beihilfen der österreichischen Regierung zugunsten des Unternehmens Head Tyrolia Mares in Form von Kapitalzuführungen. http://eur-lex.europa.eu/LexUriServ/LexUriServ.do?uri=OJ:L:1997:025:0026:0043:DE:PDF (Zugriff 2.4.2012).
33 Mauhart 2003: 252.
34 KURIER, 18.11.1994.
35 KURIER, 4.8.1995; siehe auch KURIER, 11.8.1995.
36 KURIER, 13.8. und 18.8.1995.
37 KURIER, 20. und 27.9.1995.
38 Entscheidung der EU-Kommission vom 30.7.1996. Beihilfen der österreichischen Regierung zugunsten des Unternehmens Head Tyrolia Mares in Form von Kapitalzuführungen. http://eur-lex.europa.eu/LexUriServ/LexUriServ.do?uri=OJ:L:1997:025:0026:0043:DE:PDF (Zugriff 2.4.2012).
39 Entscheidung der EU-Kommission vom 30.7.1996. Beihilfen der österreichischen Regierung zugunsten des Unternehmens Head Tyrolia Mares in Form von Kapitalzuführungen. http://eur-lex.europa.eu/LexUriServ/LexUriServ.do?uri=OJ:L:1997:025:0026:0043:DE:PDF (Zugriff 2.4.2012).
40 Bundesgesetzblatt für die Republik Österreich. Jahrgang 1996. Ausgegeben am 20. August 1996: 6.
41 Heinz Schiendel, zit. n. Trost 2003: 230.
42 Rudolf Eisenhuber meint, dass dieser Kurs nicht dem Wert des Unternehmens entsprochen habe. Aufgrund des HTM-Skandals war der Ruf der Austria Tabak etwas beschädigt.
43 Vgl. Trost 2003: 229ff.
44 Berechnet nach http://www.oeiag.at/upload/OIAG_Privatisierungserlöse_2009_d.pdf (Zugriff 2.4.2012).
45 Geschäftsbericht der ÖIAG 2000: 2. http://www.oeiag.at/htm/oiag/privatisierung.htm (Zugriff 1.4.12).
46 Vgl. Budgetprogramm der Bundesregierung 2000 – 2003, vom Juli 2000.
47 http://www.boerse-express.com/pages/99795, 19.1.2001 (Zugriff 6.4.2012).
48 Vgl. Oberösterreichische Nachrichten vom 24.8.2010.
49 http://www.wienerzeitung.at/nachrichten/wirtschaft/international/207168_Austria-Tabak-Vorstaende-erhielten-Ehrenzeichen.html (Artikel 27.6.2001; Zugriff 1.4.2012).
50 Rechnungshof-Bericht 2007/12: http://www.rechnungshof.gv.at/fileadmin/downloads/Teilberichte/Bund/Bund_2007_12/Bund_2007_12_2.pdf (Zugriff 2.4.2012).
51 Investor Relations News, 21.1.2001. http://www.oeiag.at/asp/investor-relations_lang.asp?id=25 (Zugriff 1.4.2001).
52 Entscheidung der EU-Kommission vom 30.7.1996. Beihilfen der österreichischen Regierung zugunsten des Unternehmens Head Tyrolia Mares in Form von Kapitalzuführungen. http://eur-lex.europa.eu/LexUriServ/LexUriServ.do?uri=OJ:L:1997:025:0026:0043:DE:PDF (Zugriff 2.4.2012).

53 Eva Stöckl, Privatisierungspolitik der ÖVP-FPÖ-Regierung 2000-2006 als Ausdruck einer neoliberalen Wirtschaftspolitik, Diplomarbeit 2006: http://books.google.at/books?id=J2bXsG7cMUYC&pg=PA102&lpg=PA102&dq=Der+Staat++die+Wende%3B+Austria+Tabak+–+das+Ende&source=bl&ots=ESlavG7mN-&sig=oXt4sMQZEsg7GkKtUVs2osG-YEs&hl=de&sa=X&ei=IyyAT6-vLcrRsgbJsJC0BA&redir_esc=y#v=onepage&q=Der%20Staat%20–%20die%20Wende%3B%20Austria%20Tabak%20–%20das%20Endewende&f=false (Zugriff 30.3.2012).
54 Rechnungshof-Bericht 2007/12: 54-55: http://www.rechnungshof.gv.at/fileadmin/downloads/Teilberichte/Bund/Bund_2007_12/Bund_2007_12_2.pdf (Zugriff 2.4.2012).
55 Ebd.: 55.
56 Ebd.: 56.
57 Ebd.: 57.
58 Ebd.: 53 und 58.
59 Ebd.: 60–61.
60 Ebd.: 62.
61 http://www.news.at/articles/0517/30/110994/karl-heinz-grasser-big-apple-bald-investmentbanker-new-york, 29.4.2005; http://www.aspeninstitute.org/people/karlheinz-muhr-0; http://www.format.at/articles/1028/525/274022_s7/staatsanwaltschaft-privatisierungen-amtszeit-grasser, 16.7.2010; http://money.oe24.at/Nun-auch-Kritik-an-Austria-Tabak-Verkauf/1074062, 4.8.2010; Der Standard, 25.10.2007: http://derstandard.at/3043412; http://www.profil.at/articles/1119/560/296767/der-vertrag-lehman-brothers-grasser-spezi-karlheinz-muhr,14.5.2011 (Zugriff 6.4.2012).
62 Stenographisches Protokoll, 699. Sitzung des Bundesrates der Republik Österreich, 11.7.2003: http://www.parlament.gv.at/PAKT/VHG/BR/BRSITZ/BRSITZ_00699/SEITE_0035.html (Zugriff 30.3.2012).
63 Der Standard, 4.9.2002, 5.3.2003 und 29.6.2006; Die Presse, 6.3.2003; Rechnungshof-Bericht 2007/12. http://www.rechnungshof.gv.at/fileadmin/downloads/Teilberichte/Bund/Bund_2007_12/Bund_2007_12_2.pdf (Zugriff 2.4.2012).
64 Der Standard, 20.1.2005 (online 3.2.2005: http://derstandard.at/1923411; Zugriff 2.4.2012).
65 Der Standard, 20.1.2005 (online 3.2.2005: http://derstandard.at/1923411; Zugriff 2.4.2012).
66 Vgl. http://www.finanzen.net/nachricht/aktien/Presse-Gallaher-Group-kurz-vor-Uebernahme-Aktie-deutlich-im-Plus-131224 – Abgerufen am 14.8.2011.
67 Vgl. Wirtschaftsblatt vom 22.02.2007.
68 Vgl. Shafey/ Eriksen u.a. 2009: 50.
69 Die JTI Region Central Europe/Nordic besteht aus Österreich, Deutschland, Schweden, Polen, Tschechien, Ungarn sowie die Vertriebsmärkte Slowakei, Slowenien, Finnland, Dänemark, Norwegen, Island.
70 http://www.imoe.de/nachrichten-polen+M50fe0b1a270.html, 24.6.2009 (Zugriff 6.4.2012).
71 http://www.ots.at/presseaussendung/OTS_20070928_OTS0319/austria-tabak-zusammenfuehrung-der-oesterreichischen-produktion-in-hainburg-und-ausbau-der-dortigen-fabrik OTS-ORIGINALTEXT PRESSEAUSSENDUNG OTS0319, 28.9.2007; Die Presse, 29.9.2007.
72 Der Standard, 29./30.9.2007 (online 6.2.2008: http://derstandard.at/3053370; Zugriff 4.4.2012).
73 Der Standard, 1.9.2012: http://derstandard.at/1250691753307/Hainburg-Austria-Tabak-Werk-baut-100-Mitarbeiter-ab (Zugriff 5.4.2012).
74 http://portal.wko.at/wk/format_detail.wk?angid=1&stid=602629&dstid=6583, 4.3.2011 (Zugriff 6.4.2012); Die Presse, 6.4.2012: http://diepresse.com/home/wirtschaft/economist/746957/Austria-Tabak-verliert-weiter-Marktanteile?from=gl.home_wirtschaft (Zugriff 6.4.2012).
75 Die Presse, 6.5.2011 (online 5.5.2011: http://diepresse.com/home/wirtschaft/economist/657827/Die-oesterreichische-Zigarette_17842011?from=simarchiv; Zugriff 30.3.2012). http://diepresse.com/home/wirtschaft/economist/765958/Grosshaendler-tobaccoland-baut-135-Jobs-ab?from=gl.home_wirtschaft (Zugriff 14.6.2012); Der Standard, 16./17.6.2012, S. 25.
76 Die Presse, 6.5.2011 (online 5.5.2011: http://diepresse.com/home/wirtschaft/economist/657827/Die-oesterreichische-Zigarette_17842011?from=simarchiv; Zugriff 30.3.2012); siehe auch http://www.orf.at/stories/2056673/2056646/, 5.5.2011 (Zugriff 5.4.2012).
77 http://www.ots.at/presseaussendung/OTS_20110505_OTS0209/kopf-mut-zu-weiteren-privatisierungen, 5.5.2011 (Zugriff 6.4.2012).
78 http://www.ots.at/presseaussendung/OTS_20070418_OTS0281/uebernahme-von-gallaher-durch-japan-tobacco-erfolgreich-abgeschlossen, 18.4.2007 (Zugriff 5.4.2012).
79 Shafey/Eriksen u.a. 2009: 50.
80 Vgl. ILO 2003: 46.
81 Der Standard, 11.4.2001.
82 Pampel 1991: 34; ILO 2003: 69-70.
83 Interview Georg Wagner; vgl. auch Der Standard, 4.9.2002: http://derstandard.at/1060862 (Zugriff 30.3.2012). Der Zinsaufwand für Gallaher stieg im ersten Halbjahr 2002 von 39 auf 68 Millionen Pfund.
84 Rechnungshof-Bericht 2007/12: 58: http://www.rechnungshof.gv.at/fileadmin/downloads/Teilberichte/Bund/Bund_2007_12/

Bund_2007_12_2.pdf (Zugriff 2.4.2012).
85 http://www.wwwat.at/arbeit/arbeit7/glb2.htm, 2001 (Zugriff 30.3.2012).
86 Zahlen des Zentralbetriebsratsobmanns der Austria Tabak Reinhard Hasenhüttl. http://www.wwwat.at/arbeit/arbeit7/glb2.htm, 2001 (Zugriff 30.3.2012).
87 Geschäftsbericht der ÖIAG 2000: 27. http://www.oeiag.at/htm/oiag/privatisierung.htm (Zugriff 1.4.2012).

Kapitel 6
Ohne Filter

1 Vgl. dazu den kurzen Text „Das Modell Tietmeyer" von Pierre Bourdieu (1996).
2 Stöckl 2006: 102.
3 Vgl. in diesem Zusammenhang den Begriff des „sozialen Eigentums" bei Castel 2005: 41f.
4 Vgl. http://www.ifabp.de/html/trennungsmanagement.html (Zugriff 26.4.2012); Seisl 1998; Berg-Peer 2003.
5 Gespräch mit Rudolf Eisenhuber vom 30.5.2011.
6 Vgl. Voswinkel 2000.
7 Vgl. dazu Marquard 1981.
8 Über psychosoziale Prozesse bei der Arbeit des Trauerns vgl. Caruso 1983.

Quellen und Literatur

Quellen

Archivalien (Projektarchiv im Privatbesitz):

Austria Tabak (Hg.); 1944: Betriebsordnung der Austria Tabakwerke Aktiengesellschaft vorm. Österreichische Tabakregie in Wien.
Austria Tabak (Hg.); 1954: Arbeitsordnung und Disziplinarordnung für die Arbeiterschaft der Austria Tabakwerke A. G. vorm. österreichische Tabakregie. Wien.
Austria Tabak (Hg.); 1961: Arbeitsordnung für die Arbeiter der Austria Tabakwerke A. G. vorm. österreichische Tabakregie. Wien.
Austria Tabak (Hg.); 1972: Arbeitsordnung für die Arbeiter der Austria Tabakwerke Aktiengesellschaft vorm. Österreichische Tabakregie. Wien.
Austria Tabak (Hg.); 1976: Betriebsvereinbarung für die ab 10.1.1976 aufgenommenen Arbeiter. Wien.
Austria Tabak (Hg.); 1983: „Lohn- und Gehaltsnebenleistungen bei Austria Tabak". Wien.
Austria Tabak (Hg.); 1998: 125 Jahre Betriebsfeuerwehr der Austria Tabak AG, Fabrik Linz.
Austria Tabak (Hg.); 2009: Chronik der Betriebsfeuerwehr Austria Tabak – Fabrik Linz. 135 Jahre. 1873–2008.
SV Austria Tabak Linz (Hg.); 1994: 60 Jahre SV Austria Tabak Linz. Festschrift anläßlich des Jubiläums und der Eröffnung der Zusehertribüne. Linz.

Gedruckte Quellen:

Austria Tabak Information; Jahrgänge 1974 bis 2002. Hg. Austria Tabakwerke AG. Wien.
„Brief aus dem 16", Internes Magazin für die Regionen Österreich, Deutschland, Zentral- und Osteuropa sowie Balkan, Griechenland und Türkei; Jahrgänge 2003 bis 2006. Hg. Austria Tabakwerke AG. Wien.
„inside austria", Mitarbeitermagazin der Austria Tabak. Jahrgänge 2007 bis 2009. Hg. Austria Tabakwerke AG. Wien.
Generaldirektion der Austria Tabakwerke A.G., vormals österreichische Tabakregie (Hg.); 1950: 100 Jahre Tabakfabrik Linz,1850 – 1950. Wien.
Invalideneinstellungsgesetz. BGBl 1946/Nr. 163. Ausgegeben am 25. Juli 1946.
Japan Tobacco Inc.; 2007: Annual Report 2007. Japan.
Kammer für Arbeiter und Angestellte für Oberösterreich (Hg.); 2012: Frauenmonitor 2012 Arbeiterkammer OÖ. Die Lage der Frauen in Oberösterreich. Linz.
Magistrat Linz (Hg.); 2010: Linz in Zahlen. Daten und Fakten. Linz.
ÖIAG-Gesetz und ÖIAG-Finanzierungsgesetz-Novelle. BGBl 1993/Nr. 973. Ausgegeben am 20. August 1996.
ÖIAG-Gesetz und ÖIAG-Finanzierungsgesetz-Novelle. BGBl 1996/Nr. 426. Ausgegeben am 30. Dezember 1993.
OÖ. Feuerpolizeigesetz (FPG). LGBl. Nr. 113/1994. In der Fassung vom 23.01.2012.
Österreichische Tabakregie (Hg.); 1920: Arbeitsordnung für die Betriebe der österreichischen Tabakregie (Tabakfabriken, Tabakverschleißmagazine, Tabakspezialitäten-Niederlage, Ökonomat der Generaldirektion). Wien.
Österreichisches Statistisches Zentralamt (Hg.); 1950, 1951, 1971, 1977, 1981, 1987, 1995: Statistisches Handbuch für die Republik Österreich. Wien.
Österreichisches Statistisches Zentralamt (Hg.); 1981: Ergebnisse des Mikrozensus Juni 1978. Jg. 32. Wien.
Statistik Austria (Hg.); 2001: Freizeitaktivitäten. Ergebnisse des

Mikrozensus September 1998. Wien.
Statistik Austria (Hg.); 2009: Arbeitskräfteerhebung 2008. Ergebnisse des Mikrozensus. Wien.
Statistisches Amt der Stadt Linz (Hg.); 1947, 1952, 1962, 1975, 1984/85: Statistisches Jahrbuch der Stadt Linz. Linz.
Kargl, J.; 1902: Die Wohnverhältnisse der Arbeiter in den österreichischen Tabakfabriken. In: Fachliche Mitteilungen der Österreichischen Tabakregie. Jg. 2, Heft 3: 12–17.
Rigele, Eduard; 1928: Wohlfahrtseinrichtungen bei der österreichischen Tabakregie. In: Fachliche Mitteilungen der Österreichischen Tabakregie. Jg. 1927/28, Heft 3: 1–8.
Wiederaufbau (a). Ohne Autor; 1951: In: Fachliche Mitteilungen der Austria Tabakwerke A.G. Jg. 1951, Heft 1: 23–24.
Wiederaufbau (b). Ohne Autor; 1951: In: Fachliche Mitteilungen der Austria Tabakwerke A.G. Jg. 1951, Heft 2: 17–21.

Internetquellen:

http://eur-lex.europa.eu
http://money.oe24.at
http://portal.wko.at
http://www.arbeitsinspektion.gv.at
http://www.aspeninstitute.org
http://www.asu-arbeitsmedizin.com
http://www.bat.com
http://www.boerse-express.com
http://www.finanzen.net
http://www.format.at
http://www.fussballoesterreich.at
http://www.imoe.de
http://www.liqua.net
http://www.mvg.at
http://www.news.at
http://www.oeiag.at
http://www.orf.at
http://www.ots.at
http://www.parlament.gv.at
http://www.profil.at
http://www.proge.at
http://www.rechnungshof.gv.at
http://www.wienerzeitung.at
http://www.tabaccoatlas.org
http://www.wwwat.at

Fernsehberichte:

OÖVision (LT1) vom 21.5.1997.
OÖVision (LT1) vom 30.5.1997.

Zeitungen und Zeitschriften:

Arbeiterinnen-Zeitung, 1899, 1901.
Der Standard, 2002; 2003; 2005; 2007; 2012.
Die Presse, 2003; 2011; 2012.
Investor Relations News, 2001.
Kurier, 1994; 1995.
Oberösterreichische Nachrichten, 2000.
Wirtschaftsblatt, 1997; 2007.

Literatur

Alheit, Peter/ Reif, Norbert; 1988: „Das war 'ne echte Familie." Die Geschichte eines Betriebs aus der Sicht der Arbeiter. 2. überarbeitete Auflage. Frankfurt a. M.
Alheit, Peter; 1994: Zivile Kultur. Verlust und Wiederaneignung der Moderne. Frankfurt a. M./ New York.
Alheit, Peter/ Schömer, Frank; 2009: Der Aufsteiger. Autobiographische Zeugnisse zu einem Prototypen der Moderne von 1800 bis heute. Frankfurt a. M.
Allerstorfer, Gerhard; 2007: Eine Fusion, die keine war! Eins und eins ist im Fußball nicht immer zwei. In: Matheis, Rudolf (Hg.): Ewig lockt der LASK. Das offizielle Buch zu „100 Jahre LASK". Linz.
Aulenbacher, Brigitte, u.a (Hg.); 2007: Arbeit und Geschlecht im Umbruch der modernen Gesellschaft. Forschung im Dialog. Wiesbaden.
Bauer, Ingrid; 1988: Tschikweiber haum's uns g'nennt. Frauenleben und Frauenarbeit an der „Peripherie": Die Halleiner Zigarrenfabriksarbeiterinnen. 1869 bis 1940. Wien.
Bauer, Ingrid; 1992: Zwischen „Katzenmusik", Doppelbelastung und Gewerkschaftsverein. Überlegungen zur gewerkschaftlichen Organisierung von Frauen: der Sonderfall „Halleiner-Zigarrenfabriksarbeiterinnen". In: Ardelt, Rudolf/ Thurner, Erika (Hg.): Bewegte Provinz. Arbeiterbewegung in Mitteleuropäischen Regionen vor dem ersten Weltkrieg. Wien/ Zürich: 216–236.
Bauman, Zygmunt; 2004: Aufstieg und Niedergang der Arbeit. In: Gamm, Gerhard/ Hetzel, Andreas/ Lilienthal, Markus (Hg.): Die Gesellschaft im 21. Jahrhundert. Perspektiven auf Arbeit, Leben, Politik (13. Darmstädter Gespräche). Frankfurt a. M./ New York: 23–37.
Beaud, Stéphane/ Pialoux, Michel; 2004: Die verlorene Zukunft der Arbeiter. Die Peugeot-Werke von Sochaux-Montbéliard. Mit einem Vorwort von Franz Schultheis. Konstanz.
Beck, Ulrich; 1986: Risikogesellschaft. Auf dem Weg in eine andere Moderne. Frankfurt a. M.
Beckenbach, Niels; 1991: Industriesoziologie. Berlin/ New York.
Becker-Schmidt, Regina; 1983: „Vor Arbeit habe ich noch nie zurückgeschreckt – irgendwie ging's immer weiter …" Frau R.: Ein Beispiel, wie und warum arbeiten gelernt wird. In: Dies. u.a: A.a.O.: 95–123.
Becker-Schmidt 1987: Die doppelte Vergesellschaftung – die doppelte Unterdrückung: Besonderheiten der Frauenforschung in den Sozialwissenschaften. In: Unterkircher, Lilo/ Wagner, Ina (Hg): Die andere Hälfte der Gesellschaft. Soziologische Befunde zu geschlechtsspezifischen Formen der Lebensbewältigung. Österreichischer Soziologentag 1985. Wien: 10–25.
Becker-Schmidt, Regina; 2007: Geschlechter- und Arbeitsverhältnisse in Bewegung. In: Aulenba-

cher, Brigitte, u.a. (Hg.): A.a.O.: 250–268.
Becker-Schmidt, Regina/ Brandes-Erlhoff, Uta/ Rumpf, Mechthild/ Schmidt, Beate; 1983: Arbeitsleben – Lebensarbeit. Konflikte und Erfahrungen von Fabrikarbeiterinnen. Bonn.
Beermann, Beate; 2005: Leitfaden zur Einführung und Gestaltung von Nacht- und Schichtarbeit. Bundesanstalt für Arbeitsschutz und Arbeitsmedizin. 5. unveränderte Auflage. Dortmund/Berlin.
Behrens, Peter; 1935: An den Bauherrn! In: von Friedel, Salvator (Hg.): Festschrift zur Eröffnung der Neubauten der Tabakfabrik Linz. Salzburg: 3–5.
Behrens, Peter/ Grimme, Karl Maria (Hg.); 1930: Peter Behrens und seine Wiener akademische Meisterschule. Wien/ Berlin/ Leipzig.
Benjamin, Walter; 1940: Über den Begriff Geschichte. In: Ders.; 1972: Sprache und Geschichte. Philosophische Essays. Ausgew. Von Rolf Tiedemann. Mit einem Essay von Theodor W. Adorno. Stuttgart: 141–154.
Berg-Peer, Janine; 2003: Outplacement in der Praxis: Trennungsprozesse sozialverträglich gestalten. Ein Leitfaden für Berater und Entscheider. Wiesbaden.
Berka, Hans; 1952: Geschichte der österreichischen Lebensmittelarbeiter-Gewerkschaft. Band I: Geschichte der Zentralorganisation. Wien.
Bertaux, Daniel/ Bertaux-Wiame, Isabelle; 1985: Autobiographische Erinnerungen und kollektives Gedächtnis. In: Niethammer, Lutz (Hg.): Lebenserfahrung und kollektives Gedächtnis. Die Praxis der „Oral History". Frankfurt a. M.: 146–165.
Bertaux-Wiame, Isabelle; 1993: The Pull of Family Ties. Intergenerational Relationships and Life Paths. In: International Yearbook of Oral History and Life Stories. Vol. II – Between Generations. Family Models, Myths and Memories. New York: 39–50.
Bourdieu, Pierre; 1993: Historische und soziale Voraussetzungen modernen Sports. In: Ders. Soziologische Fragen. Frankfurt a. M.: 165 –186.
Bourdieu, Pierre; 1996: Das Modell Tietmeyer. In: absolute Pierre Bourdieu. Hrsgg. und mit einem biografischen Essay von Joseph Jurt. Freiburg i. Br.: 184–189.
Bourdieu, Pierre; 1997: Widersprüche des Erbes. In: Ders. u.a.: Das Elend der Welt. Zeugnisse und Diagnosen alltäglichen Leidens an der Gesellschaft. Konstanz: 651–658.
Bourdieu, Pierre; 1997a: Verstehen. In: Ders. u.a.: A.a.O.: 779–822.
Bourdieu, Pierre; 1998: Prekarität ist überall. In: Ders.; Gegenfeuer. Wortmeldungen im Dienste des Widerstands gegen die neoliberale Invasion. Konstanz: 96–102.
Bourdieu, Pierre; 2000: Die zwei Gesichter der Arbeit. Interdependenzen von Zeit- und Wirtschaftsstrukturen am Beispiel einer Ethnologie der algerischen Übergangsgesellschaft. Konstanz.
Bourdieu, Pierre, u.a.; 1997: Das Elend der Welt. Zeugnisse und Diagnosen alltäglichen Leidens an der Gesellschaft. Konstanz.
Bude, Heinz; 2007: Formen des Porträts. In: Arni, Caroline, u.a. (Hg.): Der Eigensinn des Materials. Erkundungen sozialer Wirklichkeit. Festschrift für Claudia Honegger zum 60. Geburtstag. Frankfurt a. M./Basel: 431–444.
Carrington, Manfred/ Reiter, Andreas; 2010a: Linz: Streiflichter zur Stadtgeschichte. Band 2: Die Feuerwehren der Stadt 1851 – 1945. Linz.
Carrington, Manfred/ Reiter, Andreas; 2010b: Linz: Streiflichter zur Stadtgeschichte. Band 3: Die Feuerwehren der Stadt 1945 – 1985. Linz.
Caruso, Igor; 1983: Die Trennung der Liebenden. Eine Phänomenologie des Todes. Frankfurt a. M.
Castel, Robert; 2000: Die Metamorphosen der sozialen Frage. Eine Chronik der Lohnarbeit. Konstanz.
Castel, Robert; 2005: Die Stärkung des Sozialen. Leben im neuen Wohlfahrtsstaat. Hamburg.
Castel, Robert; 2011: Warum die Arbeiterklasse den Kampf verloren hat. In: Ders.: Die Krise der Arbeit. Neue Unsicherheiten und die Zukunft des Individuums. Hamburg: 294–308.
Cohen, Albert; 1961: Kriminelle Jugend. Zur Soziologie jugendlichen Bandenwesens. Reinbek b. Hamburg.
Cox, Howard; 2000: The global cigarette: origins and evolution of British American Tobacco, 1880–1945. New York.
Drechsler, Fritz; 1952: Geschichte der Österreichischen Lebensmittelarbeiter-Gewerkschaft. Band III: Geschichte der Tabakarbeiter. Wien.
Ehmer, Josef/ Meißl, Gerhard; 1984: Der dressierte Mensch. Rekrutierung, Qualifizierung und Disziplinierung der Arbeitskraft. In: Sauer, Walter (Hg.): Der dressierte Arbeiter. Geschichte und Gegenwart der industriellen Arbeitswelt. München: 28–54.
Eichmann, Hubert/ Flecker, Jörg/ Bauernfeind, Alfons u.a.; 2010: Überblick über Arbeitsbedingungen in Österreich. Sozialpolitische Studienreihe. Band 4. Wien.
Erdheim, Mario; 1984: Die gesellschaftliche Produktion von Unbewußtheit. Eine Einführung in den ethnopsychoanalytischen Prozeß. Frankfurt a. M.
Erdheim, Mario/ Nadig, Maya; 1979: Größenphantasien und sozialer Tod. In: Kursbuch 58. Berlin: 115–126.
Fellner, Sabine/ Thiel, Georg; 2009: Die Tabakfabrik Linz. 1850 bis 2009. Erfurt.
Fergen, Andrea; 2007: Schlechte Zeiten – Gute Zeiten. Mit gewerkschaftlicher Arbeitszeitpolitik zu „guter Arbeit". In: Peter, Gerd (Hg.): Grenz-

konflikte der Arbeit. Die Herausbildung einer neuen europäischen Arbeitspolitik. Hamburg: 87–108.
Fischer, Ute Luise; 2007: Krise der Arbeit, Krise der Sinnstiftung. Ein kulturtheoretisch-strukturaler Zugang zur Geschlechter- und Arbeitsforschung. In: Aulenbacher, Brigitte, u.a. (Hg.): A.a.O.: 149–164.
Fischer-Kowalski, Marina; 1980: Bildung und Klassenverhältnisse. In: Dies./ Bucek, Josef (Hg.): Lebensverhältnisse in Österreich. Klassen und Schichten im Sozialstaat. Frankfurt/ New York: 60–98.
Forrester, Viviane; 1997: Der Terror der Ökonomie. München.
Freimüller, Christian; 1984: Industriedenkmal mit Zukunft. In: Linz aktiv Nr. 92.
Freitag, Winfried; 1988: Haushalt und Familie in traditionalen Gesellschaften. Konzepte, Probleme und Perspektiven der Forschung. In: Geschichte und Gesellschaft. Zeitschrift für historische Sozialwissenschaft. Jg. 14: 5–37.
Freud, Sigmund; 1914: Erinnern, Wiederholen und Durcharbeiten. In: Ders.; 1975: Studienausgabe, Ergänzungsband: Schriften zur Behandlungstechnik. Frankfurt a. M.: 205–215.
Fürstenberg, Friedrich; 1962: Das Aufstiegsproblem in der modernen Gesellschaft. Stuttgart.
Ganz, Walter/ Helfen, Markus/ Tombeil, Anne-Sophie; 2002: Rekrutierung und Bindung in kleineren und mittleren Betrieben. In: Personalführung, Nr. 3: 20–26.
Geertz, Clifford; 1973: Dichte Beschreibung. Bemerkungen zu einer deutenden Theorie von Kultur. In: Ders.; 1987: Dichte Beschreibung. Beiträge zum Verstehen kultureller Systeme. Frankfurt a. M.: 7–43.
Gouldner, Alwin W.; 1954: Wildcat Strike. New York.
Hanisch, Ernst; 1994: Der lange Schatten des Staates. Österreichische Gesellschaftsgeschichte im 20. Jahrhundert. Wien.

Hartmann, Michael; 2002: Der Mythos von den Leistungseliten. Spitzenkarrieren und soziale Herkunft in Wirtschaft, Politik, Justiz und Wissenschaft. Frankfurt a. M.
Hauer, Gerlinde; 1991: Zigarettenfabrik. In: Dies./ Rebhandl, Uli: Ein Frauenbetrieb in Männerhand. Die Entwicklung von Frauenindustriearbeit am Beispiel der Tabakfabrik Linz. Diplomarbeit: Universität Wien.
Haut, Jan; 2011: Soziale Ungleichheiten in Sportverhalten und kulturellem Geschmack. Eine empirische Aktualisierung der Bourdieu'schen Theorie symbolischer Differenzierung. Münster/ New York/ München/ Berlin.
Hilton, Matthew; 2000: Smoking in British Popular Culture 1800–2000. Perfect Pleasures. Manchester.
Hintze, Otto; 1911: Der Beamtenstand. In: Ders.; 1981: Beamtentum und Bürokratie. Hrsgg. von Kersten Krüger. Göttingen: 16–77.
Hirschhorn, Larry; 1984: Beyond Mechanization: Work and Technology in a Postindustrial Age. Cambridge, Mass.
Hirschman, Albert Otto; 1974: Abwanderung und Widerspruch. Reaktionen auf Leistungsabfall bei Unternehmungen, Organisationen und Staaten. Tübingen.
Honneth, Axel; 2010: Organisierte Selbstverwirklichung. Paradoxien der Individualisierung. In: Ders.: Das Ich im Wir. Studien zur Anerkennungstheorie. Frankfurt a. M.: 202–221.
Horwath, Ilona; 2010: „Gut Wehr!" und die HeldInnen von Heute: Empirische Analysen zur Gleichstellung im Feuerwehrwesen. Dissertation: Universität Linz.
Hurrle, Gerd; 1992: Gewerkschaftliche Macht und Taylorismus. Von einer Kultur der Objektivierung zu einer Politik der Resubjektivierung. In: Ders./ Jelich, Franz-Josef/ Seitz, Jürgen (Hg.): Technik – Kultur – Arbeit. Marburg: 9–26.

International Labour Organisation; 2003: Employment trends in the tobacco sector. Challenges and prospects. Report for discussion at the Tripartite Meeting on the Future of Employment in the Tobacco Sector. Geneva.
Jahoda, Marie; 1961: Sozialpsychologie und Anthropologie. In: Dies.; 1994: A.a.O.: 275–284.
Jahoda, Marie; 1966: Bemerkungen zum Begriff „Arbeit". In: Dies.; 1994: A.a.O.: 285–294.
Jahoda, Marie; 1994: Sozialpsychologie der Politik und Kultur. Ausgewählte Schriften. Hrsgg. und eingel. von Christian Fleck. Graz/ Wien.
Janko, Siegbert; 2011: Linz – Von der Stahlstadt zur modernen Industrie- und Kulturstadt. In: Luger, Klaus/ Mayr, Johann (Hg.): A.a.O.: 429–452.
John, Michael; 2008: Fußball. Zur Entwicklungsgeschichte einer Sportart in Österreich. In: Ders./ Steinmaßl, Franz (Hg.): … wenn der Rasen brennt. 100 Jahre Fußball in Oberösterreich. Grünbach: 10–28.
Kannonier-Finster, Waltraud; 2004: Eine Hitler-Jugend. Sozialisation, Biographie und Geschichte in einer soziologischen Fallstudie. Mit einem Vorwort von Christian Fleck. Innsbruck/ Wien.
Kern, Horst/ Schumann, Michael; 1990: Das Ende der Arbeitsteilung? Rationalisierung in der industriellen Produktion. Bestandsaufnahme. Trendbestimmung. 4. erweiterte Auflage. München.
Keupp, Heiner, u.a.; 1999: Identitätskonstruktionen. Das Patchwork der Identitäten in der Spätmoderne. Reinbek b. Hamburg.
Knapp, Gudrun-Axeli; 1981: Industriearbeit und Instrumentalismus. Zur Geschichte eines Vor-Urteils. Bonn.
Knapp, Gudrun-Axeli; 1987: Arbeitsteilung und Sozialisation: Konstellationen von Arbeitsvermögen und Arbeitskraft im Lebenszusammenhang von Frauen. In: Beer, Ursula (Hg.): Klasse Geschlecht. Feministische

Gesellschaftsanalyse und Wissenschaftskritik. Bielefeld: 236–273.

Knappinger, Ursula; 2003: Linz. Eine kurze Geschichte der Stadt. Wien.

Knauth, Peter/ Hornberger, Sonia; 1997: Schichtarbeit und Nachtarbeit. Probleme – Formen – Empfehlungen. 4. neubearbeitete Auflage. München.

König, Ilse/ Ehmer, Josef; 1996: Vom nicht ganz einfachen Leben. Geschichte und Geschichten. Wien.

Kotthoff, Hermann; 2000: Anerkennung und sozialer Austausch. Die soziale Konstruktion von Betriebsbürgerschaft. In: Holtgrewe, Ursula/ Voswinkel, Stefan/ Wagner, Gabriele (Hg.): Anerkennung und Arbeit. Konstanz: 27–36.

Krais, Beate/ Gebauer, Gunter; 2002: Habitus. Bielefeld.

Krenn, Manfred/ Flecker, Jörg; 2000: Erfahrungsgeleitetes Arbeiten in der automatisierten Produktion. Neue Anforderungen an die Personalpolitik, Ausbildung und Arbeitsgestaltung. FORBA-Forschungsberichte 3/2000. Wien.

Krünitz, Johann Georg/ Floerken, Friedrich Jakob/ Flörke, Heinrich Gustav; 1824: Ökonomisch-technologische Encyklopaedie. Oder allgemeines System der Staats-, Stadt-, Haus- und Landwirthschaft, und der Kunstgeschichte in alphabetischer Ordnung. Brünn/ Berlin.

Lackinger, Otto; 2010: 50 Jahre Industrialisierung in Oberösterreich. 1945–1995 (1938–1988). 2. Auflage. Linz.

Lackner, Helmut; 1991: Architekt Alexander Popp (1891–1947). Der Partner von Peter Behrens beim Bau der Tabakfabrik und meistbeschäftigte Industriearchitekt der „Ostmark" im Zweiten Weltkrieg. In: Magistrat der Landeshauptstadt Linz, Stadtmuseum Linz-NORDICO (Hg.): Architekt Alexander Popp (1891–1947). Ausstellungskatalog. Linz: 7–27.

Lackner, Helmut/ Stadler, Gerhard A.; 1990: Fabriken in der Stadt. Eine Industriegeschichte der Stadt Linz. Linz.

Leffingwell, John C./ Young, Harvey J./ Bernasek, Edward; 1972: Tobacco Flavoring for Smoking Products. North Carolina.

Lehr, Rudolf; 2008: Landeschronik Oberösterreich. 3000 Jahre in Daten, Dokumenten und Bildern. Wien.

Leichter, Käthe; 1932: So leben wir … 1320 Industriearbeiterinnen berichten über ihr Leben. Wien.

Leister, Karl; 1989: Die Fachsprache des Tabakwesens in Österreich. Untersuchungen zum Wortschatz der Gegenwart. Wien.

Lohr, Karin; 2003: Subjektivierung von Arbeit. Ausgangspunkt einer Neuorientierung der Industrie- und Arbeitssoziologie. In: Berliner Journal für Soziologie. Jg. 14: 511–529.

Luger, Klaus/ Mayr, Johann (Hg.); 2011: Stadtgesellschaft. Werte und Positionen. Bürgermeister Franz Dobusch zum 60. Geburtstag gewidmet. Linz.

Lutz, Burkart; 2005: Integration durch Aufstieg. Überlegungen zur Verbürgerlichung der deutschen Facharbeiter in den Jahrzehnten nach dem Zweiten Weltkrieg. In: Manfred Hettling/ Bernd Ulrich (Hrsg.): Bürgertum nach 1945. Hamburg: 284–309.

Mannheim, Karl; 1928: Das Problem der Generationen. In: Ders.; 1964: Wissenssoziologie. Auswahl aus dem Werk. Berlin/ Neuwied: 509–565.

Marquard, Odo; 1981: Lob des Polytheismus. Über Monomythie und Polymythie. In: Ders.: Abschied vom Prinzipiellen. Stuttgart: 91–116.

Marx, Karl; o.J.: Grundrisse der Kritik der politischen Ökonomie. Frankfurt a.M. (urspr. 1858)

Marx, Karl/ Engels, Friedrich; 1959: Lohnarbeit und Kapital (urspr. 1891). In: MEW 6 Berlin: 397–423.

März, Eduard/ Weber, Fritz; 1986: Sozialdemokratie und Sozialisierung nach dem Ersten Weltkrieg. In: Ackerl, Isabella/ Neck, Rudolf (Hg.): Österreich November 1918. Die Entstehung der Ersten Republik. München: 101–123.

Matthes, Joachim (Hg.); 1983: Krise der Arbeitsgesellschaft? Verhandlungen des 21. Deutschen Soziologentages in Bamberg 1982. Frankfurt a. M.

Mauhart, Josef; 2003: Danksagung und Nachwort. In: Ernst Trost: Rauchen für Österreich. Zur allgemeinen Erleichterung … Eine Kultur- und Wirtschaftsgeschichte des Tabaks in Österreich. Wien: 250–253.

Meuser, Michael; 2003: Wettbewerb und Solidarität. Zur Konstruktion von Männlichkeit in Männergemeinschaften. In: von Arx, Sylvia, u.a. (Hg.): Koordinaten von Männlichkeit. Orientierungsversuche. Tübingen: 83–98.

Mikl-Horke, Gertraude; 1980: Schichtarbeit als soziotechnisches System. In: Zeitschrift für Arbeitswissenschaft. Jg. 34, Heft 3: 167–171.

Moore, Barrington; 1987: Ungerechtigkeit. Die sozialen Ursachen von Unterordnung und Widerstand. Frankfurt a. M.

Negt, Oskar; 2001: Arbeit und menschliche Würde. Göttingen.

Negt, Oskar; 2003: Flexibilität und Bindungsvermögen. Grenzen der Funktionalisierung. In: Alexander Meschnig/ Mathias Stuhr (Hg.): Arbeit als Lebensstil. Frankfurt a. M.: 13–25.

Nöth, Wilhelm; 1998: Nepotismus. In: Heinrich, Peter/ Schulz zur Wiesch, Jochen (Hg.): Wörterbuch zur Mikropolitik: 184–186.

Oberösterreichischer Landes-Feuerwehrverband (Hg.); 2004: Die oberösterreichischen Feuerwehren. 135 Jahre Oberösterreichischer Landes-Feuerwehrverband. Linz.

Pampel, Fred C.; 2009: Tobacco industry and smoking. 2nd Edition. New York.

Patsch, Regina; 2011: Gestern – Heute – Morgen. In: Luger, Klaus/ Mayr, Johann (Hg.): A.a.O.: 377–382.

Pefferkofen, Simone; 2000: Betriebssport als betriebliche Sozialleistung: Eine interessenpluralistische Analyse. Examensarbeit: Universität München.

Pinder, Wilhelm; 1926: Das Problem der Generationen in der Kunstgeschichte Europas. Nachdruck der 2. Aufl. München 1961.

Pollock, Friedrich; 1956: Automation. Materialien zur Beurteilung der ökonomischen und sozialen Folgen. Frankfurt a. M.

Popitz, Heinrich/ Bahrdt, Hans Paul/ Jüres, Ernst August/ Kesting, Hanno; 1964: Technik und Industriearbeit. Soziologische Untersuchungen in der Hüttenindustrie. 2. Auflage. Tübingen.

Popp, Adelheid (Hg.); 1912: Gedenkbuch 20 Jahre österreichische Arbeiterinnenbewegung. Wien.

Praher, Andreas; 2008: Von der Fusion zum Gescheiterten Großklub ... denn sie wussten, was sie tun. In: John, Michael/ Steinmaßl, Franz (Hg.): ... wenn der Rasen brennt. 100 Jahre Fußball in Oberösterreich. Grünbach: 233–239.

Projektgruppe Automation und Qualifikation; 1983: Zerreißproben – Automation im Arbeiterleben. Empirische Untersuchungen Teil 4. Argument Sonderband 79. Berlin.

Projektgruppe Automation und Qualifikation; 1987: Widersprüche der Automationsarbeit. Ein Handbuch. Berlin.

Rebhandl, Uli; 1991: Zigarrenmanufaktur. In: Hauer, Gerlinde/ Rebhandl, Uli: Ein Frauenbetrieb in Männerhand. Die Entwicklung von Frauenindustriearbeit am Beispiel der Tabakfabrik Linz. Diplomarbeit: Universität Wien.

Rosenberger, Sieglinde; 1996: Geschlechter – Gleichheiten – Differenzen. Eine Denk- und Politikbeziehung. Wien.

Rupp, Herbert (Hg.); 1986: Austria Tabak. Die Sozial-Geschichte. Wien/ München/ Zürich.

Saage, Richard; 2002: Utopische Profile. Band 3: Industrielle Revolution und technischer Staat im 19. Jahrhundert. Münster/ Hamburg/ London.

Sandgruber, Roman; 1986: Bittersüße Genüsse. Kulturgeschichte der Genußmittel. Wien/ Köln/ Graz.

Sandgruber, Roman; 2002: Die Landwirtschaft in der Wirtschaft. Menschen, Maschinen, Märkte. In: Franz Ledermüller (Hg.): Geschichte der österreichischen Land- und Forstwirtschaft im 20. Jahrhundert. Politik, Gesellschaft, Wirtschaft. Bd. 1. Wien: 191–408.

Sauer, Walter; 1984: Zur Einführung: Arbeit – Krise und Chance der modernen Gesellschaft. In. Ders. (Hg.): Der dressierte Arbeiter. Geschichte und Gegenwart der industriellen Arbeitswelt. München: 9–26.

Schultheis, Franz; 1997: Deutsche Zustände im Spiegel französischer Verhältnisse. Nachwort zur deutschsprachigen Ausgabe. In: Bourdieu u.a.: A.a.O.: 827–838.

Seisl, Petra; 1998: Der Abbau personeller Überkapazitäten. Unternehmerische Handlungsspielräume – Folgewirkungen – Implikationen für ein Trennungsmanagement. Berlin.

Sennett, Richard; 1998: Der flexible Mensch. Die Kultur des neuen Kapitalismus. Berlin.

Sennett, Richard; 2002: Respekt im Zeitalter der Ungleichheit. Berlin.

Sennett, Richard; 2008: Handwerk. Berlin.

Shafey, Omar/ Eriksen, Michael/ Ross, Hana/ Mackay, Judith; 2009: The Tobacco Atlas. 3rd Edition. Atlanta.

Stadler, Gerhard A.; 2010: Koksstierler und Stahlkocher. Zur Identität der Industriestadt Linz. In: Ders./ Streitt, Ute (Hg.): Industriekultur und regionale Identität: 29. Gesprächskreis Technikgeschichte 3. bis 5. Juni 2012 in Linz. Studien zur Kulturgeschichte von Oberösterreich, Folge 28. Linz: 9–23.

Stein, Werner (Hg.); 2004: Der neue Kultur Fahrplan. Die wichtigsten Daten der Weltgeschichte. Erweiterte und aktualisierte Auflage. München.

Stöckl, Eva; 2006: Privatisierungspolitik der ÖVP-FPÖ-Regierung 2000–2006 als Ausdruck einer neoliberalen Wirtschaftspolitik. Diplomarbeit: Universität Salzburg.

Stumberger, Rudolf; 2010: Klassen-Bilder II. Sozialdokumentarische Fotografie 1945–2000. Konstanz.

Thompson, Edward P.; 1980: Plebeische Kultur und moralische Ökonomie. Aufsätze zur englischen Sozialgeschichte des 18. und 19. Jahrhunderts. Frankfurt a. M.

Todorov, Tzvetan; 1998: Abenteuer des Zusammenlebens. Versuch einer allgemeinen Anthropologie. Frankfurt a. M.

Tofahrn, Klaus; 1991: Arbeit und Betriebssport. Eine empirische Untersuchung bei bundesdeutschen Großunternehmen im Jahr 1989. Berlin.

Trost, Ernst; 1984: Zur allgemeinen Erleichterung ... Eine Kultur- und Wirtschaftsgeschichte des Tabaks in Österreich. Wien/München.

Trost, Ernst; 2003: Rauchen für Österreich. Zur allgemeinen Erleichterung. Eine kultur- und Wirtschaftsgeschichte des Tabaks in Österreich. Wien.

Voswinkel, Stephan; 2000: Anerkennung der Arbeit im Wandel. Zwischen Würdigung und Bewunderung. In: Holtgrewe, Ursula/ Voswinkel, Stefan/ Wagner, Gabriele (Hg.): Anerkennung und Arbeit. Konstanz: 39–61.

Wagner, Christoph; 1985: Das große oberösterreichische Feuerwehrbuch. Wien/München.

Weber, Reinfrid; 1973: Die personalpolitische Bedeutung der Anciennität. Dissertation: Universität Fribourg.

Wolter, Friedhelm; 2011: Die Freiwilligen Feuerwehren in Österreich und Deutschland: Eine volkswirtschaftlich-soziologische Bestandsaufnahme. Wiesbaden.

Ziegler, Meinrad; 1998: „Dichte Beschreibung" – essayistisches Theoretisieren und persönlicher Standort in der Interpretation. In: Waltraud Kannonier-Finster/ Meinrad Ziegler (Hg.): Exemplarische Erkenntnis. Zehn Beiträge zur interpretativen Erforschung sozialer Wirklichkeit. Innsbruck/ Wien: 65–91.

Ziegler, Meinrad; 2000: Das soziale Erbe. Eine soziologische Fallstudie über drei Generationen einer Familie. Wien/ Köln/ Weimar.

Ziegler, Meinrad; 2005: Vater, Mutter, Kind: Familienbilder und Familienwirklichkeiten. In: Alexandra Weiss, u.a. (Hg.): Gaismair-Jahrbuch 2005. Heimat bist du großer Söhne. Innsbruck: 173–188.

Ziegler, Meinrad; 2010: Wahrheit, Sprache, Rhetorik. Der schwierige Anspruch auf wahres Wissen in den Sozialwissenschaften. In: Brigitte Aulenbacher/ Meinrad Ziegler (Hg.): In Wahrheit ... Herstellung, Nutzen und Gebrauch von Wahrheit in Wissenschaft und Alltag. Innsbruck/ Wien/ Bozen: 33–48.

Bildnachweise

Konzeption und Umsetzung der beiden Bildstrecken in schwarz-weiß an den Kapitelanfängen und in Farbe im Kapitel 7 *Spuren* hat Michael Holzer, Linz, erarbeitet.

Fotos, zu denen keine Quelle angegeben ist, sind dem Projektarchiv entnommen, das sich im Hinblick auf die Fotos vor allem aus Schenkungen der ehemaligen MitarbeiterInnen zusammensetzt. Der Verlag und die HerausgeberInnen haben sich bemüht, in diesem Zusammenhang alle Rechte ausfindig zu machen; sollte das im Einzelfall nicht gelungen sein, ersuchen wir, dem Verlag gegenüber bestehende Ansprüche geltend zu machen.

Schwarz-weiß-Fotos an den Kapitelanfängen
- S. 5: Bau 1, Südost-Ansicht aus der Ludlgasse. Aus: Generaldir. Austria Tabak AG (Hrsg.); 1950: 100 Jahre Tabakfabrik Linz
- S. 18: Verwaltungsgebäude der Tabakfabrik, Detail aus dem Stiegenhaus
- S. 36: Zugangstür vom Hof in den Bau 1. Foto: Michael Holzer, Linz
- S. 48: Aus der Sektion Stockschießen in den 1980er Jahren
- S. 64: Aus: Austria Tabak AG (Hrsg.); o.J.: Bilder, die uns leiten. Wien (1994)
- S. 78: Gruppenbild von Mechanikern um 1960
- S. 92: Bau 1, Direktkopplungs-Maschinen. Foto: Christian Schepe, Linz
- S. 110: Magazingebäude an der Donaulände. Foto: Michael Holzer, Linz
- S. 124: Blick vom Bau 1, 3. OG, zum ehemaligen Schlachthof. Foto: Michael Holzer, Linz
- S. 154: Übung der Betriebsfeuerwehr
- S. 166: Kraftwerk, Blick vom Kontroll- in den Kesselraum. Foto: Christian Schepe, Linz
- S. 184: Bau 1, Direktkopplung, Übergang von der Strang- zur Verpackungsmaschine.
- S. 196: Bau 1, leere Halle. Foto: Michael Holzer, Linz
- S. 220: Bau 1, Fensterfront. Foto: Carina Altreiter, Linz
- S. 264: Tabaktrafik in Linz um 1960. Privatbesitz von Melitta Holler, Linz

Fotos im Kapitel 7: Spuren

S. 232: Bau 1, leere Halle 2009. Foto: Carina Altreiter, Linz
S. 233: Oben: Liftfahrer
Unten links: Mechaniker in der Endverpackung
Unten rechts: Bau 1, Bodenmarkierung für Stapler. Foto: Michael Holzer, Linz
S. 234: Oben: Kraftwerk, auf der Galerie des Kesselraumes. Foto: Michael Holzer, Linz
Unten: Bau 1, Kantine
S. 235: Kraftwerk, Jausenplatz. Foto: Michael Holzer, Linz
S. 236: Oben: Aus der Sektion Fußball in den 1960er Jahren
Unten: Aus der Sektion Fußball 2009
S. 237: Oben: Aus der Sektion Tennis in den 1990er Jahren
Unten: Betriebsfeuerwehr in den 1990er Jahren
S. 238: Oben: Aus der Sektion Wandern 1976
Unten links: Faschingsdienstag 1996
Unten rechts, oberes Bild: Aus der Sektion Wintersport 2007
Unten rechts: Aus der Sektion Tennis
S. 239: Oben: Faschingsdienstag 1993
Unten: Rast bei einem Fahrradausflug um 1990
S. 240: Zwei Arbeiterinnen, verantwortlich für die Disposition in den Bereichen Reinigung und Wäscherei, um 1980
S. 241: Oben: Gruppenbild aus der Abteilung Erzeugung/Verpackung um 1960
Unten: Aus: Der Raucher. Österreichische Raucherzeitung, Jg. 5, Heft 18. Wien 1933
S. 242: Oben: 1. Mai-Feier in Linz im Jahr 2000
Unten: 1. Mai-Feier in Linz im Jahr 2009, MitarbeiterInnen der Tabakfabrik mit Trauerflor an der Fahne
S. 243: 1. Mai-Feier in Linz im Jahr 1954; Aufmarsch von der Tabakfabrik zum Hauptplatz
S. 244: Schulbildtafel „Tabakpflanze" aus der Tabakfabrik. Foto: Michael Holzer, Linz
S. 245: Oben links: Zwei Maschinenführer
Oben links, unteres Bild: Schulung für Mechaniker bei G.D., Fabrik für Verpackungsmaschinen in Bologna, Italien, in den 1980er Jahren
Oben rechts: Beppo Mauhart an seinem Arbeitsplatz. Privatbesitz Beppo Mauhart, Wien
Unten: Brand im Magazingebäude 1979
S. 246: Oben: Betriebsbesuch der Generaldirektion aus Wien, in den 1980er Jahren
Unten: Betriebsbesuch in Form einer „Roadshow" unter Gallaher um 2004
S. 247: Blick vom Büro der Verlesbuchführerin in die Produktionshalle 2012.
Foto: Michael Holzer, Linz

Danksagung

Wir danken allen früheren Mitarbeiterinnen und Mitarbeitern der Tabakfabrik Linz, die mit uns gesprochen haben. Sie haben uns eine Vielfalt von Perspektiven auf das Leben in und mit der Fabrik eröffnet und damit ermöglicht, dass dieses Buch entstehen konnte.

In den Interviews ging es nicht nur um das Mitteilen von Daten und Fakten, wir sind „ins Gespräch gekommen" und unsere InterviewpartnerInnen haben uns kenntnisreich und geduldig organisatorische und technische Abläufe erklärt, persönliche Unterlagen und Bilder zur Verfügung gestellt, uns Anregungen und Hinweise gegeben, welche Details für unsere Arbeit wichtig und interessant sein könnten, und waren hilfreich beim Rekonstruieren von Ereignissen und Prozessen, deren Bedeutung für uns als von außen Kommende oft nur schwer zu erschließen war. Darüber hinaus haben sie uns auch an ihren persönlichen und beruflichen Erfahrungen teilhaben lassen. Im Verlauf der dreijährigen Arbeit ist eine gemeinsame Basis und soziale Nähe zwischen den Fragenden und den Befragten entstanden. Ein Stück der Geschichte der Männer und Frauen, die in der Tabakfabrik gearbeitet haben, aufzuarbeiten, wurde zu einem gemeinsamen Anliegen.

Wir haben immer Offenheit und freundliche Unterstützung für das sachliche Anliegen unserer Arbeit gefunden. Das Entgegenkommen und die liebenswürdige Bewirtung bei unseren Treffen wird unvergesslich bleiben. Wir sind dankbar dafür, dass wir humorvolle ebenso wie traurige Erinnerungen und Momente miteinander teilen durften.

Ein gutes Lektorat umfasst nicht nur sprachliche Korrekturen, sondern erfordert inhaltliches Interesse am Gegenstand und interpretatives Vermögen. Für diese sorgfältige und engagierte Arbeit bedanken wir uns bei Melitta Holler und Marlene Weiterschan.

Wir bedanken uns bei der Stadt Linz, die mit einer Forschungsförderung das Projekt materiell unterstützt, und bei Gerhard Haderer, der mit einem großzügigen Beitrag zum Gelingen des Projektes beigetragen hat.

Und wir bedanken uns für „Rat und Tat", für wichtige Hinweise und kritische Diskussionen bei:

Bacher Johann, Linz
Bartel Rainer, Linz
Bauer Ingrid, Salzburg
Becker-Schmidt Regina, Hannover
Binder Peter, Linz
Duschl Johannes, Linz
Ehmer Josef, Wien
Eichmann Hubert, Wien
Eisenhuber Rudolf, Wien
Hießböck Klaus, Linz
Hingerl Kurt, Linz
Holzer Michael, Linz
Huber Jakob, Linz
Kaudelka Katharina, Lille
Kissling Walter, Wien
Lager Ernst, Hainburg
Lindle Heribert, Wien
Lumetsberger Ludwig, Linz
Mauhart Beppo, Wien
Mayr Johann, Linz
Mayr Ruth, Innsbruck

Moser Josef, Linz
Müller Chris, Linz
Niedermayr Reinhard, Linz
Oberbauer-Oberparleiter Ulrike, Linz
Ofner Franz, Wien
Praschl Alexander, Linz
Püringer Joe, Wien
Schobesberger Eva, Linz
Schütz Heidemarie, Linz
Sennlaub Chris, Linz
Sponring Elfriede, Innsbruck
Tippe Andrea, Linz
Weiss Herbert, Linz

Archiv der Stadt Linz
Bibliothek der Arbeiterkammer Wien
Fachbibliothek Geschichte, JKU Linz
Oö. Landesbibliothek
Stadtgärtnerei Linz
Universitätsbibliothek der JKU Linz

Autorinnen und Autoren

Carina Altreiter, Mag.[a]
Soziologin, wissenschaftliche Mitarbeiterin an der Universität Linz
Arbeits- und Forschungsschwerpunkte: Arbeits- und Industriesoziologie, Frauen- und Geschlechterforschung sowie Biographieforschung
E-Mail: carina.altreiter@jku.at

Waltraud Kannonier-Finster, Mag.[a] Dr.[in]
Soziologin
Forschungsschwerpunkte: Theorie und Methoden der interpretativen Sozialforschung, Biographieforschung, Erinnerungskulturen, subkulturelle Phänomenen, gesellschaftliche Konstruktionen von Normalität
E-Mail: waltraud.finster@dahina.com

Horst Schreiber, Mag. Dr. Univ.-Doz.
Historiker am Institut für Zeitgeschichte der Universität Innsbruck
Arbeits- und Forschungsschwerpunkte: Nationalsozialismus, jüdische Geschichte, Fürsorgeerziehung, Arbeitswelt, Erinnerungskulturen
www.horstschreiber.at; E-Mail: horst.schreiber@uibk.ac.at

Meinrad Ziegler, Mag. Dr., a. Univ.-Prof.
Soziologe am Institut für Soziologie der Universität Linz
Arbeits- und Forschungsschwerpunkte: Soziologische Theorie, Erinnerungskulturen, Biographieforschung, Arbeit und gesellschaftlicher Wandel, Methoden und Methodologie der qualitativen Sozialforschung
E-Mail: meinrad.ziegler@jku.at